Tavakoli
Beratung und Gestaltung im Erbrecht

Zusätzliche digitale Inhalte für Sie!

Dieses Buch bietet Ihnen mehr als nur eine gedruckte Version! Nutzen Sie die folgenden Möglichkeiten, die Ihnen für dieses Produkt in der NWB Datenbank zur Verfügung stehen.

Frag das Buch!

Mit **„Frag das Buch!“ & „Frag den Kommentar!“** wird Ihre Online-Bibliothek interaktiv! Nutzen Sie die intelligente Unterstützung von NWB KIRA direkt in Ihren Online-Büchern und -Kommentaren. Stellen Sie gezielte Fragen und Sie erhalten punktgenaue Antworten. So wird Fachwissen noch schneller und einfacher zugänglich. Probieren Sie es aus und erleben Sie, wie smart Recherche heute sein kann.

Online-Version

Sie haben das gedruckte Exemplar Ihres Buches nicht zur Hand oder möchten etwas schnell recherchieren? Dann nutzen Sie die Online-Version Ihres Buches. Diese steht Ihnen nach Eingabe des folgenden Freischaltcodes direkt zur Verfügung.

Schalten Sie sich Ihre digitalen Mehrwerte direkt frei:

Scannen Sie den QR-Code **oder** rufen Sie die Seite www.nwb.de auf.
Geben Sie den Freischaltcode ein und folgen Sie dem Anmeldedialog. Fertig!

Ihr Freischaltcode

TIRB-ADAR-KAEU-XSWB-GYUX-B

www.nwb.de

Beratung und Gestaltung im Erbrecht

Von
Prof. Dr. jur. Anusch Alexander Tavakoli, Pforzheim

nwb

ISBN 978-3-482-**81521**-8

1. Auflage 2026

NWB Verlag GmbH & Co. KG
Eschstr. 22
44629 Herne
service@nwb.de

Satz: PMGi Agentur für intelligente Medien GmbH, Hamm
Druck: Elanders Waiblingen GmbH, Waiblingen

Um eine gute Lesbarkeit zu gewährleisten, verwenden wir in Fachtexten in der Regel geschlechtsspezifische Personenbezeichnungen. Selbstverständlich sind damit alle Menschen gleichermaßen gemeint.

VORWORT

Die Nachfolgeberatung zählt zu den anspruchsvollsten Aufgaben der rechts- und steuerberatenden Berufe. Rechtliche, steuerliche, wirtschaftliche und familiäre Aspekte müssen zu einer tragfähigen Gesamtlösung zusammengeführt werden.

Das vorliegende Werk *Beratung und Gestaltung im Erbrecht* richtet sich an Rechtsanwälte, Steuerberater sowie alle Berater, die sich mit der Vermögensnachfolge befassen. Es versteht sich als praxisorientierte Arbeitshilfe für die tägliche Gestaltungsberatung und soll eine verlässliche Orientierung in einem komplexen und vielschichtigen Rechtsgebiet bieten.

Das Buch verfolgt bewusst einen Mittelweg: Es ist weder als rein dogmatisches Lehrbuch konzipiert noch als umfassendes Handbuch, das jede denkbare Detailfrage behandelt. Während wissenschaftliche Darstellungen häufig die Praxisperspektive vermissen lassen, erschweren Handbücher aufgrund ihres großen Umfangs den Zugang zur Gesamtmaterie. Diese Lücke möchte das vorliegende Werk schließen. Die Leserschaft soll sich schnell in die wesentlichen Strukturen, Zusammenhänge und Problemfelder einarbeiten können, ohne auf die für die Beratung erforderliche fachliche Tiefe zu verzichten. Sie erhält einen kompakten, praxisorientierten und fundierten Gesamtüberblick über die erbrechtliche Gestaltungspraxis. Erst dieser Gesamtüberblick ermöglicht es, Gestaltungsoptionen im Zusammenhang zu erkennen und kreative, mandantenorientierte Beratungslösungen zu entwickeln. Das Buch versteht sich damit als Brücke zwischen Wissenschaft und Praxis.

Im Mittelpunkt stehen stets die Bedürfnisse des Gestaltungsberaters. Zahlreiche Praxisbeispiele, Formulierungsvorschläge, Checklisten, Handlungsempfehlungen und Hinweise auf typische Haftungsfallen erleichtern die unmittelbare Umsetzung in der Beratungspraxis. Ziel ist es, schnelle und belastbare Antworten sowie praxistaugliche Lösungsansätze mit Formulierungsbeispielen für den Berufsalltag bereitzustellen.

Viele der dargestellten Beispiele beruhen auf tatsächlichen Fallkonstellationen, die dem Autor während seiner Tätigkeit als Rechtsanwalt in der Nachfolgeberatung und in seiner notariellen Tätigkeit begegnet sind. Darüber hinaus fließen Erfahrungen aus der langjährigen Dozententätigkeit in Fachanwaltskursen für Erbrecht in dieses Werk ein.

Wenn dieses Werk dazu beiträgt, komplexe erbrechtliche Sachverhalte schneller zu erfassen, Haftungsrisiken zu erkennen und tragfähige Nachfolgelösungen zu gestalten, hat es seinen Zweck erfüllt.

Pforzheim, im Juli 2026 Prof. Dr. Anusch Tavakoli

INHALTSÜBERSICHT

INHALTSVERZEICHNIS

VI. Vererbung von Unternehmen

ABKÜRZUNGSVERZEICHNIS

A

a. A.	anderer Ansicht
a. a. O.	am angegebenen Ort
ABl.	Amtsblatt
Abs.	Absatz
AdG	Adoptionsgesetz
a. E.	am Ende
a. F.	alte Fassung
AG	Amtsgericht/Aktiengesellschaft
AGB	Allgemeine Geschäftsbedingungen
AG BtG	Gesetz zur Ausführung des Betreuungsrechts
AGS	Anwaltsgebühren Spezial (ZS)
AktG	Aktiengesetz
allg.	allgemein
Alt.	Alternative
a. M.	am Main
AnfG	Anfechtungsgesetz
Anm.	Anmerkung
AnwBl	Anwaltsblatt
AO	Abgabenordnung
arg. ex	argumentum ex, Argument aus
Art.	Artikel

B

BauGB	Baugesetzbuch
BayAGGVG	Bayerisches Ausführungsgesetz zum Gerichtsverfassungsgesetz
BayBestG	Bayerisches Bestattungsgesetz
BayLfSt	Bayerisches Landesamt für Steuern
BayObLG	Bayerisches Oberstes Landesgericht
BayObLGZ	Entscheidungen des Bayerischen Obersten Landesgerichts in Zivilsachen (ZS)
BB	Der Betriebs-Berater (ZS)
BBG	Bundesbeamtengesetz
BbgHöfeOG	Brandenburgisches Höfeordnungsgesetz
Bd.	Band
BeamtStG	Gesetz zur Regelung des Statusrechts der Beamtinnen und Beamten in den Ländern
BeckOK	Beck'sche Online-Kommentare
BeckRS	Beck-Rechtsprechungsdatenbank
Begr.	Begründung
Beschl.	Beschluss
BestGBW	Bestattungsgesetz Baden-Württemberg

BeurkG	Beurkundungsgesetz
BewG	Bewertungsgesetz
BewRL	Richtlinie zum Bewertungsgesetz
BezG	Bezirksgericht
BFH	Bundesfinanzhof
BFHE	Amtliche Veröffentlichungen des Bundesfinanzhofs
BFH/NV	Sammlung amtlich nicht veröffentlichter Entscheidungen des Bundesfinanzhofs
BG	Berufsgenossenschaft
BGB	Bürgerliches Gesetzbuch
BGBl	Bundesgesetzblatt
BGH	Bundesgerichtshof
BGHZ	Entscheidungen des Bundesgerichtshofs in Zivilsachen (Band und Seite)
BMF	Bundesministerium der Finanzen
BNotO	Bundesnotarordnung
BO-Ä	Berufsordnung für Ärzte
BORA	Berufsordnung der Rechtsanwälte
BOStB	Berufsordnung der Bundessteuerberaterkammer
BR	Bundesrat
BRAK-Mitt.	Mitteilung der Bundesrechtsanwaltskammer (ZS)
BRAO	Bundesrechtsanwaltsordnung
BR-Drucks.	Bundesratsdrucksache
BSG	Bundessozialgericht
bspw.	beispielsweise
BStBl	Bundessteuerblatt
BT	Bundestag
BtBG	Betreuungsbehördengesetz
BT-Drucks.	Bundestagsdrucksache
BtOG	Betreuungsorganisationsgesetz
Buchst.	Buchstabe
BVerfG	Bundesverfassungsgericht
BVerfGG	Bundesverfassungsgerichtsgesetz
BVerwG	Bundesverwaltungsgericht
BWNotZ	Zeitschrift für das Notariat in Baden-Württemberg (ZS)
bzgl.	bezüglich
bzw.	beziehungsweise

C

ca.	circa
CCBE	Council of Bars and Law Societies of Europe bzw. Rat der europäischen Anwaltschaften
Co.	Compagnie bzw. Company

D

DB	Der Betrieb (ZS)
ders.	derselbe
DGWR	Deutsches Gemein- und Wirtschaftsrecht (ZS)

d. h.	das heißt
dies.	dieselbe, dieselben
DNotI-Report	Deutsches Notarinstitut-Report (ZS)
DNotZ	Deutsche Notar-Zeitschrift (ZS)
DSGVO	Datenschutz-Grundverordnung
DStR	Deutsches Steuerrecht (ZS)
DStRE	Deutsches Steuerrecht-Entscheidungsdienst
DStZ	Deutsche Steuer-Zeitung (ZS)

E

Ed.	Edition
EFG	Entscheidungen der Finanzgerichte (ZS)
EGBGB	Einführungsgesetz zum Bürgerlichen Gesetzbuch
EGHGB	Einführungsgesetz zum Handelsgesetzbuch
ENZ	Europäisches Nachlasszeugnis
ErbR	Erbrecht (ZS)
ErbStB	Erbschaft-Steuerberater (ZS)
ErbStDV	Erbschaftsteuer-Durchführungsverordnung
ErbStG	Erbschaft- und Schenkungsteuergesetz
ErbStH	Erbschaftsteuer-Hinweise
ErbStR	Erbschaftsteuer-Richtlinien
EStG	Einkommensteuergesetz
EStR	Einkommensteuer-Richtlinien
etc.	et cetera
EUErbVO	Europäische Erbrechtsverordnung
EuGH	Europäischer Gerichtshof
EuGüVO	Europäische Ehegüterrechtsverordnung
EuPartVO	Europäische Verordnung für das Güterrecht eingetragener Partnerschaften
e. V.	eingetragener Verein

F

f./ff.	folgende/fortfolgende
FA	Finanzamt
FamFG	Gesetz über das Verfahren in Familiensachen und in den Angelegenheiten der freiwilligen Gerichtsbarkeit
FamG	Familiengericht
FamGKG	Gesetz über Gerichtskosten in Familiensachen
FamNamRG	Gesetz zur Neuordnung des Familiennamensrechts
FamRÄndG	Familienrechtsänderungsgesetz
FamRB	Der Familienrechts-Berater (ZS)
FamRZ	Zeitschrift für das gesamte Familienrecht (ZS)
FD-RVG	Fachdienst Vergütungs- und Kostenrecht
FF	Forum Familien- und Erbrecht (ZS)
FG	Finanzgericht
FGPrax	Praxis der Freiwilligen Gerichtsbarkeit (ZS)
Flst.	Flurstück
Fn.	Fußnote(n)
FuR	Familie und Recht (ZS)

G

GBO	Grundbuchordnung
GbR	Gesellschaft bürgerlichen Rechts
gem.	gemäß
GenDG	Gendiagnostikgesetz
GG	Grundgesetz
ggf.	gegebenenfalls
GKG	Gerichtskostengesetz
GmbH	Gesellschaft mit beschränkter Haftung
GmbH & Co. KG	Gesellschaft mit beschränkter Haftung & Compagnie Kommanditgesellschaft
GmbHG	Gesetz betreffend die Gesellschaften mit beschränkter Haftung
GNotKG	Gerichts- und Notarkostengesetz
grds.	grundsätzlich
GrdstVG	Grundstücksverkehrsgesetz
GrEStG	Grunderwerbsteuergesetz
GVG	Gerichtsverfassungsgesetz

H

HeimG	Heimgesetz
HGB	Handelsgesetzbuch
HK-BGB	Handkommentar zum Bürgerlichen Gesetzbuch
h. M.	herrschende Meinung
Hrsg.	Herausgeber(in)
Hs.	Halbsatz

I

i. d. F.	in der Fassung
i. d. R.	in der Regel
IDW	Institut der Wirtschaftsprüfer in Deutschland
IDW S	IDW Standard; standardisiertes Bewertungsverfahren, das durch das Institut der Wirtschaftsprüfer (fort-)entwickelt wird
i. E.	im Ergebnis
i. H. von	in Höhe von
ImmoWertV	Immobilienwertermittlungsverordnung
InsO	Insolvenzordnung
InsVV	Insolvenzrechtliche Vergütungsverordnung
IntErbRVG	Internationales Erbrechtsverfahrensgesetz
IPR	Internationales Privatrecht
i. S.	im Sinne
i. Ü.	im Übrigen
i. V.	in Vertretung
i. V. mit	in Verbindung mit

J

JA	Juristische Arbeitsblätter (ZS)
Jg.	Jahrgang

JR	Juristische Rundschau (ZS)
Jura	Juristische Ausbildung (ZS)
JZ	JuristenZeitung (ZS)

K

KG	Kammergericht (Oberlandesgericht Berlin)/Kommanditgesellschaft
KGR	Rechtsprechung des Kammergerichts (ZS)
krit.	Kritisch
KV-Nr.	Kostenverzeichnisnummer

L

lfd.	laufend
LFGG BW	Landesgesetz über die freiwillige Gerichtsbarkeit Baden-Württemberg
LG	Landgericht
LHeimG	BW Landesheimgesetz Baden-Württemberg
lit.	litera (Buchstabe)
LM	Nachschlagewerk des Bundesgerichtshofs (Hrsg. Lindenmaier, Möhring u. a.)
LMK	Kommentierte BGH-Rechtsprechung Lindenmaier-Möhring
LPartG	Lebenspartnerschaftsgesetz
LS	Leitsatz

M

m.	mit
mbB	mit beschränkter Berufshaftung
m. E.	meines Erachtens
MDR	Monatsschrift für Deutsches Recht (ZS)
mind.	mindestens
Mio.	Million
Mitt.	Mitteilungen
MittBayNot	Mitteilungen des Bayerischen Notarvereins, der Notarkasse und der Landesnotarkammer Bayern (ZS)
MittRhNotK	Mitteilungen der Rheinischen Notarkammer (ZS)
m. N.	mit Nachweisen
MoPeG	Gesetz zur Modernisierung des Personengesellschaftsrechts
Mot. I-V	Motive zum Entwurf eines Bürgerlichen Gesetzbuchs für das Deutsche Reich (Band I Allgemeiner Teil; Band II Recht der Schuldverhältnisse; Band III Sachenrecht; Band IV Familienrecht; Band V Erbrecht)
MüKo-BGB	Münchener Kommentar zum BGB
MüKo-HGB	Münchener Kommentar zum Handelsgesetzbuch
m. w. N.	mit weiteren Nachweisen

N

n. F.	neue Fassung
NamÄndG	Namensänderungsgesetz
NJOZ	Neue Juristische Online-Zeitschrift (ZS)
NJW	Neue Juristische Wochenschrift (ZS)

NJWE-FER	NJW-Entscheidungsdienst Familien- und Erbrecht (ZS)
NJW-RR	NJW-Rechtsprechungsreport (ZS)
NJW-Spezial	Neue Juristische Wochenschrift Spezial (ZS)
Nr.	Nummer
NWB	Neue Wirtschafts-Briefe (ZS)
NZFam	Neue Zeitschrift für Familienrecht (ZS)

O

o.	ohne
o. Ä.	oder Ähnliches
OFD	Oberfinanzdirektion
o. g.	oben genannt(e/r/s)
OHG	Offene Handelsgesellschaft
OLG	Oberlandesgericht
OLGE	Sammlung der Rechtsprechung der Oberlandesgerichte
OLGZ	Entscheidungen der Oberlandesgerichte in Zivilsachen (ZS)
OVG	Oberverwaltungsgericht

P

p. a.	per annum, pro Jahr
PartGG	Partnerschaftsgesellschaftsgesetz
Prot.	Protokoll(e)
PS	Pferdestärke
PStG	Personenstandsgesetz

R

RA	Rechtsanwalt, Rechtsanwältin
RDG	Rechtsdienstleistungsgesetz
RG	Reichsgericht
RGBl.	Reichsgesetzblatt
RGRK	Reichsgerichtsrätekommentar
RGZ	Entscheidungen des Reichsgerichts in Zivilsachen
Rn.	Randnummer(n)
RNotZ	Rheinische Notar-Zeitschrift (ZS)
Rom III-VO	Verordnung (EG) Nr. 1259/2007 des Rates zur Durchführung einer verstärkten Zusammenarbeit im Bereich des auf die Eheschließung und Trennung ohne Auflösung des Ehebandes anzuwendenden Rechts (sog. Rom III-VO) v. 20.12.2010
Rpfleger	Der Deutsche Rechtspfleger (ZS)
Rspr.	Rechtsprechung
RVG	Rechtsanwaltsvergütungsgesetz
Rz.	Randziffer(n)

S

S.	Seite
SaRegG	Samenspenderregistergesetz
SchKG	Schwangerschaftskonfliktgesetz
SG	Sozialgericht
SGB	Sozialgesetzbuch
SiV	Sicherheitenverordnung
sog.	sogenannte/r/s
StAG	Staatsangehörigkeitsgesetz
StGB	Strafgesetzbuch
str.	streitig, strittig
st. Rspr.	ständige Rechtsprechung

T

Tsd.	Tausend

U

u. a.	unter anderem; und andere
u. Ä.	und Ähnliche(s)
UdSSR	Union der Sozialistischen Sowjetrepubliken
UrhG	Urheberrechtsgesetz
Urt.	Urteil
unstr.	Unstreitig
unzutr.	Unzutreffend
USt	Umsatzsteuer
usw.	und so weiter
u. U.	unter Umständen

V

v.	vom, von
VBVG	Gesetz über die Vergütung von Vormündern und Betreuern (Vormünder- und Betreuervergütungsgesetz)
VersAusglG	Gesetz über den Versorgungsausgleich (Versorgungsausgleichsgesetz)
VerschG	Verschollenheitsgesetz
VersR	Versicherungsrecht (ZS)
Vfg.	Verfügung
VG	Verwaltungsgericht
VGH	Verwaltungsgerichtshof
vgl.	vergleiche
VRegV	Verordnung über das Zentrale Vorsorgeregister
VV	Vergütungsverzeichnis
VVG	Versicherungsvertragsgesetz
VV-RVG	Vergütungsverzeichnis zum Rechtsanwaltsvergütungsgesetz

W

WEG	Wohnungseigentumsgesetz
WM	Wertpapier-Mitteilungen (ZS)
WTPG	Wohn-, Teilhabe- und Pflegegesetz
WZGA	Wahl-Zugewinngemeinschaft

Z

z. B.	zum Beispiel
ZErb	Zeitschrift für Steuer- und Erbrechtspraxis (ZS)
ZEV	Zeitschrift für Erbrecht und Vermögensnachfolge (ZS)
ZFE	Zeitschrift für Familien- und Erbrecht (ZS)
ZfPW	Zeitschrift für die gesamte Privatrechtswissenschaft (ZS)
ZfSch	Zeitschrift für Schadensrecht (ZS)
ZGB	Schweizerisches Zivilgesetzbuch
Ziff.	Ziffer
ZIP	Zeitschrift für Wirtschaftsrecht (ZS)
ZPO	Zivilprozessordnung
ZRP	Zeitschrift für Rechtspolitik (ZS)
ZUM	Zeitschrift für Urheber- und Medienrecht (ZS)
zust.	zuständig
zutr.	Zutreffend
ZVG	Gesetz über die Zwangsversteigerung und die Zwangsverwaltung
ZVR	Zentrales Vorsorgeregister
zzgl.	zuzüglich

LITERATURVERZEICHNIS

Monografien/Kommentare

B

Baltzer, Das Vor- und Nachvermächtnis in der Kautelarjurisprudenz, 1. Aufl. 2007

Battes, Gemeinschaftliches Testament und Ehegattenerbvertrag als Gestaltungsmittel für die Vermögenszuordnung der Familie, 1. Aufl. 1974

Baumbach/Hopt, HGB, Kommentar, 40. Aufl. 2021

BeckOGK, BGB, Stand: 1. 5. 2026

BeckOK, BGB, Stand: 1. 5. 2026

Beck'sches Formularbuch, Erbrecht, 5. Aufl. 2023

Beck'sche Online-Formulare, Erbrecht, 52. Edition 2026

Beck'sche Online-Formulare, Vertrag, 77. Edition 2026

Behrentin, Handbuch Adoptionsrecht, 1. Aufl. 2017

Bengel/Reimann/Holtz/Röhl, Handbuch der Testamentsvollstreckung, 8. Aufl. 2023

Brox/Walker, Erbrecht, 30. Aufl. 2024

Bumiller/Harders/Schwamb, FamFG, 13. Aufl. 2022

Burandt/Rojahn, Erbrecht, 4. Aufl. 2022

E

Ebenroth, Erbrecht, 1. Aufl. 1992

Erman, BGB, 17. Aufl. 2023

F

Prütting/Rüßmann (Hrsg.), Verfahrensrecht am Ausgang des 20. Jahrhunderts: Festschrift für Gerhard Lüke zum 70. Geburtstag, 1. Aufl. 1997

G

Grüneberg, BGB, 85. Aufl. 2026

Gursky/Lettmaier, Erbrecht, 8. Aufl. 2026

H

Herrler (Hrsg.), Münchener Vertragshandbuch, Band 6: Bürgerliches Recht II, 8. Aufl. 2020

Hopt, Handelsgesetzbuch: HGB, 45. Aufl. 2026

K

Kaltwasser, Der überschuldete Nachlass: Eine Untersuchung zur Verantwortlichkeit von Nachlasspflegern und Fiskalerben bei der Verwaltung überschuldeter Nachlässe, 1. Aufl. 2016

Kerscher/Tanck/Krug, Das erbrechtliche Mandat, 6. Aufl. 2018

Kössinger/Najdecki/Zintl, Handbuch der Testamentsgestaltung, 7. Aufl. 2024

L

Lange, Erbrecht, 3. Aufl. 2022

Lange/Kuchinke, Erbrecht, 5. Aufl. 2001

Langenfeld (Hrsg.), Münchener Vertragshandbuch, Band 6: Bürgerliches Recht II, 5. Aufl. 2003

Langenfeld/Fröhler, Testamentsgestaltung, 5. Aufl. 2015

Leipold, Erbrecht, 24. Aufl. 2026

M

Maletzky, Das Erbrecht des Fiskus, 2. Aufl. 2016

Mayer/Kroiß (Hrsg.), Rechtsanwaltsvergütungsgesetz: RVG, 9. Aufl. 2025

Münch, Familienrecht in der Notar- und Gestaltungspraxis, 4. Aufl. 2023

Muscheler, Erbrecht, 1. Aufl. 2010

O

Oetker (Hrsg.), Handelsgesetzbuch: HGB, 9. Aufl. 2026

Olzen/Looschelders, Erbrecht, 7. Aufl. 2023

R

Reichert, GmbH & Co. KG, 9. Aufl. 2024

S

Säcker (Hrsg.), Münchener Kommentar zum Bürgerlichen Gesetzbuch: BGB, 10. Aufl. 2025

Scherer (Hrsg.), Münchener Anwaltshandbuch Erbrecht, 6. Aufl. 2024

Ders., Unternehmensnachfolge, 6. Aufl. 2020

Schöner/Stöber, Grundbuchrecht, 17. Aufl. 2026

Scholz/Kleffmann, Praxishandbuch Familienrecht, Loseblatt, 48. EL 2026

Schulze/Dörner/Ebert u. a., Handkommentar BGB, 12. Aufl. 2024

Staudinger, BGB, Neubearbeitung 2017

Aufsätze

A

Armbrüster, Zivilrechtliche Folgen des Gesetzes zur Regelung der Rechtsverhältnisse der Prostituierten, NJW 2002 S. 2763

B

Bayer, Rechtsprobleme der transmortalen Vollmacht, ZfPW 2020 S. 385

Bengel, Rechtsfragen zum Vor- und Nachvermächtnis, NJW 1990 S. 1826

Ders., Sonderheft zum 23. Deutschen Notartag Frankfurt 1989, DNotZ 1989 S. 156

Bestelmeyer, Anmerkung zu Schleswig-Holsteinisches OLG, Beschluss v. 15. 7. 2014 – 2 W 48/14, Rpfleger 2015 S. 11

Bock, Die Änderung erbrechtlicher Vorschriften durch das 1. EheRG und ihre Auswirkungen auf die Rechtsstellung des überlebenden Ehegatten, MittRhNotK 1977 S. 205

Bonefeld, Die Vergütung des Testamentsvollstreckers bei Großnachlässen: ein Vorschlag für die Praxis, ZEV 2021, S. 153

Breustedt, Der unzumutbare Druck des Erblassers: Rechtsfolgen sittenwidriger Potestativbedingungen in letztwilligen Verfügungen, ZEV 2021, S. 670

Brost/Hassel, Der Anspruch auf Geldentschädigung bei Persönlichkeitsrechtsverletzungen, NJW 2020 S. 2214

Buchholz, Einseitige Korrespektivität. Entwicklung und Dogmatik eines Modells zu §§ 2270, 2271 BGB, Rpfleger 1990 S. 45

Bühler, Jonas, Abfindungsbeschränkende Klauseln im Gesellschaftsrecht – Ein Plädoyer für die Achtung der Vertragsfreiheit und Rechtssicherheit, DNotZ 2021 S. 725

Bühler, Martin, Die Rechtsprechung des BGH zur Drittbegünstigung im Todesfall, NJW 1976 S. 1727

Burhoff, AG Waldkirch, Urteil v. 4. 8. 2021 - 1 C 214/20, „Vergütungsvereinbarung, Zeittaktklausel, 5-Minuten-Takt“, AGS 2022 S. 61

D

Dahns, Haftung der Sozietät für deliktisches Handeln des Scheinsozius, NJW-Spezial 2007 S. 429

Daragan, Die Jastrowsche Klausel 2.0, ZEV 2024 S. 799

Deckenbrock/Meyer, Die Haftung des Scheinsozius, ZIP 2014 S. 701

Deusch, Erfüllung eines Anspruchs der Erben auf Zugang zum Nutzerkonto bei einem sozialen Netzwerk, ZEV 2020 S. 176

Dubischar, Sonderheft zum 23. Deutschen Notartag Frankfurt 1989, DNotZ 1989, Sonderheft, S. 132

E

Eberhardt/Ehrnsperger, Das 30-Tage-Wohnrecht des überlebenden Ehegatten gemäß § 1969 BGB, ZEV 2013 S. 653

Eickelberg, Die Ausschlagung zugunsten Dritter als taktisches Gestaltungsmittel, ZEV 2018 S. 489

Eue, Die „Doppelausschlagung" auch für minderjährige Kinder bei werthaltigem Nachlass, ZEV 2018 S. 624

F

Flad, Wann und wie erwirbt der Nacherbe ein dem Vorerben zugewendetes Vorausvermächtnis?, DGWR 1937 S. 233

Fröhler, Das Vorausvermächtnis zugunsten des Vorerben und der Erbnachweis vor sowie ab Eintritt des Nacherbfalls, BWNotZ 2005 S. 1

Ders., Erbausschlagung von Eltern für ihr minderjähriges Kind, BWNotZ 2013 S. 88

Frohn, Die Erbausschlagung unter dem Vorbehalt des Pflichtteils, Rpfleger 1982 S. 56

G

Gössl, Reform der Vaterschaftsanfechtung – eine erste Bestandsaufnahme, ZRP 2025 S. 248

Dies., Der digitale Nachlass im Rechtsvergleich, ZfPW 2021 S. 105

Goette, Aktuelle höchstrichterliche Rechtsprechung zur Freiberuflersozietät, AnwBl 2007 S. 637

Grams, Möglichkeiten der Haftungsbeschränkung für Rechtsanwälte, AnwBl 2001 S. 233

Grunewald, Die Auswirkungen eines Irrtums über politische Entwicklungen auf Testamente und Erbschaftsausschlagungen, NJW 1991 S. 1208

Grunewald/Rizor, Wer trägt die Lasten, wenn ein vermachtes Grundstück belastet ist?, ZEV 2008 S. 510

Gsell, Kein vererbter Anspruch bei Persönlichkeitsrechtsverletzung – Kohl-Protokolle II, Anmerkung zu BGH, Teilurteil vom 29. 11. 2021 – VI ZR 258/18, NJW 2022 S. 868

Gubitz, Der Wettlauf zwischen Erben und Begünstigtem beim Vertrag zugunsten Dritter auf den Todesfall ist vermeidbar!, ZEV 2006 S. 333

Günther, Zeitabrechnung und Zeittaktklauseln in Vergütungsvereinbarungen, NJW 2019 S. 2591

H

Hamdan/Hamdan, Neue Vererblichkeit der Entschädigungsansprüche wegen Persönlichkeitsrechtsverletzungen – (Kein) Ende des Wettlaufs mit dem Tod nach Reform des § 1922 BGB, NJW 2025 S. 1927

Harder/Welter, Drittbegünstigung im Todesfall durch Insichgeschäft?, NJW 1977 S. 1139

Hartlich, Ausgewählte Probleme der Erbauseinandersetzung aus notarieller Sicht, RNotZ 2018 S. 285

Hartmann, Raus aus der Nacherbschaftsbindung! Aber wie? – zugleich Anmerkung zu OLG Düsseldorf, Beschl. v. 29. 8. 2019 – I-3 Wx 156/19, RNotZ 2020 S. 148

Heckschen/Hindahl, Die Geltendmachung des Pflichtteilsergänzungsanspruchs bei Nachfolgeklauseln mit Abfindungsausschluss – Durchsetzung des Anspruchs, ZEV 2024 S. 727

Heinemann, Lenkende Ausschlagung bedarf keiner familiengerichtlichen Genehmigung, Anmerkung zu BGH, Beschl. v. 04. 09. 2024 – IV ZB 37/23, FGPrax 2024 S. 276

Helms, Erbrechtliches Drittbestimmungsverbot und kautelarjuristische Praxis, ZEV 2007 S. 1

Herlitz, Abänderungs- und Rücktrittsvorbehalt beim Erbvertrag, MittRhNotK 1996 S. 153

Herrler, Wertlosigkeit einer trans- bzw. postmortalen Vollmacht für den Alleinerben?, DNotZ 2017 S. 508

Ders., Behandlung von Lebensversicherungen im Pflichtteilsrecht: Der goldene Mittelweg des BGH?, ZEV 2010 S. 333

Herzing, Social-Media-Accounts im Nachlass: Das Recht der Erben zur postmortalen Fortführung eines digitalen Benutzerkontos, ZEV 2025 S. 493

Höfling, Das neue Patientenverfügungsgesetz, NJW 2009 S. 2849

Hoeren, Der Tod und das Internet – Rechtliche Fragen zur Verwendung von E-Mail- und WWW-Accounts nach dem Tode des Inhabers, NJW 2005 S. 2113

Hülsmeier, Der Vorbehalt abweichender Verfügungen von Todes wegen beim Erbvertrag, NJW 1986 S. 3115

I

Ilg, Das badische Gesetz die geschlossenen Hofgüter betreffend vom 20.08.1898 und seine Auswirkungen auf die Notar- und Grundbuchpraxis, BWNotZ 2016 S. 15

Ivo, Die Erbschaftsausschlagung für das minderjährige Kind, ZEV 2002 S. 309

J

Jastrow, Wie können sich Eheleute bei einem Testament nach § 2269 BGB gegen die Vereitelung ihrer Absichten durch Pflichtteilsansprüche der Kinder sichern?, DNotZ 1904 S. 424

K

Kappler/Kappler, Möglichkeiten der Pflichtteilsreduzierung zugunsten des Ehegatten, ZEV 2017 S. 601

Keim, Testamentsvollstreckung und postmortale Vollmachten zugunsten anderer Personen, ZEV 2023 S. 275

Ders., Noch einmal: Die Anfechtbarkeit lenkender Erbausschlagungen – zugleich Anmerkung zum Beschluss des OLG Hamm vom 21.4.2022 – 51 W 51/19, ErbR 2022 S. 978

Ders., Unterschätzte Risiken bei lenkenden Erbausschlagungen werthaltiger Nachlässe! – Beispiele aus der Rechtsprechung, ZEV 2020 S. 393

Ders., Änderungsvorbehalte in Ehegattenerbverträgen, NJW 2009 S. 818

Ders., Der Änderungsvorbehalt beim Erbvertrag – bei richtiger Handhabung ein sicheres Gestaltungsmittel!, ZEV 2005 S. 365

Kilian, Das reformierte Berufsrecht der Anwaltschaft, NJW 2021 S. 2385

Klühs, Das sog. „Bedürftigentestament“ und seine Alternativen – Eine Bestandsaufnahme, ZEV 2011 S. 15

Kroiß, Die Feststellung der Testierfähigkeit im nachlassgerichtlichen Verfahren, ZEV 2023 S. 575

Kurze, Die Entwertung der Betreuungsbehördenbeglaubigung, ErbR 2023 S. 505

L

Lange, Die Irrtumsanfechtung bei Annahme und Ausschlagung einer Erbschaft, ZEV 2023 S. 270

Ders., Das Erbkollisionsrecht im neuen Entwurf einer EU-ErbVO, ZErb 2012 S. 160

Lange/Horn, Rechtsgrundlage der Ausgleichspflicht bei der „überquotalen Teilungsanordnung", ZEV 2021 S. 1

Lieder, Transmortale Vollmacht und Konfusion, ZfPW 2022 S. 345

Lieder/Berneith, Digitaler Nachlass: Das Facebook-Urteil des BGH, FamRZ 2018 S. 1486

Löhnig, Auskunft über die eigene Abstammung, NJW 2022 S. 1061

Ludyga, Das gesetzliche Erbrecht des Fiskus gemäß § 1936 BGB, ZEV 2023 S. 409

Ders., Das postmortale allgemeine Persönlichkeitsrecht, ZEV 2022 S. 693

Ders., Entschädigung in Geld und postmortales allgemeines Persönlichkeitsrecht, ZEV 2014 S. 333

M

Manthey/Trilsch, Das „Bedürftigentestament": die hohe Schule der Testamentsgestaltung, ZEV 2015 S. 618

Mau, Missbrauch von Vorsorgevollmachten – ein verdrängtes Problem. Ein Erfahrungsbericht aus der Praxis, ZErb 2023 S. 1

Mayer, H.-J., Entwicklungen zur Rechtsanwaltsvergütung, NJW 2022 S. 1784

Ders., Entscheidungsanmerkung zum Beschluss des BGH vom 5. 3. 2009 – IX ZR 144/06, FD-RVG 2009 S. 279541

Mayer, J., Der superbefreite Vorerbe? – Möglichkeiten und Grenzen der Befreiung des Vorerben, ZEV 2000 S. 1

Ders., Es kommt auf die Sekunde an – Zum Pflichtteilsrecht bei Lebensversicherungen – Zugleich Anmerkungen zum Urteil des BGH vom 28. 4. 2010 – IV ZR 73/08, DNotZ 2011 S. 89

Ders., Der Änderungsvorbehalt beim Erbvertrag – erbrechtliche Gestaltung zwischen Bindung und Dynamik, DNotZ 1990 S. 755

Meier-Kraut, Zur Wiederverheiratungsklausel in gemeinschaftlichen Testamenten mit Einheitslösung, NJW 1992 S. 143

Mensch, Aktuelle Entwicklungen bei Vollmacht und Betreuung, ZEV 2016 S. 423

Ders., Erbschaftsausschlagung für Minderjährige bei positivem Nachlassvermögen, BWNotZ 2013 S. 144

Menz, Die Regelung der Unternehmensnachfolge bei noch jugendlichen Erben, DB 1966 S. 1719

Miehler/Hartmann, ZEV-Report Zivilrecht, ZEV 2024 S. 450

Müller-Engels, Vorsorgevollmacht und Betreuung – Update und Ausblick, DNotZ 2021 S. 84

Müller/Grund, Pflichtteilsklausel und einvernehmliche Geltendmachung des Pflichtteils aus erbschaftsteuerlichen Gründen: Zivilrechtliche Risiken – steuerliche Alternativen, ZErb 2007 S. 205

Muscheler, Konsolidation bei Übertragung der Nacherben-Anwartschaft auf den Vorerben, ZEV 2012 S. 289

Ders., Ausschluss der Erbauseinandersetzung durch den Erblasser, ZEV 2010 S. 340

N

Naczinsky, Möglichkeiten der Nachlassbeteiligten im Hinblick auf den digitalen Nachlass, ZEV 2021 S. 227

Nieder, Die ausdrücklichen oder mutmaßlichen Ersatzbedachten im deutschen Erbrecht, ZEV 1996 S. 241

O

Oldenburger, Das neue Anfechtungsrecht leiblicher Väter, NJW 2026 S. 1177

v. Olshausen, Gesetzliches Ehegattenerbrecht neben Großeltern und deren Abkömmlingen im Güterstand der Zugewinngemeinschaft, FamRZ 1981 S. 633

Otte, Die Nichtigkeit letztwilliger Verfügungen wegen Gesetzes- oder Sittenwidrigkeit, JA 1985 S. 192

R

Reimann, Testamentsvollstreckervergütung nach der Neuen Rheinischen Tabelle, Anmerkung zum Urteil des OLG Schleswig vom 25. 8. 2009 – 3 U 46/08, MittBayNot 2010 S. 143

S

Sander, Missbrauch von Vorsorgevollmachten – ein ungelöstes Problem, ZErb 2023 S. 121

Schack, Weiterleben nach dem Tode – wie lange? Postmortale Begrenzungen subjektiver Rechte, JZ 2019 S. 864

Schnabl/Hamelmann, Das Ende der Sittenwidrigkeit sog. Geliebtentestamente?, Jura 2009 S. 161

Schneider, Die Vereinbarung von Abrechnungstakten bei Vereinbarungen von Zeithonoraren, NZFam 2022 S. 12

Ders., Entwurf eines gemeinschaftlichen Testaments als Beratungstätigkeit, NJW-Spezial 2021 S. 315

Schnelling, Grundlagen der Fiskalerbschaft, NJW 2023 S. 2749

Schramm, Probleme zu § 1371 BGB, BWNotZ 1966 S. 18

Seidler, Der digitale Nachlass – ein Zwischenstand, NZFam 2020 S. 141

Siegel/Kraus, Die Auswirkungen der Reform des Vormundschafts- und Betreuungsrechts auf die notarielle Praxis, DNotZ 2022 S. 906

Specks, Zur Zulässigkeit der Erbschaftsausschlagung unter einer Gegenwartsbedingung, ZEV 2007 S. 356

Spickhoff, Keine Vererblichkeit des Anspruchs auf Geldentschädigung wegen Persönlichkeitsverletzung, LMK 2014 S. 359158

Splinter, Die familiengerichtliche Genehmigung nach § 1643 Abs. 3 S. 1 BGB bei der lenkenden Ausschlagung, ZEV 2024 S. 573

Stascheit, Die General- und Vorsorgevollmacht in der notariellen Praxis – Ausgewählte Fragen und Probleme, RNotZ 2020 S. 61

Steiner/Holzer, Praktische Empfehlungen zum digitalen Nachlass, ZEV 2015 S. 262

Strobel, Testamentsvollstreckung und Vollmacht, ZEV 2020 S. 449

Ders., Die trans- und postmortale Vollmacht zugunsten des Vorerben, NJW 2020 S. 502

Sudhoff, Die Regelung der Unternehmensnachfolge bei noch jugendlichen Erben, DB 1966 S. 1720

T

Tanck, Bindungswirkung bei gemeinschaftlichen Testamenten: Wann kann der überlebende Ehegatte neu testieren?, ZEV 2020 S. 15

Tavakoli, Auseinandersetzungsverbote in der Erbengemeinschaft – Teil I: Rechtsrahmen, ZEV 2025 S. 565

Ders., Auseinandersetzungsverbote in der Erbengemeinschaft – Teil II: Gestaltungsvarianten, ZEV 2025 S. 705

Tersteegen, Vermächtnisweise Zuwendung von Grundstücken und Rechten an Grundstücken (Teil 1), ZErb 2013 S. 284

Ders., Bankgeschäfte mittels Vorsorgevollmacht – Verpflichtung der Banken zur Anerkennung von Vorsorgevollmachten?, NJW 2007 S. 1717

Toussaint, Formulierung von anwaltlichen Vergütungsvereinbarungen, NJW 2026 S. 1106

Trosin, Hinweispflichten im Vergütungsrecht der Steuerberater, DStR 2026 S. 822

W

Watzek, Vor- und Nachvermächtnis, MittRhNotK 1999 S. 37

Wegmann, Dauerhaft wirksame Immobilienverfügungen des „nicht befreiten" Vorerben mit Zustimmung des Nacherben? – Teil I, ZEV 2022 S. 433

Ders., Dauerhaft wirksame Immobilienverfügungen des „nicht befreiten" Vorerben mit Zustimmung des Nacherben? – Teil II, ZEV 2022 S. 500

Weidlich, Rechtsgeschäfte zwischen Vor- und Nacherben zur Aufhebung der Nacherbenbindung, ZErb 2014 S. 325

Ders., Neuere Entwicklungen beim Behindertentestament, ZEV 2020 S. 136

Weiler, Änderungsvorbehalt und Vertragsmäßigkeit der erbvertraglichen Verfügung, DNotZ 1994 S. 427

Wendt, Betreuung vs. Vorsorgevollmacht – Geschäftsfähigkeit „light" bei Vorsorgevollmachtserteilung? – zugleich Anmerkung zu BGH, Beschl. v. 16. 6. 2021 – XII ZB 554/20, ErbR 2021 S. 833

Ders., Erblasserfreiheit versus Erbenfreiheit – Faustregeln zu Grenzen der Testierfreiheit, ZErb 2010 S. 45

Werkmüller, Die Gestaltungsmöglichkeiten des Erblassers bei der Anordnung von Vor- und Nachvermächtnissen, ZEV 1999 S. 343

v. Westphalen, AGB-Recht im zweiten Halbjahr 2024, NJW 2025 S. 266

Witzheller, Der digitale Nachlass – Praxisprobleme und Gestaltungsempfehlungen, ErbStB 2023 S. 16

Worm, Pflichtteilserschwerungen und Pflichtteilsstrafklauseln, RNotZ 2003 S. 535

Z

Zimmer, ZEV-Report Zivilrecht, ZEV 2026 S. 224

Ders., ZEV-Report Zivilrecht, ZEV 2022 S. 207

Ders., Die Vor- und Nacherbfolge im Grundbuch, ZEV 2014 S. 526

Zimmermann, Der superbefreite und superermächtigte Testamentsvollstrecker – Teil 1, ZEV 2021 S. 141

Ders., Der superbefreite und superermächtigte Testamentsvollstrecker – Teil 2, ZEV 2021 S. 222

I. Das erbrechtliche Mandat

1. Zahlen und Fakten

Der erbrechtliche Beratungsbedarf in Deutschland ist hoch und steigt weiter. 1
Denn jedes Jahr werden Vermögenswerte von geschätzt 300–400 Mrd. € vererbt. In den nächsten zehn Jahren wird rund jeder dritte Vermögenseuro vererbt. Diese hohen Werte erklären sich daraus, dass die Nachkriegsgenerationen in Deutschland sehr große Vermögenswerte aufgebaut haben, die nun sukzessive zur Vererbung anstehen. Die sog. „Erbschaftswelle" rollt über Deutschland – allerdings geräuschlos und jenseits der öffentlichen Wahrnehmung. Nur ausnahmsweise gelangen Informationen über die Höhe von Erbvermögen an die Öffentlichkeit, wenn prominente Unternehmer Erbstreitigkeiten unter medialer Beobachtung ausfechten, wie z. B. bei Erwin Müller, Heinz-Hermann Thiele, Aldi Nord, ARAG, Tönnies, Brandenstein-Zeppelin usw.

TAB. 1: Verteilung der Erbfälle insgesamt: Immobilien und Geldvermögen[1]

	Gelderbschaft		Immobilienerbschaft		Gesamterbschaft		
	Anzahl in Tsd.	Anteil in %	Anzahl in Tsd.	Anteil in %	Anzahl in Tsd.	Anteil in %	
nichts/ Schulden	954	16	3.152	54	741	13	untere 50 %
bis 25 Tsd. €	2.181	38	125	2	1.461	25	
20–50 Tsd. €	866	15	133	2	503	9	
50–75 Tsd. €	488	8	211	4	328	6	
75–100 Tsd. €	323	6	223	4	277	5	
100–150 Tsd. €	371	6	442	8	470	8	
150–250 Tsd. €	309	5	737	13	741	13	
250–500 Tsd. €	202	3	576	10	843	15	
500–1.000 Tsd. €	72	1	151	3	320	6	
> 1 Mio. €	21	0,4	38	1	103	2	
Summe	5.787	100	5.787	100	5.787	100	

(Auswahl: ohne die 2 % einkommensreichsten Haushalte)

1 Quelle: Analyse – Erben in Deutschland 2015–2024, Deutsches Institut für Altersvorsorge, S. 28, https://www.dia-vorsorge.de/wp-content/uploads/2015/09/DIA_Studie_Erben_in_Deutschland_LowRes.pdf (zuletzt abgerufen am 1.2.2026).

2 Umgekehrt zeigt ein genauer Blick in die Statistik, dass viele Erbfälle nur geringe Nachlasswerte oder gar Schulden aufweisen. So machen Nachlasswerte bis maximal 75.000 € bereits die Hälfte aller Erbfälle aus. 13 % erben gar nichts oder nur Schulden.

3 Ein Nachlasswert von über 1 Mio. € wird nur in 2 % aller Erbfälle erreicht. In diesem Segment besteht dann allerdings ein hoher Bedarf an hochspezialisierter Beratung. Dasselbe gilt erst recht in den geschätzt 20.000–30.000 Unternehmensnachfolgen, die pro Jahr anstehen.[2] Aufgrund der besonderen Struktur der betrieblich gebundenen Vermögenswerte mit zusätzlichen rechtlichen, steuerlichen, betriebswirtschaftlichen – und nicht zuletzt – zwischenmenschlichen Implikationen erfordert die Gestaltung einer Unternehmensnachfolge eine noch höhere Qualifikation des Beraters. Eine Nachfolgeberatung bezieht sich naturgemäß auf das wirtschaftliche Lebenswerk des Mandanten und somit auf hohe Gegenstandswerte, was die Beratungsleistung auch in finanzieller Hinsicht attraktiv für Berater erscheinen lässt.

2. Sachverhaltsermittlung

4 Eine Besonderheit bei der erbrechtlichen Beratung ist die enge menschliche Nähe zum Mandanten. Denn naturgemäß sind bei einer Nachfolgeberatung nicht nur sämtliche vermögensrechtliche Aspekte, sondern auch die familiären und zwischenmenschlichen Beziehungen von Bedeutung.

a) Vermögensverhältnisse

5 Eine umfassende und sinnvolle Nachfolgeplanung kann nur dann erfolgen, wenn vom Mandanten alle notwendigen Informationen erlangt werden. Diese beinhalten detaillierte Informationen zu **sämtlichen Vermögenswerten** im In- und Ausland. Nur so kann der Berater prüfen, ob etwa auf ausländische Vermögenswerte ausländische Steuer- und Rechtsordnungen Anwendung finden.

6 Wichtig sind z. B. Lebensversicherungen, da es sich hierbei um Verträge zugunsten Dritter handelt, die sich nicht im Anwendungsbereich des Erbrechts, sondern des Schuldrechts befinden. Auch Verbindlichkeiten gegenüber Dritten sind von Bedeutung, insbesondere, wenn sie sich auf bestimmte Vermögensgegenstände beziehen, die bestimmten Personen als (Voraus-)Vermächtnis oder Teilungsanordnung zustehen sollen.

2 IFM Bonn, Unternehmensnachfolgen in Deutschland 2018–2022, Daten und Fakten Nr. 18 S. 25, https://www.ifm-bonn.org/fileadmin/data/redaktion/publikationen/daten_und_fakten/dokumente/Daten-und-Fakten-18_2018.pdf (zuletzt abgerufen am 1.2.2026).

BEISPIEL: Erblasser E setzt seine drei Töchter A, B und C zu gleichen Teilen zu seinen Erben ein. Seiner Lebensgefährtin F wendet er per Vermächtnis eine vermietete Immobilie mit einem Verkehrswert von ca. 3 Mio. € zu. Die Immobilie ist mit einer Grundschuld zugunsten der Sparkasse S belastet; die Grundschuld sichert zwei Darlehen ab: Nämlich ein Darlehen mit einer aktuellen Restschuld i. H. von 850.000 €, das zur Finanzierung des Anschaffungspreises der vermachten Immobilie diente, sowie ein weiteres Darlehen mit einer Restschuld i. H. von 500.000 €, das zur Finanzierung eines Unternehmenskaufs diente.

Hier stellt sich die Frage, wer wirtschaftlich für die beiden Verbindlichkeiten aufkommen muss: Die Erben oder die Vermächtnisnehmerin? Ungeachtet der rechtlichen Lösung dieser nicht trivialen Konstellation (vgl. die Lösung unter →Rz. 695) geht es zu Beginn des Mandats darum, diese Konstellation überhaupt zu erkennen. Fragen Sie daher nach sämtlichen Verbindlichkeiten und dinglichen Belastungen!

HINWEIS:

Bei Vorhandensein von Immobilienvermögen ist es stets ratsam, aktuelle Grundbuchauszüge anzufordern. Denn es ist häufig zu beobachten, dass Mandanten nicht genau wissen, wie sich die grundbuchmäßigen Eigentumsverhältnisse einer (vor Jahrzehnten angeschafften) Immobilie darstellen. Nicht selten gehen Eheleute von hälftigem Miteigentum aus, tatsächlich ist aber nur ein Ehepartner als Eigentümer im Grundbuch eingetragen. Auch dingliche Belastungen in Abteilung 2 und 3 des Grundbuchs lassen sich so rechtssicher eruieren.

(Einstweilen frei) 7–9

b) Lebensgewohnheiten und Nationalität

Bei den Lebensgewohnheiten ist kollisionsrechtlich von Interesse, wo der Mandant während des Jahres tatsächlich lebt. Denn auf den Erbfall kommt das Recht des Staates zur Anwendung, in dem der Erblasser im Zeitpunkt seines Todes den gewöhnlichen Aufenthalt hat.[3] Auch die Nationalität des Erblassers ist zu erfragen; denn sollte der Mandant bspw. die letzten Jahre vor seinem Tod die meiste Zeit des Jahres in seinem Ferienhaus auf Mallorca verbracht haben, käme eigentlich spanisches Erbrecht zur Anwendung. 10

Daher sollte vorsorglich eine Rechtswahl nach Art. 22 Abs. 1 EUErbVO empfohlen werden. Hiernach kann der Erblasser per Testament[4] unabhängig vom gewöhnlichen Aufenthalt im Todeszeitpunkt deutsches materielles Erbrecht wählen – vorausgesetzt er besitzt die deutsche Staatsangehörigkeit. Daher ist auch nach der Staatsangehörigkeit zu fragen. 11

3 Art. 21 Abs. 1 EUErbVO.

4 Art. 22 Abs. 2 EUErbVO sieht die ausdrückliche Erklärung in Form einer Verfügung von Todes wegen vor. Möglich ist also auch ein Erbvertrag.

12 Ferner kann bei bestimmten Nationalitäten – trotz universeller Geltung der EUErbVO – dennoch ausländisches materielles Erbrecht zur Anwendung kommen. Siehe hierzu unten →Rz. 158.

c) Familienverhältnisse und Persönliches

13 Die genauen familiären Verhältnisse des Mandanten bilden den rechtlichen und vor allem den pflichtteilsrechtlichen Rahmen für die Nachfolgeplanung, weshalb auch das Vorhandensein von nichtehelichen und außerehelichen Kindern von Bedeutung ist. Nur wenn alle pflichtteilsberechtigten Personen bekannt sind, kann auch rechtssicher geplant und beraten werden. Auf den ersten Blick scheint das Pflichtteilsrecht nur dann relevant, wenn der Erblasser Personen enterben will oder ihnen weniger als den Pflichtteil zukommen lassen will.

14 Jedoch ist auch die in pflichtteilsrechtlicher Hinsicht äußerst relevante Vorschrift des § 2306 BGB zu beachten: Wird ein Erbe durch Einsetzung eines Nacherben, die Ernennung eines Testamentsvollstreckers oder die Anordnung einer Teilungsanordnung beschränkt oder mit einem Vermächtnis oder einer Auflage beschwert, kann er auch dann seinen Pflichtteil verlangen, wenn er die (beschwerte) Erbschaft ausgeschlagen hat.

15 In Ausnahme zu § 2303 Abs. 1 Satz 1 BGB entsteht der Pflichtteilsanspruch also trotz Ausschlagung. Nur in den wenigsten Fällen einfach gelagerter Sachverhalte wird eine letztwillige Verfügung ohne die in § 2306 BGB genannten Instrumente auskommen. So wird eine Nachfolgegestaltung fast immer Vermächtnisse oder Teilungsanordnungen erfordern. Daher schwebt § 2306 BGB meist wie ein Damoklesschwert über der Nachfolgeregelung. Gestaltungssicherheit kann hier nur der Abschluss von Pflichtteilsverzichtsverträgen bringen. Dasselbe gilt – sogar unabhängig vom Vorliegen irgendwelcher Beschränkungen und Beschwerungen – für die Ausschlagungsmöglichkeit pflichtteilsberechtigter Ehegatten gem. §§ 2303 Abs. 2, 1371 Abs. 3 BGB.

16 Um Gestaltungsempfehlungen abgeben zu können, sollte der Berater auch über die zwischenmenschlichen Beziehungen des Mandanten zu den jeweiligen Familienmitgliedern und ggf. weiteren Personen im Bilde sein. Auch sind bisweilen uneheliche Kinder vorhanden, die aber gegenüber den anderen Familienmitgliedern seit Jahrzehnten erfolgreich verheimlicht wurden. Spätestens nach dem Tod ihres leiblichen Vaters werden diese unehelichen Kinder aber die familiäre Bühne betreten und ihren Anteil fordern, d. h. ihren Erb- oder zumindest Pflichtteil.

Aber auch die persönlichen und finanziellen Verhältnisse der Familienmitglieder sind unter Umständen für die Gestaltung von Bedeutung – etwa, wenn bei überschuldeten oder in der Geistestätigkeit beeinträchtigten Erben das Instrument der Testamentsvollstreckung oder die Einsetzung eines Nacherben sinnvoll sein kann. Auch die sog. Pflichtteilsbeschränkung in guter Absicht nach § 2338 BGB kann hier ein sinnvolles Instrument sein. 17

Schließlich ist für die Gestaltung von Interesse, ob bei Beteiligten geistige Einschränkungen bestehen. Zum einen kann hierdurch die Testierfähigkeit eingeschränkt sein; zum anderen kann der Abschluss von Erb- und Pflichtteilsverzichtsverträgen mit solchen Personen erschwert oder unmöglich sein. Und schließlich können für Personen mit Behinderungen besondere Gestaltungsformen sachgerecht sein, die eine angemessene Verwaltung des Nachlasses gewährleisten und zugleich einen Zugriff des Sozialhilfeträgers auf die Nachlassmasse verhindern können.[5] Siehe hierzu →Rz. 476, 977. 18

d) Frühere Verfügungen und Testierfreiheit

Vor dem Entwurf einer letztwilligen Verfügung muss zunächst geprüft werden, ob der Erblasser eventuell in seiner Testierfreiheit beschränkt ist, denn die Testierfreiheit des Mandanten kann in rechtlicher Hinsicht eingeschränkt sein. Da solche Beschränkungen den möglichen Gestaltungsrahmen darstellen, sind diese frühzeitig zu eruieren. 19

Die Testierfreiheit kann etwa beschränkt sein, wenn der Erblasser verwitwet ist; hat er mit dem verstorbenen Ehegatten ein gemeinschaftliches Ehegattentestament errichtet, können wechselbezügliche Verfügungen des überlebenden Ehegatten bindend geworden sein. 20

Aber auch der Abschluss eines Erbvertrags zu Lebzeiten kann zu einer Bindungswirkung für den Mandanten geführt haben – selbst dann, wenn sämtliche Vertragsbeteiligten noch leben. Hat der Mandant bestimmte Vermögenswerte als Vorerbe inne, kann er diesbezüglich nicht letztwillig darüber verfügen; hierüber hat der Erblasser bereits durch Benennung eines Nacherben verfügt. 21

Somit muss der Mandant sämtliche Dokumente vorlegen, die derartige Regelungen beinhalten können, damit sich der Berater ein eigenes Bild über den genauen Inhalt verschaffen kann. In Betracht kommen nicht nur namentlich 22

5 Auch kann mittels Einsetzung eines Nacherben die Erbfolge auf Ableben des behinderten und testierunfähigen (Vor-)Erben geregelt werden.

als solche bezeichnete Testamente und Erbverträge, sondern auch andere Verträge, die entsprechende Regelungen beinhalten können – etwa Eheverträge oder Schenkungsverträge – die nicht selten erbrechtliche, insbesondere erbvertragliche Regelungen mitbeinhalten.

HINWEIS:

Verlassen Sie sich nicht auf Mitteilungen der Mandanten. Diese können juristisch unkorrekt oder unvollständig sein. Lassen Sie sich daher immer die entsprechenden Dokumente vorlegen und prüfen Sie diese persönlich.

► ***Exkurs:***

23 Von der Testierfreiheit zu unterscheiden ist die Testierfähigkeit. Wer wegen krankhafter Störung der Geistestätigkeit, wegen Geistesschwäche oder wegen Bewusstseinsstörung nicht in der Lage ist, die Bedeutung einer von ihm abgegebenen Willenserklärung einzusehen und nach dieser Einsicht zu handeln, kann ein Testament nicht errichten (§ 2229 Abs. 3 BGB).

24 Hat der Testierende das 16. Lebensjahr noch nicht vollendet, ist er ebenfalls testierunfähig. Die Testamentserrichtung ist ein höchstpersönliches Rechtsgeschäft (§ 2064 BGB), so dass keine Errichtung durch die gesetzlichen Vertreter zulässig ist.[6] 16- und 17-Jährige können hingegen letztwillige Verfügungen treffen – allerdings nicht in jeglichen Testamentsformen, sondern nur unter Beachtung der besonderen Formvorschriften für Minderjährige in den §§ 2233 Abs. 1, 2247 Abs. 4 BGB. Der Minderjährige kann weder ein eigenhändiges Testament gem. §§ 2231 Nr. 2, 2247 BGB, noch ein öffentliches Testament durch Übergabe einer verschlossenen Schrift gem. § 2233 Abs. 1 BGB errichten. Somit bleibt nur die Errichtung durch mündliche Erklärung gegenüber dem Notar oder durch Übergabe einer **offenen** Schrift. So wird die Überprüfung und Beratung durch den Notar sichergestellt.

e) Schenkungs- und Verzichtsverträge

25 Lassen Sie sich von Ihrem Mandanten sämtliche in der Vergangenheit abgeschlossene Erb- oder Pflichtteilsverzichtsverträge vorlegen. So können Sie erkennen, ob, für wen und in welcher Höhe Pflichtteilsansprüche bestehen. Hierbei müssen Sie unterscheiden, ob es sich um Erbverzichte oder lediglich um Pflichtteilsverzichte handelt. Bei Vorliegen eines Erbverzichts wird der Verzichtende gem. § 2310 Satz 2 BGB bei der Ermittlung der Pflichtteilsquoten nicht

6 Hoeren in HK-BGB, § 2229 Rz. 4.

berücksichtigt; wurde lediglich auf den Pflichtteil verzichtet (§ 2346 Abs. 2 BGB), wird der Verzichtende hingegen mitgezählt.

► ***Exkurs:***

Da der Erbverzicht zu höheren Pflichtteilsquoten anderer Pflichtteilsberechtigter führen kann, sollte stets nur auf den Pflichtteil verzichtet werden; darüber hinausgehende Ansprüche kann der Erblasser ohnehin selbst regeln, indem er seine letztwillige Verfügung entsprechend gestaltet. Daher ist der Erbverzicht unnötig und in haftungsrechtlicher Hinsicht gefährlich! 26

Häufig finden sich in **Schenkungsverträgen** Pflichtteilsverzichte, die im Gegenzug von den Beschenkten geleistet werden; sollte kein solcher Verzicht enthalten sein, wird in (notariell beurkundeten) Schenkungsverträgen regelmäßig zumindest eine Pflichtteilsanrechnung gem. § 2315 BGB enthalten sein. Hierdurch wird das Pflichtteilsrecht zwar nicht komplett beseitigt, aber zumindest der Höhe nach verringert. 27

Auch **Eheverträge** sollten daraufhin durchgesehen werden, ob darin Erb- oder Pflichtteilsverzichtsverträge enthalten sind. Je mehr Pflichtteilsverzichte oder -anrechnungen vorhanden sind, desto weniger ist die Testierfreiheit des Mandanten durch das gesetzliche Pflichtteilsrecht beschränkt und desto mehr Gestaltungsfreiheit haben Sie als Berater bei der Nachfolgeplanung. 28

Die Offenbarung derart sensibler und persönlicher Informationen erfordert ein besonderes Vertrauensverhältnis zwischen Mandant und Berater. Absolute Diskretion und Integrität auf Seiten des Beraters sind hierfür die Grundvoraussetzung. Nicht selten ist die Nachfolgeberatung der Beginn eines fortwährenden Vertrauensverhältnisses zwischen Mandant und Berater, was zu einer langfristigen Beratungstätigkeit führen kann. Diese Beratungstätigkeit kann sich auf die Nachfolgeplanung selbst richten, etwa wenn im Laufe der Zeit letztwillige Verfügungen an veränderte rechtliche oder tatsächliche Gegebenheiten angepasst werden müssen. 29

Änderungen in den Vermögensverhältnissen oder den familiären Beziehungen können Anpassungen ebenso notwendig machen wie – nicht selten – vorkommende Reformen des (Erbschaft-)Steuerrechts; Änderungen etwa im Erbschaftsteuerrecht nach erfolgtem Abschluss einer Nachfolgeplanung können – je nach Ausgestaltung des Mandatsverhältnisses – für den Berater auch nachvertragliche Hinweispflichten gegenüber dem Mandanten begründen, bei deren Verletzung Schadensersatzansprüche entstehen können. 30

f) Gesellschaftsverträge

31 Verfügt der Mandant über unternehmerisches Vermögen, sind hier weitere Informationen zur Rechtsform erforderlich. Siehe hierzu unten →Rz. 983 ff.

32 Handelt es sich um eine Personengesellschaft, müssen die Gesellschaftsverträge eingesehen werden. Denn entsprechend dem Grundsatz „Gesellschaftsrecht bricht Erbrecht" können bspw. qualifizierte Nachfolgeklauseln letztwilligen Verfügungen vorgehen. Mittels einer qualifizierten Nachfolgeklausel kann die Vererblichkeit der Anteile eingeschränkt werden. Die Anteile können dann nur an bestimmte (qualifizierte) Erben im Wege der Sondererbfolge übergehen.

33 Widersprüche zwischen letztwilliger Verfügung und gesellschaftsvertraglicher Nachfolgeklausel können zu unerwünschten Ergebnissen und steuerlichen Schäden führen. Daher müssen Gesellschaftsvertrag und letztwillige Verfügung aufeinander abgestimmt werden. Entweder muss die Nachfolgeklausel im Gesellschaftsvertrag der letztwilligen Verfügung angepasst werden oder – wenn eine Anpassung des Gesellschaftsvertrags wegen der Mehrheitsverhältnisse in der Gesellschafterversammlung nicht durchsetzbar ist – müssen die letztwilligen Verfügungen angepasst werden.

34 Ist der Mandant an einer Kapitalgesellschaft (z. B. einer GmbH) beteiligt, so kann die Vererblichkeit der Anteile grds. nicht durch Gesellschaftsvertrag eingeschränkt sein.[7] Allerdings ist der Gesellschaftsvertrag auch hier zwingend einzusehen, da dort Zwangseinziehungsklauseln enthalten sein können für den Fall, dass die Anteile an bestimmte Personen vererbt werden. Verschärft wird diese Problematik häufig dadurch, dass als Gegenleistung für die eingezogenen Anteile nur ein verringerter Abfindungswert in der Satzung vorgesehen ist.[8] Dieser Umstand kann für den Berater leicht zur Haftungsfalle werden.

35 **Checkliste für die Feststellung des Sachverhalts**

1. Feststellung der persönlichen Verhältnisse (insbesondere gesetzliche Erbfolge und Pflichtteilsberechtigte)
   - ○ leibliche Kinder (mit Altersangabe)
   - ○ adoptierte Kinder (mit Altersangabe)
   - ○ noch lebende Eltern (mit Altersangabe)

7 § 15 Abs. 1 GmbHG.

8 Zur Wirksamkeit entsprechender Klausel vgl. instruktiv Bühler, DNotZ 2021 S. 725.

- ○ Ehestand
  - ► ledig?
  - ► verheiratet/eingetragene Lebenspartnerschaft (mit Altersangabe des Partners)?
  - ► geschieden?
  - ► verwitwet?
- ○ Güterstand
- ○ Staatsangehörigkeit von Erblasser, Erben bzw. sonstigen Nachlassbeteiligten
- ○ gewöhnlicher Aufenthalt des Erblassers
- ○ Geschäftsfähigkeit/Betreuung von anderen Beteiligten (im Hinblick auf Pflichtteilsverzichtsverträge)

2. Feststellung der wirtschaftlichen Verhältnisse
   - ○ wesentliche Vermögenswerte (z. B. Bargeld, Wertpapiere, Immobilien, Gesellschaftsbeteiligungen, Einzelunternehmen, laufende Einkünfte, laufende Ausgaben)
   - ○ Auslandsvermögen (z. B. Immobilien, Bankkonten)
   - ○ Verträge zugunsten Dritter (insbesondere Lebensversicherungen, Bankkonten auf Namen Dritter)
   - ○ Sondererbfolge bei Beteiligung an Personengesellschaften (Vorlage der Gesellschaftsverträge)
3. Einschränkungen der Testierfähigkeit und -freiheit
   - ○ durch geistige Beeinträchtigungen (z. B. Krankheit, Alter)
   - ○ durch bindend gewordene Ehegattentestamente
   - ○ durch Erbverträge
   - ○ durch Vor- oder Nacherbschaften
   - ○ durch Gesellschaftsverträge (z. B. qualifizierte Nachfolgeklausel bei Personengesellschaften)
4. Erb- und Pflichtteilsverzichte (Vorlage auch von Eheverträgen, Schenkungsverträgen)
5. Anordnung von Pflichtteilsanrechnungen (Vorlage von Schenkungsverträgen)

6. Vorhandensein von trans- oder postmortalen Vollmachten
7. Vorhandensein von Patientenverfügungen

3. Interessenskollisionen

a) Widerstreitende Interessen

36 Für eine rechtssichere Beratung unter Hinzuziehung eines Anwalts ist Nachfolgendes zu beachten:

„Der Rechtsanwalt darf nicht tätig werden, wenn er einen anderen Mandanten in derselben Rechtssache bereits im ***widerstreitenden Interesse*** *beraten oder vertreten hat."* [9] Dieses gesetzliche Verbot wird ergänzt um die Detailregelungen in §§ 45, 59a Abs. 2 Nr. 1 Buchst. e BRAO sowie § 3 BORA.[10]

37 Die am 1.8.2022 in Kraft getretene große BRAO-Reform[11] bringt in Bezug auf Interessenkonflikte und Tätigkeitsbeschränkungen vor allem Klarstellungen und eine Neuordnung der entsprechenden Vorschriften.[12]

38 Der vorgenannte Grundsatz des § 43a Abs. 4 BRAO ist von besonderer Relevanz und Brisanz bei der erbrechtlichen Beratung. Zum einen bestehen im erbrechtlichen Beratungsfeld häufiger widerstreitende Interessen; zum anderen sind diese widerstreitenden Interessen für den Berater häufig nicht so offenkundig wie in klassischen Beratungsgebieten. Daher müssen Sie für die Problematik sensibilisiert sein.

39 Vertritt ein Rechtsanwalt seinen Mandanten etwa bei der Geltendmachung einer Kaufpreisforderung, bei einer Räumungsklage gegen einen Mieter oder im Rahmen eines Kündigungsschutzprozesses, sind Interessenskollisionen selten zu befürchten; jedenfalls wären sie evident erkennbar, etwa wenn der Rechtsanwalt bereits zuvor in gleicher Sache auf der Gegenseite tätig war.

b) Sachverhaltsidentität

40 In restriktiver Auslegung des Wortlauts ist für eine Interessenskollision stets **Sachverhaltsidentität** erforderlich. Diese ist dann gegeben, wenn es sich bei

9 § 43a Abs. 4 Satz 1 BRAO.

10 Ergänzend gelten die Berufsregeln der Rechtsanwälte der Europäischen Gemeinschaft „CCBE".

11 „Gesetz zur Neuregelung des Berufsrechts der anwaltlichen und steuerberatenden Berufsausübungsgesellschaften sowie zur Änderung weiterer Vorschriften im Bereich der rechtsberatenden Berufe" v. 7.7.2021, BGBl 2021 I S. 2363.

12 Zum Ganzen Kilian, NJW 2021 S. 2385.

natürlicher Betrachtungsweise um dieselbe Angelegenheit handelt. Ist der Sachverhalt ein innerlich zusammenhängendes, einheitliches Lebensverhältnis, das zumindest teilweise auf denselben aktuellen oder historischen Vorgängen beruht?

In diesen drei Fallkonstellationen ist von einer Interessenskollision auszugehen: 41

1. Gegenläufige Interessen

   Der Rechtsanwalt hat in derselben Rechtssache **gegenläufige Interessen** verschiedener Personen zu berücksichtigen.

BEISPIEL: Der Rechtsanwalt wird bei einer streitigen Erbauseinandersetzung für beide sich gegenüberstehende Parteien tätig.

2. Verschwiegenheit

   Der Rechtsanwalt verfügt über mandatsrelevante Informationen aus einem früheren Mandatsverhältnis. Hier besteht die Gefahr, dass er die **Verschwiegenheitspflicht** gegenüber seinem früheren Mandanten verletzt (§ 3 Abs. 5 BORA, Art. 3.2.3. CCBE).

BEISPIEL: Der Rechtsanwalt hat Kenntnis von der Überschuldung seines früheren Mandanten und potenziellen Erben. Er rät daher seinem neuen Mandanten zu Testamentsvollstreckung/Pflichtteilsbeschränkung in guter Absicht/Nacherbschaft.

3. Sondervorteile

   Der Rechtsanwalt verfügt über mandatsrelevante Informationen aus einem früheren Mandat, die zu einem **unberechtigten Sondervorteil** des neuen Mandanten aufgrund dieses Wissensvorsprungs führen können.

BEISPIEL: Der Rechtsanwalt hat interne Kenntnisse über finanzielle Gegebenheiten, die zu unberechtigten Vorteilen bei der späteren Zwangsvollstreckung führen können.

c) Häufige Konstellationen bei der erbrechtlichen Beratung

In der erbrechtlichen Beratungspraxis kommt es nicht selten vor, dass darum gebeten wird, eine Nachfolgeplanung für die „gesamte Familie" zu entwickeln. Dieses Ansinnen ist nachvollziehbar, schließlich möchte bspw. ein Ehepaar seine Nachfolge nicht nur in Bezug auf ein einzelnes Kind regeln, sondern insgesamt. 42

Es wäre also auszuarbeiten, welche Vermögenswerte die Eheleute sich gegenseitig zukommen lassen und in welcher Form die Kinder bedacht werden. Sind sich bereits die Ehegatten untereinander nicht einig, wie die Regelungen im 43

Detail gestaltet sein sollen, liegen widerstreitende Interessen vor, was zur Mandatsniederlegung zwingen kann. Sind sich die Ehegatten untereinander einig, stellt sich weiter die Frage, inwiefern widerstreitende Interessen der Kinder vorliegen. Eine umfassende Nachfolgeregelung ist selten damit getan, dass lediglich die Erblasser letztwillige Verfügungen treffen. Vielmehr sind weitere Maßnahmen notwendig, damit die getroffenen Verfügungen im Erbfall auch zur Geltung gelangen.

44 Bei größeren Vermögenswerten sind regelmäßig Verfügungen notwendig, die über die bloße Erbeinsetzung hinausgehen. Notwendige oder sinnvolle Anordnungen von Vermächtnissen, Teilungsanordnungen, Auflagen, Testamentsvollstreckung oder Nacherbschaft lösen jedoch allesamt die sog. „Gestaltungsbremse“ in Form des § 2306 BGB aus. Werden etwa die Kinder als Erben eingesetzt und zugleich Vermächtnisse oder sonstige Beschränkungen oder Beschwerungen im vorgenannten Sinne angeordnet, greift § 2306 BGB ein: Die Kinder können die Erbschaft ausschlagen und dennoch ihren Pflichtteil verlangen.

45 Die spätere tatsächliche Wirksamkeit der Nachfolgegestaltung steht somit unter dem Damoklesschwert der Ausschlagung durch die pflichtteilsberechtigten Kinder. Dieselbe Problematik besteht auch bei Ehegatten, die in Zugewinngemeinschaft leben: Auch hier bleibt nach § 1371 Abs. 3 BGB das Pflichtteilsrecht des Ehegatten trotz Ausschlagung erhalten. Wirksam verhindern lässt sich die beschriebene Situation nur durch den vorherigen Abschluss von Pflichtteilsverzichtsverträgen. Denn in einem solchen Fall würden die Pflichtteilsberechtigten nach erfolgter Ausschlagung leer ausgehen; sie werden daher die Erbschaft trotz entsprechender Beschränkungen und Beschwerungen annehmen – so wie dies von vornherein von dem Erblasser (und dem Berater) geplant und gewollt war.

46 Häufig wird ein derartiger Pflichtteilsverzichtsvertrag zwischen Erblasser und Pflichtteilsberechtigten mit einem Erbvertrag verbunden, um dem Verzichtenden eine gesicherte Rechtsposition zu verschaffen und ihn somit zum Verzicht zu bewegen.

47 Wurden in einem Mandat die Beratungen und Besprechungen bis dahin lediglich mit den „Senioren“ geführt, wird es nun erforderlich, auch die Kinder in die Nachfolgeplanung mit einzubeziehen, um den Abschluss von Pflichtteilsverzichtsverträgen zu ermöglichen. An dieser Stelle müssen Sie als Berater penibel auf die Wahrung des § 43a Abs. 4 BRAO achten. Als Berater der „Senioren“ haben Sie ein Interesse daran, dass die Kinder die Erb- und Pflichtteilsverzichtsverträge unterzeichnen und so die entworfene Gestaltung abgesichert

wird. Hüten Sie sich jedoch an dieser Stelle davor, auch nur den Anschein zu erwecken, die Interessen der „Junioren“ mitzuvertreten. Dies würde zwar aufgrund des vermeintlichen Vertrauensverhältnisses zu den Junioren zum leichteren Abschluss der Verzichtsverträge führen; das Verbot zur Wahrnehmung widerstreitender Interessen wäre jedoch klar verletzt.

Das Gleiche gilt bei Beratung und Planung einer vorweggenommenen Erbfol- 48
ge. Lebzeitige Übertragungen im Rahmen der vorweggenommenen Erbfolge sehen im Schenkungs- und Übertragungsvertrag regelmäßig Rückfallklauseln, Widerrufsvorbehalte, Pflichtteilsanrechnungen oder sonstige Verpflichtungen zulasten des Beschenkten vor. Somit ist es nicht möglich, sowohl Schenker als auch Beschenkten anwaltlich zu beraten. Im Einzelfall kann es angezeigt sein, die anderen Beteiligten explizit und nachweisbar (schriftlich) darauf hinzuweisen, zur Wahrung ihrer Interessen selbst einen eigenen Rechtsanwalt zu mandatieren.

Sollen Sie für eine Miterbengemeinschaft tätig werden, liegt eine Interessens- 49
kollision vor, sobald Sie für oder gegen ein einzelnes Mitglied der Miterbengemeinschaft innerhalb desselben Sachverhalts tätig werden. Dies kann etwa der Fall sein, wenn Forderungen oder Verbindlichkeiten zwischen Miterbengemeinschaft einerseits und einem Miterben andererseits abzuwickeln sind. Selbstverständlich kann der Anwalt auch nicht im späteren Verlauf einen einzelnen Miterben vertreten, nachdem die Auseinandersetzung der Miterbengemeinschaft streitig geworden ist.

Auch die gleichzeitige Beratung mehrerer Pflichtteilsberechtigter kann sich als 50
verbotene Wahrnehmung widerstreitender Interessen darstellen, etwa wenn zwischen den Pflichtteilsberechtigten eine Ausgleichungspflicht nach § 2316 BGB in Frage steht.

d) Pflichten bei Interessenkollision

Liegt eine Interessenkollision vor, hat dies zur Folge, dass jegliche beratende 51
Tätigkeit und jede prozessuale Tätigkeit verboten ist. Bei Vorliegen einer Interessenkollision darf das Mandat nicht angenommen werden; ein bereits angenommenes muss sofort niedergelegt werden (§ 3 Abs. 4 BORA).

Hat ein Rechtsanwalt mehrere kollidierende Mandate tatsächlich wahrgenom- 52
men, muss er alle niederlegen. Hat er bspw. anfangs lediglich die „Senioren“ im Rahmen einer Nachfolgeplanung beraten, im späteren Verlauf aber gegen-

über den „Junioren“ den Anschein erweckt, auch deren (gegenläufige) Interessen mitzuvertreten, ist insbesondere auch das Mandat mit den Senioren niederzulegen.[13]

53 Das Verbot zur Wahrnehmung widerstreitender Interessen erstreckt sich auf alle Mitglieder einer Rechtsanwaltssozietät sowie auf alle sonstigen mit dem jeweiligen Rechtsanwalt tätigen Anwälte – insbesondere auch angestellte Rechtsanwälte und freie Mitarbeiter einschließlich Referendare in der Anwaltsstation.[14] Es gilt der Grundsatz „If one lawyer is out, the whole company is out“. Da auch die Berufsausübungsgesellschaft selbst den Berufspflichten unterworfen ist, verliert dieser Grundsatz jedoch an praktischer Bedeutung. Die Tätigkeitsverbote ergeben sich dann direkt aus § 59e Abs. 1 BRAO i. V. mit § 43a Abs. 4 Satz 1 BRAO.[15]

54 Bis 2022 waren sogar Bürogemeinschaften[16] von diesem Verbot erfasst. Hiervon ist der Gesetzgeber abgerückt; nunmehr werden Tätigkeitsverbote, die einen in einer Bürogemeinschaft tätigen Rechtsanwalt wegen anwaltlicher oder nicht-anwaltlicher Vor- oder Nachbefassung in derselben Rechtsangelegenheit treffen, nicht mehr auf alle anderen Mitglieder der Bürogemeinschaft erstreckt (§ 3 Abs. 3 BORA). Diese Beschränkung des Tätigkeitsverbots ist als sachgerecht zu begrüßen, teilen sich Anwälte in einer Bürogemeinschaft doch lediglich Betriebsmittel und Infrastruktur, ohne dass es zu einer inhaltlichen Zusammenarbeit kommt.

55 Ist ein Anwalt wegen Interessenskollision ausgeschlossen, dürfen mit ihm zur Berufsausübung verbundene Rechtsanwälte dieses Mandat ebenfalls nicht annehmen oder weiterführen (§ 43a Abs. 4 Satz 2 BRAO). Unter engen Voraussetzungen kann aber eine Erstreckung des Verbots auf Sozietätsmitglieder verhindert werden: Voraussetzung ist, dass die betroffenen Mandanten der Tätigkeit des Rechtsanwalts nach umfassender Information in Textform zugestimmt haben und geeignete Vorkehrungen die Einhaltung der Verschwiegenheit des Rechtsanwalts sicherstellen (§ 43a Abs. 4 Satz 4 BRAO); nähere Anforderungen finden sich in § 3 Abs. 4 BORA.[17]

13 Schneider in Münchener Anwaltshandbuch Erbrecht, § 2 Rz. 4.

14 § 43a Abs. 4 Satz 2 und Abs. 5 BRAO.

15 Kilian, NJW 2021 S. 2385 Rz. 35.

16 Legaldefiniert in § 59q BRAO: Rechtsanwälte können sich zu einer Gesellschaft verbinden, die der gemeinschaftlichen Organisation der Berufstätigkeit der Gesellschafter unter gemeinschaftlicher Nutzung von Betriebsmitteln dient, jedoch nicht selbst als Vertragspartner von rechtsanwaltlichen Mandatsverträgen auftreten soll (Bürogemeinschaft).

17 Zum Tätigkeitsverbot bei „Kanzleiwechslern“ siehe Kilian, NJW 2021 S. 2385 Rz. 37.

Konsequenz eines Verstoßes ist zunächst die standesrechtliche Ahndung gem. § 113 Abs. 1 BRAO. Ferner ist der Beratungsvertrag nichtig gem. § 134 BGB i. V. mit §§ 43a Abs. 4, 45 BRAO. Ein Anwaltshonorar ist nicht geschuldet, ein bereits gezahltes kann kondiziert werden. Schließlich ist vorsätzliches Verhalten strafrechtlich als Parteiverrat gem. § 356 StGB sanktioniert.[18] Eine **Einwilligung** der Beteiligten in ein derart verbotenes Verhalten eines Rechtsanwalts ist nicht möglich und führt zu keiner abweichenden rechtlichen Beurteilung. Denn sowohl die standesrechtlichen als auch die strafrechtlichen Vorschriften schützen nicht nur die Interessen der Mandanten, sondern auch das abstrakte Vertrauen in die Integrität der Rechtspflege.[19] 56

Checkliste und Zusammenfassung: 57

1. Liegt eine Interessenskollision vor?
2. Werden Geheimnisse aus einem anderen Mandatsverhältnis offenbart?
3. Führen Informationen aus einem anderen Mandatsverhältnis zu einem rechtswidrigen Sondervorteil?

Folge bei Verstoß:

1. Standesrechtliche Ahndung
2. Nichtigkeit des Mandatsvertrags
3. Strafbarkeit wegen Parteiverrats bei Vorsatz

4. Das Honorar

Bevor Sie ein Mandat übernehmen, sollten Sie sich auch und gerade über Ihre Honorierung Gedanken machen – dies gilt umso mehr bei erbrechtlichen Mandaten, bei denen die gesetzliche Vergütung nach RVG aufgrund der spezifischen Besonderheiten erbrechtlicher Mandate nicht selten zu unsachgemäßen Honorarhöhen führen kann. Eine unsachgemäß hohe Vergütung kann sich ergeben, wenn nur wenig Gestaltungsaufwand bei gleichzeitig sehr hohen Vermögenswerten besteht. 58

BEISPIEL: Der verwitwete M hat vor kurzem sein Familienunternehmen an einen Finanzinvestor verkauft. Sein Vermögen besteht nunmehr aus Bargeld i. H. von 150 Mio. € und vermieteten Wohnimmobilien mit einem Wert von 10 Mio. €. An Verwandten gibt es lediglich eine Tochter und eine Enkeltochter, die M in einem Erbvertrag als Erben einsetzen möchte; sein langjähriger Steuerberater S soll als Testa-

18 Der kollusive Parteiverrat ist gem. § 356 Abs. 2 StGB sogar ein Verbrechen.

19 Fischer, StGB, § 356 Rz. 2; BT-Drucks. 12/4993 S. 27.

mentsvollstrecker eingesetzt werden. Im Gegenzug sollen Tochter und Enkeltochter auf ihr Pflichtteilsrecht verzichten.

59 Andererseits kann die Vergütung unsachgerecht niedrig ausfallen, wenn bei relativ geringem Vermögen komplexe rechtliche und steuerrechtliche Fragen zu klären sind.

BEISPIEL: Die Eheleute M und F haben drei gemeinsame Kinder, wovon ein Kind geistig und körperlich schwer behindert ist und in einem Pflegeheim lebt und ein weiteres Kind wegen einer vorangegangenen Insolvenz hoch verschuldet ist. Ferner hat jeder der Eheleute noch Kinder aus vorangegangenen Beziehungen. Zu diesen Kindern besteht teilweise kein Kontakt mehr. An Vermögen gibt es eine Großbäckerei in der Rechtsform der KG und eine Gewerbeimmobilie, die im zivilrechtlichen Eigentum der Eheleute steht, jedoch an die KG vermietet ist, weshalb sie steuerrechtlich als Sonderbetriebsvermögen zu qualifizieren ist. Das Vermögen beläuft sich insgesamt auf 3 Mio. €.

60 Bei einer gegenstandswertbasierten Abrechnung nach RVG kann sich im Laufe des Mandats der zunächst angenommene Gegenstandswert als nicht zutreffend erweisen, so dass Ihnen weniger Honorar zusteht, als Sie dies bei Annahme des Mandats angenommen haben.

BEISPIEL: In ihrer Kanzlei erscheint Frau M und berichtet, dass ihr sehr vermögender Vater, mit dem sie seit 20 Jahren keinen Kontakt mehr hatte, vor kurzem verstorben sei. Da sie enterbt worden sei, wolle sie nun mit Ihrer Hilfe Pflichtteilsansprüche gegen ihre Schwester, die Alleinerbin wurde, geltend machen. Nach überschlägiger Ermittlung unter Zugrundelegung der Pflichtteilsquote von 1/4 und einem hinterlassenen Vermögen von 1,6 Mio. € beliefen sich die Pflichtteilsansprüche somit auf 0,4 Mio. €. Nach einer arbeitsintensiven Einarbeitung stellt sich im Laufe des Mandats jedoch heraus, dass die Mandantin völlig überzogene Vorstellungen vom Vermögen des Vaters hatte; denn das Vermögen des Vaters wurde durch seine jahrelange Pflegebedürftigkeit vor seinem Tod stark dezimiert und bestand am Ende nur noch aus lediglich 100.000 €.

Zwar berechnet sich der Gegenstandswert nicht aus dem Ergebnis, das am Ende einer gerichtlichen Entscheidung zugesprochen wird, sondern aus dem ursprünglichen Mandantenauftrag. Jedoch ist dieser Auftragswert nach objektiven Gesichtspunkten zu ermitteln. Unvernünftige und unrealistische Annahmen des Mandanten bleiben hierbei außen vor.[20]

a) Das Honorar nach RVG

61 Das Mandatsverhältnis ist zivilrechtlich als Geschäftsbesorgungsvertrag anzusehen. Die Höhe der Vergütung richtet sich mangels anderer wirksamer Ver-

20 Klees in Mayer/Kroiß, RVG, § 2 Rz. 16.

einbarung nach dem RVG. Maßgeblich ist auch in erbrechtlichen Angelegenheiten der Gegenstandswert (§ 2 Abs. 1 RVG). Maßgeblich für die Gebührenhöhe ist somit die Tabelle nach § 13 RVG.[21]

HINWEIS:

Nach § 49b Abs. 5 BRAO muss der Anwalt den Mandanten vor Beginn des Mandats darüber aufklären, dass sich die Vergütung nach dem Gegenstandswert berechnet. Bei Verstoß gegen diese vertragliche Nebenpflicht aus dem Geschäftsbesorgungsvertrag haftet der Rechtsanwalt gegenüber dem Mandanten auf den Vertrauensschaden.[22]

Wird ein Rechtsanwalt in dem erbrechtlichen Mandat **gerichtlich** tätig, richten 62
sich die Gebühren nach dem Wert, der für die Gerichtsgebühren zugrunde gelegt wird.[23] Für die Anwaltsgebühren ist also der Wert entscheidend, der für die Berechnung der Gerichtsgebühren[24] maßgeblich ist.

Agiert der Rechtsanwalt lediglich im Rahmen einer **außergerichtlichen** Tätig- 63
keit, kommt § 23 Abs. 1 Satz 3 RVG zur Anwendung. Voraussetzung hierfür ist, dass die außergerichtliche Tätigkeit auch **Gegenstand eines gerichtlichen Verfahrens** sein kann. Maßgeblich sind dann die Werte, die auch den Gerichtsgebühren zugrunde liegen.

Ist die **außergerichtliche** Tätigkeit des Rechtsanwalts hingegen so beschaffen, 64
dass sie **nicht Gegenstand eines gerichtlichen Verfahrens** sein kann, sind nach § 23 Abs. 3 RVG die Bewertungsvorschriften des Gerichts- und Notarkostengesetzes maßgeblich.

Beispiele für derartige Tätigkeiten sind: 65

- Überprüfung, ob ein Pflichtteilsanspruch besteht;
- Entwurf eines Erbvertrags;
- begleitende Tätigkeiten im Zusammenhang mit einem Vertrag (etwa die Beratung und Begleitung bei Abschluss eines notariell beurkundeten Vertrags).

Ergeben sich aus dem Gerichts- und Notarkostengesetz keine konkreten Wer- 66
te, sind diese nach billigem Ermessen festzulegen; bei Fehlen genügender tatsächlicher Anhaltspunkte für eine Schätzung ist der Gegenstandswert mit 5.000 € anzusetzen (§ 23 Abs. 3 Satz 1 RVG). Handelt es sich um eine **nichtvermögensrechtliche** Angelegenheit, gilt ebenfalls der Regelwert von 5.000 €,

21 Die Tabelle nach § 49 RVG kommt bei Prozess- oder Verfahrenskostenhilfe zur Anwendung.

22 BGH, NJW 2007 S. 2332. Ferner muss der Anwalt bei Vorliegen von Anhaltspunkten auf die Möglichkeit von Beratungs- und Prozesskostenhilfe hinweisen (§ 16 Abs. 1 BORA).

23 § 23 Abs. 1 Satz 1 RVG.

24 § 3 Abs. 1 GKG, § 3 FamGKG, § 3 Abs. 1 GNotKG.

wobei in beiden Fällen eine Erhöhung oder Absenkung im Einzelfall erfolgen kann.

HINWEIS:

Entwirft ein Rechtsanwalt ein Testament oder ein gemeinschaftliches Testament, ist fraglich, ob dies eine Geschäftstätigkeit darstellt, die Wertgebühren auslöst, oder ob es sich hierbei lediglich um eine Beratung handelt, die nach § 34 RVG lediglich mit einem Höchstbetrag von 250 €[25] abgerechnet werden kann.

Der BGH[26] hat hier mit einer Entscheidung aus dem Jahre 2018 Rechtssicherheit gebracht: Der Entwurf eines Testaments löst keine wertabhängige Geschäftsgebühr aus. Der Anwalt kann lediglich eine wertunabhängige Beratungsgebühr verlangen. In einer weiteren Entscheidung aus dem Jahr 2021 hat der BGH[27] ferner klargestellt, dass dies auch für die Erstellung eines gemeinschaftlichen Testaments gilt. Ein gemeinschaftliches Testament ist auch dann kein Vertrag, wenn es wechselbezügliche Verfügungen enthält. Denn zum Abschluss eines Vertrags bedarf es zweier korrespondierender Willenserklärungen (Angebot und Annahme). Ein Testament hingegen wird durch eine einseitige, nicht empfangsbedürftige Erklärung des Testierenden errichtet. Es findet kein Betreiben eines Geschäfts im Sinne einer nach außen gerichteten Tätigkeit statt. Die Tätigkeit betrifft nur die Eheleute (oder Lebenspartner), die das gemeinschaftliche Testament errichten. Der Rechtsanwalt vertritt nicht die Interessen des einen gegenüber dem anderen Teil (was auch ein Verstoß gegen § 43a BRAO wäre). Es findet keine Vertretung gegenüber solchen Personen statt, die außerhalb des Mandatsverhältnisses stehen.

Daher ist dringend zu raten, eine Gebührenvereinbarung zu treffen. Die inhaltliche Ausgestaltung ist frei (Vergütung nach Zeitaufwand, Pauschalvergütung oder Grundvergütung plus Zuschläge nach Zeitaufwand usw.). In formaler Hinsicht muss die Vergütungsvereinbarung bei Beratung nicht in Textform nach § 3a Abs. 1 Satz 1 RVG getroffen werden (siehe unten); es genügt auch eine mündliche Abrede (§§ 3a Abs. 1 Satz 4, 34 RVG).[28]

Nicht empfehlenswert ist hingegen eine Vereinbarung, wonach für die Entwurfserstellung eine Geschäftsgebühr abgerechnet wird. Das LG Offenburg[29] hält eine solche Vereinbarung für intransparent, wenn darin lediglich der Gegenstandswert ohne den nach § 14 RVG i. V. mit Nr. 2300 VV-RVG maßgeblichen Gebührenrahmen genannt wird. Dem Mandanten sei somit die Berechnung der Gesamtkosten nicht möglich. Die Vereinbarung wurde daher wegen Verstoßes gegen § 307 Abs. 1 Satz 2 BGB als unwirksam angesehen. Der Anwalt konnte lediglich die Beratungsgebühr abrechnen.

25 Bei einer erbrechtlichen Beratung wird der Mandant regelmäßig „Verbraucher" sein gem. § 34 Abs. 1 Satz 3 RVG, weshalb die Höchstgrenze von 250 € gilt.

26 BGH, NJW 2018 S. 1479.

27 BGH, NJW 2021 S. 1680; Entscheidungsbesprechung von Schneider, NJW-Spezial 2021 S. 315.

28 Aus Gründen der Vorsicht und Beweisbarkeit empfiehlt sich freilich auch hier Text- oder Schriftform.

29 LG Offenburg, Urteil v. 18.11.2025 - 2 S 7/24, BeckRS 2025 S. 36396; hierzu auch Zimmer, ZEV 2026 S. 224, 227.

b) Honorarvereinbarung für die anwaltliche Beratung

Möglichst frühzeitig sollten Sie als Berater darüber nachdenken, ob Sie dem Mandanten den Abschluss einer Vergütungsvereinbarung vorschlagen wollen. Sobald Sie sich einen Überblick über das Mandat und insbesondere über den Arbeitsaufwand und das Haftungsrisiko verschafft haben, sollten Sie sich überlegen, welche Form der Honorierung für beide Seiten am sachgerechtesten ist. Gerade bei Gestaltung einer umfassenden Nachfolgeregelung wird eine Honorierung nach RVG selten sachgerecht sein, so dass hier meist eine Vergütungsvereinbarung ins Spiel kommen sollte. 67

aa) Zeitpunkt der Vereinbarung

Der Zeitpunkt einer Vergütungsvereinbarung sollte möglichst früh gewählt werden. Häufig wird die Vereinbarung noch vor der Annahme des Mandats getroffen – als Bedingung für den abzuschließenden Anwaltsvertrag. Grundsätzlich kann die Vergütungsvereinbarung aber in jedem Stadium des Mandats abgeschlossen werden, sogar noch nach Abschluss der anwaltlichen Tätigkeiten. 68

Lediglich zur **Unzeit** darf die Vereinbarung nicht getroffen werden: 69

BEISPIEL: Rechtsanwalt R trifft sich eine Stunde vor einer wichtigen Gerichtsverhandlung mit seinem Mandanten zur Vorbesprechung. Hierbei legt er eine Vergütungsvereinbarung vor, deren Abschluss er zur Bedingung für die Weiterführung des Mandats und zur Wahrnehmung des Gerichtstermins macht. In diesem Fall ist der Mandant nicht frei in seiner Willensentscheidung, so dass die Vereinbarung wegen der Art ihres Zustandekommens unzulässig ist.[30]

bb) Form und formale Ausgestaltung der Vereinbarung

Gemäß § 3a Abs. 1 Satz 1 RVG bedarf die Vergütungsvereinbarung der Textform (§ 126b BGB).[31] Die bis 2008[32] vorgeschriebene Schriftform mitsamt handschriftlicher Unterschrift ist nicht erforderlich. Es genügt also ein Vertragsabschluss via E-Mail o. Ä. 70

Bei der formalen Ausgestaltung der Vereinbarung ist nach § 3a Abs. 1 Satz 2 RVG darauf zu achten, dass sie ausdrücklich als „Vergütungsvereinbarung oder in vergleichbarer Weise“ bezeichnet wird; sie muss von anderen Verein- 71

30 BGH, NJW 2013 S. 1591; NJW 2010 S. 1364.
31 Hierzu BGH, NJW 2026 S. 1138.
32 Bis zum 30.6.2008 durch § 4a RVG.

barungen mit Ausnahme der Auftragserteilung deutlich abgesetzt sein und darf nicht in der Vollmacht enthalten sein.[33] Denkbar wäre auch der Begriff „Honorarvereinbarung".[34] Die Bezeichnung als „Gebührenvereinbarung" sollten Sie vorsichtshalber vermeiden. Denn Vereinbarungen zur Höhe von Auslagen könnten nicht unter diese Überschrift subsumiert werden, so dass eine Irreführung des Mandanten befürchtet werden könnte.[35]

72 Gemäß § 3a Abs. 1 Satz 3 RVG muss die Vereinbarung einen Hinweis darauf enthalten, dass eine andere Partei im Falle der Kostenerstattung nicht mehr als die gesetzliche Vergütung erstatten muss. Ein Verstoß gegen diese Hinweispflicht lässt den Vergütungsanspruch des Anwalts nicht grds. entfallen.[36] Ob das Fehlen eines Hinweises nach § 3a Abs. 1 Satz 3 RVG eine unangemessene Benachteiligung wegen einer intransparenten Honorarvereinbarung begründen kann und die Vereinbarung deshalb unwirksam ist, hat der BGH[37] bisher offengelassen. Der BGH stellt in diesem Zusammenhang klar, dass der Anwalt grds. nicht verpflichtet ist, sich aus dem Gesetz oder dem Vertrag ergebende Rechte ausdrücklich zu regeln oder den Vertragspartner hierüber zu belehren.[38] Daher führt nicht jeder Verstoß gegen die gesetzliche Hinweispflicht aus § 3a Abs. 1 Satz 3 RVG zur Unwirksamkeit einer Vergütungsvereinbarung wegen Intransparenz. Die Verletzung dieser gesetzlichen Informationspflicht kann aber eine Schadensersatzpflicht des Anwalts begründen.

HINWEIS:

Zwar nicht rechtlich vorgeschrieben, aber empfehlenswert, ist der Hinweis, dass eine etwaig eintretende Rechtsschutzversicherung ebenfalls nur die Kosten in Höhe der gesetzlichen Vergütung übernimmt.

73 Keiner Form hingegen bedarf die Vergütungsvereinbarung im Falle einer Beratung, eines Gutachtens oder einer Mediation (§§ 34 Abs. 1, 3a Abs. 1 Satz 4 RVG); dasselbe gilt bei einem Vergleich über eine strittige Honorarforderung aus einer Vergütungsvereinbarung.[39] Aus Beweisgründen empfiehlt sich hier allerdings dennoch, es nicht bei der mündlichen Form zu belassen. Entwirft der Anwalt etwa ein Testament, stellt dies ebenfalls nur eine Beratung (und

33 Näher hierzu BGH, NJW 2016 S. 1596; OLG Karlsruhe, AnwBl 2015 S. 350; Schneider in Münchener Anwaltshandbuch, Erbrecht, § 2 Rz. 37 ff.

34 OLG München, AGS 2016 S. 214.

35 Schneider in Münchener Anwaltshandbuch, Erbrecht, § 2 Rz. 36.

36 BGH, NJW 2026 S. 1138 Rz. 25; NJW-RR 2017 S. 124 Rz. 15 m. w. N.

37 BGH, NJW 2026 S. 1138 Rz. 28.

38 BGH, NJW 2026 S. 1138 Rz. 28; NJW 2023 S. 1718 Rz. 30 m. w. N.

39 OLG Celle, ErbR 2010 S. 50.

keine Geschäftsgebühr auslösende Tätigkeit) dar.[40] Will man sich nicht mit der Beratungsgebühr von 250 € begnügen, sollte eine Vereinbarung zur Gebührenhöhe getroffen werden (siehe oben). Diese Vereinbarung ist dann nicht formbedürftig; sie kann auch mündlich getroffen werden – wobei aus Beweisgründen Schriftlichkeit empfehlenswert ist.

Wurde die gesetzlich vorgeschriebene Form nicht eingehalten, ergibt sich die Rechtsfolge nicht aus § 125 BGB, vielmehr bleibt die Vereinbarung wirksam – und zwar mitsamt sämtlicher Nebenabreden.[41] Nach § 4b RVG kann der Rechtsanwalt jedoch keine höhere als die gesetzliche Vergütung verlangen. Enthält die formunwirksame Vereinbarung also eine niedrigere als die gesetzliche Vergütung, verbleibt es bei dieser niedrigeren Höhe. Wurde bereits eine höhere Vergütung an den Anwalt bezahlt, kann der Mandant diese insoweit zurückfordern, als sie die gesetzliche Höhe übersteigt, wie in folgender Konstellation:[42] 74

BEISPIEL: Rechtsanwalt R vereinbart mit Mandant M mündlich eine höhere Vergütung als die gesetzliche. M erklärt, er brauche keine schriftliche Honorarvereinbarung, da die Bezahlung für ihn eine Sache der Ehre sei. Nachdem M bezahlt hatte, überlegte er es sich anders. Er konnte den über der gesetzlichen Vergütung liegenden Betrag mit Erfolg vom Anwalt gem. § 812 BGB zurückfordern.[43]

cc) Inhalt der Vereinbarung

Nach dem Grundsatz der Vertragsfreiheit kann der Inhalt einer Vergütungsvereinbarung frei festgelegt werden. In der Praxis finden sich insbesondere folgende Varianten:[44] 75

- Zeitvergütung;
- Pauschalvergütung;
- Pauschalvergütungen nach Abschnitten gestaffelt;
- Kombination aus Pauschal- und Zeitvergütung;
- Kombination aus gesetzlichen Gebühren und zusätzlichen Aufschlägen;
- die Festlegung eines höheren Gegenstandswerts als Basis der gesetzlichen Gebühren;

40 BGH, NJW 2018 S. 1479.
41 Entgegen § 139 BGB.
42 BGH, NJW-Spezial 2016 S. 28.
43 Ein Rückforderungsausschluss nach § 814 BGB scheidet regelmäßig aus.
44 Eingehend Schneider, Die Vergütungsvereinbarung, Rz. 765 ff.

- eine Multiplikation der gesetzlichen Vergütung;
- Erfolgsvergütung.

76 Die Parteien können nicht nur die Höhe der Gebühren regeln, sondern auch die Auslagen. Werden in einer Gebührenvereinbarung die Auslagen jedoch nicht angesprochen oder geregelt, gelten diese als durch die Gebühren mit abgegolten.[45] Neben der vereinbarten Vergütung können also keine Auslagen verlangt werden. Unangemessen ist es jedoch, eine Vereinbarung zu treffen, die eine prozentuale Auslagenpauschale bezogen auf die Honorarhöhe vorsieht,[46] ohne dass gleichzeitig eine Höchstgrenze vereinbart wird.

HINWEIS:

Weisen Sie in der Gebührenvereinbarung ausdrücklich auf die zusätzlich zur Vergütung geschuldeten Auslagen hin.

Oder treffen Sie in der Gebührenvereinbarung ausdrücklich eigene Regelungen zur Höhe der Auslagen (z. B. pro gefahrene Kilometer X € usw.).

77 In Bezug auf die Höhe der vereinbarten Vergütungen sind folgende Grundsätze zu beachten:

1. Bei einer **gerichtlichen** Tätigkeit darf eine Vergütungsvereinbarung die gesetzlichen Gebühren nicht unterschreiten (§ 49b Abs. 1 BRAO).
2. Bei einer **außergerichtlichen** Tätigkeit ist hingegen eine Unterschreitung zulässig (§ 4 Abs. 1 RVG), wobei die Vergütung in angemessenem Verhältnis zu Leistung, Verantwortung und Haftungsrisiko stehen muss.
3. Bei **gerichtlichen** Verfahren ist eine Unterschreitung der gesetzlichen Gebühren durch ein **Erfolgshonorar** möglich – aber nur unter den Bedingungen des § 4a RVG. Für den Erfolgsfall muss ein angemessener Zuschlag auf die gesetzlichen Gebühren vereinbart werden.
4. Wird in einem **gerichtlichen** Verfahren eine **Vergütungsvereinbarung** getroffen (etwa auf Stundenbasis), kann dies (etwa bei geringem Stundenaufwand) faktisch zu einer Unterschreitung der gesetzlichen Gebühren führen. Selbst wenn im Ergebnis die gesetzlichen Gebühren (etwa bei hohem Stundenaufwand) überschritten wurden, führt bereits die theoretisch

45 OLG Koblenz, OLGZ 79 S. 230; LG Koblenz, AnwBl 1984 S. 206.

46 BGH, NJW 2024 S. 3364 Rz. 45. Das LG Köln, NJW-Spezial 2017 S. 284, nimmt Unwirksamkeit einer Pauschale für Post und Telekommunikationsdienstleistungen i. H. von 5 % des Honorars zumindest dann an, wenn keine Deckelung vorgesehen ist.

mögliche Unterschreitung durch die Vergütungsvereinbarung zu deren Unzulässigkeit und somit Nichtigkeit.[47]

HINWEIS:

Bei Vergütungsvereinbarungen zu *gerichtlichen* Tätigkeiten sollten vorsorglich immer die gesetzlichen Gebühren als Mindesthonorar[48] vereinbart werden;[49] darauf aufbauend könnten dann bspw. Stundenhonorare vereinbart werden.

Formulierungsvorschlag: 78

„Das Stundenhonorar des Anwalts beträgt x € zzgl. jeweils gültiger Umsatzsteuer. (Zu weiteren Details siehe unten das Formulierungsbeispiel für außergerichtliche Zeitvergütung.)

Sollte bei einem gerichtlichen Verfahren die gesetzliche Vergütung höher sein als die mit dieser Vergütungsvereinbarung vereinbarte Vergütung auf Zeitbasis, so ist diese gesetzliche Mindestvergütung geschuldet.

Abweichend hiervon, rechnet der Anwalt mindestens in Höhe der gesetzlichen Gebühren nach dem RVG ab. Für diesen Fall weist der Anwalt darauf hin, dass sich die gesetzlichen Gebühren im streitigen Verfahren regelmäßig nach dem Gegenstandswert richten.

Der Anwalt weist darauf hin, dass vorstehende Vergütungsvereinbarung von den gesetzlichen Gebühren des Rechtsanwaltsvergütungsgesetzes (RVG) abweicht. Im Falle eines Anspruchs auf Kostenerstattung muss die gegnerische Partei, ein Verfahrensbeteiligter oder die Staatskasse regelmäßig nicht mehr als die gesetzlichen Gebühren erstatten.[50]

Der Auftraggeber wird darauf hingewiesen, dass die von der Rechtschutzversicherung geschuldete Vergütung auf die gesetzliche Vergütung nach dem RVG begrenzt ist. Die vorliegend vereinbarte Vergütung kann darüber hinausgehen, so dass der die gesetzliche Vergütung übersteigende Betrag nicht von der Rechtschutzversicherung und auch nicht im Obsiegensfall vom Gegner getragen wird. Der Auftraggeber wird weiter darauf hingewiesen, dass eine Rechtsschutzversicherung in Abhängigkeit vom individuellen Versicherungsvertrag verschiedene

47 So AG München, AGS 2011 S. 530; a. A. OLG München, AGS 2016 S. 214, das dann keinen Verstoß annimmt, wenn aus der vorausschauenden Sicht des Rechtsanwalts die vereinbarte Vergütung voraussichtlich die gesetzliche Gebühr nicht unterschreiten wird.

48 Nach OLG München, NJW 2017 S. 2127, kann sogar das Doppelte der gesetzlichen Gebühren als Minimum vereinbart werden.

49 Schneider in Münchener Anwaltshandbuch, Erbrecht, § 2 Rz. 31.

50 BGH, NJW 2026 S. 1138 Rz. 28, hat offengelassen, ob das Fehlen eines Hinweises nach § 3a I 3 RVG eine unangemessene Benachteiligung wegen einer intransparenten Honorarvereinbarung begründen kann.

Risiken nicht abdeckt. Ob und inwieweit die Rechtsschutzversicherung Zahlungen leistet, ist rechtlich und tatsächlich das Risiko des Mandanten.“

dd) Zeitvergütung

79 Legen Sie bei der Beratung einen Stundensatz zugrunde, stellt sich weiter die Frage, in welcher Zeittaktung Sie diesen Stundensatz berechnen.

80 Legen Sie in der Vergütungsvereinbarung keine Zeittaktung fest, geht die Rechtsprechung[51] davon aus, dass der Rechtsanwalt minutengenau abrechnen muss. Daher empfiehlt sich die Vereinbarung einer Zeittaktung in der Honorarvereinbarung, die sowohl praktikabel als auch rechtswirksam ist.

81 Bei mehrfacher Verwendung der Honorarvereinbarung ist diese als AGB zu werten, weshalb die AGB-rechtlichen Anforderungen zu beachten sind.

81/1 Bei der AGB-rechtlichen Beurteilung sind wiederum verbraucherspezifische Besonderheiten zu berücksichtigen. Gerade bei der erbrechtlichen Beratung wird Ihr Mandant regelmäßig Verbraucher gem. § 13 BGB sein. Auch wenn sich die erbrechtliche Beratung auf die unternehmerischen Vermögenswerte des Mandanten beziehen sollte, wird er diesbezüglich dennoch als Verbraucher anzusehen sein.

81/2 Die als AGB vorformulierte Honorarvereinbarung muss zunächst klar und verständlich sein (§ 307 Abs. 1 Satz 2 BGB). Vorformulierte Zeithonorarvereinbarungen müssen dem Transparenzgebot genügen. Nach Auffassung des EuGH[52] genügt eine Vergütungsvereinbarung dann nicht den Transparenzvorgaben des Art. 4 II der Richtlinie des Rates über missbräuchliche Klauseln in Verbraucherverträgen v. 5.4.1993,[53] wenn dem Verbraucher vor Vertragsschluss nicht die Informationen erteilt worden sind, die ihn in die Lage versetzt hätten, seine Entscheidung mit Bedacht und in voller Kenntnis der wirtschaftlichen Folgen des Vertragsschlusses zu treffen. Ein Rechtsanwalt kann allerdings aufgrund der Eigenart der von ihm zu erbringenden Rechtsdienstleistungen bei Vertragsschluss oftmals schwer oder sogar unmöglich vorhersehen, welchen genauen Zeitaufwand er benötigen wird und welche Vergütung der Verbraucher exakt zu zahlen hat. Dieses Dilemma für den Berater hat auch der EuGH ausdrücklich eingeräumt.[54] Dennoch hält es der Gerichtshof für

51 AG Waldkirch, Urteil v. 4.8.2021 - 1 C 214/20, BeckRS 2021 S. 33295, m. Anm. Burhoff, AGS 2022 S. 61; hierzu auch Mayer, NJW 2022 S. 1784 f.

52 EuGH, NJW 2023 S. 903.

53 RL 93/13/EWG, ABl. 1993 L 95 S. 29.

54 EuGH, NJW 2023 S. 903 Rz. 41.

zwingend, dass der Berater dem Verbraucher vor Vertragsschluss Informationen gibt, mit denen die Gesamtkosten der Größenordnung nach eingeschätzt werden können oder sich der Berater verpflichtet, dem Verbraucher in angemessenen Zeitabständen Rechnungen oder Zeitaufstellungen zu übermitteln, aus denen sich die aufgewendeten Arbeitsstunden ergeben. Diese Vorgaben des EuGH haben in der Praxis für Verunsicherung sowohl bei Beratern als auch bei Mandanten geführt.

Auf der Grundlage und am Maßstab dieser EuGH-Rechtsprechung hat der BGH[55] nachfolgend jedoch für Rechtsklarheit (und Erleichterung bei der Anwaltschaft) gesorgt: Die richtlinienkonforme Auslegung des § 307 Abs. 1 Satz 2 BGB gebiete nicht stets und ohne Weiteres die automatische Unwirksamkeit einer gegen das Transparenzgebot verstoßenden Vergütungsvereinbarung. Vielmehr stelle die Intransparenz einer Bestimmung nach dem Unionsrecht nur einen der Gesichtspunkte dar, die bei der Beurteilung der Missbräuchlichkeit einer Klausel im Wege der Gesamtwürdigung zu berücksichtigen sind. Eine entsprechende Vereinbarung mag zwar für den Verbraucher intransparent sein, per se missbräuchlich ist sie nach Ansicht des BGH deshalb aber nicht. Denn der Anwalt setzt mit einer solchen Vereinbarung nicht missbräuchlich seine eigenen Interessen zulasten des Mandanten durch. 81/3

Außerdem treffen den Anwalt strenge Darlegungsanforderungen hinsichtlich des Bearbeitungsaufwands;[56] nach den Vorgaben des BGH muss er die abzurechnenden Leistungen konkret und in nachprüfbarer Weise darlegen.[57] 81/4

In dem vom BGH[58] entschiedenen Fall wurde die Honorarvereinbarung dann auch erst aufgrund einer Gesamtwürdigung im Einzelfall für unwirksam erklärt; es wurden nämlich in komplizierter Weise Stundenhonorar und Vergütung nach dem RVG kombiniert und zudem wurde eine unzulässige Auslagenpauschale i. H. von 5 % des Honorars vereinbart.[59] Somit sind in Übereinstimmung mit der Rechtsprechung des BGH auch nach dem EuGH-Urteil weiterhin Zeithonorarvereinbarungen ohne Kostenschätzung oder regelmäßige Abrechnungen möglich. Sie sollten allerdings darauf achten, nicht zusätzliche intransparente oder komplexe Abrechnungsmodalitäten zu vereinbaren, die in der Gesamtschau zur Unwirksamkeit führen könnten. Der sicherste Weg für den Berater ist freilich, die strengen Transparenzvorgaben des EuGH umzuset- 81/5

55 BGH, NJW 2026 S. 1138 Rz. 23; NJW 2025 S. 2698 Rz. 33; NJW 2024 S. 3364 Rz. 21 ff.
56 Hierzu Toussaint, NJW 2026 S. 1106.
57 NJW 2024 S. 3364 Rz. 16.
58 NJW 2024 S. 3364.
59 BGH, NJW 2024 S. 3364 Rz. 37 ff.

zen – jedenfalls wirken eine Kostenschätzung bei Mandatsannahme und regelmäßige Abrechnungen auf den Mandanten kundenorientiert und professionell. Sie sollten daher zumindest einen kurzen Hinweis auf die voraussichtlich anfallenden Stunden erteilen und den Mandanten bei weiteren erforderlichen Tätigkeiten auf diese hinweisen.[60]

82 Darüber hinaus darf insbesondere die vorgesehene Zeittaktung den Mandanten nicht unangemessen benachteiligen. Ist es zulässig, mit einer Zeittaktung von 15 Minuten abzurechnen? Diese Frage wurde von Gerichten bisher nicht einheitlich entschieden. Teilweise wurde sie verneint (OLG Düsseldorf[61] und LG Köln[62]), teilweise bejaht (OLG Schleswig[63] und LG München[64]).

83 Die mögliche unangemessene Benachteiligung des Mandanten besteht bei einer Zeittaktung von 15 Minuten darin, dass auch (sehr) kurze Tätigkeiten des Anwalts so vergütet werden müssen, als ob der Anwalt volle 15 Minuten für den Mandanten gearbeitet hätte. Beantwortet der Anwalt etwa eine kurze Rückfrage des Mandanten in einem einminütigen Telefonat, hat der Mandant 15 Minuten zu bezahlen. Ferner zeigt sich die Problematik bei sämtlichen Tätigkeiten des Anwalts, die länger als 15 Minuten dauern: Dauert die Tätigkeit des Anwalts auch nur wenige Sekunden länger als der vorgesehene Takt, wird auf volle 15 Minuten aufgerundet – und dies auch bei mehreren zeitlich unterbrochenen Tätigkeiten an einem Tag. Für eine Tätigkeit, die bspw. 16 Minuten gedauert hat, müsste der Mandant somit 30 Minuten bezahlen.

84 Der BGH[65] hatte die Zulässigkeit einer solchen Zeittaktung nicht inhaltlich geklärt, sondern lediglich festgestellt, dass es stets auf die „Umstände des Einzelfalls" ankomme. Diese Aussage ist in der Praxis nicht hilfreich.

85 Im Jahr 2020 entschied der BGH,[66] dass jedenfalls **gegenüber Verbrauchern** eine 15-minütige Zeittaktung unwirksam ist. Damit ist für die erbrechtliche Beratung, die regelmäßig gegenüber Verbrauchern erbracht wird, Rechtsklarheit geschaffen.

86 Welche Zeittaktung gegenüber einem **Unternehmer** möglich ist, lässt der BGH weiter ausdrücklich offen. Aus Vorsichtsgründen sollten die für Verbraucher

60 Trosin, DStR 2026 S. 822, 824.
61 NJW-RR 2007 S. 129.
62 NJW-Spezial 2017 S. 284.
63 ZfSch 2009 S. 345.
64 BRAK-Mitt. 3/2010 S. 148.
65 AGS 2009 S. 209.
66 BGH, NJW 2020 S. 1811.

geltenden Maßstäbe aber m. E. auch gegenüber Unternehmern berücksichtigt werden, zumal etwa das OLG Düsseldorf[67] entschieden hat, dass eine 15-Minuten-Taktung gegenüber einem Unternehmer unwirksam ist. Die zu wählende Taktung sollte jedenfalls (deutlich) kürzer als 15 Minuten sein.[68]

HINWEIS:

Bei der Gestaltung von Honorarvereinbarungen sollte man als vorsichtiger Berater eine minutengenaue Abrechnung des Zeitaufwands vorsehen. Alternativ könnte eine minutengenaue Erfassung des Aufwands und bei der Endabrechnung eine Rundung vorgesehen werden.[69]

Jedenfalls gilt: Je größer die vereinbarte Zeittaktung ist, desto höher ist das Risiko einer unangemessenen Benachteiligung und somit der Nichtigkeit der Klausel.

Entscheiden Sie sich für eine Zeitvergütung, tragen Sie die Darlegungs- und Beweislast dafür, dass die berechnete Vergütung tatsächlich entstanden ist. Der BGH[70] sieht beim Zeithonorar grds. die Gefahr, dass dem Mandanten der tatsächliche zeitliche Aufwand des Anwalts verborgen bleibt und ein unredlicher Anwalt deshalb ihm nicht zustehende Zahlungen beansprucht. Deshalb ist eine schlüssige Darlegung der geltend gemachten Stunden erforderlich.[71] Dies dient dem Schutz des Mandanten.[72] 87

Pauschale Angaben zur abgerechneten Tätigkeit genügen nicht, wie bspw. allgemeine Hinweise auf Aktenbearbeitung, Literaturrecherche und Telefongespräche, weil sie – jedenfalls bei wiederholter Verwendung – inhaltsleer sind und ohne Kontrolle geradezu beliebig ausgeweitet werden können. 88

Vielmehr muss substantiiert und in nachprüfbarer Weise dargelegt werden, welche Tätigkeit vom Anwalt erbracht wurde. So ist bspw. anzugeben, 89

- welche Akten und Schriftstücke durchgesehen wurden,
- welcher Schriftsatz vorbereitet oder verfasst wurde,

67 OLG Düsseldorf, Urteil v. 13.1.2026 - 24 U 65/22, FD-RVG 2026 S. 803486.

68 Das OLG München schlägt (per obiter dictum) eine 6-Minuten-Taktung vor, BeckRS 2019 S. 10655 – ebenso hält das LG Freiburg eine 6-Minuten-Taktung für wirksam, BeckRS 2019 S. 46259. Eine 5-Minuten-Taktung hält das LG Karlsruhe für unbedenklich, BeckRS 2021 S. 2271. Zum Ganzen Schneider, NZFam 2022 S. 12; Günther, NJW 2019 S. 2591.

69 Mayer, FD-RVG 2009 S. 279541.

70 BGH, NJW 2020 S. 1811.

71 BGH, NJW 2010 S. 1364.

72 BGH, NJW 2023 S. 3364 Rz. 16.

- zu welcher Rechts- oder Tatfrage welche Literaturrecherchen angestellt wurden
- oder zu welchem Thema, mit welchem Gesprächspartner, wann eine fernmündliche Unterredung geführt wurde.

90 Darüber hinaus muss die abgerechnete Zeit im Verhältnis stehen zu Umfang und Schwierigkeit der Sache. Eine unvertretbare Aufblähung der Arbeitszeit zum Nachteil des Mandanten soll so vermieden werden.[73]

HINWEIS:

Notieren Sie zeitnah und möglichst detailliert die vorstehenden Tätigkeitsdetails zum jeweiligen Mandat. Denn im Nachhinein sind derart detaillierte Angaben nur mühsam rekonstruierbar und wirken ggf. auf ein Gericht nicht überzeugend, so dass Sie Ihrer Beweislast nicht nachkommen und Ihren Honoraranspruch nicht durchsetzen können.

91 **Formulierungsbeispiel für außergerichtliche Zeitvergütung:**[74]

„Vergütungsvereinbarung

zwischen

...

– im Folgenden Anwalt –

und

...

– im Folgenden Auftraggeber –.

1. *Vergütung*

- *Für die **außergerichtliche** Vertretung in Sachen ... wegen ... erhält der Anwalt anstelle der gesetzlichen Gebühren eine Vergütung i. H. von ... € (in Worten: ... €) je Stunde.*
- *Der Anwalt schätzt den erforderlichen Zeitaufwand für die Vertretung auf ... Stunden. Hierbei handelt es sich lediglich um eine Prognose. Der tatsächliche Zeitaufwand kann hiervon abweichen. Der Anwalt wird den Auftraggeber informieren, sobald er erkennt, dass der geschätzte Zeitaufwand überschritten wird. Der Anwalt wird die Umstände für die Abweichung von der hier zugrunde gelegten Einschätzung darlegen.*

73 Wobei der BGH, NJW 2020 S. 1811 Rz. 38, auch klarstellt, dass es „nicht darum [geht], dem Rechtsanwalt bindend vorzugeben, in welchem Zeitraum ein Mandat zu bearbeiten ist. Jeder Rechtsanwalt arbeitet anders. Trotzdem darf der zu vergütende zeitliche Aufwand nicht außer Verhältnis zu Schwierigkeit, Umfang und Dauer der zu bearbeitenden Angelegenheit stehen."

74 Nach Schneider in Münchener Anwaltshandbuch, Erbrecht, § 2 Rz. 62.

- *Der vereinbarte Stundensatz gilt auch für Fahrt- und Wartezeiten. Für Fahrt- und Wartezeiten gilt ein Stundensatz i. H. von … € (in Worten: … €).*
- *Abgerechnet wird minutengenau.*

2. *Anrechnungsausschlüsse*

- *Die für eine vorangegangene Beratung angefallene Vergütung wird auf die unter Nr. 1 vereinbarte Vergütung nicht angerechnet.*
- *Eine Anrechnung der unter Nr. 1 vereinbarten Vergütung auf eventuelle spätere gesetzliche Gebühren oder eine vereinbarte Vergütung einer nachfolgenden Angelegenheit wird ausgeschlossen.*

3. *Auslagen*

   Hinzu kommen Auslagen nach den gesetzlichen Vorschriften des RVG.

4. *Umsatzsteuer*

   Bei den Gebühren und Auslagen handelt es sich um Nettobeträge. Hinzu kommt die jeweils gültige Umsatzsteuer.

5. *Verauslagte Kosten*

   Soweit der Anwalt im Verlauf des Mandats Kosten verauslagt, insbesondere Gerichtskosten, Gerichtsvollzieherkosten, Gebühren für Meldeamts- und Registeranfragen, Aktenversendungspauschalen etc., sind diese vom Auftraggeber auf Anforderung sofort zu erstatten.

6. *Einschaltung von Hilfspersonen*

   Soweit der Anwalt im Rahmen seiner Tätigkeit Hilfspersonen i. S. des § 5 RVG einschaltet, ist für deren Tätigkeit – soweit nichts anderes vereinbart – dieselbe Vergütung geschuldet wie für Tätigkeiten, die der Anwalt in Person erbringt.

7. *Zwischenabrechnung, Fälligkeit und Vorschuss*

   Der Anwalt ist berechtigt und verpflichtet, in angemessenen zeitlichen Abständen Zwischenabrechnungen zu erteilen. Die danach jeweils abgerechnete Vergütung wird mit Erteilung der Abrechnung fällig. Der Anwalt ist darüber hinaus berechtigt, jederzeit angemessene Vorschüsse zu verlangen.

8. *Hinweise an den Auftraggeber*

   Der Auftraggeber wird darauf hingewiesen, dass

- *die vereinbarte Vergütung die gesetzliche Vergütung übersteigen kann,*
- *die vereinbarte Vergütung vom Rechtsschutzversicherer möglicherweise nicht oder nicht vollständig übernommen wird,*

- *die vereinbarte Vergütung – sofern ein Kostenerstattungsanspruch besteht – ggf. nur in Höhe der gesetzlichen Gebühren erstattet wird.*

…, den …

…

(Unterschrift Auftraggeber)

…

(Unterschrift Anwalt)"

ee) Erfolgsvergütung

92 Bei Vereinbarung eines anwaltlichen Erfolgshonorars sind zahlreiche gesetzliche Vorgaben zu beachten. Durch das am 1.10.2021 in Kraft getretene Gesetz zur Förderung verbrauchergerechter Angebote im Rechtsdienstleistungsmarkt[75] haben sich für Anwälte zusätzliche Möglichkeiten zur Vereinbarung von Erfolgshonoraren eröffnet.

93 Formal bedarf die Vereinbarung der Textform des § 3a Abs. 1 Satz 1 RVG.

94 Zulässig ist ein Erfolgshonorar nach dem novellierten § 4a RVG nur, wenn

1. sich der Auftrag auf eine Geldforderung von höchstens 2.000 € bezieht,
2. eine Inkassodienstleistung außergerichtlich oder in einem der in § 79 Abs. 2 Satz 2 Nr. 4 der Zivilprozessordnung genannten Verfahren erbracht wird oder
3. der Auftraggeber im Einzelfall bei verständiger Betrachtung ohne die Vereinbarung eines Erfolgshonorars von der Rechtsverfolgung abgehalten würde.

95 Wenn es sich nicht um Inkasso-Angelegenheiten i. S. des Abs. 1 Satz 1 Nr. 2 handelt, darf nur dann für den Misserfolg keine oder eine geringere als die gesetzliche Vergütung vereinbart werden, wenn für den Erfolgsfall ein angemessener Zuschlag auf die gesetzliche Vergütung vereinbart wird.

96 In eine Vereinbarung über ein Erfolgshonorar sind aufzunehmen:

1. die Angabe, welche Vergütung bei Eintritt welcher Bedingungen verdient sein soll,

---

75 Vom 10.8.2021, BGBl 2021 I S. 3415.

2. die Angabe, ob und ggf. welchen Einfluss die Vereinbarung auf die ggf. vom Auftraggeber zu zahlenden Gerichtskosten, Verwaltungskosten und die von diesem zu erstattenden Kosten anderer Beteiligter haben soll,
3. die wesentlichen Gründe, die für die Bemessung des Erfolgshonorars bestimmend sind, und
4. im Falle des Abs. 1 Satz 1 Nr. 3 die voraussichtliche gesetzliche Vergütung und ggf. die erfolgsunabhängige vertragliche Vergütung, zu der der Rechtsanwalt bereit wäre, den Auftrag zu übernehmen.

Sind die materiellen Voraussetzungen für eine erfolgsabhängige Vergütungs- 97
vereinbarung nach § 4a Abs. 1 RVG nicht gegeben oder fehlen die nach § 4a Abs. 3 RVG erforderlichen Angaben, greift § 4b RVG ein: Hiernach kann der Rechtsanwalt keine höhere als die gesetzliche Vergütung fordern. Der Anwaltsvertrag ist nicht gem. § 134 BGB nichtig, da § 4b RVG eine diese Norm verdrängende Spezialvorschrift darstellt.[76] Als Rechtsfolge sieht § 4b RVG vor, dass der Anwalt maximal die gesetzlichen Gebühren fordern kann.

Sah die Vereinbarung eine Vergütung (für den Misserfolgsfall) unterhalb der 98
gesetzlichen Gebühren vor, bleibt der Anwalt hieran gebunden; er kann also nicht die (höheren) gesetzlichen Gebühren verlangen, sondern lediglich die in der Vereinbarung vorgesehenen geringeren Gebühren.[77] Ansonsten würde er aus der Unzulässigkeit der von ihm abgeschlossenen Honorarvereinbarung einen Vorteil ziehen können, was nicht sachgerecht wäre. Hat der Mandant bereits zu hohe Zahlungen an den Anwalt geleistet, kann er diese gem. § 4b Satz 2 RVG nach Bereicherungsrecht zurückfordern. Da die Vorschrift allgemein auf das Bereicherungsrecht des BGB verweist, kommt grds. auch § 814 BGB zur Anwendung. Dieser sieht vor, dass eine Rückforderung nach Bereicherungsrecht insbesondere dann ausscheidet, wenn der Leistende positiv gewusst hat, dass er nicht zur Leistung verpflichtet war.

Der Rechtsanwalt wird sich jedoch nur dann auf § 814 BGB berufen können, 99
wenn der Mandant positiv wusste, dass er kein höheres Honorar als das gesetzliche schuldet. Für dieses Wissen muss der Mandant über eine ausreichende Informationsgrundlage verfügen. Er muss nicht nur die tatsächlichen Umstände kennen, die die Unwirksamkeit der Vereinbarung begründen, sondern auch positive Kenntnis von der Rechtslage haben, wonach die Vergütung nicht

76 Von Seltmann in BeckOK, RVG, § 4b Rz. 2.
77 Schneider in Münchener Anwaltshandbuch, Erbrecht, § 2 Rz. 60.

geschuldet ist. Nur dann kann von einem bewussten Verzicht des Leistenden ausgegangen werden, der einen Rückforderungsausschluss nach § 814 BGB rechtfertigt.[78] Keinesfalls ausreichend für einen Rückforderungsausschluss ist es, wenn der Mandant bei der Zahlung keinen Vorbehalt geäußert hat.[79]

HINWEIS:

Erkennt der Anwalt seine Honorarvereinbarung als unwirksam, kann ein Hinweis in der jeweiligen Honorarrechnung erfolgen, dass der Mandant nicht zur Zahlung verpflichtet ist. Hierdurch wird § 814 BGB erfüllt – jedoch auch eine Zahlung des Mandanten unwahrscheinlich.

100 **Formulierungsbeispiel für erfolgsabhängige Vergütungsvereinbarung:**[80]

„Vergütungsvereinbarung zwischen

...

– im Folgenden Anwalt –

und

...

– im Folgenden Auftraggeber –.

1. *Vergütung*

   Für die außergerichtliche Vertretung in Sachen .../... wegen der Durchsetzung von Pflichtteils- und Pflichtteilsergänzungsansprüchen des Auftraggebers nach dem Tode des ... erhält der Anwalt anstelle der gesetzlichen Gebühren eine Vergütung i. H. von ... % des durchgesetzten Anspruchs.

   Die vereinbarte Vergütung ist auch dann geschuldet, wenn der Anspruch in einem späteren gerichtlichen Verfahren durchgesetzt werden kann, unabhängig davon, ob der Anwalt in diesem Verfahren tätig ist. Er gilt auch dann als durchgesetzt, wenn sich der Auftraggeber außergerichtlich selbst ohne Mitwirkung des Anwalts mit der Erbengemeinschaft oder Dritten über die Durchsetzung der Forderung einigt. Der Anspruch gilt nur insoweit als durchgesetzt im Sinne dieser Vereinbarung, als er auch gezahlt oder anderweitig erfüllt wird.

78 Hierzu eingehend BGH, NJW 2016 S. 1391.

79 BGH, AGS 2012 S. 118.

80 Muster von Schneider in Münchener Anwaltshandbuch, Erbrecht, § 2 Rz. 64.

2. *Auslagen*

   Hinzu kommen Auslagen und Umsatzsteuer nach den gesetzlichen Vorschriften.

3. *Verauslagte Kosten*

   Soweit der Anwalt im Verlaufe des Mandats Kosten verauslagt, insbesondere Gerichtskosten, Gerichtsvollzieherkosten, Gebühren für Meldeamts- und Registeranfragen, Aktenversendungspauschalen etc., sind diese vom Auftraggeber auf Anforderung sofort zu erstatten.

4. *Voraussichtliche gesetzliche Vergütung*

   Auszugehen ist derzeit von Pflichtteils- und Pflichtteilsergänzungsansprüchen i. H. von ca. ... €. Dies würde dem Gegenstandswert der gesetzlichen Vergütung entsprechen, so dass diese sich voraussichtlich – ausgehend von einer hier wohl angemessenen 2,0-Geschäftsgebühr – auf ... € zzgl. Auslagen und Umsatzsteuer belaufen würde. Abweichungen können sich nach Verlauf des Mandats ergeben.

   Soweit es zu einer Einigung kommt, würde bei gesetzlicher Abrechnung nach den Nr. 1000, 1003 VV RVG eine weitere 1,5-Einigungsgebühr i. H. von ... € anfallen.

5. *Alternative vertraglich vereinbarte Vergütung*

   Wäre es nicht zu einer erfolgsabhängigen Vergütungsvereinbarung gekommen, hätte der Anwalt das Mandat nur bei einem vertraglich vereinbarten Honorar i. H. von ... € zzgl. Auslagen übernommen.

6. *Hinweise an den Auftraggeber*

   Der Auftraggeber wird darauf hingewiesen, dass

- *die vereinbarte Vergütung die gesetzliche Vergütung im Erfolgsfall übersteigen kann,*
- *die vereinbarte Vergütung, soweit sie die gesetzliche übersteigt, vom Rechtsschutzversicherer nicht übernommen wird,*
- *die vereinbarte Vergütung – im Falle des Obsiegens – nur in Höhe der gesetzlichen Vergütung erstattet wird,*
- *diese Vereinbarung keinen Einfluss auf die vom Auftraggeber zu zahlenden Gerichtskosten und die eventuell an den Gegner zu erstattenden Kosten hat.*

7. *Vergütung*

Ausschlaggebend für den Abschluss dieser erfolgsabhängigen Vereinbarung ist Folgendes: …

…, den …

…

(Unterschrift Auftraggeber)

…

(Unterschrift Anwalt)“

ff) Pauschalvergütung

101 Bei der Erbfolgeberatung einschließlich Testamentserstellung kann es sich anbieten, eine Pauschalvergütung zu vereinbaren. Dies hat für den Mandanten den Vorteil, dass er von vornherein weiß, mit welchen Beratungskosten er zu rechnen hat. Umgekehrt kennt der Rechtsanwalt die Höhe seines Honorars, auch wenn er gerade zu Beginn des Mandats noch keine gesicherten Kenntnisse über das vorhandene Vermögen und den zu erwartenden Arbeitsaufwand hat. Die Vereinbarung einer Pauschalvergütung schafft hier Planungssicherheit für beide Seiten.

102 Aus der Perspektive des Rechtsanwalts ist jedoch diese Planungssicherheit nur dann gewährleistet, wenn der Umfang der von ihm geschuldeten Leistung im Rahmen der Pauschalvergütung näher definiert wird. Ansonsten kann sich eine Pauschalvergütung als kontraproduktiv für den Anwalt erweisen, wenn die pauschale Vergütung den tatsächlichen Arbeitsaufwand nicht deckt. Bei Bemessung der Pauschalvergütung wird der Rechtsanwalt den erfahrungsgemäß erforderlichen Aufwand berücksichtigen zzgl. eines entsprechenden Sicherheitszuschlags.

103 Wichtig ist, dass insbesondere für Besprechungstermine mit dem Mandanten oder weiteren Personen (z. B. weiteren Familienmitgliedern, Mitgesellschaftern o. Ä.) der Maximalumfang definiert wird.

104 **Formulierungsbeispiel für Pauschalvergütung:**

„[…]

1. *Beratungsumfang*

Der Rechtsanwalt erbringt für den Auftraggeber eine erbrechtliche Beratung und eine Testamentsgestaltung.

Die Beratung umfasst insgesamt maximal vier Besprechungstermine. Jeder Besprechungstermin hat eine Dauer von maximal drei Stunden.

2. *Honorar*

   Der Rechtsanwalt erhält für seine vorgenannte Tätigkeit ein fixes Pauschalhonorar i. H. von ... € zzgl. USt.

   Dieses Pauschalhonorar ersetzt die gesetzlichen Gebühren.

Für Tätigkeiten, die über den Umfang gem. Ziffer 1. hinausgehen, erhält der Rechtsanwalt eine Zeitvergütung von ... € (in Worten: ... €) pro Stunde. Den über den gem. Ziffer 1. hinausgehenden Zeitaufwand schätzt der Anwalt auf ... Stunden. Hierbei handelt es sich lediglich um eine Prognose. Der tatsächliche Zeitaufwand kann hiervon abweichen. Der Anwalt wird den Auftraggeber informieren, sobald er erkennt, dass der geschätzte Zeitaufwand überschritten wird. Der Anwalt wird die Umstände für die Abweichung von der hier zugrunde gelegten Einschätzung darlegen.

Die Abrechnung erfolgt minutengenau.

Der Anwalt ist berechtigt und verpflichtet, in angemessenen zeitlichen Abständen Zwischenabrechnungen zu erteilen. Die danach jeweils abgerechnete Vergütung wird mit Erteilung der Abrechnung fällig. Der Anwalt ist darüber hinaus berechtigt, jederzeit angemessene Vorschüsse zu verlangen."

Siehe hierzu →Rz. 81 sowie das Muster zur Zeitvergütung →Rz. 91.

5. Haftungsbeschränkung

Die Bearbeitung erbrechtlicher Mandate ist regelmäßig mit einem nicht uner- 105
heblichen Haftungsrisiko verbunden. Zum einen handelt es sich bei der Erbfolgeberatung um eine nicht triviale Materie, bei der Schnittstellen des Erbrechts zu anderen Rechtsgebieten zu beachten sind: Nicht nur das Gesellschaftsrecht, sondern auch das Sozial-, Familien- und insbesondere auch das Steuerrecht sind in ihrer Komplexität nicht zu unterschätzen. Zu beachten ist, dass nicht etwa nur erbschaftsteuerrechtliche Aspekte, sondern auch sonstige steuerrechtliche Bezüge (insbesondere des Einkommensteuerrechts) zu beachten sind.

Zum anderen resultiert ein erhöhtes Haftungsrisiko bei der Erbfolgeberatung 106
daraus, dass sich die Beratung auf das Gesamtvermögen des Mandanten bezieht, welches dieser im Laufe seines Lebens erworben bzw. erarbeitet hat. Hohe Gegenstandswerte führen quantitativ zu einem hohen Haftungsrisiko.

107 Bei der Betreuung gerichtlicher Rechtsstreitigkeiten sind zudem zahlreiche Verjährungsfristen zu beachten.

108 Ferner kommen als potenzielle Geschädigte nicht nur der Mandant in Frage, wie dies bei sonstigen Mandaten der Regelfall ist, sondern auch weitere Personen, zu denen gerade kein Mandatsverhältnis besteht. So können auch Nicht-Mandanten, denen entgegen dem Erblasserwillen Ansprüche entgehen, nach den Grundsätzen des Vertrags mit Schutzwirkung zugunsten Dritter anspruchsberechtigt sein.

109 Ein Haftungsfall kann also nicht nur dann vorliegen, wenn das Vermögen des Mandanten geschmälert wurde (etwa weil eine Erbschaft zu Unrecht ausgeschlagen wurde), sondern auch dann, wenn infolge fehlerhafter Testamentsgestaltung das Vermögen lediglich anders zur Verteilung gelangte als vom Mandanten/Erblasser gewünscht.

110 Die von jedem Rechtsanwalt abzuschließende Berufshaftpflichtversicherung gem. § 51 BRAO sieht eine Mindestversicherungssumme von lediglich 250.000 € für jeden Versicherungsfall vor – ergänzend gelten für Berufsausübungsgesellschaften höhere Deckungssummen gem. § 59o BRAO. Diese Deckungssummen können sich gerade bei Erbrechtsmandaten als unzureichend erweisen. Je nach Rechtsform[81] der vom Anwalt betriebenen Kanzlei kann sich ein Beratungsfehler als existenzbedrohend für den Rechtsanwalt erweisen. Daher kann es gerade bei erbrechtlichen Mandaten angezeigt sein, das Haftungsrisiko als Rechtsanwalt vorab genau zu prüfen.

a) Gesetzliche Grundlagen der Haftung

111 Der Anwaltsvertrag ist dogmatisch regelmäßig als Dienstvertrag gem. § 611 BGB einzuordnen; ein Werkvertrag gem. § 631 BGB, bei dem ein bestimmter Erfolg geschuldet ist, wird nur sehr selten vorliegen.[82] Da das Dienstvertragsrecht keine spezifischen Gewährleistungsregelungen enthält, ist auf die Vorschriften des allgemeinen Schuldrechts zurückzugreifen. Mögliche Anspruchsgrundlage für Schadensersatzansprüche gegen den Rechtsanwalt ist § 280 Abs. 1 BGB ggf. in Verbindung mit § 311 Abs. 2 BGB.

112 Während § 280 Abs. 1 BGB ein bereits bestehendes Schuldverhältnis voraussetzt, genügt nach § 311 Abs. 2 BGB bereits ein vorvertragliches Rechtsverhältnis. So kann bereits ein erstmaliges Vorsprechen des Mandanten zwecks Man-

81 Bei Berufsausübungsgesellschaften gelten die (unterschiedlichen) Deckungssummen gem. § 59o BRAO.

82 Schneider in Münchener Anwaltshandbuch, Erbrecht, § 2 Rz. 74.

datierung ein derartiges vorvertragliches Schuldverhältnis mit entsprechenden Schutzpflichten begründen.

Ebenso sieht sich der Rechtsanwalt einer Haftung nach vertraglichen Grundsätzen gem. § 241 Abs. 2 BGB ausgesetzt, wenn er aus (scheinbar) reiner Gefälligkeit und unentgeltlich Personen rechtlichen Rat oder Auskunft erteilt. Denn in einem solchen Fall wird für ihn regelmäßig erkennbar sein, dass der Ratsuchende gewichtige wirtschaftliche Entscheidungen von der Auskunft abhängig macht.[83] 113

BEISPIEL: Eine Sportkollegin von Rechtsanwältin R bittet diese nach dem Tennistraining um „einen kurzen Gefallen“: „Ich habe gestern mithilfe eines Musters ein einfaches und kurzes Testament für meinen Mann und mich entworfen. Kannst du da mal drüber lesen, ob das so in Ordnung ist? Wir gehen doch übermorgen auf unsere Weltreise und wollten da noch vorsorgen.“

Liegt hiernach ein Schuldverhältnis vor, treffen den Rechtsanwalt die strengen von der Rechtsprechung herausgearbeiteten Sorgfaltspflichten. Auch wenn der Rechtsanwalt ein ihm angetragenes Mandat nicht annimmt, hat er der Sorgfaltspflicht des § 44 Satz 1 BRAO zu genügen und dem Ratsuchenden unverzüglich die Ablehnung zu erklären. Unterlässt er dies schuldhaft, haftet er auf Schadensersatz gem. § 44 Satz 2 BRAO. 114

Grundsätzlich beziehen sich die Sorgfaltspflichten auf den Umfang des erteilten Mandats. Da dieser Umfang aber häufig nicht schriftlich fixiert wird, ergeben sich die Sorgfaltspflichten des Anwalts aus den „Umständen des Einzelfalls.“ 115

In ständiger Rechtsprechung wird verlangt, dass die Beratung dem Mandanten eine umfassende und möglichst erschöpfende Rechtsauskunft bietet; nur wenn der Mandant ausdrücklich zu erkennen gegeben hat, eine Auskunft nur bezogen auf einen Teilaspekt zu wünschen, ist die Sorgfaltspflicht des Anwalts weniger weit gefasst.[84] Auch wirtschaftliche und steuerliche Überlegungen sind nach der Rechtsprechung vom Berater von sich aus zu berücksichtigen: 116

BEISPIEL: So urteilte das LG Köln,[85] dass ein Rechtsanwalt die ihm obliegende Beratungspflicht verletze, wenn er seinen Mandanten nicht über die Möglichkeit der Erbausschlagung und der damit verbundenen steuerlichen Vorteile belehrt und infolgedessen wegen des hohen Alters des Mandanten innerhalb kurzer Zeit zweimal (vom Mandanten und von seinen Kindern) Erbschaftsteuer entrichtet werden muss. Aller-

---

83 Zur dogmatischen Begründung einer solchen quasivertraglichen Haftung vgl. nur Bachmann in MüKo-BGB, § 241, Rz. 178 ff.

84 BGH, NJW 1998 S. 1860, 1863 m. w. N.

85 NJW 1981 S. 351.

dings wurde im Ergebnis ein Schadensersatzanspruch gegen den Rechtsanwalt verneint, weil dem Mandanten kein Schaden entstanden sei und zugunsten der Erben des Mandanten die Grundsätze des Vertrags mit Schutzwirkung zugunsten Dritter im konkreten Einzelfall nicht erfüllt gewesen seien.

Auch wenn der Rechtsanwalt im Ergebnis keinen Schadensersatz zahlen musste, zeigt dieses Urteil exemplarisch doch die sehr weitreichenden Sorgfaltsanforderungen, die die Rechtsprechung an die erbrechtliche Beratung stellt. Ist bspw. die Vermögenslage des Erblassers ungewiss, sollte nicht nur auf die unbegrenzte Erbenhaftung und die Ausschlagung der Erbschaft, sondern stets auch auf die Möglichkeit der Haftungsbegrenzung der Erben hingewiesen werden. Das Rechtsinstitut der Nachlassverwaltung sollte dem Mandanten als Gestaltungsvariante aufgezeigt werden; denn dieses ermöglicht einen Anfall der Erbmasse, jedoch ohne das potenzielle Risiko persönlicher Haftung bei überschuldetem Nachlass. Ein vorschnelles Anraten der Ausschlagung bei nur möglicherweise überschuldetem Nachlass führt zur Haftung des Anwalts, falls sich der Nachlass dann tatsächlich als werthaltig erweist.

BEISPIEL: Zu Rechtsanwalt R in die Beratung kommt Frau F. Sie trägt vor, dass sie vom Nachlassgericht angeschrieben wurde, dass sie gesetzliche Erbin einer entfernten Verwandten geworden sei. Von dieser Verwandten habe sie aber noch nie etwas gehört, geschweige denn, dass sie Kontakt zu ihr gehabt hätte.

Sie befürchte, dass der Nachlass gering oder gar überschuldet sein könnte, da die letzte Wohnanschrift der Verstorbenen keine gute Wohngegend sei. Sie habe gelesen, dass man ja auch Schulden erben könne, und das wolle sie sicher nicht. R rät daher zur Ausschlagung.

Richtig wäre hier aber die Annahme der Erbschaft gewesen und die Beantragung von Nachlassverwaltung. Hierdurch hätte F die Chance auf einen positiven Nachlass gehabt, ohne das Risiko einer persönlichen Haftung eingehen zu müssen.

117 Auch die besonderen Probleme an der Schnittstelle zwischen Erbrecht und Gesellschaftsrecht sind typische Haftungsfallen in der erbrechtlichen Beratung. Unterlässt der Anwalt die Abstimmung zwischen Testament und Gesellschaftsvertrag, geht der Gesellschaftsanteil nicht auf den gewünschten Nachfolger über.[86] Gerade bei gesellschaftsrechtlichen Implikationen erlangen die besonderen Belehrungs- und Hinweispflichten und das Gebot des sichersten Weges besondere Bedeutung.

BEISPIEL:[87] Der Erblasser und Mandant M hielt unter anderem Kommanditanteile im Wert von zusammen rund 7 Mio. € an zwei Kommanditgesellschaften. Nach den Gesellschaftsverträgen für beide Gesellschaften geht der Gesellschaftsanteil eines verstorbenen Gesellschafters auf seine Erben über; gegenüber Erben, die keine Mitgesellschafter oder Abkömmlinge des Verstorbenen sind, können die übrigen Gesellschafter jedoch beschließen, dass jene als Gesellschafter gegen eine Abfindung zum bilanziell errechneten Wert – ohne Berücksichtigung des Firmenwerts – auszuschei-

86 BGH, NJW 1995 S. 2551.

87 Beispiel nach BGH, NJW 1995 S. 2551.

den haben. Der Erblasser ließ Entwürfe für ein notarielles Testament erstellen und beauftragte den Rechtsanwalt R, diese zu überprüfen. In dem danach beurkundeten Testament setzte der M seine Ehefrau sowie sein einziges Kind je zur Hälfte als Erben ein.

Nach dem Tod des M beschlossen die Gesellschafter beider Kommanditgesellschaften, die Witwe auszuschließen; sie erhielt eine Abfindung von 1 Mio. €.

Die Rechtsnachfolger des M verlangen von R Schadensersatz.

LÖSUNG: Der BGH war der Auffassung, dass R eine testamentarische Regelung hätte vorschlagen müssen, die den hälftigen Verlust der Kommanditanteile verhindert hätte. Er hätte dem M eine Regelung vorschlagen müssen, welche die Einziehung der hälftigen Kommanditanteile von vornherein ausschloss. Denn nach Auffassung des BGH ist der Rechtsanwalt verpflichtet, seinen Mandanten im Rahmen des ihm erteilten Auftrags umfassend zu beraten. Kommen mehrere Maßnahmen in Betracht, hat er diejenige zu treffen, welche die sicherste und gefahrloseste ist, und von mehreren möglichen Wegen denjenigen zu wählen, auf dem der erstrebte Erfolg am sichersten zu erreichen ist. Hier wäre es am sichersten gewesen, den Sohn des M als Alleinerben einzusetzen. In diesem Falle wären die Kommanditanteile in vollem Umfang auf ihn übergegangen, ohne dass die anderen Gesellschafter dies hätten verhindern können. Der Ehefrau hätte ein Vermächtnis im Wert des hälftigen Nachlasses ausgesetzt werden können. Auch eine Verwirkungsklausel für den Fall der Ausübung des Pflichtteilsrechts wäre möglich gewesen.

Hätte sich M zu dieser Lösung nicht entschließen können, so hätte ihm R zumindest ein Vorausvermächtnis oder eine Teilungsanordnung bezüglich der Kommanditanteile zugunsten des Sohnes allein vorschlagen müssen. Damit wäre der Hinweis zu verbinden gewesen, dass dieser Weg weniger sicher ist. Denn dann hätten der Sohn und die Witwe des Erblassers zunächst die Gesellschaftsanteile je zur Hälfte geerbt; die Anteile der Witwe hätten erst noch auf den Sohn übertragen werden müssen. In der Zwischenzeit hätte die Gefahr der Anteilseinziehung zum Buchwert bestanden.

Da R diese Hinweise und Gestaltungsalternativen schuldhaft nicht aufgezeigt hat, muss er den Schaden ersetzen – dieser besteht darin, dass der innere Wert der Kommanditanteile jedenfalls in erheblichem Maße an Dritte statt an die Erben gefallen ist.

Der Rechtsanwalt muss seine Tätigkeit stets am Gebot des sichersten Weges 118
ausrichten, d. h. seine Tätigkeit und sein Rechtsrat müssen die Mandanteninteressen möglichst optimal und möglichst sicher verwirklichen. Er muss in der Zukunft drohende Risiken erkennen und darauf bezogene Vorsichtsmaßnahmen treffen. Ist der Anwalt kautelarjuristisch tätig, indem er bspw. Testamente oder Erbverträge erstellt, ist dieses Vorsichtsprinzip von besonderer Bedeutung, wie obiger Fall gezeigt hat. In die Zukunft vorausschauend müssen rechtliche und tatsächliche Unwägbarkeiten bei der Rechtsgestaltung berücksichtigt werden; der Mandant muss jedenfalls auf diese Risiken hingewiesen werden.

HINWEIS:

Der Rechtsanwalt sollte den Mandanten darauf hinweisen, dass für die Anwendung deutschen materiellen Erbrechts an den gewöhnlichen Aufenthalt zum Todeszeitpunkt angeknüpft wird (Art. 21 EUErbVO). Vorsorglich sollte der Rechtsanwalt bei Erstellung der letztwilligen Verfügung eine Rechtswahl gem. Art. 22 EUErbVO vorsehen für den Fall, dass zum Todeszeitpunkt der gewöhnliche Aufenthalt des Mandanten außerhalb von Deutschland liegt – etwa, weil er zuletzt die meiste Zeit des Jahres in seiner Ferienwohnung in Spanien verbracht hat.[88]

119 Umfasst die Nachfolgeberatung des Anwalts auch steuerliche Aspekte, muss der Anwalt darauf hinweisen, welche rechtlichen und/oder tatsächlichen künftigen Änderungen zu einer abweichenden steuerrechtlichen Beurteilung führen können. So muss darauf hingewiesen werden, dass bspw. eine Verlegung des Wohnsitzes zu einer abweichenden steuerrechtlichen Beurteilung führen kann und der Mandant den Rechtsanwalt hierüber informieren soll. Es kann auch angezeigt sein, auf die mögliche Verfassungswidrigkeit von Rechtsnormen und die möglichen Folgen hieraus hinzuweisen, wenn sich die Gestaltung maßgeblich auf die Wirksamkeit der entsprechenden Regelungen stützt.

120 Je nach Einzelfall kann vom Rechtsanwalt als **nach**vertragliche Sorgfaltspflicht verlangt werden, den Mandanten auf eine entsprechende Rechtsprechungs- oder Gesetzesänderung hinzuweisen, auch wenn das Mandat bereits Jahre zuvor abgeschlossen wurde. Der Anwalt sollte also auch nach Abschluss eines Mandats die zugrunde gelegte Rechtslage im Auge behalten und den Mandanten ggf. kontaktieren.

121 Bereits bei Anbahnung des Mandatsverhältnisses treffen den Anwalt strenge Sorgfaltspflichten. Schon bei der telefonischen Terminvereinbarung für eine Besprechung muss der Anwalt den Sachverhalt ggf. bereits so genau eruieren, dass keine Fristen versäumt werden. Die Terminierung des Besprechungstermins muss dann entsprechend früher erfolgen, um drohende Schäden für den Mandanten abzuwenden.

122 Als Selbstverständlichkeit wird vom Rechtsanwalt Kenntnis über die korrekte Rechtslage verlangt; dies beinhaltet auch sämtliche relevante Rechtsprechung. Der Rechtsanwalt muss die neueste höchstrichterliche Rechtsprechung spätestens sechs Wochen nach Veröffentlichung des Urteils[89] kennen. Aber auch in-

88 Der gewöhnliche Aufenthalt ist im Sinne eines „Daseinsmittelpunkts" zu verstehen, wobei eine Gesamtbeurteilung der Lebensumstände des Erblassers in den Jahren vor seinem Tod und im Zeitpunkt des Todes verlangt wird, Erwägungsgrund 23 S. 2.

89 In einer allgemein-juristischen Fachzeitschrift wie insbesondere der NJW.

stanzgerichtliche Entscheidungen und Meinungen der Fachliteratur müssen bekannt sein, wenn die entsprechende Rechtsfrage im Fluss ist und weitere höchstrichterliche Rechtsprechung zu erwarten ist; dann muss ein Anwalt, der eine Angelegenheit aus diesem Bereich zu bearbeiten hat, auch Spezialzeitschriften in angemessener Zeit durchsehen.[90]

Weitere Voraussetzung für eine Schadensersatzhaftung des Anwalts ist das 123
Vorliegen von Verschulden (§ 276 BGB). Der Anwalt hat hierbei die Sorgfalt eines gewissenhaften Durchschnittsanwalts anzuwenden. In Konkretisierung dieser Sorgfaltsanforderung gelangt die Rechtsprechung regelmäßig zu einem sehr hohen Standard, den der Anwalt erfüllen muss. So wurde bspw. ein Verschulden des Anwalts bejaht, obwohl auch ein Kollegialgericht zum selben (fehlerhaften) Ergebnis gelangt war.[91] Für die Verschuldenszurechnung gelten die allgemeinen Grundsätze; hiernach ist das Verschulden eines Partners/Gesellschafters der Rechtsanwaltsgesellschaft gem. § 31 BGB analog wie eigenes zuzurechnen; soweit eine nicht als Organ anzusehende Person der Rechtsanwaltssozietät gehandelt hat, greift § 278 BGB, der im Gegensatz zu § 31 BGB freilich nicht für eine Zurechnung im Rahmen einer deliktischen Haftung eingreift.

Sind hiernach alle Voraussetzungen des § 280 Abs. 1 BGB für eine Haftung er- 124
füllt, hat der Vertragspartner dem Mandanten den entstandenen Schaden zu ersetzen. Wurde der Mandant von einem Einzelanwalt beraten, haftet dieser. Ist der Anwalt in einer Sozietät tätig, gilt Folgendes: Eine Anwaltssozietät ist mangels abweichender Vereinbarung ihrer Rechtsnatur eine Gesellschaft bürgerlichen Rechts (§ 705 BGB). Vertragspartner ist somit die GbR selbst, da diese nach gefestigter Rechtsprechung[92] selbst rechtsfähig ist; seit dem 1.1.2024 gilt dies kraft Gesetzes gem. § 705 Abs. 2 BGB aufgrund des Gesetzes zur Modernisierung des Personengesellschaftsrechts (Personengesellschaftsrechtsmodernisierungsgesetz – MoPeG).[93] Die GbR haftet somit als Vertragspartner mit ihrem gesamten Vermögen, was nach rein zivilrechtlichen Grundsätzen zu ermitteln ist. Ob das Vermögen der GbR mit der Anwaltstätigkeit in Zusammenhang steht oder nicht, spielt keine Rolle.

Gemäß § 721 BGB haftet daneben jeder Gesellschafter/Sozius dem Mandan- 125
ten als Gesamtschuldner (§ 421 ff. BGB). Die Haftung als Gesellschafter trifft

90 BGH, NJW 2001 S. 675; NJW 1979 S. 877.

91 BGH, WM 1986 S. 199, 202.

92 BGH, NJW 2001 S. 1056.

93 Gesetz zur Modernisierung des Personengesellschaftsrechts (MoPeG) v. 10.8.2021, BGBl 2021 I S. 3436.

zum einen die tatsächlich vorhandenen Gesellschafter der GbR; zum anderen haften aber auch Nichtgesellschafter, die sich für den Mandanten jedoch als Gesellschafter der Sozietät dargestellt haben, insbesondere angestellte Rechtsanwälte oder freie Mitarbeiter, die auf dem Briefkopf mitaufgeführt sind, ohne dass diese Eigenschaft als Nicht-Gesellschafter kenntlich gemacht wurde.

126 Diese Personen haften als sog. „Scheinsozien"[94] ebenfalls gesamtschuldnerisch (§ 52 Abs. 2 Satz 1 BRAO).[95] Die Haftung der Scheinsozien bezieht sich sowohl auf vertragliche als auch auf deliktische Haftung unter Anwendung des § 31 BGB.[96] Unerheblich ist schließlich, ob die entsprechende Verbindlichkeit vor oder nach „Eintritt" des Scheinsozius entstanden ist. Für neue Schulden haftet der Eintretende immer; aber auch für Verbindlichkeiten, die vor Sozietätseintritt entstanden sind, muss gehaftet werden (§§ 721a, 721 BGB).[97] Der Scheinsozius haftet somit auch für solche Altverbindlichkeiten der GbR, die vor Entstehen des Rechtsscheins einer Gesellschafterstellung begründet wurden.

127 Ausgeschlossen ist die Rechtsscheinhaftung hingegen dann, wenn der Dritte von der tatsächlichen Sachlage Kenntnis hatte,[98] der Mandant also wusste, dass der jeweilige Anwalt trotz seiner Listung auf dem Briefkopf gar nicht Partner der Sozietät ist. Ebenfalls ausgeschlossen ist eine Haftung für die Mitglieder eine Bürogemeinschaft, soweit sie gegenüber dem Mandanten nicht den Eindruck erwecken, sie stellten eine Sozietät dar.

128 Durch vertragliche Vereinbarung mit dem Mandanten kann die Haftung auf einzelne Mitglieder einer Sozietät beschränkt werden. Gemäß § 52 Abs. 2 Satz 2 BRAO kann die persönliche Haftung auf Schadensersatz sogar mittels vorformulierter Vertragsbedingungen auf diejenigen Mitglieder der Sozietät beschränkt werden, die das Mandat im Rahmen ihrer eigenen beruflichen Befugnisse bearbeiten und die namentlich bezeichnet sind.

HINWEIS:

Die Beschränkung der Haftung auf einzelne Sozietätsmitglieder kann durch Individualvereinbarung oder durch vorformulierte Vertragsbedingungen erfolgen. Es ist jedoch gem. § 52 Abs. 2 BRAO streng darauf zu achten, dass die Zustimmungserklärung des

94 Zum Ganzen eingehend Deckenbrock/Meyer, ZIP 2014 S. 701.

95 Nach BGH, NJW 2008 S. 2330, jedoch nicht für Forderungen, die nicht die anwaltstypische – rechtsberatende oder rechtsvertretende – Tätigkeit betreffen (z. B. Kauf von Büromaterial).

96 BGH, NJW 2007 S. 2490; Dahns, NJW-Spezial 2007 S. 429; Goette, AnwBl 2007 S. 637.

97 BGH, NJW 2007 S. 2490.

98 Boesche/Fest in Oetker-HGB, § 126 Rz. 15.

Mandanten *in Textform* erfolgt.[99] Ferner darf die Vereinbarung ***keine anderen Erklärungen*** enthalten.

Bei Vorliegen einer anwaltlichen Partnerschaftsgesellschaft regelt § 8 Abs. 2 PartGG, dass nur diejenigen Partner, die mit der Bearbeitung eines Auftrags befasst waren, für berufliche Fehler neben der Partnerschaft haften müssen. Schließlich kann die Haftung nach Abs. 3 auch auf das Vermögen der Partnerschaftsgesellschaft selbst beschränkt werden. Voraussetzung hierfür ist das Vorliegen der gesetzlich geforderten Berufshaftpflichtversicherung und der Namenszusatz „mit beschränkter Berufshaftung" oder „mbB". 129

Eine weitere Haftungsbesonderheit bei erbrechtlichen Mandaten ist der weite Kreis möglicher Anspruchsberechtigter durch den Vertrag mit Schutzwirkung zugunsten Dritter. Wurde der Mandant fehlerhaft beraten und/oder seine letztwillige Verfügung fehlerhaft errichtet, führt dies meist zu Schäden für andere Personen. Entweder erhalten Personen ungewollt (zu viel) Vermögen und andere reflexartig entsprechend weniger oder Personen erhalten gar nichts oder zu wenig vom Nachlass, obwohl der Mandant diese Personen entsprechend bedenken wollte. 130

Voraussetzungen für eine Haftung nach dem „Vertrag mit Schutzwirkung zugunsten Dritter" sind: 131

1. Leistungsnähe:

   Der Dritte muss bestimmungsgemäß mit der Leistung des Schuldners in Berührung kommen.[100]

2. Gläubigernähe:

   Der Vertragsgläubiger muss an der sorgfältigen Ausführung der Leistung nicht nur ein eigenes, sondern auch ein berechtigtes Interesse zugunsten des Dritten haben. Die Parteien können aufgrund der Vertragsfreiheit den Schutzbereich eines Vertrags in beliebiger Weise ausdehnen.[101] Enthält der Vertrag hierzu keine explizite Regelung, ist nach Aufgabe der früher vertretenen Wohl-und-Wehe-Formel[102] erforderlich, aber auch ausreichend, dass die Parteien nach ergänzender Vertragsauslegung den Dritten in den Schutzbereich des Vertrags einbeziehen wollten (z. B. wenn die Leistung

99 Seit dem 1.1.2025 genügt statt Schriftform die Textform, geändert durch Art. 13 – Viertes Bürokratieentlastungsgesetz v. 23.10.2024, BGBl 2024 I Nr. 323.

100 BGH, NJW 1996 S. 2928.

101 BGH, NJW 1984 S. 355.

102 Z. B. BGH, NJW 1970 S. 38, 40.

auch im Hinblick auf die Interessen des Dritten erbracht wird)[103] und die Personengruppe objektiv eingrenzbar ist.[104]

3. Erkennbarkeit des geschützten Personenkreises:

   Zur Eingrenzung der Haftung wird gefordert, dass der Schuldner die Leistungsnähe des Dritten und das Interesse des Gläubigers am Schutz des Dritten erkennen konnte – nur dann kann er sein Haftungsrisiko überschauen, kalkulieren und ggf. versichern.[105] Eine Schutzpflicht besteht somit nur gegenüber einem klar abgrenzbaren Personenkreis, wobei jedoch weder die genaue Anzahl noch die Namen der Dritten bekannt sein müssen.[106]

4. Schutzbedürftigkeit des Dritten:

   Ausgeschlossen ist ein zusätzlicher Drittschutz regelmäßig dann, wenn der Dritte bereits über einen inhaltsgleichen vertraglichen Anspruch verfügt.[107] Dies liegt jedenfalls dann vor, wenn der Dritte eigene gleichwertige Ansprüche gegen den Schädiger hat.

132 Ob ein bestimmter Dritter im Einzelfall aufgrund dieser Kriterien in den Schutzbereich eines Vertrags einbezogen ist, ist eine Frage der Auslegung und insoweit vom Tatrichter im jeweiligen Einzelfall zu entscheiden.[108]

BEISPIEL: Mandant M ließ sich von Rechtsanwalt R erbrechtlich beraten. Er wollte seine Tochter T zur Alleinerbin einsetzen; seine langjährige Freundin F sollte Vermächtnisse über bestimmte Vermögenswerte erhalten, u. a. mehrere Lebensversicherungen bei der Versicherung V. Rechtsanwalt R sah im Testament entsprechende Vermächtnisse bezüglich der Lebensversicherungen zugunsten der F vor. Die in den Lebensversicherungsverträgen vorgesehenen Bezugsberechtigten waren die beiden Schwestern des M. Mit dem Tod des M zahlte die Versicherung an die beiden Schwestern aus. Wie ist die Rechtslage?

LÖSUNG: Die unterbliebene Anpassung der Versicherungsverträge zu Lebzeiten des M führte dazu, dass die Versicherungssummen vertragsgemäß an die Schwestern ausbezahlt werden mussten. Die im Testament enthaltenen Vermächtnisse gingen

103 BGH, NJW 1996 S. 2928. Abweichend nimmt der BGH bei der Experten-Haftung für erteilte Auskünfte und Gutachten sogar bei Gegenläufigkeit der Interessen eine Schutzwirkung an, solange nur der zu schützende Personenkreis abgrenzbar ist, BGH, NJW 1998 S. 1062; NJW-RR 2003 S. 1035.

104 So zur Sachverständigenhaftung BGH, JZ 1995 S. 306.

105 BGH, NJW 2004 S. 3035.

106 BGH, NJW 1996 S. 2927 f.

107 BGH, NJW 2016 S. 3432.

108 BGH, NJW 1984 S. 355. In BGH, NJW 2020 S. 3169, wurde etwa eine Ersatzpflicht des Anwalts gegenüber den Töchtern der Mandantin abgelehnt.

insoweit ins Leere, da Lebensversicherungen als Verträge zugunsten Dritter nicht in den Nachlass fallen und somit auch nicht von den letztwilligen Verfügungen erfasst werden.

In diesem Fall ist dem M selbst kein Schaden durch die fehlerhafte Beratung entstanden, denn eine Vermögensminderung ist bei ihm nicht eingetreten – sein Vermögen wurde lediglich anders verteilt als gewünscht. T als seine Alleinerbin und Gesamtrechtsnachfolgerin hat ebenfalls keinen Schaden erlitten. Ob die Versicherungssumme an F oder an die Schwestern fließt, ist für ihre Vermögenssituation als Alleinerbin unerheblich. Einzig die F hat hier den Schaden. F ist aber weder Mandantin des Rechtsanwalts R noch Gesamtrechtsnachfolgerin des M. Ein eigener vertraglicher Schadensersatzanspruch steht ihr aber dennoch zu, da sie in den Schutzbereich des Anwaltsvertrags zwischen M und R einbezogen war.[109]

b) Risikominimierung für den Anwalt

Eine Möglichkeit zur Risikominimierung ist die Eingrenzung der vom Anwalt geschuldeten Beratungsleistung auf bestimmte Gebiete, bspw. unter Ausschluss des Steuerrechts oder des Internationalen Privatrechts. 133

Eine solche auf eine Teilmenge des Sachverhalts bezogene Beratung ist jedoch nicht sinnvoll und dürfte für den Mandanten nicht hilfreich und überzeugend sein. Nur eine vollumfängliche, auch das Steuerrecht umfassende Beratung und Erbfolgegestaltung trägt dem Interesse des Mandanten letztlich Rechnung. Eine auf das Zivilrecht beschränkte Erbfolgeberatung ist daher nur theoretisch denkbar. Jedenfalls muss der Anwalt dem Mandanten die Konsultation spezieller Berater empfehlen, wenn er bestimmte Rechtsgebiete aus dem Mandatsumfang herausnehmen will.[110] 134

Es ließe sich auch daran denken, steuerrechtliche Fragen vom persönlichen Steuerberater des Mandanten abschließend prüfen zu lassen und die steuerrechtliche Verantwortung somit diesem zu übertragen – vorausgesetzt der Steuerberater handelt im Auftrag des Mandanten und nicht als Erfüllungsgehilfe für den Anwalt (§ 278 BGB). 135

Eine solche Vorgehensweise verkennt jedoch die enge Verzahnung zwischen Erbrecht, Gesellschaftsrecht und Steuerrecht, gerade wenn es um unternehmerisch gebundenes Vermögen geht. Die isolierte Beherrschung der jeweiligen Rechtsgebiete durch verschiedene Berater vermag nicht zu verhindern, dass dennoch gravierende Haftungsfälle durch Schnittstellenprobleme zwischen diesen Rechtsmaterien entstehen. Als Beispiel sei nur die Aufdeckung stiller 136

109 Vgl. hierzu in ähnlicher Konstellation BGH, ZEV 1999 S. 357; grundlegend hierzu BGH, NJW 1995 S. 2551 f.

110 Schneider in Münchener Anwaltshandbuch, Erbrecht, § 2 Rz. 86; Grams, AnwBl 2001 S. 233 f.

Reserven durch den fehlenden Gleichlauf zwischen Gesellschaftsrecht und Erbrecht genannt. Nur die vollumfängliche Beherrschung sämtlicher Rechtsmaterien einschließlich des Steuerrechts kann derartige Haftungsfälle vermeiden. Daher ist eine solche Vorgehensweise zur Vermeidung von Haftungsfällen nicht zielführend. Die Beherrschung der tangierten Rechtsgebiete ist Grundvoraussetzung für eine fundierte Nachfolgeberatung.

137 Eine persönliche Haftung kann dadurch verringert werden, dass die Deckungssummen der vom Anwalt geschlossenen Berufshaftpflichtversicherung (freiwillig) erhöht werden. Denkbar ist auch, für ein einzelnes Mandat eine zusätzliche Haftpflichtversicherung abzuschließen. Erkauft wird dieser höhere Schutz gegen höhere Versicherungsprämien.

138 Unabhängig hiervon kann jedoch durch Vereinbarung mit dem Mandanten die Haftung dem Grunde nach beschränkt werden. Nach § 52 BRAO kann der Anwalt seine Haftung begrenzen

- für einen **fahrlässig** verursachten Schaden durch **Vereinbarung im Einzelfall in Textform** bis zur Höhe der Mindestversicherungssumme (250.000 €), § 52 Abs. 1 Nr. 1 BRAO **(bis 1.1.2025 war sogar Schriftform erforderlich)**[111] oder
- durch **vorformulierte** Vertragsbedingungen für Fälle **einfacher** Fahrlässigkeit auf den vierfachen Betrag der Mindestversicherungssumme (1 Mio. €), wenn insoweit Versicherungsschutz besteht (§ 52 Abs. 1 Nr. 2 BRAO) oder
- durch **vorformulierte** Vertragsbedingungen auf die persönliche Haftung einzelner Mitglieder einer Sozietät, die das Mandat im Rahmen ihrer eigenen beruflichen Befugnisse bearbeiten und namentlich bezeichnet sind. Die Zustimmung des Mandanten hierzu bedarf der Textform (§ 52 Abs. 2 BRAO).

139 Nur durch **Individualvereinbarung in Textform** kann die Haftung für einfache, mittlere oder grobe Fahrlässigkeit auf den einfachen Betrag der gesetzlichen Mindestversicherungssumme begrenzt werden.

HINWEIS:

Soll die Haftung nicht nur für einfache, sondern jede Form der Fahrlässigkeit begrenzt werden, verlangt § 52 Abs. 1 Nr. 1 BRAO eine Vereinbarung *im Einzelfall in Textform.* Daher sollte nicht mit vorformulierten Texten gearbeitet werden. Denn vorformulierte Vertragsbedingungen ermöglichen nur eine Haftungsbeschränkung für einfache Fahrlässigkeit und bis maximal 1 Mio. € (§ 52 Abs. 1 Nr. 2 BRAO). Damit nicht von einer

111 Geändert durch Art. 13 – Viertes Bürokratieentlastungsgesetz v. 23.10.2024, BGBl 2024 I Nr. 323 sowohl für die Form der Vereinbarung in § 52 Abs. 1 Nr. 1 BRAO als auch für die Zustimmungserklärung in § 52 Abs. 2 Satz 3 BRAO.

Vorformulierung, sondern einer Individualvereinbarung ausgegangen werden kann, stellt der BGH hohe Anforderungen: Der Verwender muss die Regelungen ernsthaft zur Disposition stellen und dem Verhandlungspartner Gestaltungsfreiheit zur Wahrung eigener Interessen einräumen.[112] Sie sollten dem Mandanten daher deutlich kommunizieren, dass Sie sich ernsthaft zu Änderungen der vorgeschlagenen Haftungsklausel bereit erklären.[113]

Ferner ist darauf zu achten, dass die Vereinbarung der Textform entspricht. Ein praktikabler Weg hierfür ist die Übersendung einer E-Mail oder eines Briefes an den Mandanten mit dem entsprechenden haftungsbeschränkenden Inhalt, verbunden mit der Bitte um Rückbestätigung.

Formulierungsbeispiel: 140

„[...] Wegen der beträchtlichen Höhe des Gegenstandswerts wurde zwischen Rechtsanwalt ... und Mandant ... die Frage der Haftungsbegrenzung ausführlich erörtert. Zu diesem Zweck führten die Beteiligten am ... ein persönliches Gespräch und am ... ein Telefonat, um diese Frage zu besprechen. Vor diesem Hintergrund schließen die Beteiligten folgende Vereinbarung zur Haftungsbeschränkung: Die Haftung des Rechtsanwalts wird für Fälle der Fahrlässigkeit (einschließlich mittlerer und grober) auf einen Höchstbetrag von 250.000 € beschränkt. Die Haftung wegen Vorsatzes bleibt hiervon unberührt."

Verständnisfrage: 141

Was halten Sie von dieser Regelung (entnommen aus einem Handbuch)?

„Die Haftung des Rechtsanwalts wird für Fälle der leichten Fahrlässigkeit auf einen Höchstbetrag von 250.000 € beschränkt. Die Haftung wegen Vorsatzes und grober Fahrlässigkeit bleibt hiervon unberührt."

Lösung: 142

Wenn es sich um ***AGB*** *handelt, dann muss die Haftung auf mindestens 1 Mio. € lauten. Die vorgesehene Haftungsbegrenzung auf nur 250.000 € ist daher unwirksam wegen Verstoßes gegen § 52 Abs. 1 Nr. 2 BRAO.*

Wenn es sich um eine ***Individualvereinbarung*** *handelt, dann wäre auch ein Haftungsausschluss für mittlere und grobe Fahrlässigkeit möglich (§ 52 Abs. 1 Nr. 1 BRAO). Ein solcher wurde hier aber nicht vorgesehen, obwohl dies rechtlich möglich gewesen wäre. Man hat bei der Individualvereinbarung also nicht den rechtlich zulässigen Rahmen ausgeschöpft, sondern sich mit einem Ausschluss für ein-*

112 BGH, NJW 2019 S. 2080 Rz. 14; NJW 2015 S. 1952 Rz. 33; NJW 2013 S. 856 Rz. 10.

113 Vgl. v. Westphalen, NJW 2025 S. 266 Rz. 10.

fache Fahrlässigkeit begnügt – was freilich zulässig, aber für die eigenen Interessen ***suboptimal*** *ist.*

143–149 *(Einstweilen frei)*

II. Grundlagen

1. Anwendbares Recht (IPR)

Bevor Sie sich als Berater in das Mandat einarbeiten und sich Gedanken zu möglichen erbrechtlichen Gestaltungsalternativen machen, sollten Sie bei einem Fall mit Auslandsberührung zunächst das Erbstatut feststellen. Haben Sie im Rahmen der Sachverhaltsermittlung festgestellt, dass eine Auslandsberührung vorliegt, etwa weil Ihr Mandant eine ausländische Staatsangehörigkeit besitzt, haben Sie die Vorfrage zu klären, welches materielle Erbrecht auf den Fall Anwendung findet. Denn die von Ihnen entworfene Nachfolgegestaltung muss den Vorgaben dieses nationalen Erbrechts entsprechen. Um ein Haftungsrisiko zu vermeiden, müssen Sie eine etwaige Anwendbarkeit ausländischen Erbrechts im Blick haben. Das Internationale Erbrecht ist seit dem 17.8.2015 in der EUErbVO geregelt. Diese Verordnung ist unmittelbar geltendes Recht in sämtlichen Mitgliedstaaten, mit Ausnahme von Irland und Dänemark. Diese Länder sind zwar Mitgliedstaaten, nehmen aber an der EUErbVO nicht teil und sind daher wie Drittstatten zu behandeln. Die EUErbVO hat gem. Art. 20 universelle Geltung: Das hiernach maßgebliche materielle Erbrecht ist auch dann anzuwenden, wenn es nicht das Recht eines Mitgliedstaates ist („loi uniforme"). 150

Im Gegensatz zu der früheren Regelung in Art. 25 Abs. 1 EGBGB a. F. wird für das Erbstatut nicht mehr an die Staatsangehörigkeit des Erblassers angeknüpft. Maßgeblich ist nach Art. 21 EUErbVO vielmehr der letzte „gewöhnliche Aufenthalt" des Erblassers. Eine Definition des „gewöhnlichen Aufenthalts" findet sich in der Verordnung nicht. Nach h. M. ist dieser durch eine Gesamtbeurteilung der Lebensumstände des Erblassers zu bestimmen:[114] Maßgeblich sind insbesondere Dauer und Regelmäßigkeit des Aufenthalts im jeweiligen Land, Sprachkenntnisse, Lage des Vermögens, persönliche, soziale, familiäre Eingliederung.[115] Nur ausnahmsweise kommt die Ausweichklausel des Art. 21 Abs. 2 EUErbVO zur Anwendung, wonach das Recht des anderen Staates anzuwenden ist, wenn sich aus der Gesamtheit der Umstände ergibt, dass der Erblasser eine offensichtlich engere Verbindung zu diesem anderen Staat hatte. Diese Regelung ist nur restriktiv[116] anzuwenden. Ihr Anwendungsbereich ist weitgehend unscharf definiert. So bleibt unklar, wann genau aus der „Gesamt- 151

114 Unter Heranziehung der Erwägungsgründe Nr. 23 und 24 zur EUErbVO.

115 Vgl. EuGH, NJW 2020 S. 2947; OLG Hamm, ZEV 2020 S. 634; KG, FGPrax 2016 S. 181; OLG Düsseldorf, FGPrax 2021 S. 27. Hierzu auch Loyal in BeckOK-BGB, Art. 21 EUErbVO, Rz. 14 ff.

116 Loyal in BeckOK-BGB, Art. 21 EUErbVO, Rz. 28 m. w. N.

heit der Umstände" eine „offensichtlich engere Verbindung" zu einem anderen Land besteht und welche Umstände hierfür letztlich maßgeblich sind.[117]

152 Ein Renvoi (Rück- oder Weiterverweisung) kommt nur nach Maßgabe des Art. 34 EUErbVO in Frage: Verweist die EUErbVO auf das Recht eines Drittstaates, so sind gem. Art. 34 Abs. 1 EUErbVO grds. auch die Kollisionsnormen dieses Drittstaates zu beachten, wodurch es zu einem Renvoi kommen kann. Damit ein Renvoi nach Art. 34 zulässig ist, müssen jedoch die in Abs. 1 genannten Voraussetzungen vorliegen:

- Nach Art. 34 Abs. 1 Buchst. a) EUErbVO ist ein Renvoi aus dem Drittstaat beachtlich, wenn er auf das Recht eines Mitgliedstaates verweist; der Mitgliedstaat hat diese Verweisung anzunehmen. Im Ergebnis findet also das Sachrecht des Mitgliedstaates Anwendung. Hierdurch erreicht man eine Übereinstimmung von Zuständigkeit und anwendbarem Recht im Falle der Rückverweisung sowie eine leichtere Feststellung von mitgliedstaatlichem Recht bei der Weiterverweisung auf das Recht eines anderen Mitgliedstaates.[118]
- Nach Art. 34 Abs. 1 Buchst. b) EUErbVO ist ein Renvoi aus dem Drittstaat beachtlich, wenn er auf das Recht eines weiteren Drittstaates verweist und dieser zweite Drittstaat daraufhin im Ergebnis sein eigenes Sachrecht „anwenden würde". Dies bedeutet, dass das IPR des zweiten Drittstaates sein eigenes Sachrecht anwendet.[119]

153 In Ausnahme zu diesen vorstehenden Regelungen bestimmt Art. 34 Abs. 2 EUErbVO jedoch bei bestimmten Kollisionsnormen die generelle Unbeachtlichkeit von Rück- und Weiterverweisungen des ausländischen IPR: Beruht die Anwendbarkeit des ausländischen Rechts etwa auf einer Rechtswahl des Erblassers gem. Art. 22 EUErbVO, scheidet ein Renvoi aus. Das vom Erblasser gewählte Recht muss also angewandt werden. Ansonsten würde die mit der Rechtwahlmöglichkeit bezweckte Option für den Erblasser vereitelt.

154 Für Sie als Berater ist die nach Art. 22 EUErbVO mögliche Rechtswahl ein wichtiges und haftungsrelevantes Instrument. Da die Grundnorm des Art. 21 EUErbVO an den letzten gewöhnlichen Aufenthalt des Erblassers anknüpft, kann sich das anwendbare Recht durch die tatsächliche Lebensgestaltung und den Wechsel des Lebensmittelpunkts des Mandanten (mehrfach) verändern. Mit

117 Lange, ZErb 2012 S. 160, 162 f.

118 Dutta in MüKo-BGB, Art. 34 EUErbVO, Rz. 3; Loyal in BeckOK-BGB, Art. 34 EUErbVO, Rz. 4 m. w. N.

119 Weiterführend Loyal in BeckOK-BGB, Art. 34 EUErbVO, Rz. 5 ff.

diesem Wechsel des gewöhnlichen Aufenthalts ändert sich auch das auf den Erbfall anzuwendende Erbrecht – was zur (Teil-)Unwirksamkeit der Nachfolgegestaltung führen kann. Da Sie als Berater Ihr Handeln am Gebot des sichersten Weges ausrichten müssen, haben Sie derartige Veränderungen in der Zukunft zu antizipieren und mögliche Absicherungen vorzunehmen, um vermeidbare Risiken zu verhindern. Erschwerend kommt hinzu, dass zum einen der Begriff des „gewöhnlichen Aufenthalts" nicht klar definiert ist, sondern auf einer Gesamtwürdigung der Umstände beruht, und zum anderen ein Statutenwechsel „schleichend" erfolgen kann, ohne dass dies den Beteiligten bewusst ist. Derartige Unsicherheiten haben Sie als Berater zu vermeiden, indem Sie stets vorsorglich eine Rechtswahl nach Art. 22 EUErbVO vorschlagen. Der Erblasser kann aber nur sein Heimatrecht wählen: Nur wenn der Mandant (auch) deutscher Staatsangehöriger ist, kann er also deutsches Erbrecht wählen. Die Rechtswahl bezieht sich stets auf den gesamten Nachlass; eine Rechtswahl nur bezüglich einzelner Nachlassgegenstände ist nicht möglich, wodurch eine Nachlassspaltung vermieden wird. In formeller Hinsicht ist die Rechtswahl allein mittels letztwilliger Verfügung möglich.

BEISPIEL: Ihr Mandant ist 60 Jahre alt, deutscher Staatsangehöriger und wohnt in Stuttgart. Seinen 4-wöchigen Jahresurlaub verbringt er stets in seiner Ferienvilla in Südafrika. Sie gestalten eine Nachfolgregelung am Maßstab deutschen Erbrechts. 10 Jahre später setzt er sich zur Ruhe und verbringt Jahr für Jahr längere Zeit in Südafrika, da er das Klima dort besser verträgt. Zuletzt war er nur noch wenige Tage pro Jahr in Deutschland.

Als Berater müssen Sie derartige Veränderungen der Lebensumstände antizipieren und daher vorsorglich eine Rechtswahl vorschlagen: *„Hiermit wähle ich für meine gesamte Rechtsnachfolge von Todes wegen und für die Zulässigkeit und Wirksamkeit meiner Verfügungen deutsches Recht."*

Auch wenn Sie eine Rechtswahl getroffen haben, bedeutet dies aber noch 155
nicht, dass in jedem Fall Rechtssicherheit erreicht wird. Zwar knüpfen Gerichte in den Mitgliedstaaten nach der EUErbVO das Erbstatut einheitlich an. Im Verhältnis zu Drittstaaten kann aber weiterhin eine Nachlassspaltung eintreten. So kann sich bspw. der gewöhnliche Aufenthalt des Erblassers in einem Mitgliedstaat befinden, aber Vermögen des Erblassers auch in einem Drittstaat liegen; und dieser Drittstaat wiederum knüpft etwa für bewegliches und unbewegliches Vermögen unterschiedlich an. Gerichte in dem Drittstaat folgen ihrem eigenen Kollisionsrecht, so dass es faktisch zur Nachlassspaltung kommen kann: Mehrere Staaten erklären in einem Erbfall ihr eigenes materielles Erbrecht für anwendbar.

Dies können sich Beteiligte nach dem Erbfall zunutze machen und sog. 156
„Forum-Shopping" betreiben: Erben, Pflichtteilsberechtigte oder sonstige An-

spruchsteller wählen für ihre Ansprüche dasjenige Gericht aus, das nach dem dort geltenden Kollisionsrecht dasjenige materielle Sachrecht anwendet, das den größten Erfolg für den jeweiligen Kläger verspricht. Denn das angerufene Gericht wendet zunächst das eigene Kollisionsrecht an und gelangt in der Folge zu einem bestimmten nationalen Sachrecht. Je nachdem, welches Kollisionsrecht zum dem vorteilhaftesten Sachrecht führt, wird der Kläger den Ort seiner Klage auswählen. In diesem Zusammenhang ist ferner zu prüfen, inwieweit Entscheidungen nationaler Gerichte im jeweiligen anderen Staat anerkannt und durchsetzbar sind.

157 Diesem Forum-Shopping kann man nur versuchen zu begegnen, indem der Erblasser vorab mit den Erben im Rahmen des rechtlich Zulässigen Gerichtsstandsvereinbarungen trifft.[120] Hierdurch soll erreicht werden, dass nur in bestimmten Ländern Nachlassverfahren eingeleitet werden. Aber selbst wenn der Erblasser derartige Gerichtsstandsvereinbarungen mit sämtlichen Erben zum Abschluss bringen sollte, greifen diese doch nur inter partes und nicht zulasten anderer Personen, die später als übergangene Erben oder Pflichtteilsberechtigte Ansprüche geltend machen. Es verbleibt also ein Restrisiko. Dies müssen Sie dem Mandanten aufzeigen, um Ihre Haftung diesbezüglich zu vermeiden.

158 Trotz ihrer universellen Geltung kann in Ausnahmefällen eine Anwendbarkeit der EUErbVO von vornherein ausgeschlossen sein: Gemäß Art. 75 EUErbVO bleibt die Anwendung internationaler Übereinkommen unberührt, denen ein oder mehrere Mitgliedstaaten zum Zeitpunkt der Annahme dieser Verordnung angehören und die Bereiche betreffen, die in dieser Verordnung geregelt sind. Praktisch relevant sind hier folgende – nach wir vor geltende – Abkommen:

- Niederlassungsabkommen zwischen dem Deutschen Reich und dem Kaiserreich Persien v. 17.2.1929,[121]
- Konsularvertrag zwischen dem Deutschen Reich und der Türkischen Republik v. 28.5.1929,[122]
- Konsularvertrag zwischen der Bundesrepublik Deutschland und der UdSSR v. 25.4.1958.[123]

120 Hierzu weitergehend Pawlytta/Pfeiffer in Münchener Anwaltshandbuch Erbrecht, § 33 Rz. 211 ff.

121 RGBl 1930 II S. 1002.

122 RGBl 1930 II S. 747.

123 BGBl 1959 II S. 469.

Stellen Sie in einem Mandat einen Berührungspunkt mit vorgenannten Staaten bzw. deren Rechtsnachfolgern (Iran, Türkei, russische Föderation) fest, müssen Sie sich mit den genauen Inhalten dieser Abkommen beschäftigen. Ansonsten laufen Sie Gefahr, dass Ihre Nachfolgeplanung ausländischem Recht unterworfen ist und letztlich scheitert. 159

So sieht bspw. das deutsch-iranische Niederlassungsabkommen in Art. 8 Abs. 3 Satz 1 vor, dass die Angehörigen jedes der vertragschließenden Staaten in Bezug auf das Personen-, Familien- und Erbrecht im Gebiet des anderen Staates den Vorschriften ihrer heimischen Gesetze unterworfen bleiben. Diese Norm folgt also dem Staatsangehörigkeitsprinzip. Ist Ihr Mandant also iranischer Staatsangehöriger, sieht das hier anzuwendende Niederlassungsabkommen aus dem Jahr 1929 die Anwendung iranischen Erbrechts vor – auch wenn der gewöhnliche Aufenthalt des Erblassers in Deutschland war und auch, wenn der Erblasser deutsches Recht gewählt haben sollte. 160

Dennoch kann das ausländische Erbrecht entgegen diesen Abkommen u. U. nicht anwendbar sein, wenn es gegen den ordre-public-Grundsatz verstößt. Nach Art. 6 EGBGB ist eine Rechtsnorm eines anderen Staates nicht anzuwenden, wenn ihre Anwendung zu einem Ergebnis führt, das mit wesentlichen Grundsätzen des deutschen Rechts offensichtlich unvereinbar ist. Sie ist insbesondere nicht anzuwenden, wenn die Anwendung mit den Grundrechten unvereinbar ist.[124] Es muss sich um eine offensichtliche Verletzung einer in der deutschen Rechtsordnung als wesentlich geltenden Rechtsnorm oder eines dort als grundlegend anerkannten Rechts handeln.[125] So kann eine vertiefte Befassung mit dem ausländischen Erbrecht zu der Erkenntnis führen, dass – etwa bei islamisch geprägten Rechtsordnungen – eine gegen Art. 3 GG verstoßende geschlechterbezogene Diskriminierung[126] vorliegt oder der Erblasser nur eine sehr eingeschränkte Testierfreiheit genießt, was gegen Art. 14 GG verstößt.[127] Dies kann dazu führen, dass trotz formeller Fortgeltung o. g. Abkommen die ausländischen Erbrechtsordnungen für deutsche Gerichte unanwendbar sind und im Ergebnis deutsches Erbrecht gilt. Grundsätzlich hat der ordre-public-Grundsatz folgende drei Voraussetzungen: 161

124 Lorenz in BeckOK-BGB, Art. 6 EGBGB, Rz. 14 f. m. w. N.

125 BGH, NJW 1993 S. 3269 f.; NJW 1992 S. 3096; OLG Hamburg, ErbR 2021 S. 863, 865. Hierzu grundlegend BVerfG, Urteil v. 4.5.1971 - 1 BvR 636/68, BVerfGE 31 S. 58.

126 Hierzu OLG München, ZEV 2021 S. 177 Rz. 12; österreichischer OGH, ZEuP 2022 S. 178, 181; Lorenz in BeckOK-BGB, Art. 6 EGBGB, Rz. 27.

127 OLG Hamburg, ErbR 2021 S. 863, 868.

- Offensichtliche Verletzung einer in der deutschen Rechtsordnung als wesentlich geltenden Rechtsnorm oder eines dort als grundlegend anerkannten Rechts.[128]
- Die ausländische Regelung widerspricht nicht nur **abstrakt** der deutschen Rechtsordnung, sondern das Anwendungsergebnis im **konkreten** Fall ist unerträglich.[129]
- Der zu beurteilende Sachverhalt muss einen hinreichenden Inlandsbezug aufweisen.[130]

HINWEIS:

Ohne an dieser Stelle auf die Details dieser Abkommen einzugehen, ist folgende Vorgehensweise zu empfehlen:

- Prüfen Sie, ob Ihr Mandat einen Berührungspunkt mit vorgenannten Staaten bzw. deren Rechtsnachfolgern (Iran, Türkei, russische Föderation) aufweist.
- Prüfen Sie, welches nationale Erbrecht nach dem jeweiligen Abkommen anzuwenden ist.
- Verweist das Abkommen auf ausländisches Erbrecht, ist Ihre Beratung in Übereinstimmung mit dem ausländischen Recht vorzunehmen – oder das Mandat abzulehnen.
- Prüfen Sie, ob der Inhalt des ausländischen Rechts gegen den ordre-public-Grundsatz verstößt. Ist dies zu bejahen, kommt ggf. doch deutsches Erbrecht in Frage. Hier ist allerdings eine sorgfältige Prüfung erforderlich. Eine ausführliche Risikobelehrung des Mandanten, insbesondere, wenn keine höchstrichterliche Rechtsprechung vorliegt, ist unabdingbar.

162 Zur Regelung des Formstatuts wurde bereits 1961 das Haager Testamentsformübereinkommen abgeschlossen. Neben den meisten EU-Mitgliedstaaten haben zahlreiche weitere Länder dieses Abkommen ratifiziert. Für diese Länder gilt das Haager Testamentsformübereinkommen, welches der EUErbVO vorgeht (Art. 75 EUErbVO). Für diejenigen Mitgliedstaaten, die das Haager Übereinkommen nicht ratifiziert haben, regelt Art. 27 EUErbVO das Formstatut – und zwar inhaltsgleich wie das Haager Übereinkommen.

2. Universalsukzession

163 Das deutsche Erbrecht folgt dem Prinzip der Gesamtrechtsnachfolge, der sog. Universalsukzession: Gemäß § 1922 Abs. 1 BGB geht mit dem Tode einer Per-

128 BGH, NJW 1993 S. 3269 f.; NJW 1992 S. 3096; OLG Hamburg, ErbR 2021 S. 863, 865.

129 BGH, NJW 1992 S. 3096; KG, ZEV 2008 S. 440, m. Anm. Dörner; OLG München, ZEV 2021 S. 177 Rz. 8; OLG Hamm, ZEV 2005 S. 436, m. Anm. Lorenz; Thorn in Grüneberg, Art. 6 EGBGB, Rz. 5.

130 OLG München, ZEV 2021 S. 177 Rz. 8; Thorn in Grüneberg, Art. 6 EGBGB, Rz. 6 m. w. N.

son (Erbfall) deren Vermögen (Erbschaft) als Ganzes auf eine oder mehrere andere Personen (Erben) über. Dieses Prinzip ist für das Verständnis des Erbrechts von überragender Bedeutung. Das Vermögen des Erblassers geht nur in seiner Gesamtheit und ungeteilt auf den oder die Erben über.[131]

Es handelt sich hierbei um einen Vonselbsterwerb, d. h. für den Übergang des Vermögens vom Erblasser auf den oder die Erben ist keine Mitwirkung der Erben erforderlich. Noch nicht einmal die Kenntnis vom Anfall der Erbschaft ist erforderlich, damit die Gesamtrechtsnachfolge für und gegen die Erben stattfinden kann. Auch wenn der Erblasser einzelne Gegenstände nur bestimmten Personen zugewandt hat, ändert dies am Prinzip der Gesamtrechtsnachfolge nichts. Der Erbe tritt in der juristischen Sekunde des Todes des Erblassers in dessen sämtliche Rechtspositionen ipso iure ein – unabhängig von dessen Wissen und Wollen. Das Prinzip der Gesamtrechtsnachfolge dient der Rechtsklarheit für alle Beteiligten. Für den Erben wird gewährleistet, dass nicht etwa einzelne Vermögensgegenstände vom Erblasser vergessen wurden zu übertragen; spiegelbildlich sichert dies auch den Erblasser ab, der sämtliche Vermögensgegenstände nach seinem Ableben eindeutig zugeordnet wissen möchte. Auf der anderen Seite schafft die Gesamtrechtsnachfolge Rechtssicherheit für Nachlassgläubiger sowie Nachlassschuldner, die sich wegen ihrer Forderungen bzw. Verbindlichkeiten an die relativ leicht zu ermittelnden Erben halten können. Für den juristischen Laien ist das Prinzip der Gesamtrechtsnachfolge bisweilen nicht nachvollziehbar; vielmehr zeugen die Formulierungen in Testamenten häufig von der (Fehl-)Vorstellung des Erblassers, einzelne Vermögensgegenstände direkt mit dinglicher Wirkung auf einzelne Nachfolger übertragen zu können („ich vererbe mein Haus an meine Tochter T und mein Auto an meinen Sohn S"). 164

BEISPIEL: Erblasser E ist u. a. Eigentümer mehrerer Immobilien und Oldtimer. Während einer Oldtimerausfahrt stirbt E bei einem Unfall. Gesetzlicher Alleinerbe des E wird sein einziger Sohn S, der sich derzeit auf Weltreise befindet und telefonisch nicht erreichbar ist. S erfährt erst vier Wochen später vom Tod seines Vaters. Nach seiner Rückkehr fragt er Sie, wie die Rechtslage ist und wie sich die Eigentumslage an den Nachlassgegenständen darstellt und wie es sich auswirkt, dass noch E als Eigentümer im Grundbuch steht.

LÖSUNG: Im vorliegenden Fall ist S zunächst darauf hinzuweisen, dass er die Erbschaft grds. noch ausschlagen könnte. Die Frist beträgt sechs Wochen[132] ab dem Zeitpunkt, in welchem S von dem Anfall und dem Grund der Berufung Kenntnis erlangt hat (§ 1944 Abs. 1, 2 BGB). Nimmt S die Erbschaft an, wurde er auch ohne sein Wis-

131 Leipold in MüKo-BGB, § 1922, Rz. 16 ff.

132 Bzw. sechs Monate, wenn der Erbe bei Fristbeginn im Ausland war (§ 1944 Abs. 3 BGB).

sen und Wollen Gesamtrechtsnachfolger des E – und zwar in der juristischen Sekunde des Todes des E. Zu diesem Zeitpunkt wurde S somit Eigentümer sämtlicher Immobilien, Oldtimer und der übrigen Vermögensgegenstände des Erblassers.

Dass zu diesem Zeitpunkt noch E als Eigentümer im Grundbuch eingetragen war, ändert hieran nichts. Vielmehr wurde das Grundbuch ab der Sekunde des Todes des E unrichtig. Eingetragen war noch E, tatsächlicher Eigentümer war aber bereits S. Der Eigentumserwerb erfolgte hier nicht mittels Auflassung und Eintragung gem. §§ 925, 873 BGB, sondern kraft Gesetzes gem. § 1922 BGB. Erforderlich ist im Nachhinein somit lediglich eine von Amts wegen durchzuführende Grundbuchberichtigung gem. §§ 82 ff. GBO. Wird der Antrag innerhalb von zwei Jahren seit dem Erbfall gestellt, erfolgt die Berichtigung gebührenfrei (KV 14110 Abs. 1 GNotKG).

165 Ist mehr als eine Person Erbe geworden, bilden diese Personen eine Erbengemeinschaft. Jedem Mitglied der Erbengemeinschaft steht ein seiner Erbquote entsprechender Anteil am Gesamtnachlass zu und nicht etwa ein konkreter (Miteigentums-)Anteil an den einzelnen Vermögensgegenständen.

BEISPIEL: Erblasser E ist u. a. Eigentümer einer Geschäftsimmobilie und mehrerer Oldtimer. Alleinerben werden seine beiden Kinder S und T. S möchte „seine Hälfte an der Geschäftsimmobilie" an den Investor D für 1 Mio. € verkaufen. Er bittet Sie um Rat, wie er vorgehen muss.

LÖSUNG: S und T bilden zusammen eine Erbengemeinschaft. Eigentümer der Immobilie werden S und T gemeinschaftlich in Erbengemeinschaft (§ 2032 Abs. 1 BGB) – und **nicht** etwa S und T zu je 1/2 Miteigentumsanteil.

Gemäß §§ 2032, 2033 Abs. 2 BGB kann ein Miterbe nicht über seinen Anteil an einzelnen Nachlassgegenständen verfügen. Möglich ist hingegen (nur) eine komplette Übertragung seines Erbteils gem. § 2033 Abs. 1 BGB. Somit könnte bspw. Miterbe S nicht etwa seine hälftige „Beteiligung" an der Immobilie an einen Dritten übertragen, sondern allenfalls seinen kompletten Erbteil (zu dem eben mehr gehört als nur die eine Immobilie).

Möglich wäre, dass sich S und T als Erbengemeinschaft auseinandersetzen und jeder durch Rechtsgeschäft unter Lebenden einen hälftigen Miteigentumsanteil an der Immobilie von den Erben als Gesamthandsgemeinschaft übertragen bekommt. Anschließend könnte jeder Miteigentümer über seinen hälftigen Miteigentumsanteil an der Immobilie verfügen. Scheitert eine einvernehmliche Auseinandersetzung hinsichtlich der Immobilie, kann eine Teilungsversteigerung durchgeführt werden (§§ 2042, 753 BGB i. V. mit §§ 180–185 ZVG).

166 Diejenigen Personen, die nicht Erben geworden sind, erlangen keine dingliche Rechtsposition an den Nachlassgegenständen. So haben Vermächtnisnehmer lediglich einen schuldrechtlichen Anspruch gegen den oder die Erben auf Übertragung des ihnen Zugewandten. Dasselbe gilt auch für Miterben, die einen bestimmten Vermögensgegenstand zu Alleineigentum erhalten sollen (im Wege des Vorausvermächtnisses oder der Teilungsanordnung). Dieser Anspruch ist durch Rechtsgeschäft unter Lebenden zu erfüllen, notfalls muss er

gerichtlich gegen den oder die Erben geltend gemacht werden. Ein Vonselbsterwerb hinsichtlich der zugewandten Gegenstände findet nicht statt.

BEISPIEL: Erblasser E hinterlässt u. a. die Immobilien A, B und C. Seine beiden Kinder S und T werden Erben zu je 1/2. Ferner verfügt E in seinem Testament: *„Meine Tochter T soll meine Immobilie A, mein Sohn S die Immobilie B und mein langjähriger Freund F soll die Immobilie C erben."* Wie ist die Rechts- und Eigentumslage? Wie ist zu verfahren?

LÖSUNG: Die von E angeordneten Verfügungen hinsichtlich der Immobilien stellen sich wie folgt dar:

Die Zuweisung der Immobilie an den langjährigen Freund F stellt sich als Vermächtnis dar, mit welchem die Erbengemeinschaft, bestehend aus S und T, belastet wurde. Dieses Vermächtnis ändert nichts daran, dass das Eigentum an der Immobilie C im Erbfall auf die Erbengemeinschaft übergegangen ist. F hat somit lediglich einen schuldrechtlichen Anspruch auf Übertragung des Eigentums an der Immobilie C gegen die Erbengemeinschaft. Dieser Anspruch ist durch Rechtsgeschäft unter Lebenden gem. §§ 925, 873 BGB zu erfüllen. Man benötigt also einen Notartermin, in dem die Auflassung zu beurkunden ist (§ 925 Abs. 1 BGB); anschließend wird der Antrag auf Eintragung der Rechtsänderung im Grundbuch formgerecht (§ 29 GBO) gestellt.

Bei den Zuweisungen hinsichtlich der Immobilien A und B zugunsten der beiden Kinder handelt es sich entweder um Teilungsanordnungen (unter Anrechnung auf die Erbquote) oder Vorausvermächtnisse (ohne Anrechnung auf die Erbquote).

In beiden Fällen hat der jeweilige Miterbe jedoch lediglich einen schuldrechtlichen Anspruch gegen die Erbengemeinschaft auf Übertragung des Alleineigentums. Weder das Vorausvermächtnis noch die Teilungsanordnungen ändern etwas am Prinzip der Gesamtrechtsnachfolge. Daher erlangen die Miterben nicht Alleineigentum an den ihnen zugewandten Immobilien. Ein Vonselbsterwerb erfolgt nur zugunsten sämtlicher Miterben in ihrer Gesamtheit als Erbengemeinschaft.

Das Prinzip der Gesamtrechtsnachfolge erfährt aber auch einige Ausnahmen, 167
sowohl im Erbrecht selbst als auch außerhalb des Erbrechts. Eine Sondererbfolge liegt dann vor, wenn nur einzelne Vermögensgegenstände auf einzelne Personen unmittelbar dinglich übergehen.

Eine derartige Sondererbfolge innerhalb des Erbrechts findet sich im Bereich 168
des Höferechts. Sinn und Zweck dieser speziellen Erbregeln für landwirtschaftliche Hofstellen ist die Erhaltung landwirtschaftlicher Betriebe als wirtschaftliche Einheit. Dies wiederum sollte dem volkswirtschaftlichen Ziel dienen, die Ernährung der Bevölkerung sicherzustellen. Das Erbrecht in Deutschland ist in Bezug auf landwirtschaftliche Betriebe nicht bundeseinheitlich geregelt. Zwar handelt es sich bei der Höfeordnung um ein Bundesgesetz, jedoch kann durch Landesgesetze hiervon abgewichen werden. Hierdurch ergibt sich innerhalb Deutschlands ein uneinheitliches Bild. Dieses wird noch verstärkt, indem sogar

innerhalb eines Bundeslandes wiederum regionale Unterschiede bestehen, wie dies in Baden-Württemberg der Fall ist.

169 Teilweise finden sich regionale Anerbenrechte. Unter Anerbenrecht bezeichnet man die Vererbung eines Hofes an nur einen Erben mit dem Ziel, es als Einheit zu erhalten. Einer von mehreren Erben erlangt somit allein per Sondererbfolge den landwirtschaftlichen Betrieb allein und unmittelbar. Während in den neuen Bundesländern,[133] in Bayern, Berlin und im Saarland keine Anerbenrechte existieren, gilt in Hamburg, Schleswig-Holstein, Nordrhein-Westfalen und Niedersachsen als partielles Bundes-Anerbenrecht die Höfeordnung. In Baden-Württemberg finden sich landesrechtliche Spezialregelungen in Form des Badischen Hofgütergesetzes[134] und des Württembergischen Anerbengesetzes.[135]

170 Von erheblicher praktischer Bedeutung sind Sondererbfolgen im Bereich des Gesellschaftsrechts – genauer gesagt im Personengesellschaftsrecht. So können die Gesellschafter einer GbR, OHG oder KG im Gesellschaftsvertrag regeln, dass beim Tod eines Gesellschafters nur bestimmte Personen in die Gesellschaftsbeteiligung nachfolgen können.[136] So kann der Gesellschaftsvertrag etwa fordern, dass nur solche Personen in die Beteiligung des Verstorbenen nachfolgen können, die eine bestimmte Qualifikation aufweisen. Diese Qualifikation kann darin bestehen, dass – als strengste Variante – die Person namentlich benannt wird. Denkbar ist aber auch, dass die Person in einem bestimmten Verwandtschaftsverhältnis zum Verstorbenen stehen muss (z. B. leiblicher Abkömmling) oder bereits Mitgesellschafter ist. Es kann aber auch verlangt werden, dass die nachfolgeberechtigte Person über eine bestimmte persönliche oder fachliche Qualifikation verfügen muss (Alter, Ausbildung, Studium, Berufserfahrung o. Ä.).

171 Werden nun mehrere Personen Erben des verstorbenen Gesellschafters, die nicht alle die im Gesellschaftsvertrag geforderte Qualifikation erfüllen, besteht ein Widerspruch zwischen gesellschaftsvertraglicher Regelung und Erbrecht.

---

133 So fällt z. B. in Brandenburg bei einem Ehegattenhof der Anteil des Erblassers gem. § 8 Abs. 1 BbgHöfeOG im Wege der testamentarisch nicht abänderbaren Sondererbfolge dem überlebenden Ehegatten als Hoferben zu; hierzu OLG Brandenburg, ZEV 2024 S. 858.

134 Das gem. § 1 des „Badischen Gesetzes, die geschlossenen Hofgüter betreffend“ (v. 20.8.1898) in folgenden (ehemaligen) Amtsgerichtsbezirken gilt: Villingen, Ettenheim, Waldkirch, Gengenbach, Triberg, Freiburg, Lahr, Wolfach, Bonndorf, Neustadt, Oberkirch, Achern, Emmendingen, Staufen, Offenburg. Zum Ganzen eingehend Ilg, BWNotZ 2016 S. 15 ff.

135 Ferner finden sich entsprechende Regelungen in Rheinland-Pfalz (Rheinland-Pfälzische Höfeordnung), Hessen (Hessische Landgüterordnung) und Bremen (Bremisches Höfegesetz).

136 Die Beteiligung an einer Partnerschaftsgesellschaft ist grds. nicht vererblich; durch Gesellschaftsvertrag kann diese jedoch in engen Grenzen vererblich gestellt werden (§ 9 Abs. 4 PartGG).

Hier gilt der Grundsatz „Gesellschaftsrecht bricht Erbrecht". Somit setzen sich die Regelungen im Gesellschaftsvertrag gegenüber dem Erbrecht durch. Dies bedeutet, dass nur diejenigen Erben, die die Qualifikation laut Gesellschaftsvertrag aufweisen, die Gesellschaftsbeteiligung allein und unmittelbar im Wege der Sondererbfolge erben. Die übrigen – nicht qualifizierten – Erben werden zu keiner Zeit Gesellschafter in der Personengesellschaft. Sie erlangen keine irgendwie geartete Gesellschafterstellung.[137] Hiervon unberührt bleiben Ausgleichsansprüche weichender Erben sowie Pflichtteilsberechtigter.[138] Wie der nachfolgende Beispielsfall zeigt, kann die Nichtbeachtung dieser Grundsätze zu unerwünschten erbrechtlichen Ergebnissen und zu gravierenden steuerrechtlichen Schäden führen.

Beispiel mit steuerrechtlichem Exkurs: 171/1

Mandant A betreibt zusammen mit B und C eine Brauerei in der Rechtsform der GmbH & Co. KG. A ist zu 40 %, B und C sind zu je 30 % als Kommanditisten beteiligt. Im Gesellschaftsvertrag ist bestimmt, dass im Falle des Todes eines Gesellschafters nur derjenige Erbe Gesellschafter werden kann, der über ein abgeschlossenes Studium der Betriebswirtschaft oder der Brauereiwissenschaft verfügt. A möchte testamentarisch seine Ehefrau zu 1/2 und seine zwei Söhne S und T zu je 1/4 als Erben einsetzen. Derzeit erfüllt nur S die Voraussetzungen eines abgeschlossenen Studiums. Das Vermögen des A besteht aus dem Gesellschaftsanteil (Wert: 5 Mio. €) und sonstigem Vermögen (Wert: 5 Mio. €). Zum sonstigen Vermögen gehört auch ein Gaststättengrundstück im Alleineigentum des A, das an die KG verpachtet ist (Buchwert: 0,4 Mio. €, gemeiner Wert: 2 Mio. €). Bezüglich dieses Grundstücks möchte A im Testament verfügen, dass der in die Gesellschaftsbeteiligung nachfolgende Sohn S den Grundbesitz bei der Erbteilung zugewiesen erhalten soll.

Würden Sie A zu einer entsprechenden Verfügung raten?

1. Klären Sie hierfür zunächst, wie sich die erbrechtliche Situation für die Beteiligten darstellen würde.
2. Klären Sie dann die steuerrechtlichen und erbrechtlichen Konsequenzen.
3. Kann nach Eintritt des Erbfalls noch der Eintritt eines steuerlichen Schadens vermieden werden und wenn ja, wie?
4. Welche Gestaltung hätten Sie anstelle der Vorgenannten empfohlen?

137 So bereits RGZ 16 S. 40, 56; BGHZ 91 S. 132, 135; BGHZ 68 S. 225, 237.

138 Lange, Erbrecht, § 9, Rz. 27 ff.

171/2 **Lösung:**

1. Erbrechtliche Situation

a) Vererbung des KG-Anteils

aa) Grundsätzlich wird die KG nicht durch den Tod eines Kommanditisten aufgelöst. Der Kommanditanteil geht vielmehr auf sämtliche Erben über (§ 177 HGB).

bb) Vorliegend ist eine „qualifizierte Nachfolgeklausel" im Gesellschaftsvertrag enthalten.

cc) Voraussetzungen für das Eingreifen der qualifizierten Nachfolgeklausel:

- Nachfolger muss Erbe oder Miterbe sein,
- Nachfolger muss gesellschaftsrechtliche Qualifikation erfüllen.

dd) Vorliegend sind E, S und T als Erben eingesetzt. Aber nur S erfüllt die geforderte Qualifikation. Daher besteht ein Konflikt zwischen erbrechtlicher und gesellschaftsvertraglicher Situation. Dieser Konflikt ist zugunsten des Gesellschaftsrechts zu lösen: „Gesellschaftsrecht geht vor Erbrecht." Somit gilt:

- Nur S allein rückt in die Gesellschaft als Kommanditist ein
- und zwar unmittelbar als Sonderrechtsnachfolger.

ee) Ergebnis: S wird allein Sonderrechtsnachfolger des KG-Anteils.

b) Vererbung des sonstigen Vermögens

aa) E, S und T wurden als Miterben eingesetzt.

- E, S, und T erhalten gesamtes sonstiges Vermögen in Erbengemeinschaft
- und zwar als Gesamtrechtsnachfolger des Erblassers (§§ 1922, 1967 BGB).

bb) Das Gaststättengrundstück soll laut Testament dem S im Wege der Erbteilung zugewiesen werden. Dies ändert aber nichts daran, dass das Grundstück zunächst mit dem Tod des Erblassers automatisch in das Eigentum der Erbengemeinschaft übergeht.

cc) Das Eigentum könnte allenfalls dann später durch Rechtsgeschäft unter Lebenden von der Erbengemeinschaft auf S übertragen werden (Teilungsanordnung oder Vorausvermächtnis).

dd) Ergebnis: Eigentümer des sonstigen Vermögens ist die Erbengemeinschaft geworden.

2. Steuerrechtliche und erbrechtliche Konsequenzen

a) Zum (notwendigen) Sonderbetriebsvermögen I werden alle einem Mitunternehmer gehörenden Wirtschaftsgüter gezählt, die dem Betrieb der Gesellschaft unmittelbar in der Weise dienen, dass sie objektiv erkennbar zum unmittelbaren Einsatz im Betrieb der Personengesellschaft selbst bestimmt sind.[139] Dazu gehören insbesondere solche Wirtschaftsgüter, die ein Gesellschafter der Personengesellschaft zur betrieblichen Nutzung überlässt und die von ihr für ihre eigengewerbliche Tätigkeit eingesetzt werden.

b) Sonderbetriebsvermögen II liegt vor, wenn die dem Mitunternehmer gehörenden Wirtschaftsgüter zur Begründung oder Stärkung seiner Beteiligung eingesetzt werden.[140] So gehören z. B. die Anteile der Kommanditisten einer GmbH & Co. KG an der Komplementär-GmbH zum Sonderbetriebsvermögen II.

c) Das Gaststättengrundstück gehörte dem Gesellschafter der KG. Dieses diente hier dem Betrieb der KG (Brauerei). Somit war das Gaststättengrundstück Sonderbetriebsvermögen I (steuerliches Betriebsvermögen).

d) Durch den Erbfall fiel das Grundstück jedoch wirtschaftlich zu 3/4 an Personen, die nicht an der KG beteiligt sind. Steuerliche Folge gem. § 6 Abs. 1 Nr. 4 EStG:

- insoweit kein Sonderbetriebsvermögen mehr,
- insoweit also kein Betriebsvermögen mehr, sondern steuerliches Privatvermögen,
- insoweit Aufdeckung stiller Reserven im Grundstück, nämlich 2 Mio. € (gemeiner Wert) abzgl. 0,4 Mio. € (Buchwert) x 3/4 (Erbquote von E und T zusammen) = 1,2 Mio. € aufgedeckte stille Reserven, die als Gewinn zu versteuern sind.

  Dass das Gaststättengrundstück dem S (später) im Wege der Erbteilung zugewiesen werden soll (Vorausvermächtnis oder Teilungsanordnung), ändert hieran nichts. Denn bereits beim Erbfall werden stille Reserven

139 Vgl. BFH, DStR 2026 S. 26 Rz. 23.
140 Vgl. BFH, DStR 2026 S. 26 Rz. 24.

aufgedeckt. Eine spätere Übertragung des Grundstücks an S vermag dies grds. nicht zu verhindern oder rückgängig zu machen.

e) Daneben unterfällt der Vermögensanfall der Erbschaftsteuer.

f) Ferner muss S an E und T Ausgleich leisten, da er durch den Erbfall wirtschaftlich mehr erhält, als ihm aufgrund der letztwilligen Verfügung zusteht (Erbquote von nur 1/4, ggf. zzgl. Gaststättengrundstück als Vorausvermächtnis oder ggf. nur im Wege der Teilungsanordnung unter Anrechnung auf den Erbteil). Dies führt zu einem erheblichen Liquiditätsproblem des S.

Von der geplanten Verfügung muss also abgeraten werden, weil stille Reserven aufgedeckt würden und der S hohe Ausgleichszahlungen an E und T zahlen müsste. Vermutlich müssten die Unternehmensbeteiligung und weiteres Vermögen verkauft werden – was dem Erblasserwillen nicht entsprechen dürfte.

3. Kann nach Eintritt des Erbfalls noch der Eintritt eines steuerlichen Schadens vermieden werden und wenn ja, wie?

Falls doch wie laut Sachverhalt verfügt worden wäre und der Erbfall bereits eingetreten ist, kann dennoch eine Aufdeckung stiller Reserven verhindert werden: Voraussetzung hierfür ist, dass S Alleinerbe wird. Dies kann – trotz des anderslautenden Testaments – erreicht werden, wenn E und T die Erbschaft ausschlagen.

Warum aber sollten E und T die Erbschaft ausschlagen und folglich auf einen Vermögenszuwachs verzichten? E und T könnten eine Gegenleistung für ihre Ausschlagung erhalten: Eine Vereinbarung zwischen S einerseits sowie E und T andererseits kann eine „Ausschlagung gegen Abfindung" regeln. Eine solche Vereinbarung ist zivilrechtlich wirksam und erbschaftsteuerlich anerkannt. Schlägt der Erbe die Erbschaft aus und erhält dafür eine Abfindung, dann tritt diese Abfindung an die Stelle der Erbschaft. Steuertatbestand ist in diesem Fall § 3 Abs. 2 Nr. 4 ErbStG. Die Abfindung gilt als vom Erblasser zugewendet. Der die Abfindung zahlende Erbe kann diese als Kosten zur Erlangung des Erwerbs abziehen und so seine Erbschaftsteuerlast mindern. Zu beachten ist aber die (kurze) Ausschlagungsfrist des § 1944 BGB!

4. Welche Gestaltung hätten Sie anstelle der Vorgenannten empfohlen?

Anstelle der im Sachverhalt beschriebenen Verfügung sollte besser so verfügt werden, dass S als Alleinerbe eingesetzt wird. Zugunsten von E und T sollten Vermächtnisse angeordnet werden. Dann kommt es nicht zur Aufdeckung stiller Reserven und zu Ausgleichsverpflichtungen.

Unabhängig davon könnte A derartige steuerliche Probleme generell vermeiden, indem er das Sonderbetriebsvermögen zu Lebzeiten in eine sog. gewerblich geprägte GmbH & Co. KG einbringt (§ 15 Abs. 3 Nr. 2 EStG). Hierdurch wäre sichergestellt, dass die Immobilien dauerhaft Betriebsvermögen bleiben, und zwar unabhängig davon, ob die Voraussetzungen für die Einordnung als Sonderbetriebsvermögen vorliegen. So könnten bspw. auch Nichtgesellschafter an der gewerblich geprägten Gesellschaft beteiligt werden, ohne dass stille Reserven aufgedeckt würden.

Neben oben beschriebenen Ausnahmen vom Prinzip der Gesamtrechtsnach- 172
folge innerhalb des Erbrechts gibt es noch solche außerhalb des Erbrechts. So finden sich Vermögensübergänge von Todes wegen mittels Sonderrechtsnachfolge bei Zuwendungen durch Verträge zugunsten Dritter auf den Todesfall.

Der praktisch wichtigste Anwendungsfall ist hier die Lebensversicherung. Der 173
Versicherungsnehmer vereinbart mit der Versicherungsgesellschaft, dass bei seinem Ableben ein bestimmter Betrag (Versicherungssumme) an einen Dritten (Bezugsberechtigten) bezahlt wird. In diesem Fall fällt die Versicherungssumme von vornherein nicht in den Nachlass, sondern sie befindet sich im Vermögen der Versicherungsgesellschaft. Aus diesem Grund spielt ein solcher Vorgang nicht innerhalb des Erbrechts, sondern vollzieht sich „am Nachlass vorbei" innerhalb des Schuldrechts. Beim Tod des Versicherungsnehmers erwirbt also nicht der Erbe, sondern der im Versicherungsvertrag genannte Bezugsberechtigte den Geldbetrag aus der Lebensversicherung. Selbst wenn der Erblasser seine „gesetzlichen Erben" als Bezugsberechtigte genannt hat und diese dann die Erbschaft ausschlagen, erhalten sie dann doch die Leistungen aus der Lebensversicherung. Denn nach § 160 Abs. 2 Satz 2 VVG bezweckt die Benennung der „Erben" als Bezugsberechtigte nur die Individualisierung der Forderungsberechtigten. Es wird dadurch nicht etwa das (schuldrechtliche) Bezugsrecht davon abhängig gemacht, dass die berufenen Erben die Erbschaft auch tatsächlich annehmen.[141]

Schließlich findet sich eine gesetzliche Sonderrechtsnachfolge im Mietrecht 174
des BGB. Nach § 563 Abs. 1 BGB treten die mit dem Erblasser in einem gemeinsamen Hausstand lebenden Ehegatten/Lebenspartner und (sowie bestimmte weitere Angehörige) in das Mietverhältnis ein. Nachfolger in das

141 BGH, ZEV 2025 S. 760.

Mietrechtsverhältnis des Verstorbenen werden somit nicht zwingend die Erben, sondern die in § 563 BGB genannten Personen, die nicht identisch mit dem oder den Erben sein müssen. Erklären die eingetretenen Personen i. S. des Abs. 1 oder 2 innerhalb eines Monats, nachdem sie vom Tod des Mieters Kenntnis erlangt haben, dem Vermieter, dass sie das Mietverhältnis nicht fortsetzen wollen, gilt der Eintritt hingegen als nicht erfolgt (§ 563 Abs. 3 BGB). Hier besteht also im Bereich des besonderen Schuldrechts eine weitere Ausnahme vom erbrechtlichen Prinzip der Universalsukzession. Und sollten mehrere Personen gleichzeitig Mieter sein, wird das Mietverhältnis schlicht mit den noch lebenden Mietern fortgeführt (§ 563a BGB).

3. Die Erbschaft

a) Aktiva und Passiva

175 Unter „Erbschaft" oder „Nachlass" wird die Gesamtheit des vom Verstorbenen (Erblasser) hinterlassenen vererbbaren Vermögens verstanden, wobei sämtliche Aktiva und Passiva erfasst sind.[142] Mitumfasst sind sämtliche dinglichen und persönlichen Vermögensrechte und Verbindlichkeiten; dasselbe gilt für Forderungen und Verbindlichkeiten aus unerlaubten Handlungen.

176 Dagegen sind höchstpersönliche, an die Person des Erblassers gebundene Rechte unvererblich. Somit gilt: Vermögensrechtliche Verhältnisse gehen grds. auf den Erben über, für nichtvermögenswerte Verhältnisse gilt dies nur ausnahmsweise.

b) Schuldrechtliche und dingliche Beziehungen

177 Unproblematisch vererblich sind sämtliche schuldrechtlichen Beziehungen des Erblassers einschließlich der damit verbundenen Nebenrechte wie bspw. Gewährleistungsansprüche, Schadensersatzansprüche, Auskunftsansprüche u. Ä. Nur ausnahmsweise sieht das Gesetz vor, dass schuldrechtliche Beziehungen mit dem Tod enden; bspw. endet mit dem Tod des Berechtigten das Vorkaufsrecht gem. § 473 Satz 1 BGB, ebenso endet mit dem Tod des Verpflichteten die Arbeitsverpflichtung gem. § 613 Satz 1 BGB sowie die Verpflichtung aus einem Auftragsverhältnis gem. § 673 Satz 1 BGB und entsprechend für den Geschäftsbesorgungsvertrag gem. § 675 Abs. 1 BGB.

142 Lange, Erbrecht, § 9, Rz. 30; Weidlich in Grüneberg, § 1922, Rz. 10.

Dingliche Rechte und damit verbundene dingliche Belastungen sind vermögensbezogene Rechte und somit grds. vererblich. So ist bspw. eine Reallast gem. § 1105 Abs. 1 BGB grds. vererblich, ebenso das Dauerwohnrecht gem. §§ 31 Abs. 1 Satz 1, 33 Abs. 1 Satz 1 WEG. 178

c) Schadensersatzansprüche

Keine Besonderheiten ergeben sich ebenfalls für die Vererblichkeit von **Schadensersatzansprüchen.** Mit Aufhebung des § 847 Abs. 1 Satz 2 BGB a. F. im Jahr 1990 sind nunmehr auch Schmerzensgeldansprüche übertragbar und vererblich. Etwas anderes gilt nur, wenn die Körperverletzung zum alsbaldigen Tod des Erblassers geführt hat und keine abgrenzbare immaterielle Beeinträchtigung bestand.[143] 179

So ging bspw. das OLG Düsseldorf[144] davon aus, dass bei der absichtlich zum Absturz gebrachten Germanwings-Maschine im Jahr 2015 ein Schmerzensgeldanspruch des Verstorbenen wegen der erlittenen Todesangst vererbt wurde und die Nicht-Kenntnis des Erben vom Bestehen des Schmerzensgeldanspruchs als ein zur Anfechtung der Erbschaftsausschlagung berechtigender Grund gilt. 180

d) Immaterialgüter

Als vermögensbezogene und somit vererbliche Rechte anzusehen sind ferner Immaterialgüterechte und sonstige Schutzrechte, wie bspw. Urheberrechte, Patente, Gebrauchsmuster, Geschmacksmuster, Marken usw. Die Erben nehmen die Rechtsstellung des Urhebers ein. Vererblich ist das Urheberrecht, hingegen nicht die Urheberschaft i. S. von § 7 UrhG. Die Erben erlangen das Verwertungsrecht und das Urheberpersönlichkeitsrecht gem. §§ 28, 30 UrhG. 181

BEISPIEL: Der vermögende Bestsellerautor E möchte die Rechte an seinen Kriminal-Romanen seinem Cousin C per Vermächtnis zukommen lassen. Gemäß §§ 28 Abs. 1, 29 Abs. 1 UrhG kann E als Urheber seiner Romane auch letztwillig über das Urheberrecht verfügen. Das Urheberrecht endet 70 Jahre nach dem Tod des Urhebers gem. § 64 UrhG. Für diese Dauer kann das Urheberrecht wirtschaftlich vom Cousin C verwertet werden – allerdings nur in dem Umfang, wie das Urheberrecht dem E selbst zugestanden hat. Regelmäßig wird der Buchautor E die Rechte an seinen Romanen an einen Verlag übertragen haben. Diese Übertragung des Urheberrechts von E an den Verlag muss auch C gegen sich gelten lassen.

143 BGH, NJW 1998 S. 2741.

144 OLG Düsseldorf, ZEV 2017 S. 92.

e) Persönlichkeitsrechte

182 Deutlich schwieriger ist die Rechtslage, wenn es um die Vererbung von Ansprüchen im Zusammenhang mit dem allgemeinen Persönlichkeitsrecht geht.[145] Das allgemeine Persönlichkeitsrecht, welches unter den Schutz des § 823 Abs. 1 BGB fällt, stellt ein höchstpersönliches Recht dar und ist somit **nicht** vererbbar.

183 Dies hat das BVerfG[146] in der Sache „Helmut Kohl" bestätigt: *„Träger des allgemeinen Persönlichkeitsrechts aus Art. 2 Abs. 1 GG i. V. mit Art. 1 Abs. 1 GG sind indes nur lebende Personen. [...] Das Fortwirken des Persönlichkeitsrechts nach dem Tode ist zu verneinen, weil Träger dieses Grundrechts nur die lebende Person ist. Mit ihrem Tode erlischt der Schutz aus diesem Grundrecht. Das Grundrecht aus Art. 2 Abs. 1 GG setzt die Existenz einer wenigstens potenziell oder zukünftig handlungsfähigen Person als unabdingbar voraus."*[147]

184 Allerdings leitet die Rechtsprechung aus der überragenden Bedeutung des Persönlichkeitsrechts und dessen Schutz durch Art. 2 Abs. 1 i. V. mit Art. 1 Abs. 1 GG einen zivilrechtlichen Schutz über den Tod hinaus ab. Der daraus resultierende Schutz des postmortalen Persönlichkeitsrechts ist aber nicht identisch mit den Schutzwirkungen des allgemeinen Persönlichkeitsrechts.[148] **Kein** Ende mit dem Tod findet hiernach die der staatlichen Gewalt in Art. 1 Abs. 1 GG auferlegte Verpflichtung, alle Menschen vor Angriffen auf die Menschenwürde zu schützen.[149]

185 Geschützt ist bei Verstorbenen zum einen der allgemeine Achtungsanspruch, der dem Menschen kraft seines Personseins zusteht. Der Verstorbene soll davor bewahrt werden, herabgewürdigt oder erniedrigt zu werden.[150] Zum anderen genießt auch der sittliche, personale und soziale Geltungswert, den die Person durch ihre eigene Lebensleistung erworben hat, Schutz.[151] Das fortwirkende Lebensbild des Verstorbenen ist somit auch geschützt.[152] Der durch die Lebensstellung erworbene Geltungsanspruch und das entsprechende Lebens-

145 Zum postmortalen allgemeinen Persönlichkeitsrecht Ludyga, ZEV 2022 S. 693.

146 BVerfG, ZEV 2023 S. 181.

147 BVerfG, ZEV 2023 S. 181 Rz. 26 f.

148 BVerfG, ZEV 2023 S. 181; BGH, NJW 2009 S. 751 Rz. 16; NJW 2014 S. 3786 Rz. 31.

149 BGH, NJW 2022 S. 847 Rz. 21; NJW 2009 S. 751.

150 BVerfG, ZEV 2023 S. 181; NJW 2018 S. 770 Rz. 20; NJW 2001 S. 2957; BGH, NJW 2022 S. 847 Rz. 20; NJW-RR 2018 S. 967 Rz. 19.

151 BGH, NJW 2022 S. 847 Rz. 20; NJW 2009 S. 751 Rz. 16.

152 BGH, NJW 2000 S. 2195 Rz. 61.

bild des Verstorbenen dürfen nicht grob entstellt werden. In diesem Rahmen besteht ein zu schützendes postmortales Persönlichkeitsrecht.

Bei Vorliegen dieser vom BGH aufgestellten Voraussetzungen bestehen auch nach dem Tod des Verletzten unproblematisch zivilrechtliche **Unterlassung- und Widerrufsansprüche.** 186

Geltend gemacht werden können diese von den nächsten Angehörigen, die nicht zwingend die Erben sein müssen oder von Personen, die hierzu vom Verstorbenen ermächtigt wurden.[153] 187

Diffiziler ist die Rechtslage, wenn es um eine **Geldentschädigung** wegen Verletzung des allgemeinen Persönlichkeitsrechts geht. Ob derartige Entschädigungsansprüche wegen Verletzung des Persönlichkeitsrechts vererblich sind oder nicht, bedarf näherer Prüfung. Die Grundsätze des BGH lauten: 188

„Der Anspruch auf Geldentschädigung wegen Persönlichkeitsrechtsverletzung ist grds. nicht vererblich. Dies gilt auch, wenn der Anspruch noch zu Lebzeiten des Geschädigten anhängig oder rechtshängig geworden ist."[154] 189

„Der Anspruch auf Geldentschädigung wegen Persönlichkeitsrechtsverletzung wird grds. erst mit Rechtskraft eines dem Verletzten die Geldentschädigung zusprechenden Urteils vererblich; ein nicht rechtskräftiges, nur vorläufig vollstreckbares Urteil genügt nicht."[155] 190

Begründet wird dies damit, dass die Genugtuungsfunktion der Geldentschädigung mit dem Tod des Verletzten nicht mehr erreicht werden könne. 191

Nur in Ausnahmenfällen wird von diesem Grundsatz abgewichen, etwa bei einer schwerwiegenden Verletzung des Kerns der Menschenwürde[156] oder bei missbräuchlicher Verfahrensverzögerung[157] („Kalkül mit dem Tod").[158] 192

BEISPIEL „HELMUT KOHL": Mit Klage vor dem LG Köln[159] machte Altbundeskanzler Helmut Kohl Geldentschädigungsansprüche wegen Persönlichkeitsverletzung gegen seine früheren „Ghostwriter" geltend. Mit Urteil v. 24.4.2017 sprach das Landgericht dem Kläger einen Geldanspruch i. H. von 1 Mio. € zu.

Die Beklagten legten gegen das Urteil des Landgerichts Berufung ein. Helmut Kohl verstarb am 16.6.2017, das Verfahren wurde von seiner Witwe Maike Kohl-Richter

---

153 BGHZ 15 S. 249; MDR 1984 S. 997.

154 Zuletzt BGH, NJW 2022 S. 868, unter Fortführung von BGH, NJW 2017 S. 3004.

155 BGH, NJW 2022 S. 868.

156 So OLG Köln, Urteil v. 29.5.2018 - I-15 U 64/17.

157 So BGH, NJW 2022 S. 868.

158 OLG Köln, ZEV 2018 S. 616.

159 LG Köln, Urteil v. 27.4.2017 - 14 O 323/15.

fortgeführt. Laut OLG Köln[160] waren die Persönlichkeitsrechtsverletzungen im Grundsatz geeignet, einen Anspruch auf eine Geldentschädigung zu begründen. Die Fülle der Fehlzitate und Kontextverfälschungen habe wegen der schieren Masse der Verfälschungen und der groben Verletzung journalistischer Sorgfaltspflichten eine geldentschädigungswürdige Schwere und Tiefe der Verletzung erreicht.

Hat die Witwe Ansprüche auf Entschädigung?

Nach dem Urteil des BGH v. 29.11.2021[161] ist durch den Tod des Altbundeskanzlers der nicht vererbliche Entschädigungsanspruch erloschen. Helmut Kohl verstarb zwar nach Ergehen des obsiegenden erstinstanzlichen Urteils, aber (und das ist entscheidend) noch vor dessen Rechtskraft. Selbst eine vorläufige Vollstreckbarkeit des Urteils ändert hieran nichts, so der BGH.

Bereits in einem früheren Verfahren hatte der BGH[162] im Falle des früheren KZ-Schergen Demjanjuk in diesem Sinne entschieden. Mit der nun vorliegenden Entscheidung aus dem Jahr 2021 hat der BGH seine Rechtsauffassung aus dem Jahr 2017 bestätigt. Eine hiergegen erhobene Verfassungsbeschwerde wurde wegen Unbegründetheit nicht zur Entscheidung angenommen.[163]

193 Mit der Helmut-Kohl-Entscheidung hat der BGH seine strenge Auffassung im Hinblick auf die Nicht-Vererblichkeit von Entschädigungsansprüchen aufrechterhalten, obwohl die Kritik[164] an dieser Rechtsprechung nicht von der Hand zu weisen ist: Sie schafft Ergebnisse, die stark vom zeitlichen Zufall geprägt sind und einen (unwürdigen) „Wettlauf mit dem Tod“ verursachen.

194 Stirbt der Kläger einen Tag nach Rechtskraft des Urteils, geht der Anspruch auf die Erben über, während bei Ableben am Tag zuvor der Anspruch verloren geht.

195 Die Spruchpraxis des BGH schafft m. E. für Verletzte erhebliche Rechtsunsicherheit und beschneidet ihr Recht auf Einlegung von Rechtsmitteln (Art. 19 Abs. 4 GG). Denn ein eine Entschädigung begehrender Kläger wird gezwungen, in seine Entscheidung über das Einlegen etwaiger Rechtsmittel sein nahendes Ableben als erhebliches Prozessrisiko mit einzubeziehen. Er wird somit gegen seine innere Überzeugung auf ein Rechtsmittel verzichten, um das Urteil noch zu Lebzeiten rechtskräftig werden zu lassen, auch wenn er bei Einlegung des Rechtsmittels einen günstigeren Ausgang erwartete.

196 Umgekehrt wird der Verletzer seine prozesstaktischen Überlegungen ebenfalls hieran ausrichten und sämtliche möglichen Rechtsmittel bis zum Letzten aus-

160 OLG Köln, ZEV 2018 S. 616.

161 BGH, NJW 2022 S. 868.

162 BGH, NJW 2017 S. 3004.

163 BVerfG, NJW 2023 S. 757.

164 Ausführliche Nachweise für die Kritiker in BGH, NJW 2022 S. 868 Rz. 11.

schöpfen – denn die Zeit läuft für ihn und gegen den Geschädigten. Im Ergebnis schafft der BGH Schutzlücken zulasten alter Menschen, was als Altersdiskriminierung gelten kann.[165] *„Wer das Persönlichkeitsrecht der Ältesten schädigt, hat gute Chancen, davonzukommen."*[166] Die gegen die BGH-Entscheidungen gerichtete Verfassungsbeschwerde wurde vom BVerfG wegen Unbegründetheit nicht zur Entscheidung angenommen (§ 93b BVerfGG).[167] Der aus der Garantie der Menschenwürde folgende Schutzauftrag gebiete nicht die Bereitstellung einer bestimmten Sanktion für Würdeverletzungen.[168] Es gebe keinen verfassungsrechtlichen Grundsatz, der für eine Verletzung der Menschenwürde stets einen Entschädigungsanspruch nach sich ziehen müsse. Zu begrüßen ist, dass als Konsequenz dieser Rechtsprechung die Bundesregierung am 3.1.2025 eine gesetzliche Novellierung initiiert hat: Der Entwurf eines Gesetzes zur Änderung des Gerichtsverfassungsgesetzes (GVG) und zur Vererblichkeit bei Persönlichkeitsrechtsverletzungen[169] enthält folgende Ergänzung des § 1992 Abs. 1 BGB:[170] „Die Erbschaft umfasst auch einen Anspruch des Erblassers auf Entschädigung in Geld wegen einer Persönlichkeitsrechtsverletzung." Für die Vererblichkeit der Entschädigungsansprüche käme es somit nicht mehr auf die eingetretene Rechtskraft vor dem Erbfall an. Ob und in welcher Form die Änderung vom Gesetzgeber letztlich beschlossen wird, muss genau beobachtet und die künftige Beratung ggf. angepasst werden.

Kontrollfrage: 197

Ihr Mandant M wird von E wegen Verletzung des Persönlichkeitsrechts verklagt. In erster Instanz verliert Ihr Mandant M den Prozess. Die Aussichten, in den höheren Instanzen zu obsiegen, erscheinen Ihnen als relativ gering. Welche prozesstaktischen Überlegungen müssen Sie anstellen und mit dem Mandanten erörtern?

Lösung:

Einerseits müssen Sie dem Mandanten die (voraussichtlich geringen) Erfolgsaussichten eines Rechtsmittels aufzeigen. Andererseits müssen Sie die o. g. BGH-Rechtsprechung darlegen: Bei Einlegung eines Rechtsmittels, wird das Urteil nicht rechtskräftig. Und sollte der Kläger vor rechtskräftigem Abschluss

165 Gsell, NJW 2022 S. 868, 871. In diesem Sinne bereits Spickhoff, LMK 2014 S. 359158; Schack, JZ 2019 S. 864.

166 Gsell, NJW 2022 S. 868, 871.

167 BVerfG, NJW 2023 S. 757.

168 BVerfG, NJW 2023 S. 757; NJW 2006 S. 1580; ZUM 2007 S. 380.

169 BR-Drucks. 4/25.

170 Zum Ganzen auch Hamdan/Hamdan, NJW 2025 S. 1927.

des Verfahrens versterben, würde der Anspruch untergehen. Nur bei einer schwerwiegenden Verletzung des Kerns der Menschenwürde oder bei missbräuchlicher Verfahrensverzögerung würde sich der Anspruch ausnahmsweise vererben. Die Einlegung eines Rechtsmittels allein zur Verhinderung der Rechtskraft wäre also missbräuchlich. Wenn das Rechtsmittel aber inhaltlich begründet werden kann, stellt dies keinen Rechtsmissbrauch dar. Denn ein Verfahren kann trotz ursprünglich geringer Erfolgsaussichten grds. mit einem Obsiegen enden – und umgekehrt („coram iudice et in alto mari sumus in manu Dei – vor Gericht und auf hoher See sind wir in Gottes Hand"). Dass die Einlegung des Rechtsmittels auch die Vererblichkeit aufschiebt, ist ein nicht verwerflicher Nebeneffekt. Dass bei diesen Überlegungen auch die Lebenserwartung des Klägers eine Rolle spielen kann, ändert an der grds. zulässigen Einlegung des Rechtsmittels nichts. Darüber hinaus muss berücksichtigt werden, welchen Fortgang der Gesetzentwurf[171] nimmt, der eine grds. Vererblichkeit der Entschädigungsansprüche wegen Persönlichkeitsverletzungen vorsieht. Kommt es zu einer solchen gesetzlichen Neuregelung, wäre der Entschädigungsanspruch ohnehin vererblich. Die obigen Überlegungen wären obsolet. Ein späterer Eintritt der Rechtskraft würde keinen Vorteil mehr versprechen. Die Entscheidung über die Einlegung von Rechtsmitteln kann sich ausschließlich an den inhaltlichen Erfolgsaussichten des Rechtsmittels orientieren.

198 Das Persönlichkeitsrecht bezweckt neben dem ideellen Persönlichkeitsschutz auch den wirtschaftlichen Schutz vermögensrechtlicher Bestandteile des Persönlichkeitsrechts. Letztere bleiben über den Tod hinaus erhalten und können von den Erben geltend gemacht werden. Denn würde man in derartigen Fällen bei postmortalen Persönlichkeitsverletzungen eine Geldentschädigung verweigern, liefe der postmortale Persönlichkeitsschutz faktisch leer.[172]

BEISPIEL „MARLENE DIETRICH": Die Firma Toshiba hatte im Jahr 1993 die berühmte Pose aus dem Film „Der blaue Engel" benutzt und diese zu Werbezwecken nachgestellt. In einer Zeitungsanzeige für ein Fotokopiergerät zeigte sie die Fotografie einer nachgestellten Szene aus dem 1930 gedrehten Film „Der blaue Engel". In der berühmten Originalszene ist Marlene Dietrich als Barsängerin zu sehen, während sie das Lied „Ich bin von Kopf bis Fuß auf Liebe eingestellt" singt. In dem Werbefoto ist diese Szene mit einer ähnlich gekleideten Person nachgestellt und heißt es: „Vom blauen Engel schwärmen genügt uns nicht". Am Ende des Textes folgt die Abbildung des Umweltzeichens „Blauer Engel". Mit dieser nachgestellten Pose warb das Unternehmen

171 BR-Drucks. 4/25.

172 So Lange, Erbrecht, § 9, Rz. 41; Ludyga, ZEV 2014 S. 333, 337. Generell zur Geldentschädigung bei Persönlichkeitsrechtsverletzungen Brost/Hassel, NJW 2020 S. 2214 ff.

anschließend für seine Produkte. Die einzige Tochter und Alleinerbin von Marlene Dietrich (Maria Riva) verlangte durch eine von ihr gegründete Verwertungsgesellschaft für diese Art der Vermarktung die Zahlung einer angemessenen Lizenzgebühr.

In der als Meilenstein zu bewertenden Entscheidung hat der BGH[173] hierzu geurteilt: *„Das allgemeine Persönlichkeitsrecht und seine besonderen Erscheinungsformen, wie das Recht am eigenen Bild und das Namensrecht, dienen dem Schutz nicht nur ideeller, sondern auch kommerzieller Interessen der Persönlichkeit. Werden diese vermögenswerten Bestandteile des Persönlichkeitsrechts durch eine unbefugte Verwendung des Bildnisses, des Namens oder anderer kennzeichnender Persönlichkeitsmerkmale schuldhaft verletzt, steht dem Träger des Persönlichkeitsrechts unabhängig von der Schwere des Eingriffs ein Schadensersatzanspruch zu. Die vermögenswerten Bestandteile des Persönlichkeitsrechts bestehen nach dem Tod des Trägers des Persönlichkeitsrechts jedenfalls fort, solange die ideellen Interessen noch geschützt sind. Die entsprechenden Befugnisse gehen auf den Erben des Trägers des Persönlichkeitsrechts über und können von diesem entsprechend dem ausdrücklichen oder mutmaßlichen Willen des Verstorbenen ausgeübt werden.“* In der Parallelentscheidung „Der blaue Engel“ stellte der BGH[174] ausdrücklich klar, dass bei schuldhafter Verletzung der vermögenswerten Bestandteile des Persönlichkeitsrechts ein Schadensersatzanspruch besteht, und zwar unabhängig von der Schwere des Eingriffs.

f) Familienrechtliche Beziehungen

Originär persönlichkeitsbezogene familienrechtliche Beziehungen sind verständlicherweise nicht vererblich gestellt. So geht weder die „Ehe“ des Verstorbenen auf den Erben über noch die Pflicht zur Ausübung der elterlichen Sorge.[175] Versterben beide Elternteile, wird für noch minderjährige Kinder vom Familiengericht von Amts wegen ein Vormund bestellt (§ 1773 ff. BGB). 199

Hierbei steht den Eltern ein Benennungsrecht gem. § 1782 BGB zu. Hiernach ist als Vormund berufen, wer von den Eltern des Mündels als Vormund benannt ist. Die Eltern können dieses Benennungsrecht durch letztwillige Verfügung wahrnehmen (§ 1782 Abs. 1 BGB). Die für letztwillige Verfügungen geltenden Formvorschriften sind somit zu beachten. 200

Formulierungsbeispiel: 201

„Für den Fall, dass uns beiden etwas zustößt (z. B. tödlicher Autounfall, dauerhaftes Koma o. Ä.) und zu dieser Zeit noch nicht alle unsere Kinder volljährig sein sollten, so bestimmen wir hiermit gemeinsam Folgendes:

173 BGH, NJW 2000 S. 2195.

174 BGH, NJW 2000 S. 2201.

175 Lange, Erbrecht, § 9, Rz. 47.

Falls für eines unserer Kinder eine Vormundschaft angeordnet wird, benennen wir hiermit zum Vormund [Namen, Anschrift, Geburtsdatum der Wunschperson eintragen], ersatzweise [Daten der Ersatzperson]. Der Vormund wird von allen Beschränkungen befreit, soweit dies gesetzlich zulässig ist.

Datum und Unterschrift beider Eltern"

202 Auch das höchstpersönliche Zustimmungsrecht des Ehegatten gem. § 1749 BGB sowie das Recht des Annehmenden, den Adoptionsantrag zurückzunehmen oder die Aufhebung eines Annahmeverhältnisses zu beantragen, endet mit dem Tod.[176]

203 Hingegen vererblich sind vermögensrechtliche Ansprüche im Zusammenhang mit familienrechtlichen Beziehungen; bereits entstandene Unterhaltsansprüche, die auf im Todeszeitpunkt fällige Leistungen gerichtet waren, gehen auf den Erben des Unterhaltsberechtigten über. Alle übrigen Unterhaltsansprüche zwischen Verwandten enden mit dem Tod des Berechtigten oder des Unterhaltsverpflichteten gem. § 1615 Abs. 1 BGB.

g) Der digitale Nachlass

aa) Allgemeines

204 Immer mehr Bedeutung erlangt der „digitale Nachlass" des Verstorbenen. Wenn ein Mensch verstirbt, hinterlässt er heutzutage oft auch einen großen digitalen Nachlass. Diese Begrifflichkeit ist nicht eindeutig und schon gar nicht gesetzlich definiert. Üblicherweise versteht man darunter die Gesamtheit der elektronischen Daten, die der Erblasser hinterlässt, z. B. E-Mail-Konten sowie Konten bei Onlinedienstleistern (Netflix, Amazon Prime, Spotify, Cloud-Anbieter etc.), sowie Konten bei digitalen Netzwerken (Facebook, Twitter, Instagram, TikTok, Xing, LinkedIn etc.).

205 Eine spezialgesetzliche Regelung für diese Bestandteile des Nachlasses existiert (bisher) nicht. Somit müssen mithilfe der vorhandenen Regelungen sachgerechte Ergebnisse gefunden werden, was angesichts des Spannungsverhältnisses zwischen dem Prinzip der Gesamtrechtsnachfolge und den Normen des Datenschutz-, Medien- und Urheberrechts eine nicht triviale (aber gut leistbare) Aufgabe ist. Zu berücksichtigen sind hierbei Aspekte des (postmortalen)

---

176 BayObLG, FamRZ 1995 S. 1604.

Persönlichkeitsrechts, des Fernmeldegeheimnisses sowie des Strafrechts.[177] Die Rechtsentwicklung in diesem Bereich ist hier im ständigen Fluss und höchstrichterliche Rechtsprechung noch nicht umfassend vorhanden. Im Grundsatz kommen für digitale Nachlassbestandteile die allgemeinen erbrechtlichen Prinzipien zum Tragen. Der Grundsatz der Gesamtrechtsnachfolge und die Vererblichkeit von Schuldverhältnissen führen meist zu sachgerechten Ergebnissen in diesem Bereich.

bb) Auf Speichermedium verkörperte Daten

Befinden sich Daten des Verstorbenen auf einem verkörperten Speichermedium, folgen die dort gespeicherten Informationen dem Eigentumsrecht am Speichermedium. Der Erbe/Eigentümer des Speichermediums erlangt somit auch den Zugriff auf die darauf gespeicherten elektronischen Daten. 206

cc) Online-Konten (Facebook & Co.)

Weniger eindeutig war die rechtliche Behandlung von Konstellationen, bei denen der Verstorbene ein Benutzerkonto bei einem Online-Dienstleister hatte. 207

Für Klarheit hat hier insbesondere das Grundsatzurteil des BGH[178] v. 12.7.2018 im sog. Facebook-Fall gesorgt. Die dort getroffenen Aussagen des BGH in Bezug auf ein Facebook-Nutzerkonto sind ohne Weiteres auf andere Nutzungskonten übertragbar. 208

Im zugrundeliegenden Fall hatten die Eltern Zugang zum Facebook-Konto ihres verstorbenen Kindes verlangt. Der BGH bejahte die Vererblichkeit des Nutzungsvertrags mit allen damit einhergehenden Rechten und Pflichten einschließlich sämtlicher Zugangs- und Nutzungsrechte. Diese folgt aus dem Prinzip der Gesamtrechtsnachfolge (§§ 1922, 1967 BGB). Dem steht auch nicht das postmortale Persönlichkeitsrecht des verstorbenen Nutzers entgegen, ebenso wenig das Persönlichkeitsrecht der Kommunikationspartner[179] des Verstorbenen, das Fernmeldegeheimnis oder das Datenschutzrecht. All diese Aspekte verhindern nach Auffassung des BGH nicht den Zugang der Erben zum Facebook-Konto des Verstorbenen.[180] 209

177 Zum Ganzen auch Lange, Erbrecht, § 9, Rz. 31a ff.

178 BGH, NJW 2018 S. 3178.

179 Kritisch hierzu Gössl, ZfPW 2021 S. 105, 119, wonach die Herausgabe der Kommunikation mit Dritten nach Art. 6 Abs. 1 Buchst. F DSGVO nur nach Abwägung im Einzelfall zulässig sei.

180 BGH, NJW 2018 S. 3178. Kritisch zum Aspekt des Datenschutzes sowie rechtsvergleichend Gössl, ZfPW 2021 S. 105.

210 In einer weiteren Entscheidung aus 2020 hat der BGH[181] ergänzend klargestellt: Aus den vorgenannten Einsichts- und Nutzungsrechten folgt, dass die Erben auf dieselbe Art und Weise Zugang zum Nutzerkonto bekommen müssen, wie der Verstorbene selbst. Den Erben müssen also alle Funktionalitäten zur Verfügung stehen, die der Account grds. bereithält. Eine bloße Übermittlung des (angeblichen) Inhalts des Accounts mittels eines USB-Sticks genügt dem nicht.

211 Die Grundsatzentscheidung des BGH im Facebook-Fall aus 2018 stützt sich auf das Prinzip der Gesamtrechtsnachfolge. Der Erbe tritt somit in sämtliche Rechtspositionen des Erblassers ein, d. h. er tritt in den Vertrag mit dem Online-Dienstleister ein und erlangt hierdurch sämtliche Rechte (und Pflichten), wie sie dem Verstorbenen zugestanden haben. Um auch tatsächlich Zugang zum Konto zu erlangen, muss der Erbe Nutzername und Passwort genannt bekommen oder diese müssen für ihn zurückgesetzt werden. Auch wenn die im Account enthaltenen Mitteilungen und Kommunikationen mit anderen Personen privaten oder gar intimen Charakter haben, hindert dies das Eintritts- und Einsichtsrecht des Erben nicht. Auch kann mit dieser Begründung nicht etwa ein Einsichtsrecht ausschließlich für die nächsten Angehörigen anstelle des Erben begründet werden.[182]

212 Eine andere Frage ist in diesem Zusammenhang, ob die Erben nicht nur ein (passives) Einsichtsrecht, sondern auch ein (aktives) Nutzungsrecht an dem entsprechenden Online-Dienst erlangen, sie also auch Beiträge posten und Nachrichten schreiben können. Dies ist umstritten. Teils wird ein aktives Nutzungsrecht kritisch gesehen und den Erben lediglich ein Einsichtsrecht zugestanden, damit die Erben nicht über den Nutzer-Account des Verstorbenen kommunizieren oder posten können.[183]

213 Der BGH[184] hat diese Rechtsfrage bisher allerdings nicht beantwortet. In einem obiter dictum hat er lediglich Folgendes geäußert: Das Vertragsverhältnis ist auf den Kontoberechtigten zugeschnitten und damit personenbezogen, da nur dieser unter seinem Konto Inhalte veröffentlichen und Nachrichten schreiben darf. Dies führt aber gerade nicht zu dessen Unvererbbarkeit. Allenfalls **könnte** dies dazu führen, dass – wie beim Girovertrag – die aktive Weiternutzung

181 BGH, ErbR 2021 S. 40.

182 Leipold in MüKo-BGB, § 1922, Rz. 36, der zu Recht darauf hinweist, dass eine solche Differenzierung praktisch gar nicht durchführbar wäre; a. A. Hoeren, NJW 2005 S. 2113.

183 Seidler, NZFam 2020 S. 141, 144; Deusch, ZEV 2020 S. 176, 180; Naczinsky, ZEV 2021 S. 227, 229.

184 BGH, ErbR 2021 S. 40.

durch den Erben nicht von seinem Erbrecht umfasst ist. Ob dies aber beim Social-Media-Vertrag der Fall ist oder nicht, hat der BGH ausdrücklich offengelassen: *„Vorliegend kann dies auf sich beruhen, denn Gegenstand des Rechtsstreits ist lediglich die Bereitstellung der vorhandenen Kontoinhalte zum Abruf durch die Erben."* Die aktive Nutzung wurde im vom BGH entschiedenen Verfahren nicht geltend gemacht, so dass er sich diesbezüglich nicht entscheiden musste.

Das OLG Oldenburg[185] hat Ende 2024 im Sinne einer aktiven Nutzungsmöglichkeit entschieden. Geklagt hatte in dem Verfahren die Ehefrau und Alleinerbin des Sängers Alphonso Williams, der 2017 Sieger der Castingshow „Deutschland sucht den Superstar" wurde. Nach dessen Tod im Jahr 2019 nutzte seine Ehefrau seinen Instagram-Account zunächst weiter. Nachdem der Betreiber Meta von dem Tod des Account-Inhabers erfuhr, versetzte er diesen 2022 in den Gedenkzustand. Hierdurch wurde eine weitere aktive Nutzung durch die Erbin unmöglich gemacht. Das OLG hat der Witwe Recht gegeben. Das Gericht hat weder die vertraglichen Verpflichtungen des Plattformbetreibers noch die des Plattformnutzers als höchstpersönlich qualifiziert.[186] Daher hat die Erbin nicht nur ein reines Leserecht, sondern auch ein Recht auf aktive Weiternutzung des Kontos. Gegen das OLG-Urteil wurde die Revision zugelassen. 214

HINWEIS:

Es bleibt also abzuwarten, wie der BGH diese Grundsatzfrage entscheiden wird. Möchte der Mandant derweil eine aktive Nutzung seines Accounts durch die Erben möglichst verhindert wissen, empfehlen Sie vorsorglich kautelarjuristische Gestaltungen in Form von letztwilligen Verfügungen und/oder Vollmachten, siehe hierzu unten →Rz. 221 ff.

Informieren Sie Ihren Mandanten über den Stand der Rechtsprechung und nehmen Sie entsprechende Risikohinweise vor.

dd) Vertragliche Ausschlüsse

Fraglich ist, ob und inwieweit Vereinbarungen zwischen Nutzer und Diensteanbieter die vorgenannten Rechte der Erben in Bezug auf den Account einschränken können. Eine durch Individualvereinbarung getroffene Abrede wird aufgrund der Vertragsfreiheit keinen rechtlichen Bedenken begegnen können. Individuell vereinbarte Abreden, was mit dem Account nach dem Ableben des Nutzers geschehen soll, sind somit grds. wirksam. So kann etwa individuell vereinbart werden, dass der Account nach dem Ableben des Nutzers unverzüg- 215

185 ZEV 2025 S. 196, m. Anm. Hamdan.

186 Hierzu auch Herzing, ZEV 2025 S. 493.

lich zu löschen ist, dass Erben kein Einsichtsrecht in den Account bekommen sollen o. Ä.

216 Diffiziler ist die Rechtslage, wenn – wie häufig – mittels AGB derartige Regelungen getroffen werden. Finden sich in Formularverträgen oder den entsprechenden Nutzungsbedingungen Regelungen, die bspw. beim Tod des Nutzers einen sog. Gedenkzustand vorsehen, wäre den Erben der Zugang zum Account versperrt. Der Gedenkzustand, wie ihn bspw. Facebook in dem vom BGH entschiedenen Fall vorgesehen hat, lässt nach Ableben des Nutzers keinen Zugang mehr zum Konto zu, selbst wenn die entsprechenden Zugangsdaten korrekt eingegeben werden.

217 Obwohl im zugrundeliegenden Fall die Regelungen über den sog. Gedenkzustand nach Auffassung des BGH nicht wirksam in den Vertrag einbezogen wurden, hat er es sich nicht nehmen lassen, dennoch zur inhaltlichen Wirksamkeit Stellung zu nehmen. Der BGH geht davon aus, dass eine derartige Regelung nicht von vornherein die Vererblichkeit des Nutzungsverhältnisses ausschließt. Vielmehr bezweckt die Regelung allenfalls, dass der Erbe keinen Zugang zum Nutzungskonto erlangt. Hierdurch wird ihm aber gerade der Hauptleistungsanspruch aus dem Nutzungsvertrag verwehrt, der im Wege der Gesamtrechtsnachfolge auf ihn übergegangen ist.

218 Dies stellt eine unangemessene Benachteiligung gem. § 307 Abs. 1 BGB dar. Wenn gerade der Hauptleistungsanspruch eines geerbten Rechtsverhältnisses nicht mehr in Anspruch genommen werden kann, verstößt dies gegen den wesentlichen Grundgedanken der Gesamtrechtsnachfolge. Es liegt also ein Verstoß gegen den wesentlichen Grundgedanken der §§ 1922, 1967 BGB i. V. mit § 307 Abs. 2 Nr. 1 BGB vor. Außerdem verhindert der von Facebook vorgesehene Gedenkzustand die Erreichung des Vertragszwecks, so dass auch § 307 Abs. 2 Nr. 2 BGB einschlägig ist.

219 Sieht eine AGB-Regelung bei Versterben des Nutzers nicht nur einen Gedenkzustand oder eine vergleichbare Regelung vor, sondern sogar das komplette Erlöschen des Accounts, kann dies auf der Grundlage und am Maßstab der BGH-Auffassung erst recht nur die Unwirksamkeit der Klausel bedeuten. Denn hier wäre erst recht eine unangemessene Benachteiligung des Erben gem. § 307 Abs. 2 Nr. 1 BGB anzunehmen.[187]

220 Naturgemäß erfordert eine AGB-rechtliche Überprüfung immer eine Betrachtung des Einzelfalls. So kann eine AGB-Regelung durchaus wirksam (und im In-

187 So Leipold in MüKo-BGB, § 1922, Rz. 46.

teresse des Nutzers) sein, die das Erlöschen eines Accounts vorsieht, nachdem etwa eine gewisse Frist verstrichen ist, innerhalb derer sich kein Erbe oder Bevollmächtigter beim Anbieter legitimiert hat.[188]

ee) Gestaltungsempfehlungen

Im Anschluss an diese Ausführungen zur Rechtslage stellt sich für den Kautelarjuristen die Frage, ob und inwiefern Vorsorge getroffen werden kann für den digitalen Nachlass eines Mandanten. 221

Der Erblasser kann in seinem Testament letztwillige Verfügungen für seinen digitalen Nachlass treffen. Er kann etwa im Wege der Auflage bestimmen, wie mit seinen digitalen Daten zu verfahren ist. 222

So könnte man festlegen, wer in welcher Form Zugang zu welchen Inhalten bekommen soll oder dass bspw. nach seinem Ableben eine entsprechende Information über sein Ableben über den Kommunikationsweg des Social-Media-Kanals verbreitet wird. Hier kann auch festgelegt werden, wie diese Information inhaltlich beschaffen sein soll. Auch an die Einsetzung eines Testamentsvollstreckers kann hier gedacht werden. 223

Am schwierigsten dürfte die praktische Umsetzung sein, wenn der Erblasser gewisse Inhalte seines Accounts (z. B. Bilder, Kommunikation mit Dritten o. Ä.) vor seinen Erben verheimlichen möchte.[189] Denn der Account geht im Wege der Gesamtrechtsnachfolge auf die Erben über, die dadurch vollen Zugriff erhalten. 224

Etwaige Auflagen an die Erben, gewisse Inhalte ungesehen zu löschen, dürften hier wenig effektiv sein. Denn wie und von wem sollte diese Anordnung überwacht werden, zumal Vollziehung einer Auflage nur die in § 2194 BGB genannten Personen verlangen können. Auch dürfte eine solche Auflage gerade die Neugierde der Erben wecken. 225

Im Wege eines Vorausvermächtnisses kann angeordnet werden, dass nur bestimmte Erben Einsicht in bestimmte Accounts oder Daten nehmen dürfen. Im Gegensatz zur Auflage haben die begünstigten Vermächtnisnehmer dann einen eigenen Anspruch auf Durchsetzung des angeordneten Vermächtnisses (§ 2174 BGB). Dies kann in Frage kommen, wenn nur einzelne Datenträger/Verträge übertragen werden sollen. Allerdings versagt dieses Instrument in 226

188 So Leipold in MüKo-BGB, § 1922, Rz. 47, unter Bezug auf Lieder/Berneith, FamRZ 2018 S. 1486, 1488.

189 Zum Ganzen Witzheller, ErbStB 2023 S. 16.

den Fällen, in denen es dem Erblasser gerade darauf ankommt, bestimmte Daten vor den Erben geheim zu halten. Denn aus der rein schuldrechtlichen Natur des Vermächtnisses folgt, dass die Erben die vermachten Daten zwar nicht einsehen *dürfen* – es aber *können*. Da die Anordnung des Vermächtnisses und dessen Inhalt nicht aus dem Erbschein ersichtlich sind, werden die Erben in der Praxis faktisch Zugang zu den Daten erhalten. Für die Anordnung einer Teilungsanordnung gelten die Ausführungen entsprechend, wobei sich hier das Zusatzproblem der wertmäßigen Anrechnung des Vermächtnisses auf die Erbquote stellt.

227 **Formulierungsbeispiel:**

„... erhält meinen gesamten digitalen Nachlass, insbesondere meine Vertragsverhältnisse zu Internetdienstanbietern sowie meine lokal und auf fremden Servern gespeicherten privaten und geschäftlichen Daten im Wege des Vorausvermächtnisses, also ohne Anrechnung auf den Erbteil."

228 Eine individualvertragliche lebzeitige Vereinbarung zwischen Erblasser und Diensteanbieter kann hingegen effektiv wirken. Allerdings dürfte es ein schwierig sein, mit einem internationalen Tech-Konzern wie Meta o. Ä. eine solche Individualvereinbarung tatsächlich abzuschließen.

229 Alternativ oder kumulativ zu o. g. Varianten könnte Testamentsvollstreckung angeordnet werden. Dadurch verlieren die Erben gem. § 2211 BGB die Verfügungsmacht über den Nachlass. Sie dürfen also nicht auf die technischen Geräte zugreifen und sie können auch nicht Zugang vom Diensteanbieter verlangen. Dieses Recht steht nur dem Testamentsvollstrecker zu. Die Anordnung einer Testamentsvollstreckung wird gem. § 352b Abs. 2 FamFG auf dem Erbschein angegeben. Der Erbe kann also nicht unter Vorlage des Erbscheins vom Diensteanbieter Zugriff auf den Account verlangen. Ein Zugriff des Erben auf die Daten des Erblassers wird dadurch faktisch verhindert. Der allein zugriffsermächtigte Testamentsvollstrecker kann dann entsprechend der Anordnung des Erblassers gewisse Inhalte löschen und nur gewisse (oder keine) Daten an die Erben oder Vermächtnisnehmer herausgeben.

230 **Formulierungsbeispiel:**[190]

„Ich ordne hiermit Testamentsvollstreckung an. Es ist Aufgabe des Testamentsvollstreckers, unter Ausschluss der Erben meine Zugangsdaten zu sämtlichen digitalen Inhalten an sich zu nehmen und die von mir ausgesetzten Vermächtnisse und Auflagen hinsichtlich der digitalen Inhalte zu erfüllen.

190 In Anlehnung an Witzheller, ErbStB 2023 S. 16, 19.

Der Testamentsvollstrecker hat insbesondere

- *mein Vertragsverhältnis mit dem Internetdienstanbieter [...] nach meinem Tode unverzüglich zu kündigen, ohne zuvor Einsicht zu nehmen;*
- *meinen E-Mail-Account mit dem Internetdienstanbieter [...] zu sichten, sämtliche private E-Mails unverzüglich zu löschen und anschließend den Zugang meiner Ehefrau F im Wege eines Vorausvermächtnisses zu übertragen."*

Damit der Erbe (oder Testamentsvollstrecker) überhaupt Kenntnis erlangt, welche Nutzungsverhältnisse bestehen, könnten diese im Testament genannt werden. Praktikabler ist es jedoch, diese in einer vom Testament ausgelagerten Liste aktualisiert zu führen, da sich diese mehr oder weniger oft verändern, was dann jeweils eine Änderung des Testaments erforderlich machen würde. In dieser Liste sollten auch die Nutzernamen aufgeführt werden, nicht aber die Passwörter. Um hier zum einen die Geheimhaltung zu wahren, zum anderen aber einen praktikablen Zugang zu ermöglichen, kann an technische Lösungen gedacht werden, etwa in Form einer speziellen Passwort-Verwaltungssoftware. Der Zugangscode zu dieser Software mittels eines Masterpassworts müsste dann wiederum auf sicherem Wege dem Erben/Testamentsvollstrecker zur Kenntnis gebracht werden, etwa indem der (sichere) Aufbewahrungsort des Masterpassworts zu dieser Software im Testament mitgeteilt wird. Auch die Software selbst könnte per USB-Stick an diesem Ort verwahrt werden. 231

Formulierungsbeispiel:[191] 232

„Vorweg stelle ich ausdrücklich klar, dass mein Erbe in alle meine Online-Rechtsbeziehungen, insbesondere mit E-Mail-Anbietern und Anbietern sozialer Netzwerke, eintritt und damit Anspruch auf alle meine lokal und im Internet gespeicherten geschäftlichen als auch privaten Daten hat.

Ich ordne hierzu folgende Auflagen und Vermächtnisse an:

1. *Auf meinem privaten Blog soll es keinen Hinweis zu meinem Ableben geben. Nach dem Erbfall soll die Kommentarfunktion gesperrt werden. Drei Monate nach meinem Tode sollen der Blog und sämtliche Inhalte vollständig gelöscht werden.*
2. *Mein Facebook-Profil soll in den Gedenkzustand versetzt und auf keinen Fall gelöscht werden.*

191 Aus Steiner/Holzer, ZEV 2015 S. 262.

3. *Meinen Freunden Max und Moritz vermache ich Kopien sämtlicher Digitalfotos in meinem Instagram-Account. Nach Erfüllung des Vermächtnisses ist mein Instagram-Account zu löschen. Es steht meinem Erben frei, die Fotos vorab auch für sich selbst lokal zu speichern."*

233 Neben dem Testament als Regelungsort für den digitalen Nachlass kommt auch eine Vollmacht in Frage. Diese bestimmt, wer in welcher Form Zugang oder Nutzungsrechte erhalten soll. Es kann hier eine postmortale oder (besser) transmortale Vollmacht in Bezug auf den digitalen Nachlass in Erwägung gezogen werden. Mit dieser kann ein Bevollmächtigter unabhängig von einer etwaigen Erbenstellung die Nutzungsrechte des Verstorbenen/Erkrankten gegenüber dem Diensteanbieter wahrnehmen und sich diesem gegenüber legitimieren. Hierfür kann eine separate Vollmacht speziell für den digitalen Nachlass errichtet werden – eine sog. „digitale Vorsorgevollmacht."[192] Denkbar wäre aber auch, eine solche in eine allgemeine Vorsorgevollmacht zu integrieren.

234 Um dem Bevollmächtigten die tatsächliche Ausübung der Vollmacht zu erleichtern, sollten ihm die entsprechenden Nutzungsverhältnisse mitsamt Zugangsdaten zur Kenntnis gebracht werden. Empfehlenswert ist daher eine aktuelle Auflistung der entsprechenden Nutzungsverhältnisse mitsamt Nutzernamen in einer ausgelagerten Liste und zugänglichem (Master-)Passwort (siehe oben →Rz. 231).

235 **Formulierungsbeispiel:**

„Der Bevollmächtigte kann mich in jeglicher Hinsicht vertreten in Bezug auf meinen gesamten digitalen Datenbestand, meine gespeicherten Daten sowie sämtliche Vertragsbeziehungen betreffend informationstechnische oder digitale Systeme oder Dienstleistungen.

Er ist insbesondere bevollmächtigt, meine sämtlichen Rechte und Pflichten aus Verträgen mit Anbietern von vorgenannten Diensten in gleicher Weise wahrzunehmen wie ich selbst.

Im Innenverhältnis, aber ohne, dass dies eine Beschränkung der vorgenannten unbeschränkten Vollmacht im Außenverhältnis darstellt, weise ich den Bevollmächtigten wie folgt an:[193]

1. *Im Hinblick auf meinen E-Mail-Account bei [...] soll der Bevollmächtigte die E-Mails regelmäßig, mindestens jedoch alle sieben Tage, abrufen und – so*

192 Biermann in Münchener Anwaltshandbuch Erbrecht, § 50 Rz. 79.

193 Steiner/Holzer, ZEV 2015 S. 262, 265.

notwendig – mit dem Hinweis auf meinen Zustand oder mein Ableben beantworten. Der Bevollmächtigte ist nicht dazu befugt, den Account oder einzelne E-Mails zu löschen.

2. *Der Bevollmächtigte soll unverzüglich prüfen, ob Verbindlichkeiten bestehen (bspw. hinsichtlich meines Accounts bei Amazon, eBay etc.) und diese erfüllen oder – so dies möglich ist – das gesetzliche Widerrufsrecht oder sonstige Gegenrechte ausüben.*
3. *Mein Profil bei [...] hat der Bevollmächtigte unverzüglich zu löschen und das Vertragsverhältnis zu dem Provider zu kündigen.*
4. *Auf meinem PC/Tablet etc. befindet sich ein Ordner, welcher als [...] bezeichnet ist. Diesen hat der Bevollmächtigte unbesehen zu löschen.*
5. *[...]"*

Kommt es dem Erblasser gerade darauf an, dass der Bevollmächtigte unabhängig von den Erben agieren können soll – bspw. bestimmte Daten oder Fotos vor dem Zugriff der Erben bewahren oder löschen soll – sind die Vorteile und Nachteile einer Vollmachtslösung zu bedenken. 236

Die Vorteile einer trans- oder postmortalen Vollmacht sind folgende: 237

- Der Bevollmächtigte ist unabhängig von einer etwaigen Erbenstellung; er kann, muss aber nicht (Mit-)Erbe sein.
- Der Bevollmächtigte kann sofort und unabhängig von einer Legitimation durch einen Erbschein handeln. Er sollte aber wegen § 172 Abs. 2 BGB das Original der Vollmacht vorlegen können. Aus Gründen der Rechtssicherheit wird der Dritte zudem die Echtheit der Vollmacht mittels beglaubigter Unterschrift oder Beurkundung fordern. Daher sollte die Vollmacht dieser Form entsprechen.
- Der Bevollmächtigte kann sofort handeln – und dadurch Fakten schaffen, bspw. durch sofortiges Löschen von Daten. Damit die Vollmacht faktisch sofort genutzt werden kann, darf sie keine aufschiebende Bedingung im Außenverhältnis (etwa Tod oder Geschäftsunfähigkeit des Vollmachtgebers) beinhalten. Der Nachweis einer solchen Bedingung würde die schnelle Nutzung der Vollmacht im Rechtsverkehr erschweren.

Der gravierende Nachteil einer Vollmacht ist deren Widerruflichkeit durch die Erben. Einem (ungewollten) Widerruf durch die Erben könnte man mit einer Auflage an die Erben begegnen, die Vollmacht nicht zu widerrufen. Problematisch hieran ist jedoch, dass die Vollziehung der Auflage nur von bestimmten 238

Personen verlangt werden kann (§ 2194 BGB). Der Bevollmächtigte kann im Einzelfall gerade nicht zu diesem Personenkreis gehören.

239 **Formulierungsbeispiel:**

„Ich beschwere meine Erben mit der Auflage, die … erteilte Vollmacht hinsichtlich meines digitalen Nachlasses nicht zu widerrufen."

240 Denkbar wäre auch, dem Bevollmächtigten per Vermächtnis das Recht zuzuwenden, von den Erben das Unterlassen des Widerrufs verlangen zu können. So wäre – im Gegensatz zur Auflage – sichergestellt, dass der Bevollmächtigte stets zur Durchsetzung berechtigt ist.

241 Aber was gilt, wenn das Unterlassen des Widerrufs zwar geltend gemacht wird, der Widerruf aber dennoch erfolgt ist? Die schuldrechtliche Verpflichtung zum Unterlassen des Widerrufs dürfte die Rechtswirkung eines dennoch erfolgten Widerrufs nicht beseitigen – die Vollmacht wäre wohl dennoch erloschen.

241/1 Am effektivsten wäre es, die Vollmacht unwiderruflich zu erteilen. Dies wird jedoch vom Erblasser meist nicht gewollt sein. Denn er möchte weiterhin in der Lage sein, die Vollmacht zu widerrufen und ggf. einer anderen Person seines Vertrauens zu übertragen, weil sich zwischenmenschliche Beziehungen gewandelt haben. Die effektivste Lösung kann dann darin bestehen, die Vollmacht zu Lebzeiten des Vollmachtgebers widerruflich und ab dessen Tod unwiderruflich zu erteilen.

241/2 **Formulierungsbeispiel:**

„[…] Solange ich lebe, ist diese Vollmacht jederzeit frei widerruflich erteilt. Ab meinem Tod ist die Vollmacht unwiderruflich erteilt. Sie kann daher nicht von meinen Erben widerrufen werden."

242 Ferner stellt sich das Problem, dass die Vollmacht neben den Befugnissen der Erben besteht. Die Erben sind also nicht gehindert, unter Vorlage des Erbscheins die Herausgabe von Daten zu verlangen. Will der Erblasser dem Bevollmächtigten ausschließlich und unter Ausschluss der Erben Zugang zu bestimmten Daten gewähren, sollte er den Bevollmächtigten zugleich als Testamentsvollstrecker vorsehen. Nur dadurch wird die Verfügungsbefugnis und somit die Zugriffsmöglichkeit der Erben auf die Daten eingeschränkt und auch im Erbschein publik gemacht (siehe oben → Rz. 229).

243 Da Anbieter von Online-Diensten, insbesondere von Social-Media-Plattformen, ihren Sitz häufig im Ausland haben, stellt sich noch die Frage der Legitimation diesen gegenüber. Eine nur schriftlich erteilte Vollmacht wird unter Umstän-

den faktisch nicht akzeptiert werden. Daher empfiehlt sich eine notarielle Beglaubigung, besser noch notarielle Beurkundung, der entsprechenden Vollmacht.[194] Wegen § 172 Abs. 2 BGB sollte der Bevollmächtigte das Original der Vollmachtsurkunde vorlegen können. Denn Kopien oder beglaubigte Ablichtungen bewirken keine Rechtsscheinvollmacht i. S. des § 172 Abs. 2 BGB, weshalb ein Dritter meist die Vorlage des Originals verlangen wird.

194 Zu den nötigen/ausreichenden Nachweisen etwa für den Todeseintritt gegenüber den einzelnen Anbietern vgl. Naczinsky, ZEV 2021 S. 227, 232.

III. Die gesetzliche Erbfolge

1. Grundlagen

244 Die gesetzliche Erbfolge tritt nur ein, soweit der Erblasser keine letztwillige Verfügung getroffen hat. Die Willensfreiheit des Erblassers hat somit absoluten Vorrang vor der gesetzlichen Erbfolge des BGB.

ABB. 1: Formen der Erbfolge

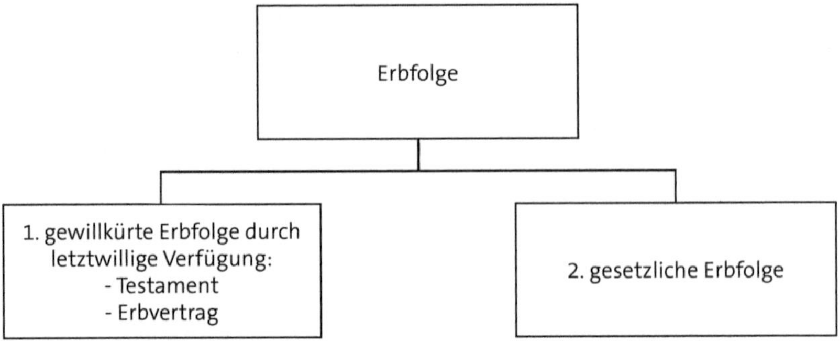

245 Der Standort der gesetzlichen Erbfolge im BGB am Anfang des 5. Buchs noch vor der gewillkürten Erbfolge ist daher systematisch nicht nachvollziehbar. Er kann allenfalls damit gerechtfertigt werden, dass viele Menschen keine Verfügung von Todes wegen hinterlassen und die gesetzliche Erbfolge somit zumindest in der Praxis oft zur Anwendung gelangt.

246 Das vom Gesetz angeordnete Pflichtteilsrecht ist der Gestaltungsfreiheit des Erblassers entzogen. Ein Nebeneinander von gesetzlicher und gewillkürter Erbfolge ist ebenfalls denkbar. So kann der Erblasser bspw. letztwillige Verfügungen treffen und darin Vermächtnisse zugunsten bestimmter Personen anordnen. Neben diesen Vermächtnissen über einzelne Gegenstände bestimmt der Erblasser jedoch nicht, wer Erbe sein soll. Hiernach tritt gesetzliche Erbfolge ein. Die testamentarisch angeordneten Vermächtnisse sind von den gesetzlichen Erben zu erfüllen.

247 Ebenso ist denkbar, dass der Erblasser ein Testament errichtet und sich hierbei auf die gesetzliche Erbfolge bezieht, indem er „die gesetzlichen Erben" testamentarisch als Erben einsetzt. Und schließlich kann sich eine letztwillige Verfügung darauf beschränken, für die eintretende gesetzliche Erbfolge bestimmte Anordnungen zu treffen – wie bspw. Testamentsvollstreckung (§§ 2197 ff.

BGB) oder der Ausschluss der Auseinandersetzung der Erbengemeinschaft (§ 2044 BGB).

Hat der Erblasser zwar eine letztwillige Verfügung errichtet, ist diese jedoch ganz oder teilweise nichtig, tritt an deren Stelle **insoweit** die gesetzliche Erbfolge. Von Bedeutung ist die gesetzliche Erbfolge auch dann, wenn zwar ein Erbe eingesetzt wurde, dieser aber vor oder nach Eintritt des Erbfalls weggefallen ist. In diesem Fall sind ergänzend die Regelungen der §§ 2069, 2094 und 2097 BGB zu beachten. Auch nach einer erfolgten Anfechtung nach §§ 2078 f. BGB kann als Rechtsfolge die gesetzliche Erbfolge eintreten. 248

Die gesetzliche Erbfolge kann in Einzelfällen zu durchaus praktikablen Ergebnissen führen. Häufig ist dies jedoch nicht der Fall, so dass fast immer letztwillige Verfügungen anzuraten sind. Denn das BGB verfolgt bei der gesetzlichen Erbfolge klare und einfache Regelungen, die teilweise nicht zur Lebenswirklichkeit passen. Bei kinderlosen Ehegatten etwa wird nicht der überlebende Ehegatte Alleinerbe, sondern Eltern, Geschwister und deren Abkömmlinge werden beim Tod des erst versterbenden Ehegatten Miterben mit dem überlebenden Ehegatten – was meist nicht gewollt ist. Hat ein Paar unter Umständen Jahrzehnte unverheiratet zusammengelebt, fehlt es gänzlich an einem gesetzlichen Erbrecht. Erst recht sind im unternehmerischen Bereich und insbesondere bei der Nachfolge in Gesellschaftsbeteiligungen sachgerechte und steueroptimierte Gestaltungen erforderlich. Familienverhältnisse mit zahlreichen Mitgliedern und unterschiedlichen Interessen und Fähigkeiten verlangen ebenfalls nach letztwilligen Verfügungen, wenn es um die Nachfolge in unternehmerische Vermögenswerte geht, um hier zukunftsfähige Gestaltungen zu gewährleisten. 249

Das gesetzliche Erbrecht beruht auf Verwandtschaft, Ehe und Zugehörigkeit zum Staat. Allerdings ist der Staat nur subsidiär als Erbe berufen, wenn weder ein Ehegatte noch Verwandte erben. Ehegatten können sowohl geschlechtsverschieden als auch gleichen Geschlechts sein (§ 1353 BGB). Eingetragene Lebenspartnerschaften sind erbrechtlich der Ehe weitgehend gleichgestellt (§ 10 LPartG). 250

Das gesetzliche Erbrecht beruht auf der Idee des Familien- und Ehegattenerbrechts, d. h. das Vermögen des Verstorbenen soll nach der Grundidee des BGB auf die Familie als soziale Gemeinschaft und den überlebenden Ehegatten übergehen. Das Erbrecht des Ehegatten und der Verwandten basiert auf den persönlichen Beziehungen und der wirtschaftlichen Verbundenheit innerhalb der Familie. Der Versorgungsfunktion innerhalb der Familie wird dadurch Rechnung getragen, dass Abkömmlinge vorrangig erben. Das Gesetz folgt we- 251 niger dem hypothetischen Erblasserwillen als vielmehr den ehelichen und verwandtschaftlichen Beziehungen und darauf basierenden Gerechtigkeitsüberzeugungen, die der Gesetzgeber aus der Stellung als Ehegatte oder Familienmitglied ableitet.

252 Nicht entscheidend für die gesetzliche Erbfolge ist, wie sich das Verhältnis der potenziellen Erben zum Verstorbenen tatsächlich dargestellt hat – ob die verstorbene Mutter etwa die letzten 20 Jahre keinen Kontakt mehr mit der Tochter hatte o. Ä. Erst recht nicht entscheidend ist das Verhältnis der Miterben untereinander. Das gesetzliche Erbrecht entscheidet somit abstrakt und unabhängig von den tatsächlichen Gegebenheiten, wie die Erbfolge aussieht.

253 Wenn der Erblasser von diesen Wertvorstellungen und Regelungen des BGB abweichen will, kann er aufgrund der Testierfreiheit entsprechende letztwillige Verfügungen treffen. Hierbei kann er vollständig von der gesetzlichen Erbfolge abweichende Regelungen treffen. Insbesondere kann er gesetzliche Erben auch komplett von der Erbfolge ausschließen.

254 Die Grenze findet die Testierfreiheit hierbei im Pflichtteilsrecht. Dieses schafft für nahe Angehörige und Ehegatten eine unentziehbare Mindestteilhabe am Nachlass. Das Pflichtteilsrecht schafft jedoch keine Mindestbeteiligung in Form einer Mindest-Erbenstellung (Noterbrecht), sondern lediglich einen auf Geld gerichteten Zahlungsanspruch gegen den oder die Erben. Das Pflichtteilsrecht schafft hier einen Kompromiss: Der Pflichtteilsberechtigte wird zwar wirtschaftlich am Nachlass beteiligt, wird jedoch nicht Mitglied der Erbengemeinschaft mit den damit verbundenen (Mitsprache-)Rechten und Pflichten. Die Reihenfolge des gesetzlichen Erbrechts ist in §§ 1924 ff. BGB nach Ordnungen geregelt. Die Reihenfolge, Verteilung und Erbquoten werden dann in diesen Vorschriften detailliert geregelt.

255 Hinterlässt der Verstorbene weder einen Ehegatten noch sonstige Verwandte, kommt schließlich das gesetzliche Erbrecht des Staates zum Zuge, welches gewährleistet, dass es keinen Nachlass ohne Erben gibt. Hierdurch wird eine ordnungsgemäße Abwicklung der Erbschaft sichergestellt (Ordnungsfunktion),[195] indem „herrenlose" Nachlässe vermieden werden. Im Gegensatz zu den anderen gesetzlichen Erben darf der Staat sein gesetzliches Erbrecht nicht ausschlagen (§ 1942 Abs. 2 BGB) und auch nicht darauf verzichten (§ 2346 BGB). Somit gehen im Wege der Gesamtrechtsnachfolge auch sämtliche Verbindlichkeiten auf den Staat über. Gleichwohl kommt es bei überschuldeten Nachlässen freilich nicht zu einer Haftung des Staates. Vielmehr kann der Staat (wie jeder an-

195 Stürner in Jauernig, BGB, § 1942 Rz. 4.

dere Erbe auch) die Haftung für Verbindlichkeiten auf den vorhandenen Nachlass beschränken[196] (→Rz. 420).

2. Die Verwandten als gesetzliche Erben

In den §§ 1924–1930 ist das gesetzliche Erbrecht der Verwandten geregelt. Die Verwandtschaft kann sich auf Abstammung oder das Gesetz gründen, wobei für das Erbrecht ausschließlich die rechtliche und nicht die biologische Verwandtschaft relevant ist. Blutsverwandt sind nach § 1589 BGB Personen, die voneinander (in gerade Linie) oder von derselben dritten Person (in Seitenlinie) abstammen. Der Ehegatte ist nicht als Verwandter zur Erbschaft berufen, sondern aufgrund eigens geregelten Ehegattenerbrechts. Verschwägerte Personen, wie Schwager, Schwägerin und die Schwiegereltern des Erblassers, sind nicht Verwandte und somit nicht als solche erbberechtigt. 256

a) Abstammung von Mutter und Vater

Mutter eines Kindes ist gem. § 1591 BGB die Frau, die es geboren hat. Damit ist geklärt, dass eine Eispenderin nicht Mutter im Rechtssinne ist, sondern diejenige Frau, die das Kind ausgetragen und geboren hat. 257

Vater eines Kindes ist gem. § 1592 BGB der Mann, 258

1. der bei der Geburt mit der Mutter des Kindes verheiratet ist,
2. der die Vaterschaft anerkannt hat oder
3. dessen Vaterschaft gerichtlich[197] festgestellt ist.

In diesen Fällen besteht somit rechtlich ein Verwandtschaftsverhältnis zum Vater, auch wenn keine Blutsverwandtschaft vorliegt. Alle drei vorstehenden Möglichkeiten der Vaterschaft sind gleichwertig. In der ersten Variante ist Vater des Kindes derjenige, der zum Zeitpunkt der Geburt mit der Mutter des Kindes verheiratet ist. In diesem Fall ist keine Anerkennungserklärung oder ein sonstiger biologischer Beweis der Abstammung erforderlich. Dieser Mann gilt also als Vater, bis die Nicht-Vaterschaft in einem Verfahren nach § 1599 Abs. 1 BGB rechtskräftig festgestellt wurde. Anschließend ist das Kind nicht länger ein solches des Mannes und somit auch nicht gesetzlicher Erbe des Mannes, der mit der Mutter verheiratet ist. 259

196 BGH, NJW 2019 S. 988.

197 Nach § 1600d BGB oder § 182 Abs. 1 FamFG.

260 Die zweite Variante des § 1592 BGB regelt die Vaterschaftsstellung kraft Anerkennung. Für den Fall, dass zuvor ein anderer Mann die Vaterschaft anerkannt hat, muss diese zunächst beseitigt werden, was wiederum durch eine Anfechtungsklage erfolgt. Erst mit Rechtskraft dieser Anfechtungsklage kann eine weitere Anerkennung erfolgen. War die Mutter des Kindes zum Zeitpunkt der Geburt verheiratet, gilt jedoch vorrangig § 1592 Nr. 1 BGB, d. h. dass der mit der Mutter verheiratete Mann als Vater gilt und zwar solange, bis durch rechtskräftige Entscheidung das Gegenteil festgestellt wurde. Die Vaterschaft eines anderen Mannes kann durch eine Anerkennung i. S. des § 1592 Nr. 2 BGB also erst dann erfolgen, wenn die Vaterschaft des Ehemannes durch Anfechtungsklage verneint wurde. Erst dann ist der Weg frei für eine Anerkennung durch einen Nicht-Ehemann (§ 1599 BGB).

261 Am 1.4.2026 ist das „Gesetz zur Umsetzung des Urteils des BVerfG zur Vaterschaftsanfechtung"[198] in Kraft getreten. Darin werden die vom Bundesverfassungsgericht[199] im April 2024 für verfassungswidrig erklärten Regelungen in § 1600 Abs. 2, 3 Satz 1 BGB a. F. novelliert.[200] In dem vom Bundesverfassungsgericht entschiedenen Verfahren blieb dem leiblichen Vater der Zugang zur rechtlichen Vaterstellung versperrt. Anlass war eine Konstellation, in der die Bezie-hung zwischen dem biologischen Vater und der Mutter bereits im zeitlichen Umfeld der Geburt des Kindes beendet worden war. Die Mutter ging anschließend eine neue Partnerschaft ein. Sie verweigerte ihrem früheren Partner die Zustimmung zur Anerkennung der Vaterschaft gem. § 1595 Abs. 1 BGB. Stattdessen erkannte der neue Lebensgefährte mit Einverständnis der Mutter die Vaterschaft an und wurde damit rechtlicher Vater des Kindes. Diese Anerkennung hatte zur Folge, dass das vom leiblichen Vater eingeleitete Verfahren auf Feststellung der Vaterschaft keine Wirkung entfalten konnte, da mit der Begründung einer bestehenden rechtlichen Vaterschaft die Möglichkeit einer gerichtlichen Feststellung ausgeschlossen war. In der Folge entwickelte sich zwischen dem rechtlichen Vater und dem Kind eine sozial-familiäre Beziehung. Zwar bemühte sich auch der leibliche Vater um die Herstellung einer solchen Bindung, gleichwohl stand ihm der Weg zur rechtlichen Elternschaft dauerhaft nicht offen. Eine Anfechtung der bestehenden Vaterschaft scheiterte daran, dass § 1600 Abs. 2 BGB a. F. die Anfechtungsbefugnis des leiblichen Vaters sperrte, sobald zwischen dem Kind und dem rechtlichen Vater eine sozial-familiäre Beziehung bestand.

198 BGBl 2026 I Nr. 83.

199 BVerfG, NJW 2024 S. 1732.

200 Hierzu Oldenburger, NJW 2026 S. 1177; Gössl, ZRP 2025 S. 248.

Die gesetzliche Reform zielt darauf ab, den vom Bundesverfassungsgericht beanstandeten Konkurrenzkampf um die rechtliche Vaterstellung zu unterbinden. Nach der bisherigen Rechtslage konnte ein bereits anhängiges Vaterschaftsfeststellungsverfahren dadurch faktisch vereitelt werden, dass ein anderer Mann mit Zustimmung der Mutter die Vaterschaft anerkannte und so eine neue rechtliche Statuslage schuf. Diesem Mechanismus begegnet die Neuregelung, indem eine während eines laufenden Feststellungsverfahrens erklärte Vaterschaftsanerkennung gem. § 1594 Abs. 5 Satz 1 BGB zunächst keine Wirksamkeit entfaltet. Sie wird nur dann wirksam, wenn das Verfahren nicht zur Begründung einer abweichenden Vaterstellung führt. Zugleich bleibt eine gerichtliche Anerkennung zur Niederschrift möglich, sofern der Anerkennende durch Vorlage eines genetischen Abstammungsgutachtens nachweist, dass er der leibliche Vater des Kindes ist. Dies wird verfahrensrechtlich durch § 180 FamFG flankiert. 262

Zur Umsetzung der verfassungsgerichtlichen Vorgaben wurde außerdem die bislang weitreichende Sperrwirkung der sozial-familiären Beziehung eingeschränkt. Das Gesetz geht nunmehr typisierend davon aus, dass eine solche Beziehung regelmäßig noch nicht entstanden ist, wenn die rechtliche Vaterschaft weniger als ein Jahr vor der Anfechtung begründet wurde (§ 1600 Abs. 5 Satz 3 BGB). Damit wird die frühere Rechtslage überholt, die bereits eine über längere Zeit bestehende häusliche Gemeinschaft genügen ließ, um die Anfechtung auszuschließen. 263

Ergänzend hierzu eröffnet § 1600 Abs. 3 Satz 2 Nr. 1–4 BGB weitere Ausnahmefälle, in denen eine Anfechtung auch trotz bestehender sozial-familiärer Beziehung zwischen Kind und rechtlichem Vater zulässig sein kann, wenn 264

1. zwischen dem Kind und dem Anfechtungsberechtigten ebenfalls eine sozial-familiäre Beziehung besteht,
2. zwischen dem Kind und dem Anfechtungsberechtigten früher eine sozialfamiliäre Beziehung bestanden hat, die aus von dem Anfechtungsberechtigten nicht zu vertretenden Gründen nicht mehr andauert,
3. der Anfechtungsberechtigte sich ernsthaft um eine sozial-familiäre Beziehung mit dem Kind bemüht hat, damit aber aus von dem Anfechtungsberechtigten nicht zu vertretenden Gründen keinen Erfolg hatte oder
4. der Ausschluss der Anfechtung aus anderen Gründen, die der Anfechtungsberechtigte nicht zu vertreten hat, grob unbillig wäre.

264/1 In sämtlichen dieser Konstellationen ist jedoch zusätzlich zu prüfen, ob der Fortbestand der bestehenden Vater-Kind-Zuordnung aus Gründen des Kindeswohls geboten ist (§ 1600 Abs. 3 Satz 3 BGB).

264/2 Darüber hinaus sieht das Gesetz mit § 185a FamFG erstmals ein besonderes Wiederaufnahmeverfahren vor. Danach kann eine zunächst erfolglose Vaterschaftsanfechtung erneut zulässig sein, wenn die vormals tragende sozial-familiäre Beziehung zwischen rechtlichem Vater und Kind nachträglich weggefallen ist und – abhängig vom jeweiligen Kindesalter – eine bestimmte Zeitspanne verstrichen ist.

264/3 Eine weitere bedeutende Neuerung stellt § 1595a BGB dar, der die bislang nur im Zusammenhang mit einer Ehescheidung zulässige sog. Dreiererklärung durch eine allgemeine Möglichkeit des einverständlichen Wechsels der Vaterstellung ersetzt („Viererklärung“[201]). Stimmen alle Beteiligten zu und weist der anerkennende Mann seine leibliche Abstammung durch ein den Anforderungen des § 17 GenDG entsprechendes Gutachten nach, kann die rechtliche Vaterschaft ohne Durchführung eines Anfechtungsverfahrens und ohne Bezug zu einer Scheidung geändert werden. Der Vatertausch ist an keine Frist gebunden. Er setzt lediglich voraus, dass der genetische Vater seine Anerkennung in öffentlicher Urkunde erklärt und die Mutter, der bislang rechtliche Vater sowie – abhängig vom Alter – das Kind selbst oder dessen gesetzliche Vertreter dieser Erklärung zustimmen. Mit Wirksamwerden der Anerkennung wird der neue Vater gem. § 1595a Abs. 2 BGB rückwirkend ab der Geburt des Kindes rechtlicher Vater. Ist der bisherige rechtliche Vater verstorben, entfällt dessen Zustimmungspflicht (§ 1595a Abs. 3 Satz 2 BGB).

264/4 Unverändert fortgeführt wird die besondere Schutzregelung für Samenspender in § 1600d Abs. 4 BGB. Danach ist eine gerichtliche Feststellung der Vaterschaft des Samenspenders ausgeschlossen, wenn das Kind im Rahmen einer ärztlich unterstützten künstlichen Befruchtung in einer Einrichtung der medizinischen Versorgung unter Verwendung fremden Samens gezeugt wurde, der von einer Entnahmeeinrichtung im Sinne des Samenspenderregistergesetzes bereitgestellt worden ist. In diesen Fällen bleibt der Samenspender dauerhaft von einer statusrechtlichen Zuordnung als Vater ausgeschlossen.

264/5 Keine Anwendung findet diese Ausschlussregelung hingegen bei einer nicht medizinisch begleiteten, privat organisierten Samenspende, etwa in Form der sog. Becherspende. Erfolgt die Zeugung außerhalb des gesetzlich regulierten medizinischen Verfahrens, ist der Samenspender nicht privilegiert, so dass er

201 Oldenburger, NJW 2026 S. 1177, 1182.

nach den allgemeinen Vorschriften grds. als rechtlicher Vater des Kindes festgestellt werden kann. Wird das Kind mit Zustimmung des rechtlichen Vaters mittels privater Samenspende gezeugt, ist eine Anfechtung für diesen ausgeschlossen (§ 1600 Abs. 6 Satz 1 BGB). Dasselbe gilt nach Satz 2 dieser Norm für die Mutter.

Ob der Samenspender anfechten kann, ist streitig. Der BGH[202] hatte dies bislang verneint, wenn der Samenspender zumindest konkludent auf seine Elternstellung verzichtet hatte. Liegt ein solcher Verzicht hingegen nicht vor, besteht ein Anfechtungsrecht des Samenspenders.[203] 264/6

Unabhängig von der statusrechtlichen Zuordnung der Elternschaft ist in beiden Fallgruppen das verfassungsrechtlich geschützte Recht des Kindes auf Kenntnis der eigenen Abstammung zu beachten. Dieses leitet sich aus § 1618 BGB ab.[204] Das Kind kann also Auskunft von seinen Eltern über seine genetische Herkunft verlangen. 264/7

Bei einer ärztlich unterstützten Samenspende besteht nach Auffassung des Bundesverfassungsgerichts ein aus Art. 2 Abs. 1 GG i. V. mit Art. 1 Abs. 1 GG abgeleiteter Auskunftsanspruch gegen den Arzt, der die heterologe Insemination vorgenommen hat.[205] Ferner hat die Person, die vermutet, durch heterologe Verwendung von Samen bei einer ärztlich unterstützten künstlichen Befruchtung gezeugt worden zu sein, gem. § 10 SaRegG einen Anspruch gegen das Bundesinstitut für Arzneimittel und Medizinprodukte auf Auskunft aus dem Samenspenderregister. Nach Vollendung des 16. Lebensjahres kann die Person diesen Anspruch nur selbst geltend machen. Dieser Auskunftsanspruch besteht, ohne dass daraus eine rechtliche Vaterstellung begründet würde.[206] 264/8

Bei privaten Samenspenden besteht demgegenüber kein Zugriff auf ein staatliches Register. Der Auskunftsanspruch des Kindes richtet sich gegen die rechtlichen Eltern und folgt aus § 1618 BGB. Der Umfang und die Durchsetzbarkeit dieses Auskunftsanspruchs hängen dabei von den Umständen des Einzelfalls ab, insbesondere von der Kenntnislage der Eltern und den schutzwürdigen Interessen der Beteiligten. Bei der Interessenabwägung im Einzelfall ist zu be- 264/9

202 BGH, NJW 2013 S. 2589.

203 BGH, NJW 2013 S. 2589. Hierzu eingehend Oldenburger, NJW 2026 S. 1177, 1180, der kritisiert, dass die Novelle damit einen wesentlichen Aspekt eines modernen Abstammungsrechts nicht beachtet hat.

204 BGH, NJW 2022 S. 1088 ff.; Hahn in BeckOK-BGB, § 1591, Rz. 17 ff.; Löhnig, NJW 2022 S. 1061.

205 BVerfG, NJW 1988 S. 3010; NJW 1989 S. 891; NJW 1997 S. 1769; vgl. auch BGH, FamRZ 2015 S. 642.

206 BGH, NJW 2022 S. 1088 ff.; eingehend zum Ganzen Löhnig, NJW 2022 S. 1061.

achten, dass der Auskunftsanspruch in erster Linie aus dem Recht des Kindes auf Entwicklung und Wahrung seiner Identität[207] hergeleitet wird und dass die Zumutbarkeit der Auskunft für die Mutter wiederum von der Schwere des Eingriffs in ihre ebenfalls grundrechtlich geschützte Privat- und Intimsphäre abhängt.[208]

264/10 Das geltende Recht trennt zwar in statusrechtlicher Hinsicht strikt zwischen medizinisch assistierter und privater Samenspende. Dem Kind wird jedoch in beiden Konstellationen zumindest ein Anspruch auf Aufklärung über seine genetische Herkunft zugewiesen, ohne diesen zwingend mit einer rechtlichen Zuordnung von Elternschaft zu verknüpfen.

264/11 Nicht umgesetzt wurde in der gesetzlichen Novellierung zum 1.4.2026 hingegen eine Öffnung des Abstammungsrechts für Modelle einer Mehrelternschaft. Das reformierte Recht hält weiterhin strikt am Zwei-Eltern-Prinzip fest, so dass ein Kind rechtlich nach wie vor nur ein Elternpaar haben kann – anders als etwa im Bereich der Erwachsenenadoption, wo es zu einer Verdoppelung der Elternschaft kommen kann.

b) Adoption

265 Mit der Annahme als Kind (Adoption) kann rechtlich die Stellung als Verwandter begründet werden. Zu unterscheiden ist hierbei zwischen Erwachsenenadoption und der Adoption eines Minderjährigen.

aa) Minderjährige

266 Die Annahme eines Minderjährigen bewirkt die Beendigung des Verwandtschaftsverhältnisses zu den leiblichen Eltern und die Begründung des Verwandtschaftsverhältnisses zu den Adoptiveltern. Deshalb spricht man hier auch von „Volladoption." Das adoptierte Kind hat nach der Adoption also nur noch Verwandtschaftsverhältnisse zu den neuen Adoptiveltern. Das Verwandtschaftsverhältnis zu den leiblichen Eltern wird rechtlich beendet (§ 1755 Abs. 1 BGB). Nimmt ein Ehepaar ein Kind an oder nimmt ein Ehegatte ein Kind des anderen Ehegatten an (Stiefkindadoption), so erlangt das Kind die rechtliche Stellung eines gemeinschaftlichen Kindes der Ehegatten (§ 1754 Abs. 1 BGB).

207 BVerfG, NJW 1989 S. 891.

208 Hahn in BeckOK-BGB, § 1591, Rz. 17.

Die erbrechtlichen Konsequenzen ergeben sich aus der beendeten bzw. neu gegründeten Verwandtschaft. Das Kind wird also gesetzlicher Erbe der Annehmenden und deren Verwandten. Sollte das Kind versterben, sind die Adoptiveltern und deren Verwandten umgekehrt gesetzliche Erben des Adoptivkindes. 267

Mit der Neubegründung der Verwandtenstellung zu den Annehmenden und der damit einhergehenden erbrechtlichen Berechtigung auf Ableben dieser Personen verbindet sich reflexartig der Verlust der erbrechtlichen Stellung auf Ableben der leiblichen Eltern und deren Verwandten. Nur ausnahmsweise bleiben in zwei Fällen die Verwandtschaftsverhältnisse gem. § 1756 BGB bestehen:[209] 268

Wenn die Annehmenden mit dem Kind im zweiten oder dritten Grad verwandt oder verschwägert sind, erlischt lediglich das Verwandtschaftsverhältnis des Kindes zu den Eltern des Kindes. 269

Oder wenn ein Ehegatte das Kind seines Ehegatten annimmt, erlischt das Verwandtschaftsverhältnis zu den Verwandten des anderen Elternteils nicht, wenn dieser die elterliche Sorge hatte und verstorben ist. 270

Allerdings erfahren diese beiden Ausnahmefälle wiederum eine Gegenausnahme in erbrechtlicher Hinsicht: Nach § 1925 Abs. 4 BGB sind das angenommene Kind und die Abkömmlinge der leiblichen Eltern bzw. des verstorbenen Elternteils **im Verhältnis zueinander** nicht Erben – obwohl in familienrechtlicher Hinsicht eine Verwandtschaft zwischen diesen Personen besteht.[210] 271

In diesem Zusammenhang ist auf die gesetzliche Regelung zur Stiefkindadoption in nichtehelichen Lebensgemeinschaften hinzuweisen. Das Bundesverfassungsgericht[211] hatte 2019 den vollständigen Ausschluss der Stiefkindadoption in nichtehelichen Familien für verfassungswidrig erklärt und den Gesetzgeber verpflichtet, bis zum 31.3.2020 eine Neuregelung zu treffen. Mit Wirkung zu diesem Stichtag wurde durch das Gesetz zur Umsetzung der Entscheidung des Bundesverfassungsgerichts v. 26.3.2019 zum Ausschluss der Stiefkindadoption in nichtehelichen Familien v. 19.3.2020[212] mit dem neuen § 1766a BGB eine entsprechende Regelung geschaffen: Für zwei Personen, die in einer verfestigten Lebensgemeinschaft in einem gemeinsamen Haushalt le- 272

209 Hierzu OLG Frankfurt a. M., ZEV 2022 S. 212.

210 Weiterführend zur einschränkenden Auslegung des § 1925 Abs. 4 BGB: Wachter in Münchener Anwaltshandbuch Erbrecht, § 4 Rz. 39.

211 BVerfG, NJW 2019 S. 1793.

212 BGBl 2020 I S. 541.

ben, gelten die Vorschriften über die Annahme eines Kindes des anderen Ehegatten entsprechend.

273 Dies bedeutet, dass Regelungen zur Stiefkindadoption, die gerade eine **Ehe** voraussetzen, analog angewandt werden für die Fälle, in denen zwischen dem Annehmenden und dem leiblichen Elternteil des Kindes keine Ehe besteht, sondern lediglich eine **„verfestigte Lebensgemeinschaft."** Eine solche liegt nach § 1766a BGB i. d. R. vor, wenn die Personen seit mindestens vier Jahren oder als Eltern eines gemeinschaftlichen Kindes mit diesem eheähnlich zusammenleben. Sie liegt i. d. R. nicht vor, wenn ein Partner mit einem Dritten verheiratet ist.

bb) Volljährige

274 Die Adoption von Volljährigen spielt in der erbrechtlichen Gestaltung eine Rolle, wenn keine Verwandten als Erben infrage kommen – entweder weil keine vorhanden sind oder diese gerade nicht als Erben gewollt sind. Die vorherige Adoption des künftigen Erben dient dann meist der steuerlichen Optimierung: Für den Adoptierten gilt als Kind des Erblassers dann Steuerklasse I statt Steuerklasse III.

275 Die Verfolgung erbschaftsteuerlicher Vorteile schadet nicht, solange der familienbezogene Zweck überwiegt. Eine Volljährigenadoption ist gem. § 1767 Abs. 1 BGB nur zulässig, *„wenn die Annahme sittlich gerechtfertigt ist"*. Dies ist dann anzunehmen, *„wenn zwischen dem Annehmenden und dem Anzunehmenden ein Eltern-Kind-Verhältnis bereits entstanden ist"*. Die Gründe für die Entstehung einer Eltern-Kind-Beziehung müssen im Zentrum stehen.[213] Wenn hieran begründete Zweifel bleiben, ist die Adoption abzulehnen.[214]

276 Der Adoptionsantrag bedarf der notariellen Beurkundung. Die Voraussetzungen müssen von den Beteiligten im Adoptionsverfahren vor dem Familiengericht dargelegt werden.[215]

277 Seit dem 1.5.2025[216] darf jeder volljährige Adoptionswillige seinen bisherigen Nachnamen behalten, wenn er vor der Adoption der Namensänderung widerspricht (§ 1767 Abs. 3 Nr. 1 BGB). Dies war zuvor nicht möglich. Lediglich verheiratete adoptierte Erwachsene mit Ehenamen hatten die Möglichkeit, ihren

213 Götz in Grüneberg, § 1767, Rz. 5.

214 BGH, NJW-RR 2021 S. 1444.

215 Ludwig in Behrentin, Handbuch Adoptionsrecht, 1. Aufl. 2017, Kapitel B Rz. 757.

216 Gesetz zur Änderung des Ehenamens- und Geburtsnamensrechts und des Internationalen Namensrechts v. 14.6.2024, BGBl 2024 I Nr. 185.

bislang geführten Ehenamen als Nachnamen zu behalten. Diese Privilegierung von verheirateten Adoptierten entfällt nun durch die Einführung einer Widerspruchsmöglichkeit für alle Adoptionsfälle. Widerspricht das Adoptivkind nicht, so bekommt es wie bisher den Familiennamen des Annehmenden. Der Adoptierte kann aber auch weiterhin dem neuen Familiennamen den bisherigen Nachnamen voranstellen oder anfügen. Im Unterschied zur früheren Rechtslage[217] sind jedoch keine „schwerwiegenden Gründe" mehr hierfür erforderlich (§ 1767 Abs. 3 Nr. 2 BGB). Der Gesetzgeber hat hier das BGB der gängigen Praxis angepasst, wonach das Vorliegen schwerwiegender Gründe großzügig beurteilt wurde.[218]

Man muss sich also nicht mehr entscheiden zwischen möglichen Steuer- 278
begünstigungen oder seinem bisherigen Familiennamen und somit der „eigenen Identität". Daher wird davon ausgegangen, dass die Zahl der Erwachsenenadoptionen deutlich ansteigen wird.[219]

HINWEIS:

Wünscht der Mandant, der adoptiert werden soll, keine Änderung seines Geburtsnamens, müssen Sie als Berater mit dem Adoptionsantrag Widerspruch gegen die Namensänderung erklären.

Die Volljährigenadoption kann mit starker oder mit schwacher Wirkung aus- 279
gesprochen werden. Die Adoption mit „schwachen Wirkungen" bildet den Regelfall. Im Gegensatz zur Minderjährigenadoption werden hier die Rechte und Pflichten des Angenommenen einschließlich seiner Abkömmlinge zu seinen leiblichen Verwandten grds. nicht beendet, sondern bleiben bestehen.

HINWEIS:

Die Volljährigenadoption führt zu einer „Häufung von Elternverhältnissen."[220]

Wird ein Volljähriger adoptiert, erlangt er hierdurch die rechtliche Stellung ei- 280
nes Kindes des Annehmenden; erfolgt die Annahme durch Ehegatten, erlangt der Volljährige den Status eines gemeinschaftlichen Kindes der annehmenden Ehegatten. Es wird also eine Verwandtschaft begründet zwischen den Annehmenden und dem Angenommenen einschließlich seiner Abkömmlinge.

Allerdings begründet die Adoption des Volljährigen keine Verwandtschaft zwi- 281
schen dem Angenommenen und den Verwandten des/der Annehmenden

217 §§ 1767 Abs. 2 Satz 1, 1757 Abs. 3 Nr. 2 BGB.

218 Pöcker in BeckOK-BGB, § 1767, Rz. 13.

219 Miehler/Hartmann, ZEV 2024 S. 450.

220 Münch in Müller-Engels, Familienrecht in der Notar- und Gestaltungspraxis, § 14 Rz. 15.

(§ 1770 Abs. 1 BGB). Der Angenommene wird also kein Geschwister der Abkömmlinge des Annehmenden, die Eltern des Annehmenden werden nicht (auch) seine Großeltern.[221]

282 In erbrechtlicher Hinsicht bedeutet das, dass der Angenommene einschließlich seiner Abkömmlinge gesetzlicher Erbe des Annehmenden ist, jedoch nicht in Bezug auf andere Verwandte der Annehmenden (z. B. deren Abkömmlinge oder Eltern).

283 Nur wenn die Voraussetzungen des restriktiv auszulegenden § 1772 BGB (bitte lesen) vorliegen, kommt ausnahmsweise eine Volljährigenadoption mit „starken Wirkungen" infrage – also Fälle der Geschwisteradoption, der nachgeholten Minderjährigenadoption, der Stiefkindadoption und der Adoption des bei Antragstellung Minderjährigen, der zum Zeitpunkt des Annahmebeschlusses bereits volljährig ist. Nur dann hat eine Volljährigenadoption dieselben Rechtswirkungen wie eine Minderjährigenadoption: Der Volljährige wird vollständig in die Verwandtschaft des Annehmenden integriert und verliert die Verwandtschaftsbeziehungen zu den leiblichen (bzw. bisherigen) Verwandten. Eine Gegenausnahme hierzu bildet wiederum die „abgeschwächte Volladoption" unter den Voraussetzungen des § 1756 Abs. 2 BGB (bitte lesen).

HINWEIS:

Eine „starke" Volljährigenadoption beendet das Verwandtschaftsverhältnis des Angenommenen zu seinen Verwandten nach §§ 1772 Abs. 1 Satz 1, 1755 BGB.

BEISPIEL: Das kinderlose Unternehmerehepaar M und F adoptiert den volljährigen A, der seit 20 Jahren mit dem Ehepaar eng persönlich verbunden sowie als Geschäftsführer des Familienunternehmens der Eheleute tätig ist.

1. Was möchten die Beteiligten (wohl) damit erreichen?
2. Welche Auswirkungen hat dies auf das Erbrecht?

LÖSUNG:

1. Die Beteiligten möchten im Rahmen der Unternehmensnachfolge den bisherigen Geschäftsführer als Erben vorsehen. Aufgrund der persönlichen Beziehung zwischen den Beteiligten kann von einer sittlichen Rechtfertigung der Erwachsenenadoption ausgegangen werden. Hierdurch wird erreicht, dass der Angenommene als Abkömmling erbschaftsteuerliche Vorteile erlangt.
2. Durch die Erwachsenenadoption wird der Angenommene erbrechtlich und pflichtteilsrechtlich zum Abkömmling der Annehmenden. Zu den sonstigen Verwandten der Annehmenden wird jedoch keine Verwandtschaft begründet. Die Verwandtschaftsverhältnisse des Angenommenen zu seinen bisherigen Ver-

221 Maurer in MüKo-BGB, § 1770, Rz. 8.

wandten bleiben bei der schwachen Erwachsenenadoption (Regelfall) bestehen. Hierdurch kommt es zu einer Häufung von Elternverhältnissen.

HINWEIS:

Dass zwischen dem Angenommenen und den Verwandten des Annehmenden keine Verwandtschaft begründet wird, führt zu folgendem Ergebnis: Stirbt der Annehmende und wird er von dem Angenommenen beerbt, geht das Vermögen auf den Angenommenen über. Stirbt nun auch der Angenommene, sind lediglich die Verwandten des Angenommenen Erben bzw. Pflichtteilsberechtigte – nicht hingegen die Verwandten des Annehmenden. Das Vermögen des Angenommenen ist also unwiederbringlich den Verwandten des Annehmenden entzogen. Hierauf ist bei der Beratung des Annehmenden hinzuweisen. Wünscht der Annehmende eine hiervon abweichende Erbfolge auf Ableben des Angenommenen, kann dies rechtlich verbindlich mittels Erbvertrags zwischen Annehmenden und Angenommenen erreicht werden. Denkbar ist auch, dass der Annehmende den Angenommenen lediglich als Vorerben einsetzt und zugleich einen Nacherben bestimmt, der das Vermögen auf Ableben des Angenommenen erhalten soll.[222]

Näherer rechtlicher Betrachtung bedarf die Sachverhaltsvariante, dass ein An- 284
genommener kinderlos vor dem Annehmenden verstirbt. Als gesetzliche Erben zweiter Ordnung kommen die leiblichen Eltern des Verstorbenen sowie seine Adoptiveltern in Frage. Welche Auswirkung hat es nun auf die Erbquoten, wenn einzelne Elternteile wiederum vorverstorben sind? Die wohl h. M.[223] bildet hier eine Analogie zu § 1926 BGB. Hiernach bildet das Adoptivelternpaar einerseits und das leibliche Elternpaar andererseits jeweils eine Linie. Jede Linie erbt die Hälfte – also jeder Elternteil je 25 %. Ist innerhalb einer Linie ein Teil vorverstorben, ist wiederum wie folgt zu differenzieren:

Ist ein **leiblicher** Elternteil vorverstorben, geht der hierauf entfallende Anteil 285
auf die Abkömmlinge des vorverstorbenen leiblichen Elternteils über (also die Geschwister bzw. Neffen, Nichten); sind solche nicht vorhanden, erbt der leibliche Elternteil die auf die Linie entfallende Hälfte allein, § 1926 Abs. 3 Satz 2 BGB analog.

Sind hingegen die **Adoptiveltern** vorverstorben, fallen diese bei der Erbfolge 286
auf Ableben des Angenommenen ersatzlos weg, so dass die leiblichen Eltern

222 Hierzu im Detail Wachter in Münchener Anwaltshandbuch Erbrecht, § 4 Rz. 41, der ferner ein aufschiebend bedingtes Vermächtnis auf Ableben des Angenommenen zugunsten der Verwandten des Annehmenden vorschlägt, wobei zu beachten ist, dass bei dieser Variante die Verfügungsbeschränkungen zum Schutz des Nacherben nicht greifen – dieser Aspekt ist regelmäßig entscheidend dafür, welche Variante den Vorstellungen des Mandanten am ehesten entspricht.

223 So etwa Wachter in Münchener Anwaltshandbuch Erbrecht, § 4 Rz. 42. Eine a. A. wendet hier § 1925 BGB an, was jedoch zum selben Ergebnis von je 25 % führt; so etwa Maurer in MüKo-BGB, § 1770, Rz. 34; OLG Zweibrücken, FGPrax 1996 S. 189 f.

(ersatzweise deren Abkömmlinge) allein erben. Denn an die Stelle der vorverstorbenen Adoptiveltern treten nicht deren Abkömmlinge, da diese nicht mit dem Angenommenen verwandt sind (§ 1770 Abs. 1 BGB). Ist nur ein Adoptivelternteil vorverstorben, erbt der noch lebende Adoptivelternteil den auf die Linie entfallenden hälftigen Anteil allein, § 1926 Abs. 3 Satz 2 BGB analog.

BEISPIEL: A verstirbt kinderlos und unverheiratet.

Von seinen leiblichen Eltern M und F ist der Vater M vorverstorben, wobei er zwei Kinder hinterlässt – nämlich die zwei Geschwister des A – Bruder B und Schwester S.

Die Eheleute X und Y hatten den A als Volljährigen adoptiert. Der Ehemann X ist bereits vorverstorben, wobei X eine Tochter T hinterlässt.

Wer erbt wieviel?

LÖSUNG:

1. Die beiden Elternpaare (leibliche und Adoptiv-Eltern) bilden in Analogie zu § 1926 BGB jeweils eine Linie, auf die jeweils die Hälfte der Erbschaft entfällt.
2. Auf das leibliche Elternpaar entfällt eine Erbquote von 50 %.
   a) Die leiblichen Eltern M und F erben also jeweils 25 %.
   b) An die Stelle des vorverstorbenen leiblichen Vaters M treten dessen leibliche Abkömmlinge B und S.
   c) B und S erben also jeweils 12,5 %. Die leibliche Mutter erbt 25 %.
3. Auf das Adoptivelternpaar entfällt eine Erbquote von 50 %.
   a) Die Adoptiveltern X und Y erben also jeweils 25 %.
   b) An die Stelle des vorverstorbenen Adoptivvaters X tritt **nicht** dessen leibliche Tochter T. Denn die Adoption des A führte zu keiner Verwandtschaftsbeziehung zwischen A und T (§ 1770 Abs. 1 BGB).
   c) Gemäß § 1926 Abs. 3 Satz 2 Alt. 1 BGB analog erbt somit die Adoptivmutter Y die auf ihre Linie entfallenden 50 %.
   d) Endergebnis zu den Erbquoten:
      B: 12,5 %,
      S: 12,5 %,
      leibliche Mutter F: 25 %,
      Adoptivmutter Y: 50 %.

HINWEIS:

Eine höchstrichterliche Rechtsprechung zur Behandlung derartiger Fälle vorverstorbener Elternteile ist bislang nicht ergangen. Zur Vermeidung unnötiger Rechtsunsicherheit empfiehlt es sich daher, die Erbfolge auf Ableben eines Angenommenen ausdrücklich zu regeln und hierbei insbesondere die Konstellation vorverstorbener Elternteile einzuschließen.[224]

224 Maurer in MüKo-BGB, § 1770, Rz. 40; Wachter in Münchener Anwaltshandbuch Erbrecht, § 4 Rz. 43.

3. Grundprinzipien des gesetzlichen Erbrechts

Das gesetzliche Erbrecht des BGB geht vom Prinzip der Gesamtrechtsnachfolge aus (§§ 1922, 1967 BGB). Sämtliche Erben übernehmen daher den Nachlass in seiner Gesamtheit als eine Einheit. Eine Sondererbfolge in einzelne Gegenstände ist nicht vorgesehen, auch wenn diese bei bestimmten Gegenständen durchaus wünschenswert oder praktikabel wäre. Das Gesetz geht davon aus, dass der Nachlass bei mehreren Erben unter den Miterben auseinandergesetzt wird, indem die Vermögenswerte separiert und anschließend auf die Erben gleichmäßig entsprechend ihrer Erbquote übertragen werden (Realteilung). Ist dies nicht möglich bzw. können sich die Erben hierbei nicht einigen, kommt es zur Liquidierung des Nachlasses und anschließender Ausschüttung des Erlöses an die Miterben entsprechend ihrer Erbquote. Beabsichtigte der Erblasser hingegen, dass der Nachlass als Einheit oder zumindest Teile des Nachlasses als Einheit bestehen bleiben, kann er dies nur durch entsprechende letztwillige Verfügungen erreichen. Das Gesetz sieht solche Regelungen grds. nicht vor (Ausnahmen sind die Hoferbfolge in landwirtschaftliche Betriebe sowie die Nachfolge in Personengesellschaftsanteile). 287

Für die Vererbung geht das Gesetz von der Idee des Verwandtenerbrechts aus. Die innere Ordnung des Verwandtenerbrechts folgt wiederum dem Parentelsystem (Ordnungssystem), dem Stammessystem und teilweise dem Gradualsystem. 288

a) Parentelsystem

Das BGB bestimmt die Erben nach dem Parentelsystem. Das Gesetz verwendet statt „Parentel“ synonym den Begriff der „Ordnungen.“ Die Verwandten werden hierdurch zu Gruppen zusammengefasst, die als Parentele bezeichnet werden. Die Einteilung der Erbberechtigten in einzelne Ordnungen erfolgt unabhängig vom Grad ihrer Verwandtschaft, stattdessen folgt es einem eigenen System. Das aus dem Familienrecht bekannte Gradualsystem des § 1589 Satz 3 BGB ist daher für das Ordnungssystem im Erbrecht nicht ausschlaggebend. Erst ab der vierten Ordnung kommt das Prinzip zum Einsatz, dass sich die Erbfolge nach dem Grad der Verwandtschaft richtet (§§ 1928, 1929 BGB). Das Erbrecht folgt beim Parentelsystem einer eigenen Systematik, die rechtshistorisch auf Justitian zurückgeht.[225] Der Begriff leitet sich ab von parentes (lat.: Eltern) ab und bringt zum Ausdruck, dass der jeweilige Elternteil mit sei- 289

225 Lange/Kuchinke, Erbrecht, § 10 IV, Fn. 57.

nen Abkömmlingen zusammengefasst wird.[226] Das heißt, zu jeder Parentel gehören alle von denselben Vorfahren (Parentes) abstammenden Verwandten sämtlicher Generationen einschließlich dieses Vorfahrens selbst.[227]

ABB. 2: Parentelsystem

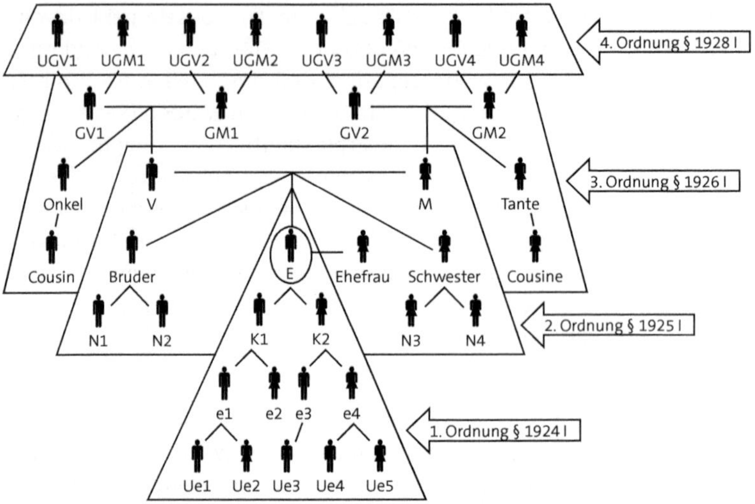

290 Im Parentelsystem werden so nach oben aufsteigend der Erblasser, seine Eltern, seine Großeltern, seine Urgroßeltern und die weiteren Voreltern mit jeweils ihren Abkömmlingen zu einer selbständigen Gruppe zusammengefasst.[228]

291 Die erste Parentel geht jedoch vom Erblasser selbst aus und geht nach unten absteigend weiter zu dessen Abkömmlingen (§ 1924 Abs. 1 BGB), nämlich den Kindern, Enkeln, Urenkeln usw. Diese entstammen zwar unterschiedlichen Generationen, gehören jedoch alle der ersten Ordnung an.

292 Die zweite Ordnung, die vom Erblasser aufsteigend nach oben geht, erfasst die Eltern des Erblassers und wird ergänzt durch die Abkömmlinge der Eltern, also die Geschwister des Erblassers, Neffen, Nichten usw.

226 Lange, Erbrecht, § 21, Rz. 29.

227 Nachfolgendes Schaubild aus Brox/Walker, Erbrecht, § 4, Rz. 6.

228 Lange/Kuchinke, Erbrecht, § 10 IV 1a.

Zur dritten Ordnung gehören die Großeltern des Erblassers sowie deren Abkömmlinge, also die Onkel, Tanten, Cousins, Cousinen, Groß-Cousins usw. Vierte Ordnung sind die Urgroßeltern und fünfte Ordnung sind die Ur-Urgroßeltern – jeweils samt Abkömmlingen.[229] 293

ABB. 3: Übersicht der Parentel-Ordnung

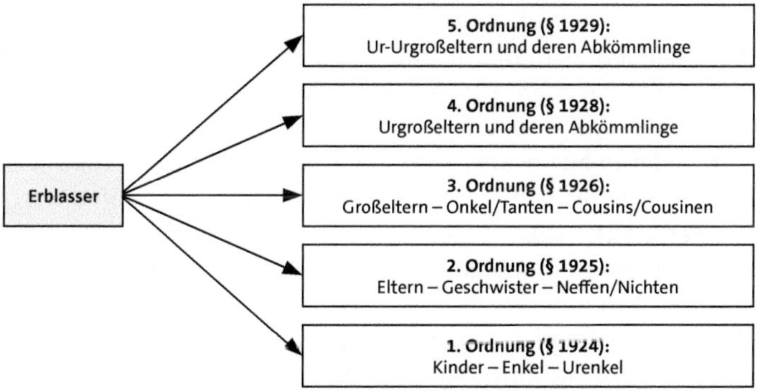

Übergeordnetes Prinzip ist nach § 1930 BGB, dass ein Verwandter einer ferneren Ordnung nicht zur Erbfolge gelangt, solange ein Verwandter einer niedrigeren Ordnung vorhanden ist. Hinterlässt der Erblasser also bspw. Personen, die zur ersten Ordnung gehören (etwa Kinder oder Enkelkinder), schließt dies alle Erben der zweiten Ordnung aus (etwa Eltern oder Geschwister). 294

Mit diesem Prinzip bringt der Gesetzgeber seine Vorstellung zum Ausdruck, dass die Abkömmlinge des Erblassers erbrechtlichen Vorrang genießen. Hierin drückt sich wiederum die Fürsorge gegenüber der jüngeren Generation aus, der die wirtschaftliche Unabhängigkeit erleichtert werden soll.[230] Das vom Erblasser geschaffene Lebenswerk und Vermögen soll nach der Grundidee des Gesetzes an die Nachkommen vererbt werden. Die Eltern des Erblassers, die zur zweiten Ordnung gehören, stehen dem Erblasser sicherlich auch persönlich nahe. Diese sind jedoch regelmäßig wirtschaftlich nicht im selben Maße auf eine Erbschaft angewiesen und könnten aufgrund ihres höheren Alters die Erbschaft auch nicht mehr so lange nutzen wie die jüngere Generation. Mit dem Übergang auf eine Person aus der ersten Ordnung wird das Vermögen darüber hinaus direkt auf jüngere Generationen übertragen und somit die 295

229 Schaubild aus Lange, Erbrecht, § 21, Rz. 30.

230 Lange/Kuchinke, Erbrecht, § 10 III 3a.

Zahl der Erbgänge reduziert: Das Erbe wechselt also nicht zu häufig seinen „Besitzer", was auch erbschaftsteuerlich sinnvoll ist.

b) Stammessystem

296 Neben dem beschriebenen Parentelsystem sind nun weitere Regelungen und Prinzipien nötig, um aus dem Kreis mehrerer Personen aus den Parentelen die tatsächlichen Erben zu bestimmen. In den Ordnungen können eine Vielzahl an Personen vorhanden sein, die in unterschiedlicher Weise mit dem Erblasser verwandt sind und die unterschiedlichen Generationen angehören können. Daher tritt neben das Parentelsystem zusätzlich das Prinzip der Stämme.[231] Eine Person bildet in abwärtiger Richtung mit ihren Kindern, Enkeln, Urenkeln usw. (Abkömmlingen) einen Stamm (§ 1924 Abs. 3 BGB). Die an oberster Stelle befindliche Person kann man auch als Stammesmutter oder Stammesvater bezeichnen. Die Personen innerhalb der Stämme bilden wiederum in abwärtiger Richtung einen Unterstamm. Gemäß § 1924 Abs. 4 BGB erhält jeder Stamm innerhalb einer Ordnung denselben Teil, d. h. sämtliche Kinder eines Erblassers (Stammesvater bzw. Stammesmutter) sind zu gleichen Teilen Erben. Dies bedeutet, dass die Erbschaft auf die Anzahl der Stämme verteilt wird.[232]

ABB. 4: Prinzip der Stämme

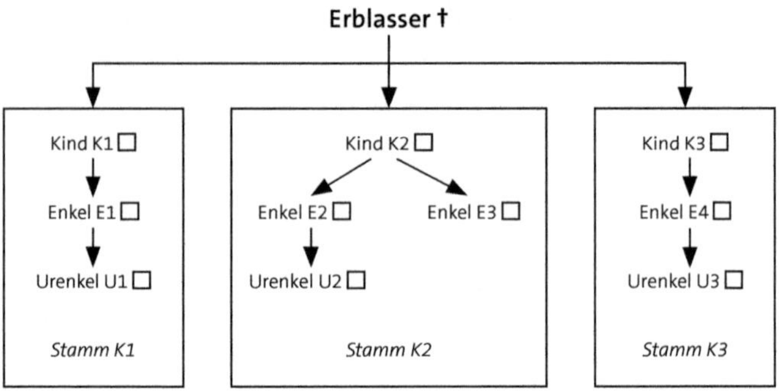

c) Repräsentationssystem und Eintrittsrecht

297 Als weitere Ergänzung sorgt das Repräsentationssystem dafür, dass bei Personen aus unterschiedlichen Generationen innerhalb eines Stammes nur die

231 Je nach Perspektive wird hierbei von Stamm oder von Linie gesprochen.

232 Schaubild aus Lange, Erbrecht, § 21, Rz. 36.

an oberster Stelle stehende Person Erbe wird. Dieser an oberster Stelle stehende – noch lebende – Stammesvater bzw. die Stammesmutter repräsentiert also den gesamten Stamm, der in abwärtiger Richtung folgt. Dieses Prinzip ist in § 1924 Abs. 2 BGB statuiert, wonach ein zur Zeit des Erbfalls lebender Abkömmling die durch ihn mit dem Erblasser verwandten Abkömmlinge von der Erbfolge ausschließt.

Im nachfolgenden Abs. 3 des § 1924 BGB ist ein weiteres Prinzip enthalten, nämlich das Eintrittsrecht: Sollte ein Abkömmling des Erblassers vorverstorben sein, treten die durch ihn mit dem Erblasser verwandten Abkömmlinge an seine Stelle.[233] 298

ABB. 5: Prinzip des Eintrittsrechts

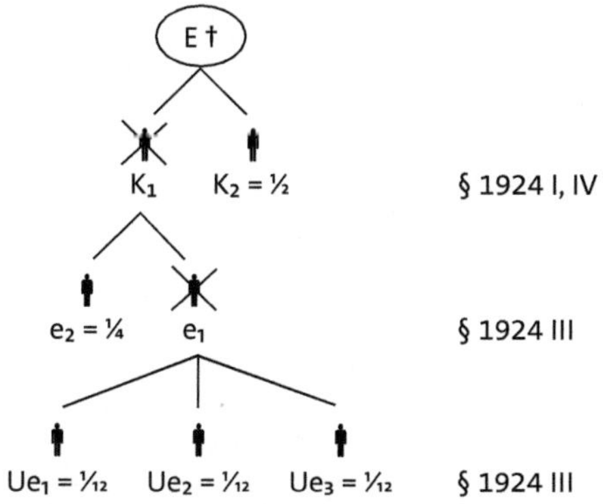

Obwohl der Wortlaut des § 1924 Abs. 3 BGB ausdrücklich nur den Fall regelt, dass ein Abkömmling vorverstorben ist, gilt die Regelung auch für den Fall der Enterbung, der Erbausschlagung (§ 1953 Abs. 2 BGB) oder der Erbunwürdigkeit (§ 2344 Abs. 2 BGB); diese Fälle werden dem Vorversterben rechtlich gleichgestellt.[234] 299

Das Eintrittsrecht besteht nur ausnahmsweise dann nicht, wenn ein Stammelternteil einen Erbverzichtsvertrag mit dem Erblasser geschlossen hatte. Denn nach § 2349 BGB wirkt ein solcher Verzicht auch zulasten der Abkömmlinge des Verzichtenden – es sei denn, im Verzichtsvertrag wurde etwas anderes bestimmt. 300

233 Nachfolgendes Schaubild aus Brox/Walker, Erbrecht, § 4, Rz. 10.

234 Statt aller nur Leipold in MüKo-BGB, § 1924, Rz. 37.

BEISPIEL: Erblasser E hat drei Kinder A, B und C. C ist vorverstorben und hinterlässt zwei Töchter D und E, wobei E wiederum vorverstorben ist und die Kinder F und G hinterlässt, wobei F wiederum schwer geistig behindert ist und in einem Pflegeheim wohnt. G ist noch minderjährig.

B, der eine volljährige Tochter H hat, schlägt die Erbschaft aus.

1. Wie ist die Erbfolge?
2. Welche Probleme sehen Sie und wozu hätten Sie geraten?

LÖSUNG:

1. Hier teilt sich die Erbschaft gleichmäßig zu je 1/3 auf die drei Stämme A, B und C auf.

   A wird Erbe zu 1/3.

   B schlägt die Erbschaft aus, so dass an ihre Stelle die Tochter H tritt.

   C ist vorverstorben, so dass an ihre Stelle ihre beiden Kinder D und E treten. D erbt also 1/6.

   Da E ebenfalls vorverstorben ist, treten ihre Kinder F und G an ihre Stelle mit je 1/12.

   Die Erbfolge sieht insgesamt also wie folgt aus:

   A: 1/3,

   H: 1/3,

   D: 1/6,

   F und G: je 1/12.

2. Obiges Beispiel zeigt, dass das Eintrittsrecht Personen aus unterschiedlichen Familien und zudem aus unterschiedlichen Generationen in einer Erbengemeinschaft zusammenführen kann. Dies kann in der Praxis zu Problemen führen. Unterschiedliche Wertvorstellungen, wirtschaftliche und soziale Unterschiede sowie die erheblichen Altersunterschiede zwischen den Generationen können hier einer harmonischen Abwicklung der Erbengemeinschaft entgegenstehen. Erschwerend kommt im obigen Fall hinzu, dass Erbe G minderjährig ist, so dass hier gesetzliche Vertreter (anderer Elternteil bzw. Vormund) in der Erbengemeinschaft agieren. Für den geschäftsunfähigen Erben F wird ein vom Gericht bestellter Betreuer die Interessen innerhalb der Erbengemeinschaft vertreten.

301 *(Einstweilen frei)*

302 Es empfiehlt sich daher, als Erblasser selbst entsprechende Ersatzerben zu bestimmen, um die beschriebene gesetzliche (Ersatz-)Erbfolge zu vermeiden. Zu bedenken ist aber, dass eine solche vom Gesetz abweichende Ersatzerbenbestimmung eine Enterbung der eintrittsberechtigten Kindeskinder darstellt, die Pflichtteilsansprüche auslöst. Dieses Risiko kann wiederum dadurch verringert werden, dass zugunsten der pflichtteilsberechtigten Kindeskinder ent-

sprechende Vermächtnisse angeordnet werden.[235] So sind die Kindeskinder zwar wirtschaftlich am Nachlass beteiligt, werden jedoch nicht Mitglied der Erbengemeinschaft. Die Vermächtnisse sollten wertmäßig den Pflichtteilsanspruch (leicht) übersteigen. Ansonsten ist die nach § 2307 Abs. 1 BGB mögliche Ausschlagung des Vermächtnisses und Geltendmachung des Pflichtteilsanspruchs wahrscheinlich.

4. Erben erster Ordnung

Erben der ersten Ordnung sind die Abkömmlinge des Erblassers (§ 1924 Abs. 1 303
BGB). Zu den Abkömmlingen gehören die Kinder sowie deren Kinder und Kindeskinder – also die Kinder, Enkel, Urenkel usw.

Bereits seit dem 1.4.1998 gibt es keine rechtlichen Unterschiede mehr zwi- 304
schen nichtehelichen und ehelichen Abkömmlingen, vielmehr sind die nichtehelichen den ehelichen gleichgestellt.

Lebt zur Zeit des Erbfalls ein Abkömmling, schließt er die durch ihn mit dem 305
Erblasser verwandten Abkömmlinge von der Erbfolge aus (§ 1924 Abs. 2 BGB). An die Stelle eines zur Zeit des Erbfalls nicht mehr lebenden Abkömmlings treten die durch ihn mit dem Erblasser (ferner) verwandten Abkömmlinge (§ 1924 Abs. 3 BGB). Für diese ferneren Abkömmlinge kommt dann das Stammesprinzip zur Geltung, d. h. das auf den vorverstorbenen Abkömmling entfallende Erbe verteilt sich gleichmäßig auf dessen Abkömmlinge. Handelt es sich hierbei um mehrere Personen, teilt sich der Erbteil des vorverstorbenen[236] Abkömmlings gleichmäßig auf diese Personen auf. Auf jedes Kind des Erblassers entfällt ein gleich großer Anteil. Ist ein Kind vorverstorben, tritt dessen Stamm an seine Stelle. Im Ergebnis erbt also jeder Stamm zu gleichen Teilen, unabhängig, aus wie vielen Personen er besteht.

BEISPIEL: Erblasser E hatte vier Kinder A, B, C und D. Die Kinder A und B sind vorverstorben. A hinterlässt zwei Enkelkinder. B hinterlässt drei Enkelkinder, wobei ein Enkelkind wiederum vorverstorben ist und zwei Urenkelkinder hinterlässt.

LÖSUNG: Die Erbschaft des E verteilt sich auf die vier Kinder A B C und D zu je 1/4.

Das auf den vorverstorbenen A entfallende 1/4 geht innerhalb seines Stammes zu gleichen Teilen an dessen zwei Kinder (d. h. die Enkelkinder des E), so dass jedes Enkelkind 1/8 erhält.

---

235 Hierzu Dubischar, DNotZ 1989 S. 132, 139 ff.

236 Dasselbe gilt für den Fall der Erbausschlagung (§ 1953 Abs. 2 BGB) oder der Erbunwürdigkeit (§ 2344 Abs. 2 BGB).

Das auf den vorverstorbenen B entfallende 1/4 geht innerhalb seines Stammes zu gleichen Teilen an dessen drei Kinder (d. h. die Enkelkinder des E), so dass jedes Enkelkind 1/12 erhält.

Das auf das bereits vorverstorbene Enkelkind entfallende 1/12 geht innerhalb seines Unterstammes zu gleichen Teilen an dessen zwei Kinder (d. h. die Urenkelkinder des E), so dass jedes Urenkelkind 1/24 erhält.

5. Erben zweiter Ordnung

306 Erben der zweiten Ordnung sind die Eltern und deren Abkömmlinge, d. h. die Geschwister, Neffen und Nichten des Erblassers (§ 1925 Abs. 1 BGB). Erben zweiter Ordnung gelangen aber nur dann zur Erbschaft, wenn nicht Personen der ersten Ordnung zur Erbschaft gelangen. Leben beide Elternteile zum Zeitpunkt des Erbfalls, erben sie allein und zu gleichen Teilen (§ 1925 Abs. 2 BGB).

307 Für den Fall, dass ein Elternteil vorverstorben ist oder auf sonstige Weise nicht zur Erbschaft gelangt, wird nicht etwa der andere Elternteil allein Erbe. Vielmehr treten die Abkömmlinge des vorverstorbenen Elternteils in absteigender Linie an dessen Stelle. Hierbei finden die für die Beerbung in der ersten Ordnung geltenden Vorschriften des § 1124 Abs. 2–4 BGB Anwendung. Dies bedeutet, dass mehrere Kinder des vorverstorbenen Elternteils zu gleichen Teilen innerhalb dieses Stammes erben. Ein näher verwandter Abkömmling repräsentiert hierbei die durch ihn mit den Eltern des Erblassers verwandten Abkömmlinge. Bei Vorhandensein näher verwandter Abkömmlinge, sind die entfernter verwandten Abkömmlinge von der Erbschaft ausgeschlossen. Ist ein Elternteil hingegen vorverstorben, ohne Abkömmlinge zu hinterlassen, gelangt der überlebende Elternteil allein zur Erbschaft (§ 1925 Abs. 3 Satz 2 BGB). Voll- oder Halbgeschwister und deren Abkömmlinge sind in gleicher Weise berechtigt wie Vollgeschwister – allerdings nur in der Linie des mit ihnen verwandten Elternteils.

308 Halbbürtige Geschwister erben nur in der Linie desjenigen Elternteils, den sie mit dem Erblasser gemeinsam haben, während vollgebürtige Geschwister in beiden Linien erben.

BEISPIEL 1: Erblasserin E verstirbt, ohne Kinder zu hinterlassen. Von ihren Eltern lebt noch die Mutter, der Vater ist vorverstorben. Ferner hatte E einen Bruder und eine Schwester, wobei die Schwester vorverstorben ist und zwei Söhne hinterlässt (Neffen der E).

In diesem Fall verteilt sich das Erbe zu je 1/2 auf die beiden Elternteile. Die Mutter wird somit Erbe zu 1/2.

Die auf den vorverstorbenen Vater entfallende Hälfte geht in absteigender Linie an dessen Abkömmlinge, also an Bruder und Schwester der E zu je 1/4.

Das auf die vorverstorbene Schwester entfallende 1/4 geht in absteigender Linie an deren beide Abkömmlinge, d. h. jeder Neffe erbt je 1/8.

Endergebnis:

Mutter erbt 1/2,

Bruder erbt 1/4,

Neffe 1 erbt 1/8,

Neffe 2 erbt 1/8.

BEISPIEL 2: Erblasser E verstirbt, wobei seine beiden Elternteile bereits vorverstorben sind. E hinterlässt zwei vollbürtige Brüder und einen Halbbruder. Der Halbbruder ist mit E durch den Vater verwandt.

In diesem Fall verteilt sich das Erbe des T je hälftig auf Vater und Mutter.

Der auf die bereits vorverstorbene **Mutter** entfallende hälftige Anteil geht in absteigender Linie auf deren Abkömmlinge über, also die beiden vollbürtigen Brüder des E zu gleichen Teilen. Jeder vollbürtige Bruder erbt somit 1/4 aus der Linie der Mutter.

Der auf den bereits vorverstorbenen **Vater** entfallende hälftige Anteil geht in absteigender Linie auf dessen Abkömmlinge über, also die beiden vollbürtigen Brüder des E sowie den einen halbbürtigen Bruder zu gleichen Teilen. Der Erbteil Vaters von 1/2 verteilt sich somit gleichmäßig auf die zwei vollwertigen Brüder sowie den einen halbbürtigen Bruder, was je einem 1/6 entspricht.

Alle drei Brüder erben somit 1/6 aus der Linie des Vaters.

Endergebnis:

Beide Linien addiert, ergeben somit folgende Erbquoten:

Jeder vollbürtige Bruder erbt 1/4 + 1/6 = 3/12 + 2/12= 5/12.

Der Halbbruder erbt 1/6 = 2/12.

Verprobung:

5/12 + 5/12 + 2/12 = 12/12

6. Erben dritter Ordnung

Erben dritter Ordnung sind die Großeltern des Erblassers und deren Abkömmlinge (§ 1926 Abs. 1 BGB). Erben dritter Ordnung kommen jedoch nur dann zum Zug, wenn weder Erben der ersten noch der zweiten Ordnung vorhanden sind. Zu den in § 1926 Abs. 1 BGB genannten Abkömmlingen der Großeltern zählen auch die Eltern des Erblassers, die jedoch der zweiten Ordnung angehören. 309

Somit ist § 1926 Abs. 1 BGB richtigerweise wie folgt zu lesen: Erben dritter Ordnung sind die Großeltern des Erblassers und deren Abkömmlinge, soweit diese nicht bereits nach einer anderen Ordnung erben. Die Vorschrift erfasst also zum einen die Großeltern des Erblassers und zum anderen ersatzweise Onkel, Tanten, Cousins und Cousinen sowie deren Abkömmlinge – nicht je- 310 doch die direkten Abkömmlinge der Großeltern, da diese als **Eltern** des Erblassers der zweiten Ordnung angehören. Wenn sämtliche (vier) Großelternteile leben, so erben sie zu gleichen Teilen (§ 1926 Abs. 2 BGB). Ist ein Großelternteil vorverstorben, treten dessen Abkömmlinge einschließlich halbbürtiger Abkömmlinge an dessen Stelle. Bei Vorhandensein mehrerer Abkömmlinge treten diese wiederum nach dem Stammesprinzip an die Stelle vorverstorbener Eltern oder Voreltern (§ 1926 Abs. 3 Satz 1 i. V. mit Abs. 5 BGB). Sind keine Abkömmlinge vorhanden, so fällt der Anteil des Verstorbenen dem anderen Teil des Großelternpaars und – wenn dieser nicht mehr lebt – dessen Abkömmlingen zu. Nur wenn von dem Großelternpaar beide vorverstorben sind und auch keine Abkömmlinge vorhanden sind, erben die anderen Großeltern oder ihre Abkömmlinge allein (§ 1926 Abs. 4 BGB).

BEISPIEL (NACH OLG DÜSSELDORF, ZEV 2011 S. 77):[237] Der verstorbene Erblasser E war unverheiratet und hatte keine Kinder.

Seine Eltern sowie seine Großeltern väterlicherseits und mütterlicherseits waren schon vorher verstorben. Die Großeltern mütterlicherseits hatten eine gemeinsame Tochter (Mutter des E). Die Großmutter mütterlicherseits hatte aus zweiter Ehe einen Sohn (Halbbruder der Mutter und Onkel des E = B 1). Die Großeltern väterlicherseits hatten drei gemeinsame Kinder, nämlich den Vater des E, eine ohne Abkömmlinge vorverstorbene Tochter sowie B 2.

B1 ist der Auffassung, dass E durch B1 und B2 je hälftig beerbt wurde.

B2 ist der Auffassung, dass sie E zu 3/4 und B1 den E zu 1/4 beerbt habe. Denn B 1 entstamme der zweiten Ehe der Großmutter (mütterlicherseits) und deshalb sei beim Erbfall der Großvater (mütterlicherseits), der nicht der leibliche Vater des B 1 sei, ohne Abkömmlinge vorverstorben. Dies habe zur Folge, dass sein Erbteil (1/4 des Gesamtnachlasses) auf das Großelternpaar väterlicherseits übergehe. Somit erhalte B2 3/4 des Gesamtnachlasses und B1 lediglich 1/4.

WER HAT RECHT? Für die Lösung dieses Falls ist das genaue Verständnis von § 1926 Abs. 3 und 4 BGB von entscheidender Bedeutung. Lebt zur Zeit des Erbfalls von einem Großelternpaar der Großvater oder die Großmutter nicht mehr, so treten an die Stelle des Verstorbenen dessen Abkömmlinge (§ 1926 Abs. 3 Satz 1 BGB). Im vorliegenden Fall waren beim Tod des E sowohl die Eltern als auch die beiden Großelternpaare des E vorverstorben. Die Hälfte der Erbschaft, die auf das Großelternpaar väterlicherseits entfiel, geht somit auf B2 über gem. § 1926 Abs. 3 Satz 1 BGB. Somit erbt B2 1/2.

Ein Abkömmling des vorverstorbenen Großvaters mütterlicherseits existierte nicht. Deshalb fiel dieser Erbteil von 1/4 an den anderen Teil dieses Großelternpaares – also die Großmutter mütterlicherseits. Da auch diese beim Tod des E vorverstorben ist, geht deren Anteil an ihren Abkömmling – hier also B1. Somit erbt B1 1/2.

237 Hierzu auch Lange, Erbrecht, § 21, Rz. 48.

Fraglich ist, ob B2 unter Bezugnahme auf § 1926 Abs. 4 BGB ein weiteres 1/4 der Erbquote für sich beanspruchen kann, da der Großvater mütterlicherseits ohne Abkömmlinge vorverstorben ist. Der Anteil eines vorverstorbenen Großelternteils geht jedoch auf den anderen Teil des Großelternpaares über. Da auch dieser (nämlich die Großmutter mütterlicherseits) vorverstorben ist, geht aufgrund des Eintrittsrechts dieser Teil auf den Abkömmling B1 über. Dass es sich hierbei lediglich um den Abkömmling der Großmutter mütterlicherseits handelt und nicht auch des (zuerst) vorverstorbenen Großvaters mütterlicherseits (und somit dem anderen Teil dieses Großelternpaares), ist unerheblich. Vielmehr käme § 1926 Abs. 4 BGB nur dann zugunsten der B2 zur Anwendung, wenn das Großelternpaar mütterlicherseits vorverstorben wäre, **ohne** seinerseits Abkömmlinge zu hinterlassen, wobei entscheidend ist, dass damit **nicht nur gemeinsame** Abkömmlinge gemeint sind. Nachdem der Großvater mütterlicherseits ohne Hinterlassung (lebender) Abkömmlinge vorverstorben ist, gelangte dessen 1/4-Anteil an die Großmutter mütterlicherseits gem. § 1926 Abs. 3 Satz 2 BGB (addiert mit ihrem 1/4, erhält sie somit 1/2). Und da die Großmutter mütterlicherseits beim Tod des E vorverstorben ist, geht deren 1/2 an ihren Abkömmling B1, der gem. § 1926 Abs. 3 Satz 2 BGB an ihre Stelle tritt.

FAZIT: Ist auch nur ein Abkömmling eines Großelternteils vorhanden – auch wenn es kein gemeinsamer Abkömmling dieses Großelternpaares ist –, findet kein Übergang der Erbteilsquote auf das andere Großelternpaar (bzw. deren Abkömmlinge) statt.[238]

B1 und B2 werden Erben zu je 1/2.

7. Vierte und entferntere Ordnung

Die Urgroßeltern des Erblassers und deren Abkömmlinge – soweit sie nicht Erben einer der vorhergehenden Ordnungen sind – bilden die Erben der vierten Ordnung (1928 Abs. 1 BGB). 311

Noch lebende Urgroßeltern erben allein und zu gleichen Teilen. Wenn noch sämtliche Urgroßeltern leben, beträgt die Erbquote also je 1/8. 312

Die Abkömmlinge der Urgroßeltern bleiben so lange von der Erbschaft ausgeschlossen, wie noch zumindest ein Urgroßelternteil den Erbfall erlebt (§ 1928 Abs. 2 BGB). An die Stelle eines vorverstorbenen Urgroßelternteils treten nicht dessen Abkömmlinge, sondern die Erbquote der lebenden Urgroßelternteile erhöht sich anteilig (§ 1928 Abs. 2 BGB). Es erfolgt also keine Aufteilung nach Linien, und es gibt hier kein Eintrittsrecht nach Stämmen. Vielmehr erhöht sich die Erbquote der lebenden Urgroßelternteile – und zwar unabhängig von der Zugehörigkeit des vorverstorbenen Urgroßelternteils zum eigenen oder zu einem anderen Stamm. Lebt bspw. von sämtlichen Urgroßeltern nur noch ein Teil, so wird dieser Alleinerbe. 313

238 Zum Ganzen eingehend Lange, Erbrecht, § 21, Rz. 48.

314 Erst wenn **sämtliche** Urgroßelternteile vorverstorben sind, erben die mit dem Erblasser am nächsten verwandten Abkömmlinge der Urgroßeltern. Anstelle eines vorverstorbenen Urgroßelternteils treten jedoch nicht dessen Abkömmlinge in abwärtiger Richtung nach Stämmen. Stattdessen gilt das Gradualsystem des § 1928 Abs. 3 BGB, das die Aufteilung nach Stämmen und das Eintrittsrecht verdrängt.

315 Von den Abkömmlingen der Urgroßeltern erbt derjenige, welcher mit dem Erblasser dem Grade nach am nächsten verwandt ist. Nach § 1589 Satz 3 BGB ist für den Grad der Verwandtschaft die Zahl der vermittelnden Geburten maßgeblich. Gleich nahe Verwandte erben zu gleichen Teilen (§ 1928 Abs. 3 BGB).

316 Lebt bspw. auch nur eine Tochter eines Urgroßelternteils, schließt diese sämtliche Enkel auch anderer Urgroßelternteile von der Erbschaft aus. Denn die Tochter von Urgroßeltern ist mit dem Erblasser gegenüber Enkeln der Urgroßeltern näher verwandt.

317 Für entferntere Ordnungen gelten diese Vorgaben analog (§ 1929 Abs. 2 BGB).

8. Mehrfache Verwandtschaft

318 Aufgrund des Stammeserbrechts in den ersten drei Ordnungen kann es zu mehrfacher Verwandtschaft mit dem Erblasser kommen. Wenn der Erbe mehreren Stämmen angehört, bestimmt § 1927 BGB ausdrücklich eine Kumulation der auf die verschiedenen Stammeszugehörigkeiten entfallenden Erbteile. Die mehrfach mit dem Erblasser Verwandten bekommen also die Erbteile aus jeder dieser Verwandtschaften.[239]

319 Der Erbe kann die Rechte wie zwei verschiedene Erben geltend machen. So kann der Erbe jeden Anteil gesondert annehmen oder ausschlagen (§ 1951 Abs. 1 BGB) und gesondert darüber verfügen (§ 2033 BGB). Die Haftung des Erben für Nachlassverbindlichkeiten ist für jeden Erbteil selbständig zu beurteilen (§ 2007 BGB). Vermächtnisse, Auflagen und Ausgleichungspflichten können sich auf nur einzelne Erbteile beziehen.

320 Für die Berechnung der Pflichtteilsquote wird überwiegend von der gesamten gesetzlichen Erbquote ausgegangen, egal aus welcher Verwandtenstellung diese resultiert. Dies wird damit begründet, dass ansonsten bei Beurteilung des § 2305 BGB (wenn dem mehrfach Verwandten ein unter dem gesetzlichen Erbrecht liegender Erbteil hinterlassen ist) sich nicht sagen lässt, ob er diesen als Angehöriger des einen oder des anderen Stammes erhält. Ist jemand aber

239 Hierzu OLG Frankfurt a. M., ZEV 2022 S. 212.

nur als Angehöriger des einen Stammes enterbt, so kommt ihm als Mitglied des anderen Stammes diese Enterbung mit zugute. Daher sei die Zubilligung eines allein am gesetzlichen Erbrecht des enterbten Stammes orientierten Pflichtteilsrechts ungerechtfertigt.[240]

Die Zugehörigkeit zu mehreren Stämmen kann daraus resultieren, dass der Erbe einer Ehe zwischen Verwandten entstammt, was zu einer Verwandtschaft über beide Stammeseltern mit dem Erblasser führt. So beerbt das Kind aus einer Ehe zwischen Cousin und Cousine das Urgroßelternpaar in der väterlichen wie in der mütterlichen Linie in erster Ordnung.[241] 321

Den Fall, dass der überlebende Ehegatte zugleich zu den erbberechtigten Verwandten zählt, regelt der inhaltsentsprechende § 1934 BGB. 322

Auch die Adoption eines Verwandten kann mehrfache Verwandtschaftsbeziehungen begründen. Bei der Erwachsenenadoption bleiben die bisherigen Verwandtschaftsbeziehungen des Adoptierten bestehen (§ 1770 BGB). Dasselbe gilt bei der Adoption eines im zweiten oder dritten Grad mit dem Adoptierenden verwandten Kindes (§ 1756 Abs. 1 BGB). Adoptiert etwa der Großvater väterlicherseits seinen eigenen Enkel, so erbt der Enkel in der ersten Ordnung aufgrund der Adoption und kumulativ (wenn der leibliche Vater des Adoptierten vorverstorben ist) im Wege des Eintrittsrechts nach § 1924 Abs. 3 BGB an Stelle des vorverstorbenen leiblichen Vaters. Und schließlich kann ein mehrfaches Erbrecht bei der Adoption durch Onkel und Tante entstehen. 323

9. Erbrecht des Ehegatten

a) Allgemeines

Der Ehegatte, der im Todeszeitpunkt mit dem Erblasser verheiratet war, hat ein gesetzliches Erbrecht, wenn gegen ihn keine besonderen Ausschlussgründe vorliegen. Das Ehegattenerbrecht basiert auf der Idee der Versorgung des überlebenden Ehegatten sowie der engen persönlichen und wirtschaftlichen Verbundenheit der Eheleute. Da der Ehegatte nicht zu den Verwandten des Erblassers zählt, erfährt das Ehegattenerbrecht im BGB eine eigene Regelung. 324

Das in Ordnungen aufgeteilte Verwandtenerbrecht wird durch das danebenstehende Ehegattenerbrecht ergänzt. 325

240 So Leipold in MüKo-BGB, § 1927, Rz. 4; Tegelkamp in BeckOGK-BGB, § 1927, Rz. 7; a. A. Kregel in RGRK-BGB, § 1927, Rz. 3; Lieder in Erman, § 1927, Rz. 3.

241 Müller-Christmann in BeckOK-BGB, § 1927, Rz. 2.

326 Das Erbrecht des Ehegatten wird entscheidend dadurch beeinflusst, ob und welche Verwandten des Erblassers vorhanden sind und insbesondere welchen Ordnungen diese Verwandten angehören. Ferner ist von Bedeutung, in welchem Güterstand die Eheleute im Todeszeitpunkt gelebt haben. Der Erbteil des Ehegatten hängt davon ab, welche Verwandten neben ihm als gesetzliche Erben berufen sind.

327 Der Gesetzgeber hat der Ehe wegen der engen persönlichen Beziehung der Eheleute den Vorrang vor der Verwandtschaft eingeräumt. Je entfernter die Verwandtschaft der übrigen Erben ist, desto größer der Erbteil des Ehegatten:

- Neben Verwandten der ersten Ordnung beträgt die Erbquote des Ehegatten 1/4 (§ 1931 Abs. 1 Satz 1 Variante 1 BGB).
- Neben Verwandten der zweiten Ordnung beträgt die Erbquote des Ehegatten 1/2 (§ 1931 Abs. 1 Satz 1 Variante 2 BGB).
- Neben Großeltern des Erblassers beträgt die Erbquote des Ehegatten 1/2, wobei sich diese Erbquote beim Vorversterben einzelner Großelternteile erhöhen kann.
- Neben Verwandten der vierten und ferneren Ordnung erbt der Ehegatte allein (§ 1931 Abs. 2 BGB).

BEISPIEL: Der Erblasser hinterlässt seine Ehefrau und

- 1 Kind,
- 2 Kinder,
- 3 Kinder.

Wer erbt wieviel bei einer

- Zugewinngemeinschaft?
- Gütertrennung?

LÖSUNG: Bei einer Zugewinngemeinschaft

erbt die Frau 1/4 (§ 1931 Abs. 1 BGB) + 1/4 (§§ 1931 Abs. 3, 1371 Abs. 1 BGB) = 1/2.

Die andere Hälfte verteilt sich zu gleichen Teilen auf die Kinder:

- 1 Kind: 1/2;
- 2 Kinder: je 1/4;
- 3 Kindern: je 1/6.

Bei einer Gütertrennung erbt die Frau bei

- 1 Kind 1/2 (§ 1931 Abs. 3 BGB) und das Kind 1/2;
- 2 Kindern 1/3 (§ 1931 Abs. 3 BGB) und jedes Kind 1/3;
- 3 Kindern 1/4 (§ 1931 Abs. 1 BGB) und jedes Kind 1/4.

328 Ist der Ehegatte zugleich ein erbberechtigter Verwandter des Erblassers, erhält er zusätzlich zu seinem Ehegattenerbteil auch den Verwandtenerbteil (§ 1934

Satz 1 BGB). Es handelt sich um gesondert zu beurteilende Erbteile gem. § 1934 Satz 2 BGB, die eigenständig angenommen, ausgeschlagen oder übertragen (§ 2033 BGB) werden können. So kann etwa der Verwandtenerbteil angenommen und der Ehegattenerbteil ausgeschlagen werden.

Ob es sich bei den Eheleuten um Mann und Frau oder um Personen des glei- 329
chen Geschlechts handelt, ist unerheblich. Mit dem am 1.10.2017 in Kraft getretenen „Gesetz zur Einführung des Rechts auf Eheschließung für Personen gleichen Geschlechts“[242] ist die „Ehe für Alle“ in § 1353 Abs. 1 Satz 1 BGB gesetzlich statuiert.

Zuvor war es seit dem 1.8.2001 möglich, eine gleichgeschlechtliche eingetra- 330
gene Lebenspartnerschaft zu begründen. Diese war in erbrechtlicher Hinsicht der Ehe gleichgestellt; eine erbschaftsteuerrechtliche Gleichstellung erfolgte schrittweise mit zeitlicher Verzögerung – in einem ersten Schritt mit Wirkung zum 1.1.2009 und schließlich vollständig mit Wirkung zum 14.12.2010.

Mit Ermöglichung der gleichgeschlechtlichen Ehe ab dem 1.10.2017 können 331
eingetragene Lebenspartnerschaften nicht mehr begründet werden. Zuvor begründete eingetragene Lebenspartnerschaften können seitdem in eine Ehe umgewandelt werden (§ 20a LPartG); sie können aber auch als solche weitergeführt werden. Für die eingetragenen Lebenspartnerschaften ergeben sich keine erbrechtlichen Besonderheiten, da diese der Ehe kraft Gesetzes gleichgestellt wurden. Für die gleichgeschlechtliche Ehe gelten erst recht keine Besonderheiten. Denn die „Ehe“ ist in § 1353 Abs. 1 Satz 1 BGB nunmehr explizit auch auf zwei Personen gleichen Geschlechts bezogen.

b) Die Ehe

Für das Eingreifen des Ehegattenerbrechts nach § 1931 BGB ist lediglich erfor- 332
derlich, dass zum Zeitpunkt des Todes des Erblassers ein überlebender Ehegatte vorhanden war.

Hingegen liegt eine Nichtehe vor, wenn zwei Deutsche in Deutschland die Ehe 333
nicht vor einem Standesbeamten (z. B. nur kirchlich) geschlossen haben.[243] Sie sind nicht miteinander verheiratet. Kinder aus dieser Verbindung sind nicht ehelich.

Nach allgemeinen erbrechtlichen Grundsätzen ist ein Erbe und somit auch ein 334
Ehegatte lediglich dann von der Erbschaft ausgeschlossen, wenn er die Erb-

242 BGBl 2017 I S. 2787.

243 Vgl. § 1310 Abs. 1 Satz 1 BGB.

schaft ausschlägt, für erbunwürdig erklärt wurde, einen Erbverzichtsvertrag abgeschlossen hat oder testamentarisch enterbt wurde.

335 Ob es sich um einen Ehegatten des Erblassers handelt, beurteilt sich nach den familienrechtlichen Regelungen zur Ehe. Hiernach kann eine Ehe beendet werden durch

- rechtskräftige Scheidung (§§ 1564 ff. BGB) oder
- durch eine Aufhebung (§§ 1313 ff. BGB).

336 Streitigkeiten über die wirtschaftliche Auseinandersetzung der Eheleute, über Unterhaltszahlungen, Sorgerecht usw. führen häufig zu langen Verfahrensdauern, in deren Verlauf es zum Tod eines Ehegatten kommen kann. Zudem werden heutzutage viele Ehen auch noch im hohen Alter der Eheleute geschieden, was die statistische Wahrscheinlichkeit von Todesfällen während des Scheidungsverfahrens erhöht.

337 Die Ehe ist erst beendet mit Ergehen des Scheidungsbeschlusses gem. § 1564 Satz 2 BGB oder mit Rechtskraft der Aufhebungsentscheidung gem. § 1313 Satz 2 BGB.

338 Eine **aufhebbare** Ehe liegt vor, wenn die Eheschließung unter einem der gravierenden Mängel leidet, die in § 1314 BGB aufgezählt sind. Auf Antrag kann die aufhebbare Ehe durch richterliche Entscheidung ex nunc aufgehoben werden (§ 1313 BGB). Die in der Ehe geborenen Kinder sind und bleiben ehelich, was sich aus der ex-nunc-Wirkung der Aufhebungsentscheidung ergibt. Entsprechendes gilt, wenn eine Ehe durch richterliche Entscheidung geschieden wird (§§ 1564 ff.)

339 Von diesen familienrechtlichen Grundsätzen weicht das Erbrecht jedoch ab. Die Wirkungen der Eheauflösung werden in erbrechtlicher Hinsicht nach vorne verlagert. § 1933 BGB schließt das Erbrecht des überlebenden Ehegatten bereits dann aus, wenn zum Todeszeitpunkt die Voraussetzungen für die Scheidung der Ehe gegeben waren und der Erblasser die Scheidung beantragt oder ihr zugestimmt hatte. Hiernach müssen also in materieller Hinsicht die Voraussetzungen der Ehescheidung gem. §§ 1565–1568 BGB erfüllt gewesen sein.

340 Der vom Ehegatten gestellte Scheidungsantrag muss also begründet gewesen sein und hätte im weiteren Verlauf zum Ergehen des Scheidungsurteils geführt. In formeller Hinsicht muss zusätzlich die Scheidung vom Erblasser beantragt worden sein oder er muss ihr zugestimmt haben.

BEISPIEL: Erblasser E ist verstorben. Er hinterlässt seine Tochter T und seine Ehefrau F. Vor dem Ableben des E hatte die Ehefrau die Scheidung beantragt. E wollte an der Ehe festhalten und ist während des Scheidungsverfahrens verstorben.

Wer erbt?

LÖSUNG: Das Gesetz verlangt, dass der Erblasser seinen Willen, sich aus der Ehe zu lösen, durch seinen Scheidungsantrag oder durch Zustimmung zur Scheidung geäußert hat. Hatte – wie hier – nur die überlebende Ehefrau den Scheidungsantrag gestellt, reicht dies nicht aus. Das gesetzliche Erbrecht der Ehefrau besteht somit fort. Erben werden somit Ehefrau und Tochter des E zu je 1/2.

Dasselbe gilt für den Fall, dass der Erblasser berechtigt war, die Aufhebung der Ehe zu beantragen und diesen Antrag bereits gestellt hatte. 341

Liegen diese Voraussetzungen vor, entfällt das Erbrecht des Ehegatten, auch wenn er zum Todeszeitpunkt noch mit dem Erblasser verheiratet war – und zwar unabhängig davon, ob der Entfall des Ehegattenerbrechts dem Willen des Erblassers entsprach oder nicht.[244] 342

BEISPIEL: Erblasser E hatte zu Lebzeiten einen Antrag auf Aufhebung der Ehe gestellt (wegen widerrechtlicher Drohung, § 1314 Abs. 2 Nr. 4 BGB). E stirbt noch vor Rechtskraft des Aufhebungsurteils. Sein Sohn meint, er sei gesetzlicher Alleinerbe seines Vaters geworden. Die Ehefrau hingegen hält das Urteil für falsch und bestreitet, dass es jemals eine widerrechtliche Bedrohung des E gegeben habe.

LÖSUNG: Ist streitig, ob die Voraussetzungen für eine Eheaufhebung vorliegen, muss dies in einem gewöhnlichen Zivilprozess geklärt werden. Die Beweislast für die Drohung und den Irrtum des Erblassers obliegt demjenigen, der sich darauf beruft – also dem Sohn. Erbringt er diesen Beweis, ist das Erbrecht der Frau nach § 1933 Satz 2 BGB ausgeschlossen.

Eine inhaltsähnliche Regelung sieht das BGB für den Fall vor, dass der Erblasser seinen Ehegatten per Testament als Erben eingesetzt hatte. § 2077 Abs. 1 BGB erklärt hiernach die letztwillige Verfügung, durch die der Erblasser seinen Ehegatten bedacht hat, für unwirksam. Allerdings kann hier gem. Abs. 3 die Wirksamkeit angenommen werden, wenn anzunehmen ist, dass der Erblasser die Verfügung auch für einen solchen Fall getroffen haben würde. Für das gemeinschaftliche Ehegattentestament regeln §§ 2268, 2077 BGB dasselbe. 343

Ob die materiellen Voraussetzungen für eine Ehescheidung im Todeszeitpunkt gegeben waren, ist vom Nachlassgericht im Erbscheinsverfahren bzw. vom Prozessgericht im Rahmen einer Erbschaftsklage zu beurteilen. Hiernach ist entscheidend, ob die Ehe gem. § 1565 BGB gescheitert war. Die Beweislast hierfür trägt im Erbschaftsprozess nach allgemeinen Grundsätzen derjenige, 344

244 Lange, Erbrecht, § 22, Rz. 57.

der sich im Prozess darauf beruft – dies wird regelmäßig eine Person sein, welcher der Wegfall des Ehegatten als Erben zugutekäme. Wenn deren Voraussetzungen vorliegen, kann auf die unwiderlegbare Vermutung des § 1566 BGB zurückgegriffen werden, wonach die Ehe gescheitert ist, wenn die Ehegatten seit einem Jahr getrennt gelebt haben und beide Ehegatten die Scheidung beantragt oder der Antragsgegner der Scheidung zugestimmt hatte. Bei einer solchen einverständlichen Scheidung muss also das Trennungsjahr eingehalten sein und der Scheidungsantrag von beiden Ehegatten gestellt worden sein oder alternativ die Zustimmung des Antragsgegners vorliegen. Hingegen ist nicht Voraussetzung, dass sich die Eheleute bereits über die Scheidungsfolgen geeinigt haben.

345 Beim streitigen Scheidungsverfahren nach § 1565 Abs. 1 BGB liegt lediglich ein einseitiger Scheidungsantrag eines Ehegatten vor. In diesem Fall muss bewiesen werden, dass die Ehe gescheitert ist. Hierfür wiederum ist Voraussetzung, dass das Trennungsjahr abgelaufen ist und dass die Lebensgemeinschaft der Ehegatten nicht bestanden hat und nicht mehr zu erwarten ist, dass die Ehegatten sie wiederherstellen. Ist das Trennungsjahr hingegen noch nicht abgelaufen, muss die Fortsetzung der Ehe eine unzumutbare Härte darstellen (§ 1565 Abs. 2 BGB).

346 In formeller Hinsicht muss der Erblasser vor seinem Tod entweder den Scheidungsantrag gestellt haben oder dem Scheidungsantrag des anderen Ehegatten zugestimmt haben. Er muss also zum Ausdruck gebracht haben, sich (auch) aus der Ehe lösen zu wollen.

347 Das Einreichen des Scheidungsantrags beim Familiengericht macht das Verfahren zwar anhängig aber noch nicht rechtshängig. Somit ist das Ehegattenerbrecht nicht ausgeschlossen, wenn der Erblasser zwar nach Klageeinreichung aber vor Klagezustellung verstirbt.

348 Mangels analoger Anwendung des § 167 ZPO, kommt es auch nicht durch die Zustellung „alsbald" nach dem Tod des Erblassers zu einer Rückwirkung der Rechtshängigkeit.[245] Wurde der Scheidungsantrag vom überlebenden Ehegatten gestellt, entfällt das Erbrecht, wenn der Erblasser diesem Antrag zugestimmt hatte. Voraussetzung für eine Zustimmung ist, dass der Antrag rechtshängig war und die Zustimmung in entsprechender Form erfolgte: entweder schriftlich zu Protokoll der Geschäftsstelle bzw. zur Niederschrift des Gerichts

245 BGH, NJW 1990 S. 2382 f.; BayObLG, FamRZ 1990 S. 666; OLG Saarbrücken, FamRZ 1983 S. 1274; Weidlich in Grüneberg, § 1933, Rz. 2; a. A. Bock, MittRhNotK 1977 S. 207; Schumann in Festschrift Lüke, 1997, S. 767, 782 ff.

in der mündlichen Verhandlung gem. § 134 FamFG oder schriftsätzlich durch den beauftragten Rechtsanwalt.[246] Nicht ausreichend ist hingegen eine außergerichtliche Erklärung des Ehegatten.[247]

Sind vorgenannte Voraussetzungen erfüllt, verliert der Ehegatte sein gesetzliches Erbrecht, sein Pflichtteilsrecht und sein Recht auf den Voraus. Lebten die Ehegatten im Güterstand der Zugewinngemeinschaft, kann Zugewinnausgleich nur konkret über den güterrechtlichen Ausgleich nach § 1371 Abs. 2 BGB geltend gemacht werden. Ein Zugewinnausgleich durch pauschalierte Erhöhung der Erbquote um 1/4 scheidet aus. Unberührt bleiben hingegen Unterhaltsansprüche des überlebenden Ehegatten gem. §§ 1933 Satz 3, 1569 ff. BGB. 349

c) Erbrecht des Ehegatten neben der 1. Ordnung

Das Erbrecht des Ehegatten neben Abkömmlingen des Erblassers beläuft sich gem. § 1931 Abs. 1 Satz 1 Alt. 1 BGB auf 1/4. Unerheblich ist, wie viele Abkömmlinge der Erblasser hatte. Der verbleibende Erbteil von 3/4 verteilt sich zu gleichen Teilen auf die Abkömmlinge gem. § 1924 Abs. 4 BGB. 350

d) Erbrecht des Ehegatten neben der 2. Ordnung

Sind als gesetzliche Erben neben dem Ehegatten nur die Eltern des Erblassers und deren Abkömmlinge vorhanden, beträgt die Erbquote für den Ehegatten 1/2 gem. § 1931 Abs. 1 Satz 1 Alt. 2 BGB. Die andere Hälfte ist auf die Eltern und deren Abkömmlinge gem. § 1925 Abs. 2, 3 BGB zu verteilen. 351

e) Erbrecht des Ehegatten neben der 3. Ordnung

Gelangen Erben dritter Ordnung neben dem Ehegatten zur Erbschaft, sind die Vorschriften der § 1931 Abs. 1 Satz 3, 1926 Abs. 3, 4 BGB von Bedeutung. Nach der Idee des Gesetzgebers soll der Nachlass möglichst lange innerhalb einer Linie verbleiben, was in § 1926 Abs. 3, 4 BGB zum Ausdruck kommt. Auf der anderen Seite regelt aber § 1931 Abs. 1 Satz 2 BGB, dass Abkömmlinge von (vorher verstorbenen) Großeltern neben dem Ehegatten nicht mehr Erben werden. Hier wird also das Eintrittsrecht der Abkömmlinge durch das vorrangige Erbrecht des Ehegatten verdrängt. Folgende Grundkonstellationen sind denkbar: 352

246 Schwamb in Bumiller/Harders/Schwamb, FamFG, § 134, Rz. 3; Lange, Erbrecht, § 22, Rz. 62.
247 BGH, ZEV 1995 S. 150.

1. Neben dem Ehegatten leben sämtliche Großeltern des Erblassers: Der Ehegatte wird Erbe zu 1/2 gem. § 1931 Abs. 1 Satz 1 Alt. 3 BGB. Die andere Hälfte des Nachlasses verteilt sich auf die vier Großelternteile, so dass jeder von ihnen 1/8 erbt.

2. Neben dem Ehegatten leben drei Großelternteile, wobei der vorverstorbene Großelternteil wiederum Abkömmlinge hinterlässt: Der Ehegatte wird Erbe zu 1/2 gem. § 1931 Abs. 1 Satz 1 Alt. 3 BGB.

   Die andere Hälfte des Nachlasses verteilt sich zu gleichen Teilen auf die vier Großelternteile – also je 1/8. Das auf den vorverstorbenen Elternteil entfallende 1/8 fällt ebenfalls dem Ehegatten zu, so dass der Ehegatte somit 1/2 plus 1/8 erbt (= 5/8). Die drei noch lebenden Großelternteile erben je 1/8. In dieser Variante zeigt sich die Durchbrechung des Stammesprinzips und des Eintrittsrechts; an die Stelle des vorverstorbenen Elternteils treten nicht etwa dessen Abkömmlinge. Vielmehr fällt dieser Anteil nunmehr zusätzlich dem überlebenden Ehegatten zu.

3. Neben dem Ehegatten leben drei Großelternteile, wobei der vorverstorbene Großelternteil keine Abkömmlinge hinterlässt. In diesem Fall geht das 1/8 des vorverstorbenen Elternteils nicht etwa auf den überlebenden Ehegatten über, sondern fällt dem anderen Großelternteil zu gem. § 1926 Abs. 3, 4 BGB. Der überlebende Ehegatte erbt also 1/2 und jedes Großelternteil 1/8, wobei der verwitwete Großelternteil zusätzlich das 1/8 des vorverstorbenen Großelternteils erhält – also 1/8 plus 1/8 = 1/4.

4. Ist ein Großelternpaar komplett vorverstorben, **ohne Abkömmlinge** zu hinterlassen, geht deren Anteil auf das andere Großelternpaar über gem. § 1926 Abs. 4 BGB – dieses Großelternpaar erbt somit zusammen 1/2. Dieses Ergebnis mag überraschen, denn wären beide Elternteile **unter Hinterlassung** von Abkömmlingen vorverstorben, wäre der Anteil auf den überlebenden Ehegatten übergegangen, ohne Hinterlassung von Abkömmlingen geht deren Anteil hingegen auf das andere Großelternpaar über. Stirbt ein Großelternteil und hinterlässt Abkömmlinge, erbt der Ehegatte somit mehr, als wenn der Großelternteil ohne Abkömmlinge vorverstirbt.[248] Angesichts des eindeutigen Wortlauts ist an diesem Ergebnis jedoch nicht zu rütteln. Neben dem Ehegatten erben innerhalb der dritten Ordnung also immer nur die Großeltern, niemals aber deren Abkömmlinge.

248 Lange, Erbrecht, § 22, Rz. 71.

5. Sind sämtliche Großeltern vorverstorben, erbt der Ehegatte allein gem. § 1931 Abs. 2 BGB.

BEISPIEL:[249] Erblasser E hinterlässt seine Ehefrau F, mit der er im Güterstand der Gütertrennung lebte. Einzige noch lebende Verwandte sind ein Großvater G und dessen Tochter T.

LÖSUNG: In diesem Fall erbt die Ehefrau F 1/2. Die andere Hälfte verteilt sich gedanklich zunächst auf die vier Großelternteile – also je 1/8. Das eine komplett vorverstorbene Großelternpaar ist ohne Abkömmlinge vorverstorben. Daher fällt dessen Anteil (1/4) hälftig T und G zu gem. § 1926 Abs. 4 BGB. Das auf T entfallende 1/4 (1/8 aus der eigenen Linie plus 1/8 aus der anderen Linie) fällt gem. § 1931 Abs. 1 Satz 2 BGB der Ehefrau F zusätzlich zu, somit erbt F 1/2 plus 1/4 = 3/4 und G 1/4.

f) Einfluss des Güterstands auf das Ehegattenerbrecht

Entscheidenden Einfluss auf die Erbquote des Ehegatten hat der Güterstand, in welchem die Ehegatten gelebt haben:[250] 353

Erbrecht des Ehegatten/Lebenspartners je nach Güterstand		
Zugewinngemeinschaft	**Gütergemeinschaft**	**Gütertrennung**
§§ 1931 Abs. 1–3, 1371 Abs. 1 BGB; §§ 6, 10 Abs. 1 und 2 LPartG	§ 1931 Abs. 1, 2 BGB; § 10 Abs. 1 und 2 LPartG (beachte: § 1416 BGB)	§ 1931 Abs. 1, 2 und 4 BGB; § 10 Abs. 1 und 2 LPartG
neben Erben 1. Ordnung: gesetzlicher Erbteil 1/4 + Erhöhung 1/4 = 1/2	neben Erben 1. Ordnung: 1/4	neben Erben 1. Ordnung: bei einem Kind oder dessen Abkömmlingen: 1/2; bei 2 Kindern oder deren Abkömmlingen: 1/3; bei 3 oder mehr Kindern oder deren Abkömmlingen: 1/4
neben Erben 2. Ordnung: gesetzlicher Erbteil 1/2 + Erhöhung 1/4 = 3/4	neben Erben 2. Ordnung: 1/2	neben Erben 2. Ordnung: 1/2
neben Großeltern: gesetzlicher Erbteil 1/2 + Abkömmlingsanteil weggefallener Großeltern (sofern weitere Abkömmlinge vorhanden) + Erhöhung 1/4	neben Großeltern: gesetzlicher Erbteil 1/2 + Abkömmlingsanteil weggefallener Großeltern (sofern weitere Abkömmlinge vorhanden)	neben Großeltern: gesetzlicher Erbteil 1/2 + Abkömmlingsanteil weggefallener Großeltern (sofern weitere Abkömmlinge vorhanden)

249 Lange, Erbrecht, § 22, Rz. 71.

250 Übersicht aus Ridder in Münchener Anwaltshandbuch Erbrecht, § 11, Rz. 11.

Erbrecht des Ehegatten/Lebenspartners je nach Güterstand		
Zugewinngemeinschaft	**Gütergemeinschaft**	**Gütertrennung**
§§ 1931 Abs. 1–3, 1371 Abs. 1 BGB; §§ 6, 10 Abs. 1 und 2 LPartG	§ 1931 Abs. 1, 2 BGB; § 10 Abs. 1 und 2 LPartG (beachte: § 1416 BGB)	§ 1931 Abs. 1, 2 und 4 BGB; § 10 Abs. 1 und 2 LPartG
neben Erben 1. Ordnung: gesetzlicher Erbteil 1/4 + Erhöhung 1/4 = 1/2	neben Erben 1. Ordnung: 1/4	neben Erben 1. Ordnung: bei einem Kind oder dessen Abkömmlingen: 1/2; bei 2 Kindern oder deren Abkömmlingen: 1/3; bei 3 oder mehr Kindern oder deren Abkömmlingen: 1/4
neben Erben 2. Ordnung: gesetzlicher Erbteil 1/2 + Erhöhung 1/4 = 3/4	neben Erben 2. Ordnung: 1/2	neben Erben 2. Ordnung: 1/2
neben Großeltern: gesetzlicher Erbteil 1/2 + Abkömmlingsanteil weggefallener Großeltern (sofern weitere Abkömmlinge vorhanden) + Erhöhung 1/4	neben Großeltern: gesetzlicher Erbteil 1/2 + Abkömmlingsanteil weggefallener Großeltern (sofern weitere Abkömmlinge vorhanden)	neben Großeltern: gesetzlicher Erbteil 1/2 + Abkömmlingsanteil weggefallener Großeltern (sofern weitere Abkömmlinge vorhanden)
neben Erben 3. Ordnung, wenn keine Großeltern mehr leben, sowie neben Erben 4. oder fernerer Ordnung: allein	neben Erben 3. Ordnung, wenn keine Großeltern mehr leben, sowie neben Erben 4. oder fernerer Ordnung: allein	neben Erben 3. Ordnung, wenn keine Großeltern mehr leben, sowie neben Erben 4. oder fernerer Ordnung: allein

g) Die Zugewinngemeinschaft

354 Haben die Ehegatten keinen Ehevertrag abgeschlossen, leben sie im gesetzlichen Güterstand der Zugewinngemeinschaft. Dieser ist dadurch gekennzeichnet, dass jeder Ehegatte Eigentümer seines eigenen Vermögens bleibt, die Vermögensmassen also während der Ehe getrennt bleiben. Wird die Zugewinngemeinschaft beendet, kommt es zu einem schuldrechtlichen Ausgleichsanspruch. Derjenige Ehegatte, der während der Ehe einen höheren Zugewinn erzielt hat, muss von seinem Zugewinn so viel an den anderen Ehegatten bezahlen, dass am Ende beide Ehegatten über gleich viel Zugewinn verfügen. Der Ehegatte mit dem höheren Zugewinn muss die Hälfte des den Zugewinn des anderen Ehegatten übersteigenden Betrags als Ausgleich bezahlen. Diese güterrechtliche Lösung der §§ 1372 ff. BGB führt im Ergebnis dazu, dass der

während der Ehe erwirtschaftete Zugewinn beiden Ehegatten hälftig zusteht, auch wenn das Vermögen formal nur bei einem Ehegatten angefallen ist.

Bei dieser sog. güterrechtlichen Lösung wird der Zugewinn beider Ehegatten 355
also konkret berechnet und auf dieser Basis dann der Ausgleich durchgeführt. Ein solcher güterrechtlicher Ausgleich findet regelmäßig immer dann statt, wenn die Zugewinngemeinschaft auf andere Weise als durch Tod eines Ehegatten endet – insbesondere bei Ehescheidung oder bei Wechsel des Güterstands durch Abschluss eines Ehevertrags von der Zugewinngemeinschaft hin zu Gütertrennung oder hin zu Gütergemeinschaft während der Ehe.

Wird die Zugewinngemeinschaft hingegen durch den Tod eines Ehegatten be- 356
endet, verweist die erbrechtliche Vorschrift des § 1931 Abs. 3 BGB auf die familienrechtliche Vorschrift des § 1371 BGB. Hiernach ist der Zugewinnausgleich beim Tod eines Ehegatten nicht aufgrund konkreter Berechnungen durchzuführen, sondern durch eine pauschale Erhöhung der Erbquote des überlebenden Ehegatten um 1/4. Neben Erben erster Ordnung erbt der Ehegatte somit 1/2 und neben Erben zweiter Ordnung und neben Großeltern 3/4.

Das 1/4 zusätzlicher Erbquote wird dem Ehegatten unabhängig davon ge- 357
währt, ob und in welcher Höhe ihm überhaupt ein konkreter Zugewinnausgleichsanspruch zustünde, wenn man ihn nach den familienrechtlichen Vorschriften der §§ 1372 ff. BGB berechnen würde. Insbesondere besteht die pauschale Erhöhung um 1/4 auch dann, wenn die Ehe zum Zeitpunkt des Todes nur sehr kurz bestanden hat und schon deshalb keinerlei Zugewinn erzielt werden konnte.

Diese sog. erbrechtliche Lösung gleicht den Zugewinn beim Tod eines Ehegat- 358
ten pauschaliert und unabhängig vom tatsächlich erzielten Zugewinn aus. Der Gesetzgeber will den Beteiligten hierdurch Schwierigkeiten und Streitigkeiten bei der Ermittlung des konkreten Zugewinns ersparen, die Rechtslage vereinfachen sowie Vorhersehbarkeit und Planbarkeit für die Beteiligten schaffen.

Die pauschale Erhöhung um 1/4 kommt für den Ehegatten nur dann zum Tra- 359
gen, wenn er gesetzlicher Erbe wird oder wenn er testamentarisch „als gesetzlicher Erbe" eingesetzt wird (vgl. §§ 2066 f. BGB).

Hingegen greift die Regelung nicht, wenn der Ehegatte testamentarisch zum 360
Erben eingesetzt wurde. In diesem Fall findet weder eine Erhöhung der Erbquote um 1/4 statt, noch kann der Ehegatte zusätzlich zu seiner testamentarischen Erbenstellung den güterrechtlichen Zugewinnausgleich fordern.

Möchte der überlebende Ehegatte den konkret berechneten Zugewinnaus- 361
gleich erlangen, muss er die Erbschaft zuvor ausschlagen (§ 1371 Abs. 3 BGB).

Dann erlangt der Ehegatte anstelle des um 1/4 erhöhten Erbteils den tatsächlich konkret erzielten Zugewinn sowie den Pflichtteil nach dem nicht erhöhten Erbteil (sog. „kleiner Pflichtteil").

362 Es besteht also kein Wahlrecht zwischen dem „kleinen" Pflichtteil und dem güterrechtlichen Zugewinnausgleich einerseits und dem „großen" Pflichtteil unter Verzicht auf den güterrechtlichen Zugewinnausgleich andererseits. Ist der Überlebende weder Erbe noch Vermächtnisnehmer oder hat er die Erbschaft ausgeschlagen, kann er den großen Pflichtteil unter keinen Umständen verlangen (§ 1371 Abs. 2 BGB). Hieran ändert auch der Verzicht auf den Zugewinnausgleich nichts.

363 Kein Zugewinnausgleich findet ferner statt, wenn die Ehegatten gleichzeitig verstorben sind. Denn wenn ein Ehegatte den anderen beerben soll, muss er diesen naturgemäß überleben (§ 1923 Abs. 1 BGB). Hieran fehlt es aber gerade im Fall des gleichzeitigen Versterbens. Auch nach der güterrechtlichen Lösung entsteht kein Zugewinnausgleich, wenn beide Ehegatten gleichzeitig verstorben sind. Die Vererblichkeit des Zugewinnausgleichsanspruchs nach § 1378 Abs. 3 Satz 1 BGB setzt das vorherige Entstehen dieses Anspruchs voraus, was in einem solchen Fall fehlt.[251] Gleichzeitig verstorbene Ehegatten werden deshalb getrennt beerbt. Ein Zugewinn wird nicht ausgeglichen. Kann nicht bewiesen werden, dass von mehreren gestorbenen oder für tot erklärten Menschen der eine den anderen überlebt hat, so wird nach § 11 Verschollenheitsgesetz vermutet, dass sie gleichzeitig gestorben sind.

364 Neben Erben erster Ordnung beträgt die (nicht erhöhte) Erbquote des Ehegatten 1/4; die Pflichtteilsquote beträgt also die Hälfte hiervon – somit 1/8. Rechnerisch wird hierbei zunächst von der Erbmasse die konkrete Zugewinnausgleichsforderung des Ehegatten abgezogen, anschließend wird dann vom verbleibenden Nachlass entsprechend der Pflichtteilsquote der Pflichtteilsanspruch berechnet. Der vorherige Abzug der Zugewinnausgleichsforderung ist notwendig, denn ansonsten würde der Ehegatte in zweifacher Hinsicht am Zugewinn partizipieren – einmal in Form der konkreten Zugewinnausgleichsforderung selbst und anschließend noch einmal partiell in Höhe der Pflichtteilsquote, die sich aus dem Nachlass unter Einschluss der Zugewinnausgleichsforderung berechnet. Um eine solche Doppel-Berücksichtigung zu vermeiden, ist die Zugewinnausgleichsforderung daher zunächst vom Nachlass in Abzug zu bringen.

251 BGH, NJW 1995 S. 1832.

Ein Spezialproblem beinhaltet die folgende Konstellation, dass neben dem Ehegatten noch Großeltern sowie Abkömmlinge von vorverstorbenen Großeltern vorhanden sind:[252] 365

BEISPIEL: Erblasser E verstirbt und hinterlässt seine Ehefrau F sowie die Großeltern A, B und C. Die Großmutter D ist vorverstorben und hinterlässt ihren Sohn S. In diesem Fall kann der Grunderbteil der F wie folgt berechnet werden:[253] Die überlebende Ehefrau F erbt neben den Großeltern zu 1/2. Zusätzlich wächst ihr der auf den S entfallende Anteil i. H. von 1/8 an. Berücksichtigt man jetzt noch zusätzlich den pauschalen Zugewinnausgleich von einem Viertel, erbt F 1/2 + 1/8 + 1/4 = 7/8.

LÖSUNG: Die wohl überwiegende und m. E. überzeugende Ansicht geht davon aus, dass zunächst der pauschale Zugewinnausgleich durchgeführt wird und anschließend die Anwachsung berechnet wird.[254] Hiernach erlangt F ihren Grunderbteil von 1/2 sowie den Zugewinn mit 1/4. Der ihr anwachsende Erbteil des S berechnet sich nun aber nur aus der verbleibenden Masse von einem Viertel. Somit wächst der F nur 1/16 an und erhält insgesamt somit 6,5/8 oder 13/16.

Folgt man der ersten Ansicht, hat dies für die Großeltern zur Folge, dass ihre Erbteile immer kleiner werden, je mehr Erbrechtskonkurrenten wegfallen. Ein solches Ergebnis erscheint wenig nachvollziehbar. Aus diesem Grund wird überwiegend der zweiten Auffassung gefolgt. Denn § 1931 Abs. 3 BGB beabsichtigt nicht, erbberechtigte Verwandte vollständig von der Erbfolge auszuschließen – was die 1. Ansicht jedoch bewirkt.[255]

Noch anschaulicher wird die Problematik in folgender Konstellation: 366

BEISPIEL: Erblasser E hinterlässt seine Frau F. Ferner hinterlässt er ein noch lebendes Großelternpaar. Das andere – bereits vorverstorbene – Großelternpaar hinterlässt wiederum einen noch lebenden Abkömmling.

LÖSUNG: Nach Ansicht 1 bekommt F die Grunderbquote von 1/2. Verteilt man zunächst die andere Hälfte auf die beiden Großelternpaare, ergibt sich Folgendes: Das eine Großelternpaar ist unter Hinterlassung von Abkömmlingen vorverstorben. Da es hier kein Eintrittsrecht der Abkömmlinge gibt, treten diese nicht an die Stelle der Großeltern, vielmehr greift hier § 1931 Abs. 1 Satz 2 BGB. Das an sich auf die Abkömmlinge entfallende 1/4 wächst dem Ehegatten an. Somit erlangt der Ehegatte 1/2 + 1/4 = 3/4. Addiert man hierzu anschließend noch das 1/4 für den pauschalen Zugewinnausgleich nach § 1371 Abs. 1 BGB, würde F Alleinerbe.

Daher ist richtigerweise wie folgt vorzugehen: F bekommt 1/2 Grunderbquote + 1/4 pauschalen Zugewinnausgleich = 3/4. Das restliche Viertel verteilt sich auf die Großelternpaare, somit 1/8 pro Paar. Das 1/8 des unter Hinterlassung von Abkömmlingen

---

252 Nach Ebenroth, Erbrecht, Rz. 154.

253 So Brox/Walker, Erbrecht, § 5, Rz. 11.

254 Schramm, BWNotZ 1966 S. 34; v. Olshausen, FamRZ 1981 S. 633; Lange, Erbrecht, § 22, Rz. 77; Leipold, Erbrecht, Rz. 203 f.; Werner in Staudinger, 2017, § 1931, Rz. 37.

255 Zum Ganzen Lange, Erbrecht, § 22, Rz. 77.

vorverstorbenen Paares wächst dem Ehegatten F an. Somit wird F nicht Alleinerbe, sondern bekommt 3/4 + 1/8 = 7/8. Das noch lebende Großelternpaar bekommt zusammen 1/8, also jeder Großelternteil 1/16.

h) Die Gütertrennung

367 Die Ehegatten können durch notariell beurkundeten Ehevertrag den Güterstand der Gütertrennung (oder der Gütergemeinschaft) wählen. Lebten die Ehegatten in Gütertrennung, richtet sich die Erbfolge grds. nach § 1931 Abs. 1 BGB. Maßgeblich ist hiernach, welche Verwandten neben dem Ehegatten noch vorhanden sind. Dementsprechend erbt der Ehegatte entweder 1/4, 1/2 oder die ganze Erbschaft.

368 Abweichungen hiervon ergeben sich nach § 1931 Abs. 4 BGB dann, wenn neben dem Ehegatten ein oder zwei Kinder vorhanden sind. In diesem Fall erben der Ehegatte und jedes Kind zu gleichen Teilen.

369 Sinn und Zweck dieser Regelung ist es, den Ehegatten nicht schlechter zu stellen als die Kinder des Erblassers. Der Ehegatte soll also nicht weniger bekommen als ein Kind. Hinterlässt der Erblasser neben dem Ehegatten drei Kinder (oder mehr), greift wieder die Grundregel: Der überlebende Ehegatte erbt gem. § 1931 Abs. 1 BGB zu 1/4 und jedes Kind erbt ebenfalls 1/4. Sind vier Kinder vorhanden, verbleibt es ebenfalls bei der Erbquote des Ehegatten von 1/4, die restlichen 3/4 verteilen sich auf die vier Kinder, somit 3/16 für jedes Kind usw.

i) Die Gütergemeinschaft

370 Die Gütergemeinschaft ist in der Praxis äußerst selten anzutreffen. Dies beruht zum einen darauf, dass hier die Vermögensmassen der Ehegatten zu einer Einheit vermengt werden und zum anderen auf der ungünstigen haftungsrechtlichen Situation für die Ehegatten. Denn durch die Zusammenlegung der Vermögensmassen haftet das komplette Vermögen beider Ehegatten für die Schulden beider Ehegatten. Die Verschmelzung der Vermögensmassen der Ehepartner zu einem einzigen gemeinschaftlichen Vermögen stellt das sog. Gesamtgut dar. Hiervon zu trennen ist das sog. Sondergut (§ 1417 BGB) sowie das Vorbehaltsgut (§ 1418 BGB).

371 Es gibt also:

- Gesamtgut,
- Vorbehaltsgut,
- Sondergut.

Zum Gesamtgut zählt auch dasjenige Vermögen der Ehegatten, welches sie während der Gütergemeinschaft erwerben, unabhängig aus welchem Rechtsgrund. Somit fällt auch Vermögen, das ein Ehegatte aufgrund eines Erbfalls erlangt, in das Gesamtgut (§ 1416 Abs. 1 Satz 2 BGB). Was ein Ehegatte während der Ehe in der Gütergemeinschaft erbt, wird also kraft Gesetzes Gesamtgut und fällt somit wirtschaftlich auch dem anderen Ehegatten automatisch mit an. Verhindert wird dies nur dann, wenn der Erblasser durch letztwillige Verfügung eine solche Bestimmung als Gesamtgut ausgeschlossen hat, er also eine Vererbung zum Vorbehaltsgut des Erben angeordnet hat (§ 1418 Abs. 1, 2 Nr. 2 BGB). Die Zugehörigkeit zum Vorbehaltsgut setzt sich dann auch an den entsprechenden Surrogaten für diese Gegenstände fort. 372

Zum Sondergut i. S. des § 1417 Abs. 2 BGB gehören sämtliche Vermögenswerte, die nicht rechtsgeschäftlich übertragen werden können, wie etwa nicht pfändbare Gehaltsforderungen, nicht übertragbare Anteile an Personengesellschaften oder auch ein Nießbrauchsrecht. 373

Vorbehaltsgut ist alles, was die Ehegatten im Ehevertrag hierzu erklärt haben. 374

Wird die Gütergemeinschaft durch den Tod eines Ehegatten beendet, führt dies zur Auseinandersetzung der Gesamthandsgemeinschaft. Der hälftige Anteil des Verstorbenen am Gesamtgut fällt in den Nachlass. Die andere Hälfte des ehelichen Vermögens in der Form des Gesamtguts steht ohnehin dem überlebenden Ehegatten zu und fällt daher nicht in den Nachlass. Die auf den Verstorbenen entfallende Hälfte vererbt sich nach den allgemeinen erbrechtlichen Vorschriften (§ 1482 BGB). Auch das Sondergut und das Vorbehaltsgut werden entsprechend den erbrechtlichen Vorschriften vererbt. 375

Sind hingegen mehrere Personen Erben des in der Gütergemeinschaft verstorbenen Ehegatten geworden, entsteht am Gesamtgut eine neue Gesamthandsgemeinschaft gem. §§ 1471, 1419 BGB. An dieser Gesamthandsgemeinschaft ist dann – wie bisher – der überlebende Ehegatte mit seiner Hälfte beteiligt und daneben die Erbengemeinschaft, wobei an dieser Erbengemeinschaft wiederum der Ehegatte beteiligt sein kann, sofern er Miterbe geworden ist. 376

Der überlebende Ehegatte kann zunächst die Auseinandersetzung des Gesamtguts gem. §§ 1471 ff. BGB verlangen. In einem ersten Schritt wird ihm also die Hälfte des Gesamtguts wirtschaftlich zu Alleineigentum übertragen. In einem zweiten Schritt wird die andere Hälfte als Bestandteil des Nachlasses unter den Erben verteilt. 377

Für die zunächst durchzuführende Auseinandersetzung des Gesamtguts werden die Verbindlichkeiten das Gesamtgut betreffend berichtigt (§ 1475 Abs. 1 378

BGB) und anschließend das Gesamtgut auseinandergesetzt, so dass der überlebende Ehegatte die Hälfte des Gesamtguts allein zugewiesen bekommt. Auf die Auseinandersetzung finden gem. § 1477 Abs. 1 BGB die Regeln der Gemeinschaft entsprechende Anwendung. Die gesamthänderische Bindung entfällt.

379 Anschließend wird der übrige Nachlass des verstorbenen Ehegatten auseinandergesetzt, d. h. die andere Hälfte des Gesamtguts, das komplette Sondergut und das komplette Vorbehaltsgut des Verstorbenen werden nach erbrechtlichen Grundsätzen auseinandergesetzt.

380 Der überlebende Ehegatte partizipiert somit in zweifacher Hinsicht am Gesamtgut:

1. durch den güterrechtlichen Auseinandersetzungsanspruch und der hälftigen Zuweisung an ihn und
2. durch seinen erbrechtlichen Anteil am Nachlass betreffend die andere Hälfte des Gesamtguts.

381 Die Versorgung des Ehegatten wird dadurch erreicht, dass er bereits durch die hälftige Beteiligung am Gesamtgut am Vermögen des verstorbenen Ehegatten beteiligt ist. § 1931 Abs. 1 und 2 BGB werden bei der Gütergemeinschaft daher nicht weiter modifiziert.

BEISPIEL: Die Eheleute M und F sind in Gütergemeinschaft verheiratet und haben zwei Kinder S und T. M verstirbt.

Wer erbt wieviel?

LÖSUNG: Die überlebende F erbt gem. § 1931 Abs. 1 BGB 1/4 und die beiden Kinder 3/4, jedes also 3/8.

Vom Gesamtgut erhält die F aber vorab die ihr zustehende Hälfte aufgrund der güterrechtlichen Auseinandersetzung. Anschließend erhält sie den erbrechtlichen Anteil an der anderen Hälfte. Gesamt also: 1/2 vom gesamten Gesamtgut zzgl. 1/4 von der anderen Hälfte (1/4 x 1/2 = 1/8); insgesamt also 1/2 + 1/8 = 4/8 + 1/8 = 5/8. Die Kinder erhalten vom kompletten Gesamtgut je 3/16 (nämlich jeder 3/8 vom hälftigen Gesamtgut). Darüber hinaus erhält F vom Vorbehaltsgut und vom Sondergut 1/4 entsprechend ihrer Erbquote, die Kinder erhalten je 3/8 hiervon.

382 Wenn der überlebende Ehegatte Alleinerbe wird, verschmelzen die beiden Vermögensteile zu einer Einheit, die gesamthänderische Bindung des Gesamtguts entfällt automatisch, ohne dass eine Auseinandersetzung durchzuführen wäre.[256]

256 Lange, Erbrecht, § 22, Rz. 83.

Möglich ist auch, dass die Eheleute eine sog. fortgesetzte Gütergemeinschaft gem. § 1483 BGB vereinbaren. Hiernach wird bei Ableben eines Ehegatten die Gütergemeinschaft aufgrund ehevertraglicher Vereinbarung mit den gemeinsamen Abkömmlingen fortgesetzt. Die Gütergemeinschaft bleibt also über den Tod des Ehegatten hinaus bestehen und wird vom überlebenden Ehegatten mit den gemeinschaftlichen Abkömmlingen fortgesetzt. 383

Dadurch fällt der Anteil des Erblassers am Gesamtgut nicht in den Nachlass, da insoweit kein Erbfall eintritt. Vielmehr besteht der Nachlass nur aus dem Vorbehalts- und dem Sondergut. 384

Da bei der fortgesetzten Gütergemeinschaft der erbrechtliche Nachlass also um die Hälfte des Gesamtguts geringer ausfällt, kann dieser Güterstand gezielt als Mittel zur Pflichtteilsvermeidung eingesetzt werden. Denn die Pflichtteilsansprüche berechnen sich dann nur aus dem entsprechend geringeren Nachlasswert.[257] Sind neben gemeinschaftlichen Abkömmlingen auch nicht-gemeinschaftliche Abkömmlinge vorhanden, erben letztere ganz „normal", d. h. als wenn die fortgesetzte Gütergemeinschaft nicht eingetreten wäre, sondern stattdessen die Gütergemeinschaft aufgelöst worden wäre (§ 1483 Abs. 2 BGB). Die nicht-gemeinschaftlichen Abkömmlinge erben also nicht nur ihren Anteil am Vorbehaltsgut und am Sondergut, sondern auch am Gesamtgut. In Bezug auf das Gesamtgut muss eine Auseinandersetzung stattfinden zwischen dem überlebenden Ehegatten und den leiblichen Abkömmlingen einerseits (welche die Gütergemeinschaft fortsetzen) und den nicht-leiblichen Abkömmlinge andererseits.[258] 385

j) Der „Voraus" des Ehegatten

Für den Fall, dass der überlebende Ehegatte gesetzlicher Erbe wird, steht ihm der sog. „Voraus" nach § 1932 BGB zu – und zwar unabhängig vom Güterstand der Eheleute. Wird er hingegen aufgrund testamentarischer Anordnung Erbe, gilt dies nicht. Ausschlagung, Erbverzicht und Erbunwürdigkeit führen ebenfalls zum Ausschluss des Voraus. Auch ist es möglich, dass der Erblasser seinem Ehegatten den Voraus entzogen hat, denn der Voraus ist nicht vom Pflichtteilsrecht umfasst. 386

257 Horn in Münchener Anwaltshandbuch Erbrecht, § 29 Rz. 396.

258 Lange, Erbrecht, § 22, Rz. 86.

387 Für die getrennte Annahme und Ausschlagung von Erbschaft und Voraus gilt Folgendes: Der überlebende Ehegatte kann

1. den Voraus ausschlagen und die Erbschaft annehmen gem. §§ 2176, 1932 Abs. 2 BGB (denn beim Voraus handelt es sich der Rechtsnatur nach um ein gesetzliches Vermächtnis);
2. nicht die Erbschaft ausschlagen und den Voraus verlangen. Denn hier fehlt die Grundvoraussetzung für den Voraus – nämlich, dass der Ehegatte gesetzlicher Erbe wurde.

388 Beim Voraus handelt es sich um ein gesetzlich angeordnetes Vermächtnis, welches zugunsten des überlebenden Ehegatten vorab zu erfüllen ist. Es ist also ein gesetzliches Vorausvermächtnis. Der Ehegatte erhält kein Sondererbrecht und es erfolgt auch keine automatische Rechtsnachfolge in die entsprechenden Gegenstände, insbesondere wird der Ehegatte nicht etwa automatisch Eigentümer der den Voraus umfassenden Gegenstände. Er erlangt lediglich einen schuldrechtlichen Anspruch auf Übertragung von Alleineigentum gegen die Erbengemeinschaft (an der er selbst auch beteiligt ist).

389 Inhaltlich ist der Voraus in zwei Varianten möglich:

1. Wurde der überlebende Ehegatte neben Verwandten der zweiten Ordnung oder neben Großeltern gesetzlicher Erbe, so umfasst der Voraus die zum ehelichen Haushalt gehörenden Gegenstände, soweit sie nicht Zubehör eines Grundstücks sind, sowie die Hochzeitsgeschenke (sog. „großer Voraus").
2. Wurde der Ehegatte gesetzlicher Erbe neben Verwandten der ersten Ordnung, umfasst der Voraus diese Gegenstände nur insoweit, als er sie zur Führung eines angemessenen Haushalts benötigt (sog. „kleiner Voraus").

390 Dieses Rechtsinstitut geht auf das Allgemeine Preußische Landrecht zurück[259] und möchte verhindern, dass der überlebende Ehegatte durch den Erbfall Einschnitte in seinen persönlichen Lebensverhältnissen und insbesondere in Bezug auf die persönliche Haushaltsführung erleidet.

391 Schließlich geht es auch um die Wahrung der persönlichen Lebens- und Privatsphäre, indem Gegenstände aus dem persönlichen Lebensbereich der Eheleute dem Überlebenden vorab zustehen. Da jedoch auch die Abkömmlinge durchaus eine enge wirtschaftliche und vor allem emotionale Beziehung zu den persönlichen Gegenständen des verstorbenen Ehegatten haben, hat der Gesetz-

259 Lange/Kuchinke, Erbrecht, § 12 IV 1.

geber einen Kompromiss gewählt und das Recht des überlebenden Ehegatten auf den Voraus eingeschränkt: Der überlebende Ehegatte erhält dann eben nur den sog. „kleinen Voraus“, d. h. er kann die Haushaltsgegenstände nur herausverlangen, soweit er sie zur Führung eines angemessenen Haushalts tatsächlich benötigt. Dies ist der Fall, wenn er nicht ausreichend eigene Haushaltsgegenstände besitzt. Auf die Frage, ob die Gegenstände unbedingt notwendig sind, kommt es nicht an. Maßgeblich ist nur, inwieweit der Überlebende sie für einen angemessenen Haushalt benötigt. Auch ist unerheblich, ob der Ehegatte wirtschaftlich in der Lage ist, die Gegenstände aus eigenen Mittel selbst anzuschaffen.

Ob ein Gegenstand zum Haushalt gehört, bestimmt sich danach, inwieweit er 392 typischerweise dem gemeinsamen Lebensbereich der Eheleute zugerechnet wird. Möbel, Geschirr, Teppiche, Haushalts- und Unterhaltungselektronik, Computer aber auch PKW zählen hierzu. Auch Herausgabeansprüche, Anwartschaftsrechte, Schadensersatzansprüche und Mietrechte können hierzu zählen.

Lebten die Eheleute zur Miete, stellt sich ferner die Frage, ob der Überlebende 393 die Wohnung weiter nutzen darf, wenn der verstorbene Ehegatte der Mieter war. Diese Frage beantwortet allerdings nicht § 1932 BGB, sondern die mietrechtliche Spezialvorschrift des § 563 BGB für den Fall, dass der Verstorbene der alleinige Mieter war und § 563a BGB für den Fall, dass der Verstorbene einer von mehreren Mietern war.

Gegenstände, die ausschließlich für berufliche Zwecke genutzt wurden (etwa 394 ein PKW oder Kleidungsstücke), zählen nicht zu den Haushaltsgegenständen.

Grundvoraussetzung für das Eingreifen des Voraus ist, dass die Ehegatten tat- 395 sächlich einen gemeinsamen Haushalt geführt haben. Waren die Eheleute zwar formal verheiratet, mittlerweile aber getrennt lebend, liegt zum Todeszeitpunkt kein gemeinsamer Haushalt vor. Jedoch kann der Überlebende nach h. M. diejenigen Gegenstände herausverlangen, die von dem zuvor gemeinsam geführten Haushalt beim Verstorbenen verblieben sind.[260]

Gegenstände, die ein getrenntlebender Ehegatte als Alleineigentum gem. 396 § 1361a Abs. 1 BGB erworben hat, zählen nicht zum Voraus.

Der Voraus ist durchaus von wirtschaftlicher Bedeutung, kann er doch gerade 397 bei kleineren Erbschaften den Hauptbestandteil des Nachlasses ausmachen.

260 Weidlich in Grüneberg, § 1932, Rz. 4; Lieder in Erman, § 1932, Rz. 10; a. A. Lange, Erbrecht, § 26, Rz. 130.

398 Der Voraus ist als Nachlassverbindlichkeit i. S. des § 1967 Abs. 2 BGB bei der Auseinandersetzung vorab zu erfüllen. Als gesetzliches Vorausvermächtnis gibt der Voraus dem Ehegatten einen schuldrechtlichen Anspruch gegen die Erbengemeinschaft, bestehend aus dem überlebenden Ehegatten selbst und den weiteren gesetzlichen Erben, die als Gesamtschuldner haften. Der Voraus wirkt ferner pflichtteilsreduzierend, da er für Berechnung der Pflichtteilsansprüche vom Nachlasswert in Abzug zu bringen ist gem. § 2311 Abs. 1 Satz 2 BGB.

k) Der „Dreißigste" des Ehegatten

399 Nach § 1969 BGB ist der Erbe verpflichtet, den Familienangehörigen des Erblassers, die zur Zeit des Todes des Erblassers zu dessen Hausstand gehören und von ihm Unterhalt bezogen haben, in den ersten 30 Tagen nach dem Eintritt des Erbfalls in demselben Umfang, wie der Erblasser es getan hat, Unterhalt zu gewähren und die Benutzung der Wohnung und der Haushaltsgegenstände zu gestatten.

400 Der sog. Dreißigste geht auf mittelalterliches Recht zurück und möchte die familiäre Situation der Angehörigen unmittelbar nach Ableben des Ehegatten erleichtern. Den Familienangehörigen wird unabhängig vom Erbrecht für eine gewisse Übergangsfrist Unterhalt zugesichert, so dass die Lebenssituation der Hinterbliebenen zunächst finanziell abgesichert bleibt und man sich in der 30-Tagesfrist auf die neue Situation wirtschaftlich einstellen kann. § 1969 BGB schützt die Personen, die vom Erblasser abhängig sind.

401 Durch letztwillige Verfügung kann der Erblasser den Anspruch auf den Dreißigsten verringern, ganz ausschließen oder auch erweitern. Möglich ist ferner, dass der Erblasser eine andere Person als den Erben mit dem Dreißigsten beschwert (§ 2147 BGB).

402 Einen Anspruch auf den Dreißigsten haben grds. nur Familienangehörige, die beim Tod des Erblassers mit ihm in häuslicher Gemeinschaft gelebt und von ihm Unterhalt bezogen haben. Zu den Familienangehörigen zählen neben dem Ehegatten nicht nur die verwandten und verschwägerten Personen (egal welchen Grades), sondern auch Pflegekinder.

403 Auch der Lebenspartner oder Partner einer eheähnlichen Gemeinschaft, die auf Dauer angelegt ist und keine weitere Lebensgemeinschaft zulässt und sich durch innere Bindungen auszeichnet, die ein gegenseitiges Einstehen der Part-

ner füreinander begründet,[261] ist „familienangehörig“[262] – ferner Freunde und sonstige Lebensgefährten des Verstorbenen, soweit der Erblasser sie als zur Familie gehörig angesehen und behandelt hat.[263] Personen, die nicht wegen ihrer persönlichen Beziehungen im Hausstand des Erblassers wohnen, sondern aufgrund einer rein vertraglichen Beziehung, fallen nicht hierunter (z. B. Hausangestellte oder Mitglieder einer Wohngemeinschaft).

Der Familienangehörige muss im Zeitpunkt des Todes zum Hausstand des Ver- 404
storbenen gehört haben. Er muss in dessen Haus oder Wohnung seinen Lebensmittelpunkt gehabt haben. Daher ist es nicht ausreichend, wenn die Person nur vorübergehend im Haushalt des Verstorbenen gelebt hat. Umgekehrt schadet jedoch eine nur vorübergehende Abwesenheit nicht, etwa bei Arbeits-, Urlaubs- oder Studienreisen.[264]

Weiter ist Voraussetzung, dass der Erblasser dem Familienangehörigen Unter- 405
halt gewährt hat. Entscheidend ist hier die tatsächliche Gewährung des Unterhalts, unabhängig von der Frage, ob eine rechtliche Verpflichtung hierzu bestanden hat oder nicht.

Der Umfang des Unterhaltsanspruchs richtet sich danach, in welchem Um- 406
fang der Erblasser diesen gewährt hatte. Dasselbe gilt für den Anspruch auf Nutzung der Wohnung und der darin enthaltenen Haushaltsgegenstände. Sollte der Haushalt vor Ablauf der 30-Tagesfrist aufgelöst worden sein, wandelt sich der Nutzungsanspruch in natura in einen Geldanspruch um.

Für die Berechnung der 30-Tagesfrist gilt gem. § 187 Abs. 1 BGB der dem To- 407
destag folgende Tag als Fristbeginn. Das Fristende bestimmt sich nach § 188 Abs. 1 BGB.

Fragen ergeben sich beim parallelen Eingreifen der mietrechtlichen Spezial- 408
regelungen der §§ 563, 563a BGB neben dem Dreißigsten. Der Anspruch des Angehörigen gegen den Erben auf Zutritt zur Wohnung entfällt, wenn der Angehörige nach §§ 563, 563a BGB selbst Mieter der Wohnung geworden ist.

Ist der Angehörige aber nicht Mieter geworden, hat er den Zutrittsanspruch 409
aufgrund des § 1969 BGB, der sich dann gegen denjenigen richtet, der nach §§ 563, 563a BGB in das Mietverhältnis eingetreten ist bzw. gegen den Ehe-

261 BGH, NJW 1993 S. 999.

262 OLG Düsseldorf, NJW 1983 S. 1566; Küpper in MüKo-BGB, § 1969, Rz. 2; Horn in Erman, § 1969, Rz. 2; Lohmann in BeckOK-BGB, § 1969, Rz. 3.

263 Küpper in MüKo-BGB, § 1969, Rz. 2.

264 Lohmann in BeckOK-BGB, § 1969, Rz. 4.

gatten, Lebenspartner oder sonstigen Berechtigten, auch wenn dieser nicht Erbe ist.[265]

410 Nach Ansicht des AG Rheinbach[266] räumt § 1969 BGB dem Familienangehörigen kein Abwehrrecht gegen den Erben ein, der bis zum Tod des Erblassers nicht in der Wohnung gewohnt hat. Da also auch die Erben die Wohnung nutzen dürfen, heißt das für den Familienangehörigen aber, dass er die Wohnung nicht wie zuvor nutzen kann. Daher wird überwiegend davon ausgegangen, dass der Erbe seinen Besitz erst nach Ablauf der Frist des § 1969 BGB ausüben darf.[267]

10. Das Erbrecht des Staates

411 Der Staat wird gem. § 1936 BGB immer dann gesetzlicher Erbe, wenn keine sonstigen Erben vorhanden sind.[268] Dieses echte Noterbrecht des Staates stellt ein privates Erbrecht dar, wie es für jeden Erben gilt. Es handelt sich nicht etwa um ein hoheitliches Aneignungsrecht o. Ä. Die Vorschriften des BGB finden auf den Erbfall zugunsten des Staates somit vollumfänglich Anwendung.

412 Nach der Intention des Gesetzgebers ist es zweckmäßig, herrenlose Nachlässe im Sinne des Gläubigerschutzes zu vermeiden. Grundvoraussetzung ist, dass keine sonstigen Erben vorhanden sind. Dies liegt immer dann vor, wenn weder ein Ehegatte noch Verwandte des Erblassers vorhanden sind. Zu beachten ist, dass dem Nichtvorhandensein solcher Personen gleichgestellt ist, wenn derartige Personen aus rechtlichen Gründen nicht zur Erbschaft gelangen. Hinterlässt der Verstorbene also Ehegatten und/oder Verwandte, wird der Staat dennoch gesetzlicher Erbe, wenn diese Personen zwar vorhanden sind, aber nicht zur Erbschaft gelangen.

413 Grundsätzlich wird der Staat also nur Erbe in folgenden Fällen:

- Kein gesetzlicher Erbe hat den Erblasser überlebt.
- Der Erblasser hat alle in Betracht kommenden Erben enterbt.
- Alle in Betracht kommenden Erben haben die Erbschaft ausgeschlagen.
- Alle in Betracht kommenden Erben wurden für erbunwürdig erklärt.
- Alle in Betracht kommenden Erben haben auf ihr Erbrecht verzichtet.

---

265 Lohmann in BeckOK-BGB, § 1969, Rz. 6.

266 ZEV 2013 S. 682.

267 Lohmann in BeckOK-BGB, § 1969, Rz. 6; Eberhardt/Ehrnsperger, ZEV 2013 S. 653, 655 f.

268 Zum Ganzen Ludyga, ZEV 2023 S. 409; Schnelling, NJW 2023 S. 2749.

Liegt eine der vorgenannten Konstellationen vor, wird der Staat zwingend Erbe. Ein Ermessen des Staates oder des Nachlassgerichts besteht nicht. Der Staat kann die ihm angefallene Erbschaft nicht ausschlagen (§ 1942 Abs. 2 BGB) und auch nicht auf sein Erbrecht verzichten (§ 2346 BGB). Der Staat ist also Zwangserbe. Das Ausschlagungsverbot des § 1942 BGB erstreckt sich allerdings nicht auf das Recht zur Ausschlagung einer im Nachlass befindlichen Erbschaft eines Vorverstorbenen.[269] 414

Inhaltlich gilt hierfür das materielle Erbrecht. Insbesondere kommen auch die für die Vererbung von Personengesellschaftsanteilen geltenden Grundsätze für den Staat als Erben zur Anwendung: 415

BEISPIEL: Der Staat wird gesetzlicher Erbe des Erblassers E. E ist Gesellschafter bei einer GbR. Der Gesellschaftsvertrag sieht vor, dass bei Versterben eines Gesellschafters, die Gesellschaft mit dem bzw. den Erben des Verstorbenen fortgesetzt wird (einfache Nachfolgeklausel).

Da der Gesellschaftsvertrag keine weitere Qualifikation im Hinblick auf die Person des Erben im Sinne einer qualifizierten Nachfolgeklausel verlangt, tritt somit der Staat die Nachfolge in die Gesellschaftsbeteiligung des E an.[270]

Eine (einschränkende) Besonderheit für das Erbrecht des Staates ergibt sich allerdings aus § 160 Abs. 2, 4 VVG, wonach das Bezugsrecht aus einer Lebensversicherung dem Staat als gesetzlichen Erben nicht zusteht. 416

In formaler Hinsicht muss die Erbenstellung des Staates vom Nachlassgericht durch förmlichen Beschluss festgestellt werden. Erst nach dieser Feststellung können die Rechte und Pflichten aus der Erbenstellung des Staates geltend gemacht werden (§ 1966 BGB). 417

Gemäß § 1965 BGB muss der Feststellung durch das Nachlassgericht eine öffentliche Aufforderung zur Anmeldung der Erbrechte unter Bestimmung einer Anmeldungsfrist vorausgehen. Nur wenn die Kosten für ein solches Verfahren im Verhältnis zum Nachlasswert unverhältnismäßig groß wären, kann dies unterbleiben. 418

Nach Ablauf der Anmeldungsfrist schließt sich wiederum eine Wartefrist von drei Monaten an. Wer nach Ablauf dieser drei Monate im Anschluss an die abgelaufene Anmeldungsfrist sein Erbrecht beim Nachlassgericht anmeldet, bleibt damit unberücksichtigt. Wurde eine öffentliche Aufforderung nicht vorgenommen, beginnt die Dreimonatsfrist mit der gerichtlichen Aufforderung, das Erbrecht oder die Erhebung der Klage nachzuweisen. 419

269 BGH, ZEV 2024 S. 454, m. Anm. Muscheler.
270 BGH, DB 2002 S. 2526.

420 Der Staat als Erbe haftet – wie jeder Erbe – als Gesamtrechtsnachfolger für die Nachlassverbindlichkeiten (§§ 1922, 1967 BGB). Allerdings kann auch er als Erbe seine Haftung auf den Nachlass beschränken. Hierfür hat er die zur Verfügung stehenden Instrumente zu nutzen – z. B. Beantragung von Nachlassverwaltung oder Nachlassinsolvenz. Als Besonderheit wiederum kann dem Fiskus als gesetzlichen Erben keine Inventarfrist gem. § 2011 BGB gesetzt werden. Ferner kann er auch ohne entsprechenden Vorbehalt im Urteil die beschränkte Haftung geltend machen (§ 780 Abs. 2 ZPO), wenn ihm diese materiell-rechtlich zusteht.[271]

421 Dass der Staat als Erbe regelmäßig hiervon Gebrauch macht, dürfte kaum verwundern. Ansonsten käme es zu einer unbegrenzten Ausfallgarantie des Staates und zu nicht tragbaren finanziellen Belastungen des Staates durch die Haftung für Nachlassverbindlichkeiten.[272]

BEISPIEL: Der verwitwete Erblasser E hinterlässt als einzigen Verwandten einen Sohn – und einen überschuldeten Nachlass mit Schulden i. H. von 10 Mio. €, weil sich E mit Immobilien verspekuliert hatte. Nachdem der Sohn S die Erbschaft ausgeschlagen hat, wird zwingend der Staat Erbe. Dieser haftet jedoch gegenüber den Nachlassgläubigern nur begrenzt auf den Nachlass. Die beschränkte Erbenhaftung kann der Staat (nach Beantragung von Nachlassinsolvenz, Nachlassverwaltung, Erhebung der Dürftigkeitseinrede u. Ä.) gegenüber den Nachlassgläubigern selbst dann geltend machen, wenn im Urteil die beschränkte Haftung nicht vorbehalten wurde.

11. Die Erbteilserhöhung gem. § 1935 BGB

422 Hinterlässt ein Erblasser mehrere gesetzliche Erben, können sich die Erbquoten dieser Erben durch bestimmte Vorgänge erhöhen, etwa wenn ein Erbe vorverstorben ist oder die Erbschaft ausgeschlagen hat. Als Folge hiervon wächst sein Anteil den übrigen Erben an, so dass sich deren Erbquoten anteilig erhöhen. Ist dieser anwachsende Erbteil durch Vermächtnisse, Auflagen oder Ausgleichungspflichten beschwert, gehen diese Beschwerungen auch auf die anderen Erben als Bestandteil des angewachsenen Erbteils über. Dieser Belastungen kann sich der Erbe nicht dadurch entledigen, dass er etwa nur den hinzugekommenen Erbteil ausschlägt und seinen originär „eigenen" behält. Denn der Erbteil stellt eine Einheit dar. Hierdurch kann es zu dem unerwünschten Ergebnis kommen, dass der andere Erbe durch die Anwachsung wirtschaftlich schlechter gestellt wird als ohne Anwachsung.

271 Zum Ganzen Ludyga, ZEV 2023 S. 409 ff.

272 Zum Ganzen Kaltwasser, Der überschuldete Nachlass, 2016; Maletzky, Das Erbrecht des Fiskus, 2016.

Grundvoraussetzung für das Eingreifen von § 1935 BGB ist, dass es zu einem Wegfall eines gesetzlichen Erben gekommen sein muss und sich hierdurch die Erbquoten von Erben erhöht haben. Dies kann erfolgen durch Vorversterben einzelner gesetzlicher Erben, Enterbung (§ 1938 BGB), Erbverzicht (§ 2346 Abs. 1 BGB), Erbausschlagung (§ 1953 Abs. 1 BGB) oder Erbunwürdigkeit (§ 2344 Abs. 1 BGB). Weitere Voraussetzung ist, dass der Erbe auch ohne Wegfall des vorgesehenen Erben bereits originär Erbe geworden wäre. Denn nur dann kann dieser Wegfall eine Erhöhung der Erbquote beim Erben bewirkt haben. Der Erbe muss also bereits ohne diesen Wegfall eine eigene (niedrigere) Erbquote erlangt haben, die sich dann durch den Wegfall des vorgesehenen Erben erhöht. 423

Als Rechtsfolge fingiert § 1935 BGB eine Zweiteilung des eigentlich einheitlichen Erbteils. Der Erbe erlangt also den ihm originär zustehenden Erbteil einerseits und den infolge Anwachsung erlangten Erbteil mitsamt den Beschwerungen andererseits. Die Verpflichtungen aus diesem angewachsenen Erbteil hat der Erbe somit auch nur aus diesem angewachsenen Erbteil zu erfüllen, während sein originär eigener Erbteil hiervon unangetastet bleibt. Ist der beschwerte Erbteil durch diese Belastungen überschuldet, muss der Erbe nicht gem. § 1992 BGB vorgehen. 424

BEISPIEL: Erblasser E hat zwei Kinder S und T. S ist vorverstorben (oder alternativ bei gleicher rechtlicher Folge: S und T überleben den E beide, aber S schlägt die Erbschaft aus). Wäre S nicht vorverstorben (bzw. hätte sie nicht ausgeschlagen), hätten S und T zu je 1/2 geerbt. Bei einem angenommenen Nachlasswert von 200.000 € hätte also jeder 100.000 € erhalten. Nun kann sich die Situation aber auch so darstellen, dass der auf S entfallende Erbteil durch Vermächtnisse, Auflagen oder Ausgleichungspflichten i. H. von insgesamt 120.000 € (über-)beschwert ist. Bekommt nun T auch diesen überbeschwerten Erbteil der S mitsamt den Verpflichtungen, erlangt T nur noch 80.000 €. Denn T könnte sich der Vermächtnisbelastung nicht durch die Ausschlagung lediglich des hinzugekommenen Erbteils entziehen. Der ihm originär zustehende Erbteil mit einem Wert von 100.000 € wird also durch den angewachsenen Erbteil der S um 20.000 € geschmälert.

Um dies zu verhindern, sieht § 1935 BGB vor, dass der angewachsene Erbteil in Ansehung der Vermächtnisse, Auflagen und Ausgleichungspflichten als besonderer Erbteil gilt. Dies hat zur Folge, dass T die Verpflichtungen aus dem angewachsenen Erbteil nur aus diesem beschwerten Erbteil erfüllen muss. Ist der beschwerte Erbteil durch diese Belastungen überschuldet, muss der Erbe nicht gem. § 1992 BGB vorgehen.

IV. Pflichtteilsrecht

1. Allgemeines

425 Aufgrund der von Art. 14 GG geschützten Testierfreiheit kann der Erblasser frei bestimmen, wer nach seinem Tod erbt und wer nicht. Selbst seine nächsten Verwandten und seinen Ehegatten kann der Erblasser enterben. Diese Testierfreiheit wird durch das Pflichtteilsrecht begrenzt. Das Pflichtteilsrecht begründet eine zwingende Mindestbeteiligung bestimmter Personen am Nachlass in Form eines Geldzahlungsanspruchs, auch wenn dies dem Willen des Erblassers widerspricht. Dass diese Schranke der Testierfreiheit verfassungsgemäß ist, hat das Bundesverfassungsgericht im Jahr 2005 bestätigt.[273] Hiernach sichert das Pflichtteilsrecht eine Mindestbeteiligung am Nachlass, die sich durch die besondere Nähe zum Erblasser oder die familiäre Zusammengehörigkeit rechtfertigt. Nur unter strengen abschließend geregelten Voraussetzungen kann der Pflichtteil entzogen werden.

2. Pflichtteilsberechtigte

426 § 2303 BGB benennt den Kreis der Pflichtteilsberechtigten:

- Abkömmlinge,
- die Eltern des Erblassers und
- der Ehegatte.

427 Nach § 1589 Abs. 1 Satz 1 BGB sind Abkömmlinge diejenigen, die mit dem Erblasser in absteigender gerader Linie verwandt sind, also Kinder, Enkel, Urenkel etc. Die Abkömmlinge müssen potenzielle gesetzliche Erben sein. Wie bei der gesetzlichen Erbfolge greift auch hier das Repräsentations- und Stammesprinzip. Entferntere Abkömmlinge sind nicht pflichtteilsberechtigt, soweit ein Abkömmling, der sie im Falle der gesetzlichen Erbfolge ausschließen würde, den Pflichtteil verlangen kann (§ 2309 BGB). Auch adoptierte Abkömmlinge sind Abkömmlinge i. S. des § 2303 BGB und somit pflichtteilsberechtigt.

428 Eltern sind nur dann pflichtteilsberechtigt, wenn kein Abkömmling des Erblassers vorhanden ist (§ 1930 BGB), der den Pflichtteil verlangen kann. Ob der Abkömmling den Pflichtteil tatsächlich verlangt, ist unerheblich. Großeltern und Geschwister sind nicht pflichtteilsberechtigt.

273 BVerfG, NJW 2005 S. 1561, 1566; hierzu auch BVerfG, NJW 2001 S. 141 f.

Die Frage nach dem Pflichtteilsberechtigten ist nicht zu verwechseln mit der Konstellation, dass der Pflichtteilsberechtigte nach Entstehen des Anspruchs verstirbt: Der bereits entstandene Pflichtteilsanspruch vererbt sich dann an jede beliebige Person (§§ 1922, 1967 BGB). 429

Der (eigentlich pflichtteilsberechtigte) Ehegatte[274] hat dann kein Pflichtteilsrecht, wenn im Zeitpunkt des Erbfalls die Ehe, etwa infolge von Scheidung, nicht mehr bestand. Dasselbe gilt, wenn die Ehe zwar noch bestand, aber die Voraussetzungen des § 1933 BGB erfüllt sind. 430

Nicht pflichtteilsberechtigt ist derjenige, 431

- der (nach dem Erbfall) für erbunwürdig erklärt worden ist (§§ 2344, 2345 Abs. 2 BGB); er ist dann nicht erb- und somit auch nicht pflichtteilsberechtigt;
- dem der Erblasser selbst durch Verfügung von Todes wegen den Pflichtteil entzogen hat gem. §§ 2333, 2336 BGB;
- der selbst zu Lebzeiten auf sein Erbrecht oder auf seinen Pflichtteil verzichtet hat gem. § 2346 BGB. Der Verzicht wirkt im Zweifel auch zulasten der pflichtteilsberechtigten Abkömmlinge des Verzichtenden (§§ 2349, 2350 Abs. 2 BGB); empfehlenswert ist eine explizite Regelung.

Formulierungsbeispiel: 432

„A verzichtet hiermit gegenüber seinem dies annehmenden Vater V mit Wirkung auch zulasten seiner Abkömmlinge auf sein Pflichtteilsrecht einschließlich etwaiger Ausgleichspflichtteile und Pflichtteilsergänzungsansprüche auf Ableben des Vaters V."

HINWEIS:

Als Berater sollten Sie keinen Erbverzicht empfehlen, sondern lediglich einen Pflichtteilsverzicht. Denn ansonsten erhöhen sich die Erb- und somit Pflichtteilsquoten der anderen Erben. Wer durch Erbverzicht von der gesetzlichen Erbfolge ausgeschlossen ist, wird bei Ermittlung der Erbquoten der übrigen gesetzlichen Erben nicht berücksichtigt gem. § 2310 Satz 2 BGB. Dies führt dann zu höheren Quoten für die übrigen Erben. Der Erbverzicht ist somit (haftungs-)gefährlich – und auch entbehrlich: Die Verteilung des Nachlasses *oberhalb* des Pflichtteils kann der Erblasser nämlich selbst durch letztwillige Verfügung erreichen. Einer Mitwirkung des Pflichtteilsberechtigten in Form eines Verzichts bedarf es nur *unterhalb* der Pflichtteilshöhe. Somit genügt ein Verzicht, der sich auf den Pflichtteil beschränkt.

274 Dasselbe gilt jeweils für eingetragene Lebenspartner gem. § 10 LPartG.

BEISPIEL:[275] Der verwitwete E möchte seine Nachfolge regeln. Nach entsprechender Beratung durch Anwalt R schenkt er seinen drei Kindern A, B und C jeweils 1 Mio. € in bar, während die Kinder gegenüber E auf ihr Erbrecht verzichten. Als Alleinerbe setzt E die gemeinnützige Einrichtung prohuman e. V. ein. Nach Versterben des E meldet sich der Betreuer des A und trägt vor, dass der A geschäftsunfähig ist und auch schon damals bei Abschluss des Vertrags unerkannt geschäftsunfähig war (was den Tatsachen entspricht). Er verlangt den Pflichtteil des A aus dem Nachlass, der sich auf 6 Mio. € beläuft.

1. Kann A den Pflichtteil (in welcher Höhe) verlangen?
2. Was hätten Sie geraten?

LÖSUNG:

1. Der Pflichtteil des A beträgt gem. § 2303 Abs. 1 BGB die Hälfte des gesetzlichen Erbteils. Gesetzlicher Erbteil wäre eigentlich 1/3 (§ 1924 Abs. 4 BGB). Aber nach § 2310 Satz 2 BGB werden solche Personen bei der Berechnung nicht berücksichtigt, die auf ihr Erbrecht verzichtet haben. Folglich wäre der gesetzliche Erbteil des A 100 %. Der Pflichtteil des A beträgt somit 50 %, mithin 3 Mio. €.
2. Richtig wäre ein bloßer Pflichtteilsverzicht gewesen. In diesem Fall wäre die Erbquote des A 1/6 gewesen, mithin 1 Mio. €. Der durch die Falschberatung entstandene Schaden beläuft sich somit auf 2 Mio. €, die der Anwalt gem. § 280 Abs. 1 BGB zu ersetzen hat. Anspruchsberechtigt ist der Alleinerbe nach den Grundsätzen des Vertrags mit Schutzwirkung zugunsten Dritter. Allerdings hat der E auch selbst die Möglichkeit, noch zu Lebzeiten den Schaden, der seinem Testamentserben mit einiger Wahrscheinlichkeit entstehen wird, mit der Feststellungsklage geltend zu machen.[276]

3. Enterbung durch letztwillige Verfügung

433 Weitere Voraussetzung ist nach § 2303 BGB, dass der Pflichtteilsberechtigte **durch Verfügung von Todes wegen** (Testament, Erbvertrag) von der Erbfolge ausgeschlossen worden ist (§ 2303 Abs. 1 Satz 1 BGB). Dies ist nicht der Fall, wenn er als Erbe eingesetzt war, die Erbschaft aber ausgeschlagen hat. Somit eröffnet das Gesetz **nicht** die Option, sich statt der Erbenstellung mit dem kleineren, aber unkomplizierten Geldpflichtteil zu begnügen. Man kann also nicht die Erbschaft ausschlagen und stattdessen den Pflichtteil verlangen. Von diesem Grundsatz gibt es jedoch zwei wichtige Ausnahmen:

- Der Ehegatte ist stets, auch nach erfolgter Ausschlagung, pflichtteilsberechtigt (§ 1371 Abs. 3 BGB). Voraussetzung ist aber, dass die Ehegatten im gesetzlichen Güterstand der Zugewinngemeinschaft gelebt haben.

275 Nach OLG Hamm, VersR 1981 S. 1037.
276 OLG Hamm, VersR 1981 S. 1037.

- Wer durch die Einsetzung eines Nacherben, die Ernennung eines Testamentsvollstreckers oder eine Teilungsanordnung beschränkt oder mit einem Vermächtnis oder einer Auflage beschwert ist, kann trotz erfolgter Ausschlagung gem. § 2306 BGB seinen Pflichtteil verlangen.

HINWEIS:

§ 2306 BGB ist in der Gestaltungspraxis die größte „Gestaltungsbremse". Umfangreiche Nachfolgegestaltungen enthalten stets Beschwerungen i. S. des § 2306 BGB. Die Nachfolgeplanung wird dann obsolet, wenn Beteiligte lieber ausschlagen und sich mit dem Pflichtteil (sofort fälliger[277] Geldzahlungsanspruch!) begnügen. Diesem Risiko kann nur begegnet werden, indem zu Lebzeiten Pflichtteilsverzichtsverträge mit allen Pflichtteilsberechtigten vereinbart werden. Diese Personen müssen also frühzeitig in die Nachfolgeplanung eingebunden werden. Aber Achtung: Als Berater dürfen Sie hier nicht auch nur den Eindruck erwecken, dass Sie die (widerstreitenden) Interessen der anderen Familienmitglieder mit vertreten (§ 43a Abs. 4 BRAO). Siehe hierzu →Rz. 36 ff.

4. Berechnung des Pflichtteils

§ 2303 BGB regelt die Höhe der Pflichtteilsquote: Sie beträgt die Hälfte des gesetzlichen Erbteils. Zur Berechnung muss wie folgt vorgegangen werden: 434

- Es ist zu ermitteln, wie sich die gesetzliche Erbfolge ohne die letztwillige Verfügung des Erblassers darstellen würde. Bei Ermittlung der Quoten ist § 2310 BGB zu berücksichtigen: Zur Feststellung des maßgebenden Erbteils werden diejenigen mitgezählt, welche durch letztwillige Verfügung von der Erbfolge ausgeschlossen sind oder die Erbschaft ausgeschlagen haben oder für erbunwürdig erklärt sind. Wer allerdings durch Erbverzicht (nicht bei Pflichtteilsverzicht!) von der gesetzlichen Erbfolge ausgeschlossen ist, wird nicht mitgezählt.
- Die hiernach ermittelte gesetzliche Erbquote ist zu halbieren.

Die Erb- und somit die Pflichtteilsquote des Ehegatten ist nicht fix. Sie hängt zum einen vom Güterstand der Ehegatten ab (§ 1931 Abs. 3, 4 BGB) und zum anderen davon, welche anderen Verwandten neben dem Ehegatten vorhanden sind (§ 1931 Abs. 1 BGB). Siehe →Rz. 324 ff. 435

Das Pflichtteilsrecht kann nicht dadurch umgangen werden, dass der Pflichtteilsberechtigte zwar zum Erben eingesetzt wird, er aber wertmäßig weniger als seinen Pflichtteilsanspruch erlangt. § 2305 BGB spricht ihm dann den Zusatzpflichtteil zu. Dieselbe Schutzrichtung hat § 2307 BGB. Wurde ein Pflichtteilsberechtigter mit einem Vermächtnis bedacht, so hat er ein Wahlrecht: 436

277 Nur ausnahmsweise kann Stundung gem. § 2331a BGB verlangt werden.

- Er kann das Vermächtnis annehmen und zusätzlich den Restanspruch nach § 2307 Abs. 1 Satz 2 BGB verlangen. Der Wert des Vermächtnisses wird angerechnet. Wertmäßig erhält er also zumindest seinen Pflichtteilsanspruch.
- Alternativ kann er das Vermächtnis ausschlagen und dann seinen Pflichtteil in voller Höhe verlangen.
- Handelt es sich beim Vermächtnisnehmer um den Ehegatten, ergeben sich bei Zugewinngemeinschaft[278] folgende zwei Handlungsalternativen:
  1. Der Ehegatte kann das Vermächtnis annehmen und dann Auffüllung gemäß dem großen Pflichtteilsanspruch verlangen.
  2. Alternativ kann der Ehegatte das Vermächtnis ausschlagen. Er kann dann den kleinen Pflichtteil und den konkreten Zugewinnausgleich verlangen („güterrechtliche Lösung").

437 Um den Pflichtteilsanspruch zu ermitteln, ist die ermittelte Pflichtteilsquote mit dem Nachlasswert zu multiplizieren. Maßgeblich ist der Zeitpunkt des Todes (Stichtagsprinzip) (§ 2311 Abs. 1 Satz 1 BGB). Von den Aktiva sind die Nachlassverbindlichkeiten abzuziehen. Zu den Nachlassverbindlichkeiten gehören die Erblasserschulden („vom Erblasser herrührenden Schulden" gem. § 1967 Abs. 2 BGB) und die Erbfallschulden („den Erben als solchen treffenden Verbindlichkeiten" gem. § 1967 Abs. 2 BGB, wie z. B. Bestattungskosten). Auch der Zugewinnausgleichsanspruch des überlebenden Ehegatten ist abzuziehen. Nicht abzugsfähig sind Vermächtnisse und Auflagen;[279] ansonsten könnte der Erblasser das zwingende Pflichtteilsrecht leicht damit umgehen.

438 Abzuziehen sind Zuwendungen des Erblassers gem. § 2315 Abs. 1 BGB: Hier hat der Erblasser einem Pflichtteilsberechtigten zu Lebzeiten Vermögen übertragen und vor oder bei der Zuwendung bestimmt, dass deren Wert auf den Pflichtteil angerechnet wird. Die entsprechende Anordnung ist grds. formfrei.[280] Die Anrechnung erfolgt nach fiktiver Hinzurechnung des indexierten Zuwendungswerts zum Nachlass.[281]

439 Auch beeinflussen bestimmte Leistungen des Erblassers an seine Kinder die Höhe der Pflichtteilsansprüche einzelner enterbter Kinder. § 2316 BGB regelt eine Ausgleichungspflicht für bestimmte Vorempfänge an Kinder, wie z. B.

278 Bei Gütertrennung ist die Sonderregelung des § 1931 Abs. 4 BGB zu beachten.

279 OLG Koblenz, ErbR 2020 S. 797 f.; OLG München, BeckRS 2012 S. 8586.

280 Lange in MüKo-BGB, § 2315, Rz. 11.

281 Berechnungsbeispiel bei Horn in Münchener Anwaltshandbuch Erbrecht, § 29 Rz. 202.

Ausstattungen zur Heirat oder übermäßige Finanzierung einer beruflichen Vorbildung des Kindes (§ 2050 Abs. 2 BGB).[282]

Damit der Erblasser das Pflichtteilsrecht nicht durch lebzeitige Schenkungen entwerten kann, sieht § 2325 BGB einen Pflichtteilsergänzungsanspruch vor: Hat der Erblasser einem Dritten zu Lebzeiten eine Schenkung i. S. des § 516 BGB gemacht,[283] wird diese dem Nachlass fiktiv hinzugerechnet.[284] Aus diesem erhöhten Nachlasswert wird dann der Pflichtteil berechnet. Auf diese Weise wird die Schenkung für die Pflichtteilsberechnung quasi neutralisiert. 440

Eine Schenkung i. S. des § 2325 BGB kann auch im gesellschaftsrechtlichen Kontext vorliegen: Ist der Erblasser an einer Gesellschaft beteiligt, kann sein Tod dazu führen, dass er (kraft Gesetzes oder durch Gesellschaftsvertrag) aus der Gesellschaft ausscheidet und sein Anteil den übrigen Gesellschaftern anwächst. Im Gesellschaftsvertrag kann für diesen Fall die Abfindung für die Erben grds. komplett ausgeschlossen werden.[285] Wirtschaftlich würde dies bewirken, dass der Wert des Anteils dem Nachlass – und somit dem Pflichtteil – entzogen ist. Um dies zu verhindern, wird je nach Konstellation ein derartiger Abfindungsausschluss als ergänzungspflichtige Schenkung gewertet.[286] 441

Eine Hinzurechnung findet aber nur statt, wenn die Schenkung höchstens zehn Jahre vor dem Erbfall erfolgt ist (§ 2325 Abs. 3 Satz 2 BGB). Die Frist beginnt erst zu laufen, wenn eine „Leistung des verschenkten Gegenstandes" stattgefunden hat (vgl. § 2325 Abs. 3 Satz 2 BGB). Der BGH verlangt dafür eine wirtschaftliche Ausgliederung aus dem Vermögen des Erblassers. Hieran fehlt es etwa, wenn ein Grundstück unter Nießbrauchsvorbehalt geschenkt wird. Zwar hat der Erblasser formal sein Eigentum übertragen, er hat aber den „Genuss" des geschenkten Gegenstandes nicht aufgegeben („Genussrechtsprechung"),[287] so dass die 10-Jahresfrist nicht zu laufen beginnt. Die Hinzurechnung der Schenkung erfolgt pro rata temporis: Eine Schenkung innerhalb des ersten Jahres vor dem Erbfall wird voll und mit jedem weiteren Jahr um jeweils 1/10 weniger hinzugerechnet. Nach Ablauf des 10. Jahres bleibt die Schenkung somit ergänzungsfrei. 442

282 Berechnungsbeispiel bei Olzen/Looschelders, Erbrecht, Rz. 1077.

283 Auch unbenannte Zuwendungen unter Ehegatten fallen darunter, BGH, ZEV 2018 S. 274.

284 Anstandsschenkungen bleiben unberücksichtigt (§ 2330 BGB).

285 BGH, WM 1977 S. 192.

286 Vgl. zu den Kriterien für die Annahme einer Schenkung BGH, ZEV 2020 S. 420; instruktiv hierzu auch Heckschen/Hindahl, ZEV 2024 S. 727.

287 BGHZ, JZ 1994 S. 1120 ff.; OLG Düsseldorf, FamRZ 1999 S. 1546.

HINWEIS:

Die 10-Jahresfrist ist bei der Nachfolgegestaltung in dreierlei Hinsicht relevant:

- Schenkungen werden nach 10 Jahren nicht mehr für den Pflichtteil berücksichtigt (§ 2325 BGB).
- Der persönliche Freibetrag kommt erneut zur Anwendung (§ 14 ErbStG).
- Eine Rückforderung wegen Verarmung des Schenkers ist nach 10 Jahren ausgeschlossen (§§ 528, 529 Abs. 1 BGB).

Für die Gestaltungsberatung empfiehlt sich daher:

- Die beabsichtigte Schenkung sollte *frühzeitig* durchgeführt werden, damit der Erbfall/die Verarmung möglichst erst 10 Jahre später eintritt.
- Mit einer erneuten Zuwendung sollte (zumindest aus erbschaftsteuerlicher Sicht) gewartet werden, bis die *10-Jahresfrist verstrichen* ist, damit die Freibeträge erneut genutzt werden können.
- Bei Ausgestaltung der Schenkungsmodalitäten muss die *Genussrechtsprechung* des BGH im Blick behalten werden, um die Frist des § 2325 BGB in Lauf zu setzen. Ein Nießbrauchsvorbehalt des Schenkers hindert den Fristbeginn. In diesem Zusammenhang muss aber die finanzielle Absicherung des Schenkers oberste Priorität haben: Eine Vermeidung von Pflichtteilsergänzungsansprüchen um den Preis einer künftigen finanziellen Abhängigkeit des Schenkers wäre eine Fehlberatung.

443 Für die Höhe der Hinzurechnung ist wie folgt zu unterscheiden: Bei verbrauchbaren Sachen (z. B. Geld) ist der Zeitpunkt der Schenkung maßgeblicher Bewertungsstichtag, im Übrigen (z. B. Immobilien) grds. der Zeitpunkt des Erbfalls, es sei denn, dass der Gegenstand bei der Schenkung einen niedrigeren Wert hatte (Niederstwertprinzip).[288]

444 Hat der Erblasser eine Lebensversicherung abgeschlossen und hierin **keinen** Bezugsberechtigten benannt, fällt die Versicherungssumme in den Nachlass. In diesem Fall stellt sich naturgemäß nicht das Problem einer fiktiven Pflichtteilsergänzung des Nachlasses.

445 Wurde hingegen – wie meist – ein Bezugsberechtigter benannt, stellt sich dies als Vertrag zugunsten Dritter dar, der nicht in den Nachlass fällt. Der Abschluss einer Lebensversicherung kann sich dann als ergänzungspflichtige Schenkung i. S. des § 2325 BGB darstellen. Für die Bewertung von Lebensversicherungen zum Zwecke der Pflichtteilsergänzung ist wie folgt zu differenzieren:

- Kapitallebensversicherungen mit **widerruflichem** Bezugsrecht sind mit dem Wert anzusetzen, den der Erblasser mit der Versicherung in der letzten juristischen Sekunde seines Lebens nach objektiven Kriterien für sein

288 Berechnungsbeispiel bei Horn in Münchener Anwaltshandbuch Erbrecht, § 29 Rz. 278.

Vermögen hätte umsetzen können. Maßgeblich ist grds. der Rückkaufswert gem. § 169 VVG, d. h. der Wert, den der Erblasser durch eine Kündigung ohne Weiteres hätte erzielen können. Es kann aber auch ein nachweislich höherer Wert heranzuziehen sein, wenn man die Lebensversicherung auf einem Zweitmarkt teurer hätte veräußern können.[289]

- Kapitallebensversicherungen mit **unwiderruflichem** Bezugsrecht hatte der BGH bisher nicht zu bewerten. Hierzu werden verschiedene Ansätze vertreten: Teils wird der volle Wert der Lebensversicherung im Zeitpunkt der unwiderruflichen Bezugsrechtseinräumung für maßgeblich erachtet – also die volle Versicherungssumme.[290] Andere halten den Zeitwert der Versicherung im Zeitpunkt der unwiderruflichen Bezugsrechtseinräumung für ergänzungspflichtig,[291] wobei die nachfolgend gezahlten Prämien dann weitere Pflichtteilsergänzungsansprüche auslösen können.[292]
- **Risikolebensversicherungen** sind auf Grundlage der BGH-Grundsätze mit dem Wert anzusetzen, der sich aus dem Rückkaufswert in der letzten Sekunde vor dem Tod ergibt. Dieser Wert wird naturgemäß äußerst niedrig sein.[293] Ein höherer Verkehrswert könnte sich im Falle eines fortgeschrittenen Krankheitsverlaufs der versicherten Person ergeben, welcher die Wahrscheinlichkeit des Eintritts des Versicherungsfalles (ggf. deutlich) steigert. Der BGH hat aber klargestellt, dass derartige subjektive Faktoren bei der Wertbemessung außer Betracht zu bleiben haben.[294] Teilweise wird gar von einem Ergänzungsanspruch von Null Euro ausgegangen, da ein solches Versicherungskonstrukt in der letzten Lebenssekunde des Erblassers keinen Wert habe.[295]

Der Anspruch des Pflichtteilsberechtigten richtet sich grds. gegen den oder die Erben. Allerdings kann sich der Anspruch subsidiär auch gegen den Beschenkten selbst richten. Nach § 2329 BGB ist dies der Fall, wenn der Erbe aus Rechtsgründen zur Ergänzung des Pflichtteils nicht **verpflichtet** ist. Nicht ausreichend ist es, wenn der Erbe zwar zur Zahlung verpflichtet ist, aber (lediglich) zahlungsunfähig oder zahlungsunwillig ist. Voraussetzung für die Haftung des Be- 446

289 BGH, ZEV 2010 S. 305.

290 Lange in MüKo-BGB, § 2325, Rz. 48 m. w. N. Da zu diesem Zeitpunkt die Schenkung rechtlich wie wirtschaftlich bereits vollzogen ist, kommt die Abschmelzungsregel des Abs. 3 Satz 1 zur Anwendung.

291 Horn in Burandt/Rojahn, § 2325, Rz. 72; Müller-Engels in BeckOK-BGB, § 2325, Rz. 16.

292 Kappler/Kappler, ZEV 2017 S. 601, 606.

293 Herrler, ZEV 2010 S. 333, 338.

294 BGH, ZEV 2010 S. 305, 310.

295 Lange in MüKo-BGB, § 2325, Rz. 49; J. Mayer, DNotZ 2011 S. 89, 97.

schenkten ist vielmehr, dass der Erbe nach allgemeinen Grundsätzen für die Nachlassverbindlichkeit nur beschränkt haftet und der Nachlass nicht ausreicht, um die Forderung des Pflichtteilsberechtigten zu befriedigen. Dies kann sich aus § 2328 BGB ergeben. Eine solche Haftungsbegrenzung kann der Erbe aber auch durch Nachlassverwaltung oder Nachlassinsolvenz nach § 1975 BGB erreichen.[296] Es genügt aber auch die Erhebung der Dürftigkeitseinrede nach § 1990 BGB.

296 Im Prozess ist der Erbenvorbehalt nach § 780 ZPO geltend zu machen.

V. Die gewillkürte Erbfolge

Die gesetzliche Erbfolge tritt nur ein, soweit der Erblasser keine Verfügung von Todes wegen getroffen hat. 447

ABB. 6: Gewillkürte Erbfolge

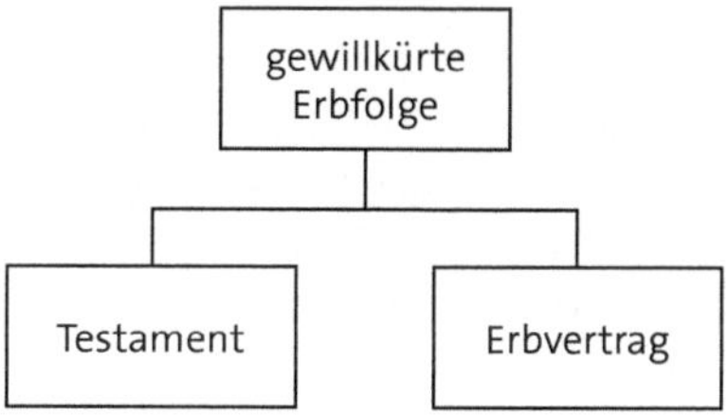

1. Allgemeines

Häufig bildet die gesetzliche Erbfolge nicht das ab, was sich der Erblasser als Nachlassregelung für sich vorstellt. Je größer und komplexer das Vermögen des Erblassers und je mehr Personen als gesetzliche Erben berufen wären, desto unwahrscheinlicher ist es, dass mit der gesetzlichen Erbfolge die Vorstellungen des Erblassers umgesetzt werden. So hat die finanzielle Absicherung des überlebenden Ehegatten meist hohe Priorität für den Mandanten. 448

Sind unternehmerische Vermögenswerte vorhanden, stellt sich die Frage, wer von den potenziellen Erben willens und fähig ist, die Unternehmensnachfolge im Familienunternehmen anzutreten. Die Fortführung eines Unternehmens mittels Erbengemeinschaft mit unterschiedlichen Persönlichkeiten und deren unterschiedlichen unternehmerischen und persönlichen Vorstellungen und Fähigkeiten ist jedenfalls nicht sinnvoll. Hier gilt es, eine geordnete und das Unternehmen sichernde Nachfolge aktiv zu gestalten und die zur Verfügung stehenden Gestaltungsmittel des Erbrechts optimal zu nutzen, wie bspw. Testamentsvollstreckung, Vermächtnisanordnungen, Auseinandersetzungsausschlüsse, Nacherben, Pflichtteilsverzichte usw. 449

Der Erblasser kann aber auch den Wunsch haben, sein Vermögen gerade nicht innerhalb der Familie weiterzugeben, sondern Dritte zu bedenken. Dies können Personen sein, die dem Erblasser persönlich nahestehen oder Institutionen, die gemeinnützig tätig sind. Nicht zu unterschätzen ist schließlich die erbschaftsteuerliche Gestaltungsoptimierung, die vielen Mandanten wichtig ist. 450

451 Neben dem seltener anzutreffenden Erbvertrag ist das Testament in der Praxis die meist verwendete Form für letztwillige Verfügungen. Mögliche Testamentsformen sind das eigenhändige und das notarielle (öffentliche) Testament. Ehegatten können zudem ein gemeinschaftliches Testament (in beiden Formen) errichten.

2. Testierfreiheit

452 Die Testierfreiheit ist als Bestandteil der Eigentumsgarantie vom Grundgesetz in Art. 14 Abs. 1 GG geschützt. Als Ausfluss der Eigentumsgarantie kann man hiernach selbst bestimmen, was mit dem Vermögen nach dem eigenen Tod passieren soll. Um dies selbstbestimmt beeinflussen zu können, kann der Erbe also durch letztwillige Verfügungen sein Vermögen nach seinen eigenen Vorstellungen verteilen.

a) Pflichtteilsrecht

453 Eine Grenze für das grds. geschützte Erbrecht bildet das gesetzliche Pflichtteilsrecht der Verwandten und des Ehegatten (§ 2303 BGB). Insoweit kann der Erblasser nicht frei über sein Vermögen verfügen. Das Pflichtteilsrecht ist nicht disponibel für den Erblasser.

b) Personengesellschaften

454 Ferner kann sich aus der Art des Vermögensgegenstandes eine Limitierung der Testierfreiheit ergeben. So gilt bei der qualifizierten Nachfolgeklausel im Gesellschaftsvertrag von Personengesellschaften der Grundsatz „Gesellschaftsrecht bricht Erbrecht". Die Vererbung von Anteilen an Personengesellschaften ist also nur möglich, soweit dies durch den Gesellschaftsvertrag gestattet ist.

c) Erbvertrag und gemeinschaftliches Testament

455 Ferner kann sich der Erblasser selbst durch vorangegangene Rechtsgeschäfte der Testierfreiheit entledigt haben, etwa durch Abschluss eines Erbvertrags oder durch ein bindend gewordenes gemeinschaftliches Testament. Während Erbverträge in der Praxis eher selten abgeschlossen werden, sind gemeinschaftliche Testamente der Regelfall bei Ehegatten. Hier kommt es in der Praxis häufig zu unliebsamen Überraschungen, wenn Ehegatten – ohne fachkundige Beratung – ein gemeinschaftliches Testament errichtet haben und der Überlebende feststellen muss, dass mit dem Tod seines Ehegatten die Änderungsbefugnis erloschen ist. Diese Rechtslage ist Laien oft unbekannt.

BEISPIEL: Die Eheleute M und F haben vier Kinder A, B, C und D. Sie haben sich in einem sog. Berliner Testament gegenseitig als Alleinerben eingesetzt, und als Erben des zuletzt Versterbenden haben sie ihre Abkömmlinge entsprechend den Regeln der gesetzlichen Erbfolge eingesetzt. Nach dem Tod des Ehemanns M kommt es innerhalb der Familie zu schweren Zerwürfnissen. Die vier Kinder sind teilweise untereinander zerstritten. Die Kinder A und B sind auch mit der Mutter F zerstritten, so dass A, B und F seit 10 Jahren nicht mehr miteinander sprechen. Nachdem die Kinder C und D sich stark um die inzwischen kranke Mutter F kümmern, möchte sie ihr Testament ändern und die beiden Kinder C und D als alleinige Erben zu je 1/2 einsetzen – die Kinder A und B möchte sie enterben. Ist dies möglich?

LÖSUNG: Hier ist nach § 2270 Abs. 2 BGB davon auszugehen, dass die Einsetzung der Abkömmlinge als Schlusserben des zuletzt Versterbenden wechselbezüglich ist. Daher kann die überlebende F die Erbeinsetzung diesbezüglich nicht mehr ändern (§ 2271 Abs. 2 BGB).

Ihre Testierfreiheit könnte F nur dadurch zurückerlangen, dass sie die Erbschaft auf Ableben ihres Ehemanns ausschlägt, was zum einen kaum gewollt sein dürfte und zum anderen wegen Ablaufs der Ausschlagungsfrist nicht mehr möglich ist.

In Betracht kommt allenfalls noch eine Anfechtung ihrer Verfügung nach § 2078 BGB wegen eines Motivirrtums. Aber selbst wenn man den Anfechtungsgrund und die erforderliche Kausalität bejaht, führt dies zur Unwirksamkeit der Verfügung der F und reflexartig zur Unwirksamkeit der wechselbezüglichen Verfügung des M (§ 2270 Abs. 1 BGB). Dadurch entfällt dann aber auch die Erbeinsetzung der F durch M, so dass auf Ableben des M gesetzliche Erbfolge eintritt. F wird danach nicht Alleinerbe des M, sondern Miterbin zu 1/2 neben den Abkömmlingen des M, was für F nicht erstrebenswert wäre.

Richtigerweise hätten M und F im Berliner Testament die Bindungswirkung ausschließen oder eingrenzen sollen, so dass der Überlebende frei oder in gewissem Umfang neu verfügen kann.

Der Erbvertrag beschränkt die Testierfreiheit des Erblassers, indem letztwillige 456
Verfügungen des Erblassers unwirksam sind, soweit sie das Recht des vertragsmäßig Bedachten beeinträchtigen würden. Die Unwirksamkeit bezieht sich sowohl auf Verfügungen, die der Erblasser vor als auch nach Abschluss des Erbvertrags getroffen hat (§ 2289 BGB). Wenn der Erblasser etwa seine Ehefrau erbvertraglich bindend als Alleinerbin eingesetzt hat, würde er ihr Erbrecht beeinträchtigen, wenn er nachträglich etwa eine Nacherbschaft anordnet (und die Ehefrau damit nur Vorerbin wird), Vermächtnisse aussetzt, Testamentsvollstreckung anordnet o. Ä.

Eine Teilungsanordnung stellt aufgrund der vorzunehmenden Ausgleichung 457
zwischen den Miterben jedenfalls keine wirtschaftliche Beeinträchtigung eines Miterben dar. Allerdings ist fraglich, ob nicht bereits die Anordnung der gegenständlichen Zuordnung per se eine Beeinträchtigung darstellt, da der Miterbe hierdurch von bestimmten Gegenständen ausgeschlossen wird. Hiergegen

kann aber eingewandt werden, dass der Vertragserbe ohnehin nicht schützenswert ist in seinem Vertrauen, bestimmte Gegenstände als Nachlassbestandteile zu erlangen. Denn der Erblasser ist gem. § 2286 BGB frei, über sein Vermögen durch Rechtsgeschäft unter Lebenden zu verfügen. Auf diesem Wege können also ohnehin bestimmte Gegenstände aus dem Nachlass entfallen.[297]

458 Beim gemeinschaftlichen Testament tritt die Bindung an die wechselbezüglichen Verfügungen mit dem Tod eines Ehegatten ein (§ 2271 Abs. 2 BGB). Zu beachten ist, dass sich die Bindungswirkung beim gemeinschaftlichen Testament nur auf **wechselbezügliche** Verfügungen bezieht. Das sind solche Verfügungen des einen Ehegatten, die nicht ohne die Verfügung des anderen getroffen sein würden (§ 2270 Abs. 1 BGB). Von den Ehegatten **einseitig** getroffene Verfügungen im gemeinschaftlichen Testament können sehr wohl noch abgeändert werden, auch wenn der eine Ehegatte schon verstorben ist. Bei wechselbezüglichen Verfügungen sind spätere letztwillige Verfügungen unwirksam, soweit sie der Bindung widersprechen. Dies entspricht der Rechtsfolge beim Erbvertrag.

459 Sowohl beim Erbvertrag als auch beim bindend gewordenen gemeinschaftlichen Testament kommen die Schutzvorschriften der § 2287 ff. BGB zur Anwendung (beim gemeinschaftlichen Testament in analoger Anwendung[298]). Durch die erweiternde Analogie gewährt die Rechtsprechung dem erbvertraglich oder durch ein gemeinschaftliches Testament Bedachten auch Schutz vor der schenkweisen Weggabe unter Lebenden.

460 Ist die Schenkung nicht durch ein „lebzeitiges Eigeninteresse" des Erblassers gerechtfertigt, kann der Gegenstand vom Erben kondiziert werden.[299] Die Beweislast dafür, dass kein lebzeitiges Eigeninteresse vorlag, ist gestuft: Behauptet der Bedachte, dass dieses bei der Schenkung gefehlt hat, muss der Beschenkte schlüssig die Umstände darlegen, welche für ein solches Interesse des Erblassers sprechen. Soweit dem Beschenkten dies gelingt, hat der Bedachte die angeführten Umstände zu widerlegen.[300]

297 Zum Ganzen nur Lange/Kuchinke, Erbrecht, § 25 VI 2a m. w. N.

298 BGH, NJW 2017 S. 329 f.

299 BGH, NJW 2017 S. 329; NJW-RR 2012 S. 207; NJW-RR 1996 133 f.; NJW 1992 S. 564, 566; BGHZ 82 S. 274, 282.

300 Weidlich in Grüneberg, § 2287, Rz. 9; Malitz in Münchener Anwaltshandbuch Erbrecht, § 7, Rz. 15 ff.

d) §§ 134, 138 BGB

Ferner findet die Testierfreiheit ihre Grenze in den allgemeinen Gesetzen, insbesondere in §§ 138 und 134 BGB. Von besonderer praktischer Bedeutung für § 134 BGB sind hier die landesgesetzlichen Regelungen in den entsprechenden Heimgesetzen. Vor dem Übergang der Gesetzgebungskompetenz vom Bund auf die Länder sah § 14 Abs. 1 HeimG a. F. Folgendes vor, was nun in den meisten landesrechtlichen Vorschriften zu finden ist: Dem Träger eines Heims war es hiernach verboten, sich von Heimbewohnern bzw. Bewerbern um einen Heimplatz geldwerte Leistungen versprechen oder gewähren zu lassen. Das Gleiche galt für Beschäftigte und sonstige Mitarbeiter des Heims (§ 14 Abs. 5 HeimG a. F.). Die Heimgesetze der nunmehr für die Gesetzgebung zuständigen Länder sehen entsprechende Regelungen vor. In Baden-Württemberg wurde das LHeimG BW ersetzt durch das „Gesetz für unterstützende Wohnformen, Teilhabe und Pflege (Wohn-, Teilhabe- und Pflegegesetz – WTPG)" v. 20.5.2014. In § 16 WTPG findet sich das entsprechende „Verbot der Leistungsannahme in stationären Einrichtungen und ambulant betreuten Wohngemeinschaften." Letztwillige Verfügungen, die gegen dieses Verbot verstoßen, sind gem. § 134 BGB nichtig. 461

§ 30 Abs. 1 BtOG (Betreuungsorganisationsgesetz) untersagt die Annahme einer Zuwendung von Todes wegen durch einen Berufsbetreuer. Die verbotene Annahme einer Zuwendung stellt zwar einen Verstoß gegen Berufspflichten dar, nicht jedoch einen Verstoß gegen ein gesetzliches Verbot i. S. von § 134 BGB.[301] 462

Sittenwidrig gem. § 138 BGB und somit nichtig ist eine letztwillige Verfügung, wenn sie gegen die guten Sitten verstößt. Dies ist der Fall, wenn sie dem Rechtsgefühl aller billig und gerecht Denkenden widerspricht. Maßstab ist der „anständige Durchschnittsmensch."[302] 463

Eine wirkliche Hilfe ist mit diesen allgemeinen Formeln nicht verbunden. Im Lichte der Grundrechte des Testierenden muss die Grenze für die Sittenwidrigkeit der letztwilligen Verfügung jedoch eng gezogen werden. Zur Erreichung eines objektivierten Beurteilungsmaßstabs ist es erforderlich, dass sich das „Verdikt der Sittenwidrigkeit auf eine klare, deutlich umrissene Wertung des Gesetzgebers oder allgemeine Rechtsauffassung stützen" kann.[303] Als Faustregel kann gesagt werden, dass Nichtigkeit nur in schwerwiegenden Ausnah- 464

301 OLG Nürnberg, ZEV 2023 S. 821.

302 Ellenberger in Grüneberg, § 138, Rz. 2.

303 BGHZ 123 S. 378; Wendt, ZErb 2010 S. 45 ff.; Lange, Erbrecht, § 12, Rz. 46.

mefällen in Betracht kommt. Schließlich ist das Erbrecht vom Grundsatz der Testierfreiheit bestimmt. Nur krass hervorstechende Konstellationen können als sittenwidrig gelten. So wurde bspw. ein Testament als sittenwidrig angesehen, das eine Berufsbetreuerin zu ihren Gunsten durch Einwirkung auf einen älteren, kranken und alleinstehenden Erblasser erreicht hat.[304] Umgekehrt hat ein anderes OLG ohne Vorliegen solcher verwerflichen Begleitumstände gerade keine Sittenwidrigkeit bei Annahme einer Zuwendung von Todes wegen durch einen Berufsbetreuer angenommen.[305]

465 Bei einer Zuwendung zugunsten eines behandelnden Arztes wurde keine Nichtigkeit des Testaments angenommen, auch wenn ein Verstoß gegen § 32 BO-Ä vorlag. Zwar stellen die Regelungen in den §§ 30 ff. der Berufsordnungen der Ärztekammern Verbotsgesetze i. S. des § 134 BGB dar. Verstößt ein Arzt hiergegen, führt dies jedoch nicht zur Unwirksamkeit des entsprechenden Testaments, da dies eine unverhältnismäßige Einschränkung der Testierfreiheit bedeuten würde.[306] Derartige Fälle können also nicht pauschal beantwortet werden, sondern bedürfen einer Betrachtung im Einzelfall unter Bewertung aller Begleitumstände.

466 Da letztwillige Verfügungen teilweise Jahrzehnte vor dem Erbfall errichtet wurden, stellt sich die weitere Frage, welcher Zeitpunkt für die Beurteilung der Sittenwidrigkeit maßgeblich ist. Angesichts sich stetig wandelnder Moralvorstellungen ist diese Frage von durchaus praktischer Bedeutung.

BEISPIEL:[307] Erblasser E ist homosexuell und hat 1962 im Alter von 22 Jahren seinen Freund F als Alleinerben eingesetzt.

Wenn man damals noch die Einsetzung des homosexuellen Freundes als etwas Sittenwidriges gewertet hat, ist dies heute zweifellos nicht mehr der Fall. Die Frage ist nun, ob die bei der Errichtung gegebene Sittenwidrigkeit und Nichtigkeit heute noch fortwirkt. Ist das Testament also wirksam oder nichtig?

467 Letztlich ist bis heute nicht höchstrichterlich geklärt, auf welchen Zeitpunkt für die Beurteilung der Sittenwidrigkeit abzustellen ist. In einer Entscheidung aus den 80er-Jahren[308] hielt der BGH noch den Zeitpunkt der Errichtung für maßgeblich, während er diese Frage zuletzt[309] offen ließ. Richtigerweise muss

304 OLG Celle, ZEV 2024 S. 175.

305 OLG Nürnberg, ZEV 2023 S. 821.

306 OLG Frankfurt a. M., ZEV 2024 S. 171.

307 Nach Lange, Erbrecht, § 12, Rz. 48.

308 BGH, JZ 1984 S. 583.

309 BGHZ 140 S. 118.

auf den Zeitpunkt des Erbfalls abgestellt werden.[310] Denn die Bejahung von § 138 BGB dient nicht dazu, den Erblasser zivilrechtlich dafür zu bestrafen, dass er (seinerzeit) etwas Sittenwidriges testiert hat. Vielmehr sichert § 138 BGB die aktuell geltende Rechtsordnung ab und verhindert solche Regelungen, die nach heutiger Auffassung keine Rechtswirksamkeit verdienen.

Ein objektiv missbilligtes Ergebnis soll heute objektiv verhindert werden. 468 Durch den Wandel der allgemeinen Wertvorstellungen erlangt das ursprünglich unwirksame Testament nachträglich Wirksamkeit.

Allerdings bringt diese Rechtsauffassung auch Probleme mit sich: Hat der Erb- 469 lasser erkannt, dass seine ursprüngliche Verfügung nichtig ist, geht er u. U. davon aus, dass mangels wirksamer Verfügung gesetzliche Erbfolge eintritt – was er gutheißt. Wird die Verfügung nun nachträglich wirksam, ist zunächst fraglich, ab wann genau die Wirksamkeit gegeben ist. Denn Wertvorstellungen ändern sich nicht stichtagsgenau.

Außerdem ist sich der Erblasser ggf. gar nicht darüber im Klaren, dass seine 470 Verfügung wirksam ist. Problematisch ist dies dann, wenn der Inhalt der wirksam gewordenen Verfügung nicht (mehr) seinem Willen entspricht. Rechtsunsicherheit ist die Folge.

HINWEIS:

Hat sich aufgrund gewandelter Moralvorstellungen die Wirksamkeit eines früheren Testaments verändert, empfiehlt sich eine Aktualisierung des Testaments bzw. eine explizite Aufhebung.

e) Das Geliebtentestament

Das sog. Geliebtentestament stellte lange Zeit den wichtigsten Anwendungs- 471 fall von sittenwidrigen Testamenten dar. Der Erblasser setzte hierin seine Geliebte unter Ausschluss von Ehefrau und Kindern als Erbin ein. Nach heutiger Auffassung ist aufgrund gewandelter Moralvorstellungen hier allenfalls dann von Sittenwidrigkeit auszugehen, wenn die Geliebte bei bestehender Ehe ausschließlich für sexuelle Hingabe belohnt wird, ohne dass andere achtenswerte Motive erkennbar sind.[311] Allerdings ist die Rechtsentwicklung angesichts weiterer Liberalisierungen in den Moral- und Wertvorstellungen hier im Fluss, so dass die Annahme von Sittenwidrigkeit tendenziell abnimmt.[312]

310 So überzeugend Lange, Erbrecht, § 12, Rz. 48 ff. m. w. N.

311 BGH, JZ 1984 S. 583; BGHZ 52 S. 17, 20; OLG Frankfurt a. M., FamRZ 1995 S. 1026.

312 Hierzu schon Armbrüster, NJW 2002 S. 2763; Schnabl/Hamelmann, Jura 2009 S. 161.

BEISPIEL: Erblasser E ist verheiratet mit F. Als Alleinerbin hat E die P eingesetzt, die er 16 Jahre vor seinem Tod als Prostituierte kennengelernt hatte und mit der er seitdem ein außereheliches Verhältnis pflegte. Vier Jahre vor seinem Tod zog er mit P zusammen. Das den Eheleuten E und F als Miteigentümer zu je 1/2 gehörende Wohnhaus wird von F allein bewohnt. Nachdem P die Alleinerbin von E wurde, gehörte die Immobilie folglich den Miteigentümern P und F zu je 1/2.

Obwohl eine Teilungsversteigerung drohte, hat das OLG Düsseldorf[313] dennoch keine Sittenwidrigkeit der letztwilligen Verfügung angenommen. Insbesondere liege kein „besonders hervorstechender Ausnahmefall einer Zurücksetzung von Familienangehörigen“ vor.

f) Eingriffe in den persönlichen Lebensbereich

472 In einem prominenten Erbstreit im Hause Hohenzollern hat der BGH[314] geurteilt, dass erbrechtliche Regelungen wirksam sind, auch wenn sie dem Bedachten auf der Grundlage des fürstlichen Hausgesetzes Nachteile bei der Eingehung einer nicht hausverfassungsmäßigen Ehe in Aussicht stellen. Das BVerfG[315] hat in einer hiergegen erhobenen Verfassungsbeschwerde jedoch festgestellt, dass der BGH die streitige Ebenbürtigkeitsklausel zwar als wirksam angesehen hat, es aber versäumt hat, den Bedeutungsgehalt des Grundrechts des Erben aus Art. 6 GG unter allen in Betracht kommenden Gesichtspunkten zu würdigen, die möglicherweise zur Sittenwidrigkeit der Klausel führen könnten. Im Ergebnis hob das BVerfG die Entscheidung auf und erklärte grds. für entscheidend, ob die Bedingung einen unzumutbaren Druck auf den Bedachten auszuüben vermag, der ihn in seinen Grundrechten beeinträchtigt („Drucktheorie“).[316]

473 Das nach Zurückverweisung erneut befasste LG Hechingen betrachtete die Heiratsklausel wegen Verstoßes gegen den Grundsatz von Treu und Glauben als unwirksam.[317] Das OLG München[318] hat hingegen nachfolgende Eheschließungsklausel als wirksam erachtet: *„Sollte mein Sohn A. seine Lebensgefährtin L. heiraten, wird er enterbt.“*

474 Tendenziell sittenwidrig sind Verfügungen hingegen immer dann, wenn sie in den persönlichen Lebensbereich Anderer einzugreifen versuchen. Dem Grundrechtsschutz der Begünstigten kommt hier hohe Bedeutung zu. So überschrei-

313 OLG Düsseldorf, FamRZ 2009 S. 545.

314 BGH, NJW 1999 S. 566; BGHZ 53 S. 369, 375 ff.; BGHZ 112 S. 259, 262.

315 BVerfG, NJW 2004 S. 2008.

316 Hierzu Breustedt, ZEV 2021 S. 670, 672.

317 LG Hechingen, FamRZ 2006 S. 1408, 1411. Zum Ganzen auch Breustedt, ZEV 2021 S. 670.

318 OLG München, ZEV 2025 S. 103, m. Anm. Muscheler.

tet die Testierfreiheit die Grenze der Sittenwidrigkeit, wenn etwa nahe Angehörige aus rassischen oder religiösen Gründen diskriminiert werden oder wenn der Erblasser den Bedachten zu einem künftigen Verhalten bestimmen oder von ihm abhalten will und hierdurch in höchstpersönliche Lebensentscheidungen des Bedachten eingreift.[319] So ist etwa die Erbeinsetzung des Kindes unter der auflösenden Bedingung, dass dieses ehelos bleibt, die Priesterweihe erhält oder konvertiert, sittenwidrig.

Trotz des Einflusses der Religionsfreiheit wurde es jedoch als wirksam erachtet, erbrechtliche Nachteile an die Zugehörigkeit zu einer Sekte zu knüpfen.[320] 475

HINWEIS:

Die Frage nach der Sittenwidrigkeit kann kaum eindeutig pauschal beantwortet werden. Sie bedarf stets einer Beurteilung aller Umstände des Einzelfalls. Wünscht der Mandant eine letztwillige Verfügung, die u. U. sittenwidrig sein könnte, müssen Sie ihn über die bestehende Rechtsunsicherheit und mögliche Nichtigkeit der Verfügung belehren. Gegebenenfalls ist für den Fall der Sittenwidrigkeit vorsorglich eine alternative letztwillige Verfügung vorzuschlagen, die dem Willen des Mandanten eher entspricht als die sonst eintretende gesetzliche Erbfolge.

BEISPIEL:[321] Erblasser E hatte zu Lebzeiten ein sehr inniges und vatergleiches Verhältnis zu seinen beiden minderjährigen Enkeln, während er mit seinem Sohn (dem Vater der Enkel) keinen Kontakt pflegte. E hinterlässt folgendes Testament: "Hiermit setze ich meine beiden geliebten Enkel Ernie und Berthold zu je 1/4 und meine Cousine Cassandra zu 1/2 als Erben ein. Die Erbeinsetzung meiner beiden Enkel erfolgt unter der Bedingung, dass sie mich zu Lebzeiten mindestens sechs Mal im Jahr besuchen. Denn ich hänge sehr an ihnen. Anderenfalls sollen deren Erbteile ebenfalls meiner Cousine zufallen. Mein Sohn ist enterbt."

Wer ist Erbe geworden?

LÖSUNG: Im Rahmen der vorzunehmenden Grundrechtsabwägung zwischen dem von Art. 14 GG geschützten Erblasserwillen einerseits und der von Art. 2 Abs. 1 GG geschützten Entschließungsfreiheit der minderjährigen Enkelkinder andererseits, ist die Verfügung wohl als sittenwidrig anzusehen,[322] greift sie doch in unzulässiger Weise in die Freiheitsrechte der Enkelkinder ein, indem unzumutbarer Druck ausgeübt wird.

319 Nachweis zur Rspr. des RG bei Ellenberger in Grüneberg, § 138, Rz. 49.

320 OLG Düsseldorf, NJW 1988 S. 2615.

321 Frei nach OLG Frankfurt a. M., ZEV 2019 S. 212.

322 OLG Frankfurt a. M., ZEV 2019 S. 212.

Fraglich ist nun, welche Rechtsfolge sich aus der Sittenwidrigkeit ergibt:

Zum einen ist denkbar, dass nur die Bedingung selbst, nicht aber die Erbeinsetzung nichtig wird („Schutzzwecklehre").[323] Die Erbeinsetzung der Enkel wäre dann (als unbedingte) wirksam.

Zum anderen kommt eine Umdeutung nach § 140 BGB und ein Abstellen auf den hypothetischen Erblasserwillen in Betracht.[324] Denn die bloße Beseitigung der sittenwidrigen Bedingung über § 2085 BGB und damit die Aufrechterhaltung einer **unbedingten** Verfügung könnte dem Willen des Erblassers widersprechen. Die Freiheitsrechte des Prätendenten würden dann über Gebühr geschützt.[325]

Im vorliegenden Praxisbeispiel ist nach dem OLG Frankfurt a. M.[326] entscheidend: Der Eingriff in die Testierfreiheit des Erblassers ist so gering wie möglich zu halten. Es ist zu fragen, ob der Erblasser – hätte er gewusst, dass die von ihm aufgestellte Besuchsbedingung unwirksam ist – bei Testamentserrichtung gewollt hätte, dass jedenfalls die Erbeinsetzung seiner Enkelkinder aufrechterhalten bleibt. Hätte er also eher eine unbedingte als gar keine Zuwendung gemacht?

Im vorliegenden Beispielsfall sprechen die Gesamtumstände eher für eine unbedingte Zuwendung an die „geliebten" Enkelkinder als für deren Enterbung. Denn es kam dem Erblasser erkennbar darauf an, dass die Enkelkinder, die ihm sehr wichtig waren, weiterhin den Kontakt zu ihm halten. Er hätte also eher eine unbedingte Erbeinsetzung gewollt und keine Enterbung der Enkel, hätte er die Sittenwidrigkeit seiner Bedingung erkannt.

Die Enkel wurden Erben zu je 1/4, die Cousine zu 1/2.

g) Das Behindertentestament

476 Hat der Erblasser ein Kind mit Behinderung, kommt ggf. das sog. „Behindertentestament" zum Einsatz.

477 Dieses hat zum Ziel, die Lebensverhältnisse des Kindes über das Niveau anzuheben, das dem Sozialleistungsstandard entspricht. Die Lebenssituation eines in einem Heim wohnenden Kindes soll dadurch also praktisch verbessert werden. Gleichzeitig soll die wesentliche Substanz des Familienvermögens dauerhaft über den Tod des behinderten Kindes hinaus für die Familie oder andere Personen oder Einrichtungen gesichert werden. Hierfür gilt es, das Vermögen dem Zugriff des Sozialhilfeträgers zu entziehen – was per se als sittenwidrig eingestuft werden könnte.

323 Leipold in MüKo-BGB, § 2074, Rz. 28; Gursky/Lettmaier, Erbrecht, Rz. 125.

324 Otte, JA 1985 S. 200; zum Ganzen m. w. N. Breustedt, ZEV 2021 S. 670.

325 Was aber gilt, wenn sich gerade keine unbedingte Verfügung als hypothetischer Wille ausmachen lässt? Dann wiederum werden sehr unterschiedliche Ansichten vertreten. Die wohl überwiegende Mehrheit nimmt an, dass die gesamte Verfügung nichtig ist, während Andere im Rahmen einer „ergänzenden Auslegung" dazu kommen, die Zuwendung als unbedingt zu behandeln; vgl. zum Meinungsstand nur Breustedt, ZEV 2021 S. 670, 672.

326 OLG Frankfurt a. M., ZEV 2019 S. 212.

Jedoch hat der BGH in mehreren Entscheidungen nunmehr gefestigt entschieden, dass entsprechende Gestaltungen nicht sittenwidrig sind.[327] Auch die Sozialhilfeträger haben sich nun meist hierauf eingestellt und akzeptieren die grds. Wirksamkeit derartiger Gestaltungen. Rechtsstreite befassen sich weniger mit der Wirksamkeit solcher Gestaltungen dem Grunde nach, sondern mit Detailfragen im Einzelfall.[328] Die genaue Beobachtung der Rechtsentwicklung ist geboten, wenn Sie ein Behindertentestament errichten. Siehe hierzu →Rz. 977. 478

3. Testierfähigkeit

Testierfähigkeit i. S. des § 2229 BGB ist die Fähigkeit, ein Testament zu errichten, zu ändern oder aufzuheben. Die Testierfähigkeit ist ein Unterfall der Geschäftsfähigkeit. Beide Begriffe decken sich weitgehend. Die Testierfähigkeit kann eingeschränkt sein, entweder aufgrund des zu geringen Alters oder wegen Einschränkungen der Geistestätigkeit. Die sich aus dem Lebensalter ergebenden Einschränkungen sind in nachfolgender Übersicht dargestellt: 479

Alter des Erblassers: 0–15 Jahre	Testierunfähig, § 2229 Abs. 1 BGB
Alter des Erblassers: 16–17 Jahre	Beschränkt testierfähig: ► nur öffentliches Testament, ► kein eigenhändiges Testament, ► kein Erbvertrag, ► §§ 2229 Abs. 1, 2233 Abs. 1, 2247 Abs. 4, 2275 BGB
Alter des Erblassers: 18 Jahre oder mehr	Voll testierfähig

a) Minderjährige

Die Testierfähigkeit kann zunächst daran scheitern, dass der Testierende das 16. Lebensjahr noch nicht vollendet hat (§ 2229 Abs. 1 BGB). Ist der Minderjährige mindestens 16 Jahre alt, kann er aber auch ohne Zustimmung seines gesetzlichen Vertreters testieren. Allerdings bedarf es dann der Mitwirkung eines Notars, um die Beratung für den Minderjährigen sicherzustellen. Der Minderjährige kann also nicht durch ein eigenhändig geschriebenes Testament testie- 480

327 BGHZ 111 S. 36; BGH, NJW 1994 S. 248; BGH, ZEV 2005 S. 117; BGH, ZEV 2006 S. 76; BGH, NJW 2011 S. 1586; BGH, FamRZ 2013 S. 874.

328 Spall in Münchener Anwaltshandbuch Erbrecht, § 41, Rz. 18.

ren, sondern nur durch ein öffentliches Testament zur Niederschrift des Notars oder durch Übergabe einer offenen Schrift (§ 2233 BGB Abs. 1 BGB).

481 In einem Erbvertrag kann ein Minderjähriger wegen der damit verbundenen Risiken und der sofort eintretenden Bindungswirkung nicht testieren (§ 2275 Abs. 1 BGB). Vor Vollendung des 16. Lebensjahres kann der Minderjährige somit überhaupt nicht testieren, mag der Minderjährige auch noch so einsichtsfähig und/oder vermögend sein.

482 Eine Stellvertretung etwa durch den gesetzlichen Vertreter oder einen gerichtlich bestellten Pfleger scheitert bereits am Grundsatz der Höchstpersönlichkeit der letztwilligen Verfügung (§ 2064 BGB).

483 Der Minderjährige konnte nach der früheren Fassung des § 2275 Abs. 2 BGB mit seinem Ehepartner einen Erbvertrag schließen, auch wenn er in der Geschäftsfähigkeit beschränkt war. In diesem Fall war die Zustimmung seines gesetzlichen Vertreters erforderlich. Mit Inkrafttreten des Gesetzes zur Bekämpfung von Kinderehen[329] am 22.7.2017 ist diese Möglichkeit entfallen. Seitdem können Minderjährige nicht mehr mit ihrem Ehepartner einen Erbvertrag abschließen.

484 Ferner ist es dem Minderjährigen bereits verwehrt, die Ehe einzugehen. Während früher die Eheschließung gem. § 1303 Abs. 2 BGB a. F. ab dem 16. Lebensjahr möglich war, wenn das Familiengericht zustimmte, dürfen seit dem 22.7.2017 nur noch Volljährige die Ehe eingehen (§ 1303 Satz 1 BGB).

485 Wurde allerdings entgegen dieser Vorschrift eine Ehe von einem 16- oder 17-Jährigen eingegangen (wohlgemerkt spricht § 1303 von „dürfen" – nicht von „können"), ist diese nicht nichtig. Dies wäre nur der Fall, wenn ein Ehegatte das 16. Lebensjahr nicht vollendet hätte (§ 1303 Satz 2 BGB). Vielmehr unterliegt die Ehe gem. § 1314 Abs. 1 Nr. 1 BGB der Aufhebung. Sie ist also zunächst gültig, kann aber auf Antrag mit Wirkung für die Zukunft aufgelöst werden. Antragsberechtigt ist jeder Ehegatte sowie die zuständige Verwaltungsbehörde (§ 1316 Abs. 1 Nr. 1 BGB).

b) Einsichtsfähigkeit

486 Nach der Negativdefinition des § 2229 Abs. 4 BGB ist eine Person nicht testierfähig, wenn sie wegen krankhafter Störung der Geistestätigkeit, wegen Geistesschwäche oder wegen Bewusstseinsstörung nicht in der Lage ist, die Bedeutung einer von ihr abgegebenen Willenserklärung einzusehen und nach dieser

329 Vom 17.7.2017, BGBl 2017 I S. 2429.

Einsicht zu handeln. Das Gesetz regelt somit nur die Testierunfähigkeit. Im Umkehrschluss ist also jeder, der das 16. Lebensjahr vollendet hat – bis zur Feststellung des Gegenteils – testierfähig.

Die Testierfähigkeit beinhaltet drei Elemente, nämlich 487

1. das Wissen, überhaupt ein Testament zu errichten;
2. die Fähigkeit zur Einsicht in die Bedeutung der Verfügungen;
3. die dementsprechende Handlungsfähigkeit.

Der Erblasser muss den Inhalt seiner Anordnungen verstehen und sich darüber 488 im Klaren sein, welche persönlichen und wirtschaftlichen Auswirkungen seine Verfügungen für die Bedachten haben. Er muss frei von Einflüssen Dritter handeln können. Nicht jede krankhafte Störung der Geistestätigkeit, Geistesschwäche oder Bewusstseinsstörung schließt die Testierfähigkeit einer Person aus; vielmehr muss die beschriebene Einsichtsfähigkeit dadurch aufgehoben sein. Solche Störungen der Geistestätigkeit zeigen sich oft im hohen Alter von Personen in Form von Demenz u. Ä. Auch hirnorganische Syndrome, Schizophrenie, Alkoholsucht, aber auch bipolare Störungen **können** je nach Ausprägung die Testierfähigkeit aufheben – müssen es aber nicht. Es ist stets zwingende Voraussetzung, dass durch die Symptome eine Geisteskrankheit oder erhebliche Geistesschwäche verursacht wird, welche die freie Willensbestimmung ausschließt oder zu einer starken Bewusstseinsstörung führt. Hieran kann es fehlen, wenn ein an Alkoholsucht, bipolarer Störung oder Depression Erkrankter vor seinem Freitod im Abschiedsbrief angibt, seine gesamten Erbschaftsangelegenheiten noch regeln zu wollen. Hierdurch zeigt er ein planvolles, strukturiertes Verhalten im erbrechtlichen Bereich, was einer Testierunfähigkeit zum Zeitpunkt der Testamentserrichtung entgegensteht.[330]

Vorübergehende Bewusstseinsstörungen sind wie Störungen der Geistestätig- 489 keit zu behandeln. Dies ist der Fall bei einem Vollrausch, Drogenrausch, bei Hypnose oder bewusstseinstrübenden psychischen Ausnahmesituationen.

Willensschwache Personen sind nicht per se testierunfähig – können es aber 490 sein, wenn sie im Extremfall keine eigenen vernünftigen Erwägungen anstellen können. Anregungen Dritter können übernommen werden, solange sie durch den eigenen Willen gedeckt sind.

Personen mit psychopathischen oder querulatorischen Charakterzügen verlie- 491 ren nicht zwingend die Testierfähigkeit, solange dadurch nicht die Einsichts-

330 OLG Brandenburg, BeckRS 2024 S. 6177.

fähigkeit in Bezug auf die für das Testament maßgeblichen Umstände und Personen verloren geht.

492 Altersbedingte Minderungen der geistigen Leistungsfähigkeit – auch mit vorübergehenden Zuständen der Desorientiertheit – führen nicht zwingend zur Testierunfähigkeit. Im sog. „lichten Moment“ kann der ansonsten Testierunfähige vollwirksam testieren.

c) Beurteilungszeitpunkt

493 Der maßgebliche Zeitpunkt für die erforderliche Testierfähigkeit ist der Zeitraum vom Beginn bis zum Abschluss des Testiervorgangs: beim privatschriftlichen Testament also mit Beginn des Niederschreibens bis zur Unterschrift und beim notariellen Testament von Beginn bis Abschluss der Beurkundung durch Unterschriftsleistung. Hat der Erblasser dem Notar jedoch mündlich mitgeteilt, welche Regelungen er wünscht, muss er bei anschließender Verlesung der vom Notar weisungsgemäß formulierten Verfügungen, beim mündlichen Genehmigen und der abschließenden Unterschriftsleistung nicht mehr testierfähig sein. Ausreichend ist es, wenn der Verfügende in diesem Moment zumindest noch die Bedeutung des Testaments erkennen kann.[331] Ist der Testierende vor Errichtung oder nach Errichtung testierunfähig, ist dies unerheblich.

d) Die Beweislast

494 Hinsichtlich der Beweislast für oder gegen die Testierfähigkeit gilt Folgendes:

495 Jede Person gilt im Ausgangspunkt als voll testierfähig, solange nicht das Gegenteil bewiesen ist. Dies gilt selbst dann, wenn der Erblasser unter Betreuung steht.[332] Im Verfahren der freiwilligen Gerichtsbarkeit gilt der Amtsermittlungsgrundsatz (§ 26 FamFG).

496 Die Feststellungslast liegt nach allgemeinen Grundsätzen bei demjenigen, der sich auf die fehlende Testierfähigkeit beruft. Beruft sich jemand auf die fehlende Testierfähigkeit des Erblassers, muss er dies mit erheblichen Indizien unterlegen. Ansonsten muss das Nachlassgericht keine Beweiserhebung vornehmen. Nicht ausreichend ist es, wenn lediglich auf den schwindenden Verstand des Erblassers verwiesen wird. Bei verbleibenden Zweifeln trotz Ausschöpfung aller Aufklärungsmöglichkeiten trifft die Feststellungslast auch im Verfahren

331 Lange, Erbrecht, § 11, Rz. 17.
332 OLG Frankfurt a. M., FamRZ 1996 S. 635.

der freiwilligen Gerichtsbarkeit denjenigen, der sich auf die Unwirksamkeit des Testaments beruft.[333]

Da Sie als Berater (Beweis-)Probleme antizipieren müssen und immer der sicherste Weg zu gehen ist, kann es angezeigt sein, dem Mandanten die Einholung eines ärztlichen Attestes zur Nachweissicherung der Testierfähigkeit aufzuzeigen. Freilich wird der Berater sorgfältig überlegen, ob und wie er seinem Mandanten diesen Vorschlag unterbreitet. Von Bedeutung sind hier natürlich das Alter und der gesundheitliche Gesamtzustand des Mandanten, aber auch das Risiko, dass wegen schwieriger familiärer Verhältnisse mit Offensiven gegen das Testament zu rechnen ist. 497

HINWEIS:

Fingerspitzengefühl!

Bitte seien Sie sich darüber bewusst: Auch bei größtem Fingerspitzengefühl kann der Mandant gekränkt oder im schlimmsten Fall das Vertrauensverhältnis zerstört werden. Hilfreich kann es daher sein, wenn Sie die Problematik der Testierunfähigkeit losgelöst vom konkreten Mandanten erörtern. Eine abstrakte Darstellung der möglichen Szenarien und die Vorsorgemaßnahmen bezieht der Mandant weniger auf sich selbst, sondern versteht sie als objektiv sinnvolle Vorsichtsmaßnahmen bei jeder Nachfolgeplanung. Unproblematisch ist auch die Empfehlung, dass Zeugenaussagen und Arztbriefe gesichert und eigene Wahrnehmungen durch Aktenvermerke niedergelegt werden.

Muss das Nachlassgericht zur Testierfähigkeit ermitteln, ist es meist auf Krankenakten und Aussagen der behandelnden Ärzte angewiesen. Hierbei ist problematisch, dass die ärztliche Schweigepflicht über den Tod des Erblassers hinauswirkt. Aus dem ausdrücklich oder konkludent erklärten oder mutmaßlichen Willen des Erblassers kann jedoch eine Einwilligung für den früheren Arzt des Erblassers abgeleitet werden. Schließlich entspricht es dem (mutmaßlichen) Willen des Erblassers, dass sein letzter Wille auch umgesetzt wird.[334] 498

Nach § 28 BeurkG soll der Notar seine Wahrnehmungen über die erforderliche Geschäfts- und Testierfähigkeit in der Niederschrift vermerken. Diese in der Urkunde festgehaltenen Wahrnehmungen des Notars zur Testierfähigkeit entfalten volle Beweiskraft nach § 418 ZPO. Die inhaltliche Beurteilung des Notars über die Testierfähigkeit unterliegt jedoch der freien Beweiswürdigung (§ 286 ZPO).[335] 499

333 OLG Brandenburg, BeckRS 2025 S. 23967 Rz. 34; KG, Beschluss v. 25.7.2024 - 19 W 76/23.

334 OLG Frankfurt a. M., FamRZ 1997 S. 1306, 1307; BGHZ 91 S. 392, 400.

335 Wenn der Notar von der Testierunfähigkeit des Mandanten überzeugt ist, hat er nach § 11 Abs. 1 BeurkG die Beurkundung abzulehnen.

500 Als weiteres Beweismittel kommt auch die Vernehmung des beurkundenden Notars oder des beratenden Rechtsanwalts in Frage. Bleiben hiernach dennoch Unsicherheiten für das Gericht zurück, wird es einen Gutachter beauftragen. Regelmäßig ist dies ein Neurologe, Psychiater oder Rechtsmediziner. Dass die psychische Begutachtung eines Verstorbenen eine besondere Herausforderung für die Wahrheitsfindung darstellt, liegt auf der Hand. Gerade bei den praktisch häufigen Fällen von Demenz besteht dieses Problem regelmäßig, da eine ausführliche Begutachtung und Feststellung des Krankheitsbilds zu Lebzeiten vielfach nicht erfolgt ist.[336]

501 Bleiben auch hiernach noch Zweifel, ist von der Testierfähigkeit auszugehen – schließlich konnte nicht das Gegenteil bewiesen werden.[337]

502 Wurde das Testament durch einen Notar beurkundet, kann dies unter Umständen eine gewisse Erleichterung für die Beweisführung bedeuten. Denn jeder Notar hat die Amtspflicht, sich vor der Beurkundung von der Geschäfts- bzw. Testierfähigkeit zu überzeugen. Der Notar wird sich in einem persönlichen Gespräch ein Bild darüber verschaffen, ob der Beteiligte die erforderliche Geschäftsfähigkeit besitzt. Der Notar soll seine Wahrnehmungen über die erforderliche Geschäftsfähigkeit des Erblassers in der Niederschrift vermerken (§ 28 BeurkG).

HINWEIS:

Rechnen Sie im konkreten Mandat damit, dass die Testierfähigkeit zum späteren Streitfall werden könnte, sollte die notarielle Beurkundung der Verfügungen empfohlen werden – auch wenn sie zusätzliche Kosten verursacht.

503 Hat der Notar Zweifel an der Geschäftsfähigkeit eines Beteiligten, soll der Notar dies ebenfalls in der Niederschrift feststellen (§ 11 Abs. 1 Satz 1 BeurkG). Fehlt einem Beteiligten nach der Überzeugung des Notars die erforderliche Geschäftsfähigkeit, so soll die Beurkundung abgelehnt werden (§ 11 Abs. 1 Satz 2 BeurkG). Hat der Notar Zweifel an der Geschäftsfähigkeit, wird er im Zweifel dennoch beurkunden, um sich nicht schadensersatzpflichtig zu machen, wenn der Beteiligte sich als geschäftsfähig herausstellt – eine Beurkundung aber nicht nachgeholt werden kann – entweder weil der Beteiligte verstorben ist oder geschäftsunfähig geworden ist. Hat der Notar entsprechende

336 Stahl/Ejlli in Münchener Anwaltshandbuch Erbrecht, § 5 Rz. 40 ff.

337 Zur Feststellung der Testierfähigkeit im nachlassgerichtlichen Verfahren im Detail Kroiß, ZEV 2023 S. 575 ff.

Zweifel in der Urkunde vermerkt, muss das Nachlassgericht von Amts wegen zur Testierfähigkeit ermitteln.[338]

Die vom Notar in der Urkunde festgehaltenen tatsächlichen Feststellungen nehmen an der Beweiskraft der öffentlichen Urkunde gem. § 418 ZPO teil.[339] Hat der Notar pflichtwidrigerweise einen entsprechenden Vermerk unterlassen, ist die Beurkundung nicht unwirksam. Die Urkunde scheidet nur als ein Beweismittel aus. An der freien Beweiswürdigung durch das Gericht ändert dies nichts. 504

BEISPIEL: In folgendem Praxisbeispiel ist ausnahmsweise von einer Umkehr der Beweislast auszugehen:
Der Erblasser E ist bewiesenermaßen zwischen Januar 2018 und Januar 2019 testierunfähig gewesen. Davor und danach war er testierfähig. Es findet sich ein nicht mit Datum versehenes – aber ansonsten formwirksames – Testament des E, in welchem A als Alleinerbe eingesetzt wird. Entgegen der allgemeinen Regel muss nun A, der sich auf die Wirksamkeit des Testaments beruft, beweisen, dass das Testament nicht zwischen Januar 2018 und Januar 2019 errichtet wurde.[340]

4. Inhalte letztwilliger Verfügungen

a) Allgemeines

Das deutsche Erbrecht geht von dem tragenden Grundsatz der Universalsukzession gem. § 1922 BGB aus. Verstirbt eine Person, treten der Erbe oder die Erben als Gesamtrechtsnachfolger in sämtliche Rechtspositionen des Erblassers ein. Sämtliche Rechte und Pflichten gehen auf den oder die Erben über. Etwas anderes gilt nur ausnahmsweise, wenn es sich um nicht-vererbliche Rechtspositionen oder Gegenstände handelt. Jeder Mensch hat – nachdem er gestorben ist – zwingend einen Erben. 505

Wer dieser Erbe ist, ergibt sich vorrangig aus der letztwilligen Verfügung des Erblassers und nachrangig aus der gesetzlichen Erbfolge. Gibt es keine letztwillige Verfügung und auch keine Verwandten des Erblassers, wird der Staat (gesetzlicher) Erbe. Verstirbt ein Mensch, muss es also immer einen Erben geben. Der Bestimmung des Erben im Testament kommt somit überragende Bedeutung zu, wird hierdurch nicht weniger als der Gesamtrechtsnachfolger des Verstorbenen bestimmt. 506

338 OLG Düsseldorf, BeckRS 2013 S. 6209.

339 Zum (fehlenden) besonderen Beweiswert einer Aussage des Notars vgl. OLG Hamm, ZEV 2021 S. 791.

340 In Anlehnung an BayObLG, NJW-RR 1996 S. 1160.

507 Die Einsetzung eines Erben ist meist der überragende Grund, weshalb überhaupt ein Testament errichtet wird. Rechtlich und tatsächlich ist somit die Erbeinsetzung im Testament die wichtigste Regelung.[341] Handelt es sich bei den Erben um mehrere Personen, treten diese als Gesamtheit (Erbengemeinschaft) in sämtliche Rechtspositionen des Verstorbenen ein.

508 Personen, die nicht Erben werden, können ebenso am Nachlass partizipieren, etwa indem sie Vermögensgegenstände als Vermächtnis zugewandt bekommen. Diese Nicht-Erben erlangen jedoch nicht automatisch mit dem Eintritt des Erbfalls eine dingliche Rechtsposition am Gegenstand; sie werden nicht Sonderrechtsnachfolger in Bezug auf den vermachten Gegenstand. Vielmehr muss dieser durch Rechtsgeschäft unter Lebenden von dem oder den Erben an den Vermächtnisnehmer übertragen werden (z. B. durch § 929 BGB oder § 398 BGB o. Ä.). Darüber hinaus kann in der letztwilligen Verfügung Weiteres angeordnet werden, um den Willen des Erblassers bestmöglich umzusetzen.

b) Die Bestimmung des Erben

509 Da es keinen herrenlosen Nachlass geben kann, muss es einen oder mehrere Erben geben.

510 Als Berater ist es Ihre vorrangige Aufgabe, in dem Testament die Person des Erben explizit und eindeutig zu benennen. Aber auch, wenn in dem Testament gerade keine Erbeinsetzung erfolgen soll, sondern lediglich andere Verfügungen getroffen werden wie Vermächtnisse, Auflagen oder Anordnung von Testamentsvollstreckung, sollte explizit klargestellt werden, wer Erbe ist. Es sollte also klargestellt werden, dass sich die Erbfolge nach der gesetzlichen Erbfolge richtet.

511 **Formulierungsbeispiel:**

„Auf mein Ableben soll gesetzliche Erbfolge eintreten.

Meine gesetzlichen Erben belaste ich mit nachfolgenden Vermächtnissen:

- *Meine Cousine C erhält als Vermächtnis 10.000 € in bar.*
- *(...).“*

512 Die einfachste Variante ist zunächst die Einsetzung einer Person als Alleinerben. Möglich ist aber auch, dass der Erblasser mehrere Personen als Erben-

341 In wirtschaftlicher Hinsicht können Nicht-Erben allerdings in stärkerem Maße am Nachlass partizipieren, etwa wenn sie als Vermächtnisnehmer nahezu den gesamten Nachlass zugewiesen erhalten (Universalvermächtnis).

gemeinschaft zu seinen Erben bestimmt. Mangels näherer Bestimmung werden diese zu gleichen Teilen Erben.

Der Erblasser kann davon abweichend aber auch die Quoten für die jeweiligen Erben festlegen. 513

Hat der Erblasser hingegen die Quoten für mehrere Erben nicht selbst festgelegt, ergeben sich Auslegungsfragen: Ein Erblasser hat keine explizite Erbeinsetzung im Testament vorgenommen, seinen Nachlass aber vollständig durch Einzelzuweisungen verteilt. Hier muss zunächst geprüft werden, ob hierdurch gesetzliche Erbfolge eingetreten ist, ergänzt durch danebenstehende Vorausvermächtnisse oder Teilungsanordnungen. 514

Möglich ist aber auch eine Auslegung dahingehend, dass entsprechend dem Wertverhältnis der verteilten Einzelgegenstände zueinander eine Einsetzung der Begünstigten als Miterben gewollt war. Auch in der Zuweisung eines einzelnen Gegenstandes, welcher aber den Hauptbestandteil des Nachlasses ausmacht, kann eine Erbeinsetzung liegen.[342] 515

Gelangt man im Wege der Auslegung dazu, dass Einzelzuweisungen an verschiedene Personen eine quotale Erbeinsetzung darstellen, stellen sich Folgefragen: Auf welchen Zeitpunkt ist abzustellen, um das Wertverhältnis der zugewandten Einzelgegenstände und dem gesamten Nachlass zu bestimmen? Hat der Erblasser eine Ausgleichspflicht gewollt, wenn sich die Wertverhältnisse im Laufe der Zeit verändert haben? 516

Vorwegzuschicken ist, dass sich die ermittelte Erbquote auf den Nachlass bezieht, und zwar auf den Nachlass, der im Zeitpunkt des Erbfalls vorhanden ist. Für die Berechnung der Erbquote ist hingegen auf den Zeitpunkt der Testamentserrichtung abzustellen – und nicht auf den des Erbfalls. Hierdurch erlangt der Wille des Erblassers bestmögliche Geltung für die Verteilung des Nachlasses, wie er sich zum Zeitpunkt des Todes darstellt. Denn der Wille des Erblassers wurde gebildet und niedergeschrieben bei Testamentserrichtung, weshalb auch auf diesen Zeitpunkt abzustellen ist. 517

Es sind also die Wertverhältnisse der entsprechenden Einzelgegenstände im Verhältnis zum Gesamtvermögen des Erblassers im Zeitpunkt der Testamentserrichtung zu bestimmen. 518

Mit dieser Vorgehensweise können sich jedoch Ausgleichspflichten ergeben, wenn sich zwischen Testamentserrichtung und Erbfall Wertveränderungen eingestellt haben. Die Erbquoten sind ja fixiert durch das quotale Wertverhält- 519

342 OLG Brandenburg, ZEV 2025 S. 629.

nis zwischen Einzelgegenstand und Gesamtnachlass im Zeitpunkt der Testamentserrichtung. Hat sich nun aber bspw. der vermachte Einzelgegenstand im Wert erhöht (z. B. bei einer Immobilie), erhält dieser Erbe wirtschaftlich mehr, als ihm aufgrund der Erbquote eigentlich zustünde. Wenn die Zuwendung der Immobilie als Teilungsanordnung gilt, kommt es somit zur Ausgleichspflicht. Denkbar ist aber auch, dass der Erblasser für einen solchen Fall gerade keine Ausgleichspflicht gewollt hat. In diesem Fall müsste der Begünstigte keinen Ausgleich bezahlen. Die Zuwendung der Immobilie wäre einerseits für die Bestimmung der Erbquote maßgeblich und andererseits als nicht ausgleichungspflichtiges Vorausvermächtnis anzusehen.

520 Ferner kann der Erblasser einen Bruchteil mehreren Erben gemeinschaftlich zukommen lassen (gemeinschaftlicher Erbteil, § 2093 BGB). **Im Innenverhältnis** handelt es sich bei einem gemeinschaftlichen Erbteil um **einen** einzigen gedachten Einheitsbruchteil. Nach **außen** hingegen sind die Unterbruchteile jeweils **selbständige** Erbteile.

aa) Abgrenzung zwischen Erbeinsetzung und Vermächtnis

521 Laien unterscheiden bei der Formulierung ihrer Testamente häufig nicht zwischen den unterschiedlichen rechtlichen Begriffen. Insbesondere die Begriffe „vermachen" und „vererben" werden häufig nicht korrekt eingesetzt.

522 Ausgehend vom Prinzip der Gesamtrechtsnachfolge ist es nicht möglich, bestimmten Personen bestimmte Gegenstände im Wege der Sonderrechtsnachfolge mit dinglicher Wirkung zuzuweisen. Erforderlich ist bei derart ungenauen Formulierungen im Testament daher eine Auslegung, bei der § 2087 BGB unterstützt.

523 Wird das Vermögen (nahezu) als Ganzes zugewandt, ist hierin eine Einsetzung als Alleinerbe zu sehen.

524 Wird einer Person ein einzelner Gegenstand zugewandt, ist hierin im Zweifel ein Vermächtnis zu erblicken gem. § 2087 Abs. 2 BGB – dies selbst dann, wenn die bedachte Person als Erbe bezeichnet wurde.

525 Anders kann dies jedoch sein, wenn ein einzelner Gegenstand nahezu das gesamte Vermögen des Erblassers darstellt. In der Praxis stellt die Immobilie, insbesondere das selbstbewohnte Familienheim, regelmäßig den Hauptteil des Vermögens des Erblassers dar. Demgemäß ist die Zuwendung einer Immobilie ungeachtet der Formulierung im Testament im Zweifel als Erbeinsetzung zu werten.

Nicht nur die wertmäßige Dominanz eines „vermachten" Einzelgegenstandes kann auf eine Erbeinsetzung hindeuten, sondern auch weitere Aspekte. So kommt es bei der Entscheidung, ob eine Person als Erbe eingesetzt ist, wesentlich darauf an, wer nach dem Willen des Erblassers den Nachlass zu regeln hat und die Nachlassschulden trägt. Da Bestattungskosten zu den Nachlassschulden zählen (§ 1968 BGB), kann es ein zusätzliches Anzeichen für die Erbeinsetzung sein, wenn jemand vom Erblasser beauftragt wurde, die Bestattung zu besorgen oder die Kosten der Grabpflege zu tragen.[343] 526

BEISPIEL: Per Testament hat E ihren Sohn S als „Alleinerben" eingesetzt und ihrer Tochter T eine Immobilie „vermacht". Diese Immobilie stellt allerdings den Hauptbestandteil des Nachlasses dar.

Wer ist Erbe geworden?

LÖSUNG: Nach dem Wortlaut des Testaments wäre S Alleinerbe. Maßgeblich sind aber nicht die gewählten Formulierungen, insbesondere wenn es sich um juristische Laien handelt. Vielmehr ist durch Auslegung zu ermitteln, wer hier als Gesamtrechtsnachfolger vom Erblasser angesehen wird. Zwar hat die Tochter lediglich einen einzigen Gegenstand erhalten, was nach der Zweifelsregelung des § 2087 Abs. 2 BGB für ein Vermächtnis spricht; da dieser Einzelgegenstand jedoch nahezu den kompletten Nachlass darstellt und die Tochter erkennbar mehr vom Nachlass erhalten soll, kann damit die Vermutung des § 2087 Abs. 2 BGB widerlegt werden.[344] Die Tochter ist (auch) Erbin geworden.

Umgekehrt kann die laienhafte Bezeichnung als „Erbe" auch lediglich eine schuldrechtliche Stellung als Vermächtnisnehmerin bedeuten. 527

BEISPIEL: Das Vermögen der Erblasserin E besteht im Wesentlichen aus zwei Immobilien. Sie verfügt wie folgt:

„Mein Sohn A erbt mein Haus in München, meine Tochter B erbt mein Haus in Stuttgart."

Wie ist die Rechtslage?

LÖSUNG: Sind die beiden Immobilien gleich viel wert, liegt eine Erbeinsetzung zu je 1/2 vor.

Die Verteilung der beiden Immobilien an A und B erfolgt über eine schuldrechtlich wirkende Teilungsanordnung gem. § 2048 BGB. Haben die beiden Immobilien unterschiedliche Werte, sind die Erbquoten nach deren Wertverhältnis zueinander zu bestimmen.

---

343 OLG Saarbrücken, NJW-RR 2022 S. 1021 Rz. 14; OLG Hamburg, FGPrax 2016 S. 133; BayObLG, FamRZ 1986 S. 835; Weidlich in Grüneberg, § 2087, Rz. 2. Zur Kostentragungspflicht der Bestattung kommen neben § 1968 BGB die jeweiligen landesrechtlichen Bestattungsgesetze zur Anwendung. Hiernach können regelmäßig Eheleute und Verwandte verpflichtet werden, auch wenn sie gerade nicht Erbe sind (z. B. § 21 BestG BW, Art. 15 BayBestG).

344 OLG Schleswig, FamRZ 2016 S. 406; Lange, Erbrecht, § 27 Rz. 8.

Abzustellen ist auf den Zeitpunkt der Testamentserrichtung.

Beide Immobilien gehören nach dem Erbfall der Erbengemeinschaft, an der A und B zu je 1/2 beteiligt sind.

A und B haben jeweils einen schuldrechtlichen Anspruch gegen die Erbengemeinschaft auf Übertragung des Alleineigentums an der entsprechenden Immobilie.

528 Grundsätzlich sind zwei rechtliche Möglichkeiten eröffnet, wie der Erblasser einer Person bestimmte Vermögensgegenstände zukommen lassen kann. Zum einen kann er die betreffende Person als Erben einsetzen und den bestimmten Gegenstand im Wege einer Teilungsanordnung/eines Vorausvermächtnisses zuordnen. Der Miterbe hat dann einen schuldrechtlichen Anspruch gegen die Erbengemeinschaft auf Übertragung dieses Gegenstandes. Denkbar ist aber auch, dass der Bedachte gerade nicht Erbe wird, sondern den Gegenstand als bloßes Vermächtnis erhalten soll. Welche Variante im konkreten Einzelfall vorliegt, ist bei laienhaft formulierten Testamenten oftmals fraglich und von den Umständen des Einzelfalls abhängig.

529 Ein Ausnahmefall der Auslegungsregel des § 2087 Abs. 1 BGB ist das sog. Universalvermächtnis. Beim Universalvermächtnis wird der komplette Nachlass in Form eines Vermächtnisses einem Vermächtnisnehmer zugewandt. Vorausgesetzt der Wille des Erblassers ist eindeutig dahingehend zu verstehen, dass der Begünstigte tatsächlich nur Vermächtnisnehmer sein sollte, ist der Erbe anhand gesetzlicher Erbfolge zu bestimmen.

530 Als weitere Besonderheit ist der Vermächtnisnehmer beim Universalvermächtnis in analoger Anwendung der §§ 2378 Abs. 1, 2385 BGB verpflichtet, die Nachlassverbindlichkeiten zu übernehmen.[345] Hierbei handelt es sich aber nicht um einen automatischen Übergang der Verbindlichkeiten im Wege der Gesamtrechtsnachfolge, sondern lediglich um eine schuldrechtliche Verpflichtung gegenüber dem Erben.

531 Hat etwa der Erblasser nur über einen geringen Teil seines Vermögens verfügt, weil er die Einsetzung der Erben zu einem späteren Zeitpunkt vornehmen wollte, wozu es aber nicht mehr gekommen ist, sind die Bedachten lediglich Vermächtnisnehmer und ansonsten tritt gesetzliche Erbfolge ein. Eine Auslegung dahingehend, dass die Vermächtnisnehmer als Erben gelten, widerspräche erkennbar dem Erblasserwillen.

BEISPIEL: Erblasser E hat verfügt, dass sein Bankguthaben zwischen A, B und C verteilt wird. „Was noch übrig bleibt" solle laut testamentarischer Regelung D erhalten. Ein deutlich wertvolleres Grundstück hat E in seinen Verfügungen nicht erwähnt.

345 Lange, Erbrecht, § 27, Rz. 9.

Wer ist Erbe geworden?

LÖSUNG: Denkbar sind folgende Auslegungsvarianten:

- Erben sind A, B und C im Verhältnis der zugewandten Geldbeträge.
- Alleinerbe ist D – A, B und C sind lediglich Vermächtnisnehmer.
- A, B, C und D sind Miterben.
- Die Erben bestimmen sich nach der gesetzlichen Erbfolge.

Im vorliegenden Fall hat E eine exakte Aufteilung lediglich in Bezug auf das Bankguthaben vorgenommen. Das kostbare Grundstück hat er hingegen mit keinem Wort im Testament erwähnt. Die Formulierung, wonach D das erhalten solle, „was noch übrig bleibt", deutet eher darauf hin, dass D einen kleinen Rest bekommen solle, nicht aber den Hauptbestandteil des Vermögens in Form des Grundstücks. Wäre dies gewollt gewesen, hätte E diese Formulierung kaum gewählt. Daher erscheint es am naheliegendsten, dass E lediglich Vermächtnisse zugunsten dieser vier Personen angeordnet hat, eine Erbeinsetzung jedoch unterblieben ist. Somit tritt gesetzliche Erbfolge ein.[346]

bb) Höchstpersönlichkeit

Bei der Erbeinsetzung handelt es sich um eine höchstpersönliche Verfügung. 532
Nur der Erblasser selbst darf und kann bestimmen, wer sein Rechtsnachfolger sein soll. Nur derjenige soll bestimmen, was mit den Rechtspositionen einer Person passieren soll, der auch Inhaber dieser Rechtspositionen ist. Macht ohne Verantwortung soll es nicht geben.

Die Höchstpersönlichkeit der Erbeinsetzung besitzt eine formelle und eine ma- 533
terielle Dimension. Die formelle Höchstpersönlichkeit kommt darin zum Ausdruck, dass der Erblasser sein Testament persönlich errichten muss (§§ 2064, 2274 BGB). Eine Stellvertretung hierbei ist unzulässig. Weder gesetzliche noch rechtsgeschäftliche Vertreter können die Verfügungen vornehmen. Dies heißt in der Praxis aber auch, dass es für Geschäftsunfähige (z. B. Kinder oder behinderte Personen) zwingend bei der gesetzlichen Erbfolge verbleibt. Ist eine sehr vermögende Person etwa durch einen Unfall geschäftsunfähig geworden, tritt zwingend gesetzliche Erbfolge ein, sofern keine letztwillige Verfügung vor dem Unfall getroffen worden war. Dass dies nicht immer zu einem sachgerechten, dem mutmaßlichen Willen des Erblassers entsprechenden Ergebnis führt, ist nachvollziehbar, aber nicht zu ändern.

Die materielle Dimension der Höchstpersönlichkeit kommt in § 2065 BGB zum 534
Ausdruck. Hiernach kann der Erblasser die von ihm zu treffenden Entscheidungen nicht delegieren. Der Erblasser kann also nicht in der Weise verfügen, dass

346 Siehe OLG München, ZErb 2010 S. 263; Lange, Erbrecht, § 27, Rz. 9.

ein Anderer bestimmen soll, ob eine Verfügung von Todes wegen gelten soll oder nicht.

535 Nach Abs. 2 dieser Vorschrift darf der Erblasser die Bestimmung des Empfängers oder des Zuwendungsgegenstandes nicht einer anderen Person überlassen. Der Erblasser muss selbst in seiner Verfügung von Todes wegen die Erben namentlich oder eindeutig identifizierbar benennen. Die Erben müssen also bestimmt oder bestimmbar sein durch die letztwillige Verfügung.

536 Schließlich kann der Erblasser auch nicht andere Personen damit beauftragen, die Erbquoten verschiedener Miterben festzulegen.

537 Allerdings ist es möglich, dass in einem gewissen Umfang dritte Personen auf die letztwillige Verfügung Einfluss nehmen können. Denn gem. §§ 2074 ff. BGB kann der Erblasser auflösende oder aufschiebende Bedingungen in seine letztwillige Verfügung aufnehmen. So kann er bspw. die Erbeinsetzung aufschiebend bedingt anordnen für den Fall, dass der Benannte ein bestimmtes Studium erfolgreich absolviert. Eine auflösende Erbeinsetzung kann bspw. dergestalt erfolgen, dass bei Eintritt in eine bestimmte Sekte die Erbenstellung entfällt. Ob jemand Erbe wird oder bleibt, hängt somit nicht ausschließlich vom Willen des Erblassers ab, sondern wird entscheidend auch durch andere Umstände, insbesondere durch das eigene Verhalten des Bedachten, beeinflusst. Derartige Einflussnahmen erlaubt das Gesetz jedoch ausdrücklich. Zu den allgemeinen Grenzen der Sittenwidrigkeit siehe oben →Rz. 463 ff.

538 Zu beachten ist allerdings, dass derartige Bedingungen nicht so ausgestaltet sein dürfen, dass hierdurch eine Vertretung im Willen stattfindet.

BEISPIEL: Erblasser E formuliert im Testament: „A wird hiermit zu meinem Erben eingesetzt unter der aufschiebenden Bedingung, dass C sich hiermit innerhalb von zwei Wochen nach meinem Tod einverstanden erklärt. Erklärt er sich nicht hiermit einverstanden, soll gesetzliche Erbfolge eintreten."

Hier handelt es sich zwar formal um eine aufschiebende Bedingung, inhaltlich wird die Entscheidung darüber, ob A Erbe wird oder nicht, dem C zur Entscheidung übertragen. Dies ist unzulässig (§ 2065 Abs. 1 BGB).

539 Ob eine Bedingung zulässig ist oder gegen den Grundsatz der Höchstpersönlichkeit verstößt, hängt davon ab, ob der Erblasser seinen Willensbildungsprozess vollständig abgeschlossen hat und ob der Dritte nur ein Wahlrecht dahingehend hat, ob er die vom Erblasser vorformulierte Bedingung eintreten lässt oder nicht. Hat der Erblasser die Kriterien für die Erbenbestimmung so detailliert festgelegt, dass an deren Maßstab objektiv nachprüfbar ist, welche Person Erbe geworden ist, steht der Wirksamkeit nichts entgegen.

Sobald aber ein Dritter einen Ermessensspielraum hat oder eigenständig Entscheidungen hinsichtlich der letztwilligen Verfügung treffen kann, verstößt dies gegen § 2065 BGB. 540

Ob eine vom Erblasser formulierte Bedingung eingetreten oder ist oder nicht, ist der gerichtlichen Überprüfung zugänglich. 541

Eine gewisse Aufweichung dieses Grundsatzes lassen Rechtsprechung und Fachliteratur in einer besonderen Konstellation hingegen zu.[347] Der Erblasser bestimmt einen Vorerben und einen Nacherben. Um dem Erben größtmögliche Flexibilität einzuräumen, macht er die Nacherbfolge davon abhängig, dass der Vorerbe nicht anderweitig testiert. Oder anders ausgedrückt: Die Nacherbschaft steht unter der auflösenden Bedingung, dass der Vorerbe anderweitig über seinen Nachlass einschließlich des aus der Vorerbschaft herrührenden Vermögens testiert. 542

BEISPIEL: Erblasser E formuliert sein Testament wie folgt:

> „Hiermit setze ich V zu meinem Vorerben ein. Zum Nacherben setze ich N ein. Der Nacherbfall tritt ein mit Ableben des Vorerben. Der Vorerbe darf für sein Ableben abweichend verfügen, insbesondere darf er das von mir stammende Vermögen, das ihm als Vorerbe zusteht, anderweitig vererben. In einem solchen Fall gilt die von mir angeordnete Nacherbschaft als nicht angeordnet (auflösende Bedingung)."
>
> Hier handelt sich um einen Grenzfall. Einerseits könnte argumentiert werden, dass letztlich der Vorerbe bestimmen kann, ob der Nacherbe zur Nacherbschaft gelangt oder nicht; seine Willensäußerung würde dann dadurch kundgegeben, dass er anderweitig über seinen Nachlass testiert und somit in Form einer auflösenden Bedingung darüber bestimmt, ob die Nacherbschaft wirksam ist oder nicht. Diese Sichtweise spricht für die Unwirksamkeit der Verfügung gem. § 2065 BGB.
>
> Andererseits kann die Klausel auch dahingehend verstanden werden, dass hier die Willensbildung bei E vollständig durchgeführt wurde. Es sollte lediglich die Nacherbeinsetzung von einem objektiven Ereignis abhängen, nämlich ob eine anderweitige Verfügung des Vorerben erfolgt oder nicht. Hier wird also stärker der Vorgang der anderweitigen Verfügung in Bezug genommen als weniger die Willensbildung und Entscheidung des Vorerben. Der Vorerbe entscheidet nicht primär darüber, ob N Nacherbe wird oder nicht, sondern darüber, wen er selbst als Erben einsetzt. Seine Entscheidung darüber, wen er selbst zum Erben einsetzt, hat lediglich reflexartige Auswirkungen auf die Verfügung des E. Hiernach wäre die Verfügung kein Verstoß gegen § 2065 BGB.

---

347 RGZ 95 S. 278; BGH NJW 1951 S. 959; NJW 1972 S. 1987; OLG Hamm, NJW-RR 2014 S. 1288 Rz. 10; ZEV 2000 S. 197 f.; OLG Oldenburg, NJW-RR 1991 S. 646; KG, ErbR 2016 S. 337, 340; Leipold in MüKo-BGB, § 2065, Rz. 19 m. w. N.

BEISPIEL: Erblasser E formuliert folgendes Testament:

„Alleinerbe wird dasjenige meiner Kinder A, B und C, welches am besten geeignet ist, mein Unternehmen fortzuführen. Die anderen Kinder sollen dann folgende Vermächtnisse erhalten: (...). Die Entscheidung darüber hat mein langjährigen Berater X innerhalb einer Frist von drei Monaten ab meinem Ableben zu treffen."

In diesem Fall verstößt die Verfügung gegen den Grundsatz der Höchstpersönlichkeit, da dem B ein eigener Ermessens- und Entscheidungsspielraum eingeräumt wird. Allein die Vorgabe der besten Eignung ist kein objektives Kriterium, anhand dessen der Erblasser selbst von vornherein bestimmbar den Erben umschrieben hat. Welche Person am besten geeignet ist, ein Unternehmen erfolgreich fortzuführen, hängt von unzähligen subjektiven Wertungen, Einschätzungen und Prognosen in Bezug auf die Fähigkeiten und Charakterzüge der Kinder ab. Hier wird also in erheblichem Umfang die Erbenbestimmung dem B übertragen, was eindeutig gegen § 2065 BGB verstößt.

543 Abzugrenzen ist der vorstehende Fall von einer ähnlichen Konstellation, die jedoch anders rechtlich zu beurteilen ist:

BEISPIEL: Erblasser E formuliert:

„Alleinerbe wird dasjenige meiner Kinder A, B und C, welches am besten geeignet ist, mein Unternehmen fortzuführen. Die Eignung ist danach zu bestimmen, wer erfolgreich ein Studium der Rechtswissenschaft und/oder der Betriebswirtschaft abgeschlossen hat. Trifft dies auf mehrere Kinder zu, gilt das älteste Kind als vorrangig geeignet. Die anderen Kinder sollen dann folgende Vermächtnisse erhalten: (...). Mein langjähriger Berater X wird bestimmen, wer dies sein wird und dies den Beteiligten innerhalb einer Frist von drei Monaten ab meinem Ableben mitteilen."

In diesem Fall hat der Erblasser selbst bestimmt, welche Person bei Erfüllung objektiver Kriterien Erbe sein wird. Dem X wird hier kein eigener Entscheidungsspielraum oder ein Ermessen eingeräumt. X hat lediglich die Funktion, die von E getroffene Erbenbestimmung zu formulieren. Letztlich agiert er wie eine Art Bote des E. Eine Vertretung im Willen erfolgt hier nicht. Die Verfügung ist wirksam.

544 Und wiederum eine Untervariante dieser Konstellation kann wie folgt lauten:

BEISPIEL: Erblasser E formuliert nun:

„Ich setze meine drei Kinder A, B und C zu meinen Erben ein. Sie erhalten jeweils ein Drittel des Nachlasses. Ich ordne an, dass dasjenige meiner Kinder, das zur Weiterführung meines Industriebetriebes am geeignetsten ist, als Vorausvermächtnis ohne Anrechnung auf seinen Erbteil mein Unternehmen erhält.

Die Bestimmung, welches meiner Kinder dies ist, übernimmt mein langjähriger Berater X innerhalb einer Frist von drei Monaten ab meinem Ableben."

545 Im letztgenannten Beispiel hat der Berater X zwar eindeutig ein eigenes Ermessen und einen eigenen Entscheidungsspielraum. Auch ist die Vorgabe der besten Eignung wiederum nicht als objektives Kriterium tauglich. In Abweichung zu § 2065 BGB erlaubt die Spezialnorm des § 2151 BGB jedoch eine ge-

wisse Abweichung vom Grundsatz der Höchstpersönlichkeit. Allerdings müssen die Tatbestandsvoraussetzungen dieser Vorschrift vorliegen, nämlich:

1. Vorliegen eines Vermächtnisses (und nicht einer Erbeinsetzung),
2. Erblasser gibt den Kreis der potenziellen Vermächtnisnehmer höchstpersönlich und eindeutig vor,
3. Übertragung der Vermächtnisnehmer-Bestimmung auf einen Dritten (mit Ermessensspielraum!).

Liegen diese Voraussetzungen allesamt vor, kann der Erblasser wirksam einem Dritten die Entscheidungsbefugnis übertragen, wer von mehreren vom Erblasser bestimmten Personen ein Vermächtnis erhalten soll. Es liegt zwar tatsächlich eine Vertretung im Willen vor, jedoch hat der Gesetzgeber diese im Falle einer Vermächtnisanordnung für zulässig erachtet. Im Grundsatz wird also die Zuwendung eines Vermächtnisses nicht mit einer Erbeinsetzung gleichgesetzt. Nach der Grundidee des Gesetzgebers handelt es sich bei einem Vermächtnis um eine wirtschaftlich untergeordnete Zuwendung eines Einzelgegenstandes, so dass hier eine Ausnahme vom Grundsatz der Höchstpersönlichkeit vertretbar erscheint. 546

Tatsächlich können Vermächtnisse aber auch wirtschaftlich bedeutsamer sein als die eigentliche Erbeinsetzung. Dies hängt vom Wert des Vermächtnisses einerseits und dem Wert des übrigen Nachlasses andererseits ab. Insbesondere bei einem Universalvermächtnis ist die zugrundeliegende Idee dieser Norm konterkariert. Besteht bspw. das gesamte Vermögen aus einem Unternehmen, kann der Erblasser eine Person als Alleinerben einsetzen und einen Dritten ermächtigen, die Person zu bestimmen, die das Unternehmen (als Universalvermächtnis) erhalten soll. Werden hier die Voraussetzungen von § 2151 BGB eingehalten, kann faktisch eine Vertretung im Willen erfolgen, obwohl es sich um eine Verfügung handelt, die der Alleinerbeneinsetzung wirtschaftlich gleichkommt. 547

In einem solchen Extremfall müsste das Risiko einer unzulässigen Umgehung des § 2065 BGB und einer Nichtigkeit der Verfügung erörtert werden. Werden die von § 2151 BGB genannten Voraussetzungen erfüllt, eröffnet die Vorschrift aber interessante Gestaltungsalternativen für den Berater. Siehe hierzu unten →Rz. 727 ff. 548

In analoger Anwendung von § 2198 Abs. 1 BGB ist die Erklärung des Dritten i. S. des § 2151 BGB in öffentlich beglaubigter Form gegenüber dem Nachlassgericht abzugeben.[348] Inhaltlich ist die Auswahl des Dritten vollumfänglich ge- 549

348 KG, ZEV 1998 S. 182, 184.

richtlich überprüfbar.[349] Ein Ausschluss der gerichtlichen Überprüfung durch den Erblasser ist unwirksam.

550 Soll im Testament eine Schiedsgerichtsklausel aufgenommen werden, ist dies grds. mit § 2065 BGB vereinbar. Hier besteht zwar ein potenzielles Risiko, wenn der Schiedsgutachter entgegen § 2065 BGB eine Verfügung fälschlicherweise als wirksam wertet. Dieses Risiko falscher Rechtsanwendung ist aber wohl hinnehmbar.

cc) Unklarheiten in der Erbeinsetzung

551 Häufig sind Testamente von juristischen Laien unklar formuliert. Hat der Erblasser bspw. seine „Kinder" als Erben benannt, stellt sich die Frage, wer damit alles gemeint ist. Sind damit nur eheliche, leibliche oder auch adoptierte und nichteheliche Kinder gemeint? Und sind damit nur die direkten Kinder oder auch die Enkelkinder und Urenkel usw. gemeint? Dies ist durch Auslegung im Einzelfall zu ermitteln.

552 Da die §§ 1602 Abs. 2, 1603 Abs. 2, 1924 Abs. 4 BGB alle Abkömmlinge erster Ordnung als Kinder bezeichnen, kann diese Wertung auch auf die erste Frage übertragen werden. Kinder sind also auch nichteheliche sowie adoptierte Kinder. Enkelkinder werden umgangssprachlich hingegen nicht als Kinder bezeichnet, solange die direkten leiblichen Kinder des Erblassers leben.

553 Was soll gelten, wenn ein direktes Kind vorverstorben ist? Soll dessen Erbteil den übrigen Erben anwachsen oder kommen dessen Abkömmlinge im Wege des Eintrittsrechts zum Zuge? Hier hilft die Auslegungsregel des § 2069 BGB. Hiernach ist im Zweifel anzunehmen, dass bei einem vorverstorbenen Abkömmling dessen Abkömmlinge insoweit bedacht sind, als sie bei der gesetzlichen Erbfolge an dessen Stelle treten würden.

554 Um eine potenziell streitanfällige Auslegung zu vermeiden, empfiehlt sich eine explizite Formulierung im Testament.

BEISPIEL: „Meine Erben sind meine Abkömmlinge, einschließlich unehelicher und adoptierter Abkömmlinge, bei mehreren zu gleichen Stammanteilen, entsprechend den Regeln gesetzlicher Erbfolge.

Zurzeit wären als Erben berufen:

- meine Tochter X zu 1/2,
- meine Enkelkinder A und B als Abkömmlinge meines vorverstorbenen Sohnes Y zu je 1/4."

---

349 Lange, Erbrecht, § 27, Rz. 21.

Anmerkung:

Durch die Formulierung „entsprechend den Regeln gesetzlicher Erbfolge" wird der Ersatzerbe eindeutig bestimmt. Denn nach § 1924 Abs. 2, 3 BGB gilt dann die Erbfolge nach Stämmen als angeordnet.

Eine weitere Fehlerquelle in Testamenten ist die unvollständige Erbeinsetzung. 555
Der Erblasser setzt eine Person als Erben zu 1/2 ein, ohne zu bestimmen, wer die andere Hälfte erbt. In diesem Fall bestimmt die Auslegungsregel des § 2088 BGB, dass **insofern** im Zweifel von gesetzlicher Erbfolge auszugehen ist.

Problematisch und streitanfällig ist bei sämtlichen Auslegungsregeln im All- 556
gemeinen und bei § 2088 BGB im Besonderen, dass diese lediglich eine **widerlegbare** Vermutung enthalten. So kann bei § 2088 BGB trefflich darüber gestritten werden, ob ein anderer Wille des Erblassers angenommen werden kann.

BEISPIEL: Erblasser E hat in einem Testament A und B als Erben zu je 1/2 eingesetzt. In einem späteren Testament hat er verfügt, dass B enterbt ist.

Entgegen § 2088 BGB kann hier der Erblasserwille dahingehen, dass A als Alleinerbe zum Zuge kommt und nicht gesetzliche Erbfolge hinsichtlich des hälftigen Erbteils eintreten soll.

Eine weitere Fehlerquelle in Testamenten ist die fehlende Bestimmung der 557
Erbquoten. Hier kommen die allgemeinen Auslegungsregeln der §§ 2066–2069 BGB zur Anwendung. Hat der Erblasser seine Verwandten, Kinder oder Abkömmlinge als Bedachte angeführt, ist aufgrund dieser Bestimmungen im Zweifel anzunehmen, dass die Bruchteile der gesetzlichen Erbfolge gemeint sind.[350]

Lässt sich aus diesen vorrangig geltenden Auslegungsregeln kein Ergebnis ab- 558
leiten, kommt nachrangig die allgemeine Auslegungsregel des § 2091 BGB zur Anwendung. Hiernach wird vermutet, dass bei mehreren Bedachten diese zu gleichen Teilen eingesetzt sind.

Ist dem Erblasser bei Abfassung seines Testaments ein Rechenfehler unterlau- 559
fen, hilft § 2090 BGB. Hat der Erblasser bei Festlegung der Erbquoten mehr oder weniger als 100 % vergeben, werden die Erbquoten der Bedachten entsprechend verringert bzw. erhöht, so dass danach genau 100 % verteilt sind.

350 Lange/Kuchinke, Erbrecht, § 27 IV, Rz. 3a.

BEISPIEL: Erblasser E hat in seinem Testament formuliert:
"Hiermit setze ich meine Kinder wie folgt zu meinen Erben ein:
A erhält 30 %,
B erhält 30 %,
C erhält 50 %."

Nach Auslegung gem. § 2090 BGB bedeutet dies eine Erbeinsetzung wie folgt:
A erhält 27,3 %,
B erhält 27,3 %,
C erhält 45,4 %.

dd) Maßgeblicher Zeitpunkt

560 Bestimmt sich die Erbquote anhand der verteilten Einzelgegenstände, ist fraglich, welcher Zeitpunkt maßgeblich ist für die Wertfeststellung. Maßgeblicher Zeitpunkt für die Wertbestimmung der Nachlassgegenstände, insbesondere für diejenigen Gegenstände, die den wesentlichen Nachlasswert ausmachen, ist der Zeitpunkt der **Testamentserrichtung.** Denn entscheidend ist stets der Erblasserwille und dieser wird bei Errichtung der Verfügung gebildet und formuliert. Ändert sich nachträglich der Wert, so hat dies keinen Einfluss auf die Erbquote.

561 Hat der Erblasser durch Einzelzuweisung von Gegenständen die Erbquoten bestimmt und kommen nachträglich neue erhebliche Vermögenswerte hinzu, sind zweierlei Möglichkeiten denkbar: Zum einen könnte dieser Hinzuerwerb für die einmal verfügten Erbquoten unbeachtlich sein. Zum anderen könnte der Erblasser aber auch gewollt haben, dass hinsichtlich der neu hinzugekommenen Gegenstände gesetzliche Erbfolge eintritt. Welche Variante der Erblasser gewollt hätte, ist im Einzelfall zu entscheiden.

562 Derart streitanfällige Konstellationen sind durch explizite Regelungen zu vermeiden.

ee) Ersatzerbe

563 Hat der Erblasser einen Erben benannt, kommt es häufig vor, dass dieser tatsächlich gar nicht Erbe wird. Dies kann darauf beruhen, dass der Erbe bereits vor dem Erblasser verstorben war. Denkbar ist aber auch, dass die Erbschaft ausgeschlagen wird oder die Erbenstellung durch Eintritt einer auflösenden Bedingung (ex nunc) entfällt. Möglich (aber selten) ist auch ein Zuwendungsverzicht gem. § 2352 BGB. In all diesen Fällen hat der Erblasser zwar eine oder mehrere Personen als Erben benannt, die aber nicht zur Erbschaft gelangen.

Eine gesetzliche Ersatzerbfolge sieht das Gesetz nicht vor. Auch die Regelungen der §§ 2069, 2102 BGB enthalten lediglich entsprechende Vermutungen, die ausschließlich auf dem Erblasserwillen beruhen. Da dieses Risiko des Ersatzerbfalls stets besteht, sollte für diesen Fall auch vorsorglich testiert werden. Die Bestimmung eines Ersatzerben sollte vom Erblasser also immer vorgenommen werden. Wie gezeigt, kann es unterschiedliche Gründe geben, weshalb ein Benannter nicht Erbe wird. Demgemäß kann auch nur für **bestimmte** Fälle ein Ersatzerbe bestimmt werden (z. B. bei Ausschlagung) und für andere nicht (z. B. bei Vorversterben). 564

Die einfachste Variante der Ersatzerben-Bestimmung besteht darin, dass lediglich eine andere Person als Ersatzerbe die Stellung des eigentlich angedachten Erben einnimmt. Denkbar ist aber auch eine teilweise oder vollständig abweichende Verfügung in Bezug auf den Ersatzerben, etwa durch andere Erbquoten, Vermächtnisse, Teilungsanordnungen, Auseinandersetzungsverbote oder andere Regelungen zur Testamentsvollstreckung usw. 565

In Bezug auf den Ersatzerben sollte die gleiche Sorgfalt und Detailtreue verwandt werden wie bei der Regelung des primären Erben. 566

BEISPIEL: Erblasser E verfügt:

„Zu meinem Alleinerben bestimme ich X. Sollte X vor mir verstorben sein, setze ich Y zu meinem Alleinerben ein."

Wenn X nicht vorverstorben ist, sondern nun die Erbschaft ausschlägt, greift die Klausel nach ihrem Wortlaut nicht ein, so dass gesetzliche Erbfolge eintritt. Ein anderes Ergebnis kann sich dann nur aus der Auslegungsregel des § 2097 BGB ergeben: Wurde jemand für den Fall als Ersatzerbe berufen, dass der zunächst berufene Erbe nicht Erbe sein **kann** (weil er vorverstorben ist), so ist im Zweifel anzunehmen, dass er auch Ersatzerbe sein soll, wenn er nicht Erbe sein **will** (weil er ausgeschlagen hat). Für den umgekehrten Fall gilt dasselbe. Da es sich hierbei um eine (widerlegbare) Auslegungsregel handelt, was zu Erbstreitigkeiten führen kann, sollten Sie eindeutig formulieren ohne Raum für Auslegungen, nämlich:

„Fällt X vor oder nach Eintritt des Erbfalls als Erbe weg, so ist Y Ersatzerbe. Fällt auch Y vor oder nach dem Eintritt des Erbfalls weg, ist Z Ersatzerbe. Diese Bestimmungen gehen allen gesetzlichen und sonstigen Auslegungs-, Vermutungs- oder Ergänzungsbestimmungen vor."

Nach § 2098 Abs. 1 BGB gelten Miterben, die gegenseitig zu Ersatzerben eingesetzt sind, in dem Verhältnis ihrer Erbteile als Ersatzerben. Wurde nur für einen Miterben ein Ersatzerbe bestimmt, geht nach § 2099 BGB die Ersatzerbfolge der Anwachsung i. S. des § 2094 BGB vor, so dass der Erbteil eines weggefallenen Erben ausschließlich an den Ersatzerben geht und keine Anwachsung bei den übrigen Erben erfolgt. 567

568 Hat der Erblasser Abkömmlinge bedacht, gelten im Zweifel deren Abkömmlinge als bedacht. Es soll also keine Anwachsung nach § 2094 BGB erfolgen, sondern die Abkömmlinge des Abkömmlings sollen erben (oder Vermächtnisnehmer sein). Da auch diese Regelung nur „im Zweifel" gilt, kann die ergänzende Testamentsauslegung ergeben, dass der Erblasser eine Anwachsung der Ersatzerbenberufung vorgezogen hätte.

BEISPIEL: Erblasser E hat seinen Sohn A als Erben eingesetzt. Als Ersatzerbe des A hat er seinen Cousin C eingesetzt. Nachdem A kurz vor E vorverstorben ist, beanspruchen die Kinder des A die Erbenstellung für sich. C hingegen meint, dass er Erbe geworden ist. Wer hat Recht?

Auf den ersten Blick scheint klar, dass C aufgrund der ausdrücklichen Benennung als Ersatzerbe Recht hat. Dennoch wird hier kontrovers diskutiert, ob der ausdrücklich eingesetzte Ersatzerbe C zurücktreten muss, wenn der eingesetzte Abkömmling des Erblassers A wegfällt. Verdrängt also § 2069 BGB die allgemeine Regel des § 2096 BGB?[351]

Dies ist m. E. zu verneinen. Wie sollte der Erblasser denn noch eindeutiger seinen Willen zum Ausdruck bringen, dass er eine ganz bestimmte Person als Ersatzerben für seinen Abkömmling wünscht, als diese Person namentlich zu benennen? Da es entscheidend auf den Willen des Erblassers ankommt, ist diesem ausdrücklich geäußerten Willen Vorrang vor der Auslegungsregel des § 2069 BGB einzuräumen – zumal diese Auslegungsregel ja auch nur „im Zweifel" gilt.

Somit ist C Erbe geworden. In Anbetracht des nach wie vor geführten Meinungsstreits empfiehlt sich ein expliziter Ausschluss der Auslegungsregel des § 2069 BGB im Testament,[352] wie dies bereits im obigen Praxisbeispiel erfolgt ist:

„Diese Bestimmungen gehen allen gesetzlichen und sonstigen Auslegungs-, Vermutungs- oder Ergänzungsbestimmungen vor."

569 Ersatzerbe und Nacherbe sind zu unterscheiden. Der Ersatzerbe kommt nur dann zum Zuge, wenn der originär benannte Erbe ausfällt (z. B. wegen Vorversterbens oder Ausschlagung). Der Nacherbe kommt **unbedingt** zum Zuge, sobald der definierte Nacherbfall eintritt. Er wird also auf jeden Fall Erbe des Erblassers, sobald der Nacherbfall eintritt.

570 Wer als Nacherbe eingesetzt wurde, gilt im Zweifel auch als Ersatzerbe.

BEISPIEL: Erblasser E hat im Testament den V als Vorerben und den N als seinen Nacherben eingesetzt. Kurz vor E ist V vorverstorben. Wer ist Erbe – der N oder die gesetzlichen Erben?

Hier ist der Vorerbe weggefallen, ohne dass E einen Ersatzerben für ihn benannt hätte. Daher gilt im Zweifel der Nacherbe N als Ersatzerbe gem. § 2102 Abs. 1 BGB. N wird also Erbe des E.

351 Zum Meinungsstand vgl. nur die Nachweise bei Rudy in MüKo-BGB, § 2096, Rz. 8.

352 Formulierungsbeispiele zur Erreichung von mehr Rechtssicherheit bei Nieder, ZEV 1996 S. 241.

Und ist von vornherein unklar, ob eine Person als Ersatzerbe oder als Nacherbe eingesetzt ist, so gilt sie als Ersatzerbe (§ 2102 Abs. 2 BGB). Denn der Erblasser wird meist nicht gewollt haben, dass der von ihm vorrangig als Erbe Benannte den Beschränkungen der Verwaltungs- und Verfügungsbefugnis unterliegt. 571

BEISPIEL: Erblasser E verfügt handschriftlich:

„In erster Linie setze ich V als meinen Erben ein und in zweiter Linie den N."

Zuerst verstirbt E und danach V. Wurde N Nacherbe des E oder wurde er nur ersatzweise als Erbe benannt, falls V als Erbe wegfällt (durch Ausschlagung oder Vorversterben)?

Hier ist aufgrund der undeutlichen Formulierung zweifelhaft, ob N als Ersatzerbe oder als Nacherbe eingesetzt wurde. Daher ist im Zweifel von einer Ersatz-Erbeinsetzung auszugehen (§ 2102 Abs. 2 BGB). N wird also nicht Nacherbe – und auch nicht Ersatzerbe, da V nicht als Erbe ausgefallen ist. Vielmehr wird V von seinen eigenen Erben beerbt.

Noch etwas unklarer wird die Rechtslage, wenn der Erblasser einen Ersatznacherben benannt hat. Stirbt der Nacherbe zwischen dem Erb- und dem Nacherbfall, ist fraglich, ob nun der Ersatznacherbe zum Zuge kommt oder ob der vorverstorbene Nacherbe seine Nacherben-Anwartschaft an seine Erben nach § 2108 Abs. 2 Satz 1 BGB vererbt hat.[353] Die entscheidende Frage ist also: Wollte der Erblasser durch die Anordnung der Ersatznacherbfolge die Vererblichkeit des Nacherben-Anwartschaftsrechts ausschließen oder nicht? Ohne hier auf die möglichen Lösungsvarianten[354] einzugehen, soll als Faustregel lediglich gesagt werden: Entscheidend ist der durch Auslegung im Einzelfall zu ermittelnde Erblasserwille.[355] Diesen bestmöglich und in eindeutiger Weise zum Ausdruck zu bringen, ist die Aufgabe des Kautelarjuristen. Dies verhindert Unsicherheit und Streitpotenzial. 572

c) Vor- und Nacherben

aa) Allgemeines

Um es vorweg zu sagen: Die Vor- und Nacherbschaft sollte nur aus triftigem Grund eingesetzt werden.[356] Ist sie doch ein kompliziertes und sperrig zu handhabendes Instrument. Für den Vorerben ist oft unklar, wie er mit dem 573

353 Hierzu eingehend Lieder in MüKo-BGB, § 2102, Rz. 11.

354 Übersicht hierzu bei Lieder in MüKo-BGB, § 2102, Rz. 11 ff.

355 RGZ 142 S. 171, 174; RGZ 169 S. 38 f.; BayObLG, NJW-RR 1994 S. 460; Litzenburger in BeckOK-BGB, § 2108, Rz. 9; Weidlich in Grüneberg, § 2108, Rz. 5; Lieder in MüKo-BGB, § 2102, Rz. 11 m. w. N.

356 Wachter in Münchener Anwaltshandbuch Erbrecht, § 17 Rz. 24.

Vermögen verfahren und welche Verfügungen er treffen darf. Der Nacherbe begegnet dem Vorerben mit Misstrauen, befürchtet er doch die Beeinträchtigung „seiner" Nacherbschaft durch Verfügungen des Vorerben. Auch aus der Perspektive des Rechtsverkehrs erscheint die Frage komplex, welche Verfügungen der Vorerbe vornehmen darf oder vornehmen kann.

574 Die Vor- und Nacherbschaft zeichnet sich dadurch aus, dass der Erblasser über einen längeren Zeitraum – meist über zwei Erbfälle – hinweg bestimmen kann, was mit seinem Vermögen passiert. Er wendet es zunächst einer Person zu (Vorerbe) und bestimmt sogleich, wer das Vermögen im Anschluss an diese Person erhalten soll (Nacherbe). Der Erblasser setzt einen Erben in der Weise ein, dass dieser erst Erbe (Nacherbe) wird, nachdem zunächst ein anderer Erbe (Vorerbe) geworden war (§ 2100 BGB).

575 Vor- und Nacherbe werden beide Erben des Erblassers. Sie bilden demgemäß keine Erbengemeinschaft, denn sie werden nicht gleichzeitig, sondern zeitlich nacheinander Erben des Erblassers. Wichtig zu verstehen ist, dass der Nacherbe nicht etwa Erbe des Vorerben wird, sondern des Erblassers.

576 In steuerlicher Hinsicht hingegen gilt der Erwerb des Nacherben grds. als vom Vorerben her stammend – auf Antrag kann jedoch das Verhältnis zum Erblasser für maßgeblich erklärt werden (§ 6 Abs. 2 ErbStG).

577 Das Vermögen des Erblassers befindet sich zunächst beim Vorerben als ein von seinem übrigen Vermögen getrenntes Sondervermögen. Wenn der Nacherbfall eintritt, geht dieses Sondervermögen nach dem Grundsatz der Gesamtrechtsnachfolge von selbst und automatisch auf den Nacherben über (§ 2139 BGB).[357] **Faktisch** erlangt der Nacherbe das Vermögen vom Vorerben, **rechtlich** erlangt er es hingegen vom Erblasser.

ABB. 7: Tatsächlicher Vermögensfluss

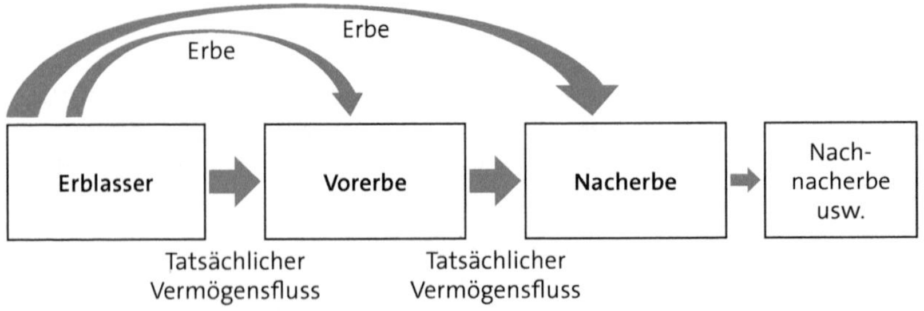

357 Weidlich in Grüneberg, § 2100, Rz. 9.

Bis zum Eintritt des Nacherbfalls hat der Nacherbe bereits eine echte Anwartschaft, die veräußerlich, übertragbar und vererblich ist. Im Gegensatz zu einem „normalen" Erbe handelt es sich also nicht nur um eine nicht geschützte Erbaussicht, sondern ein geschütztes Anwartschaftsrecht. 578

In der Praxis wird meist so testiert, dass der Nacherbfall mit dem Tod des Vorerben eintritt. Dieser sog. Nacherbfall führt dann zu zweierlei: Zum einen wird das Eigenvermögen des Vorerben ganz normal an seine Erben vererbt. Zum anderen geht das dem Vorerben als Sondervermögen zustehende Vermögen des Erblassers im Wege der Nacherbschaft an den vom Erblasser bestimmten Nacherben über. Der Erblasser wird also nun ein zweites Mal beerbt. 579

bb) Einsatzgebiete der Vor- und Nacherbschaft

Nachfolgend werden die in der Praxis wichtigsten Anwendungsgebiete für die Vor-/Nacherbschaft dargestellt: 580

1. Bindung von Familienvermögen:

   Hauptanwendungsfall in der Praxis ist die Steuerung des Vermögensflusses über mehrere Generationen hinweg. Der Erblasser möchte Vermögenswerte möglichst lange in Familienhand halten. Häufig setzt ein Erblasser seinen Ehegatten zum Vorerben und die Kinder zu Nacherben ein; darüber hinaus können auch weitere Personen – etwa die Enkel – zu Nach-Nacherben bestimmt werden.

   Hiernach wird die Einsetzung eines Nacherben mit dem Ablauf von 30 Jahren nach dem Erbfall unwirksam, wenn nicht vorher Nacherbfolge eingetreten ist.

2. Wiederverheiratung:

   Heiratet der überlebende Ehegatte noch einmal, möchte der zuerst verstorbene Ehegatte nicht selten verhindern, dass sein Vermögen an den neuen Ehegatten vererbt wird oder dass der neue Ehegatte Pflichtteilsansprüche in Bezug auf dieses Vermögen geltend machen kann.

BEISPIEL: Die Eheleute M und F haben sich in einem Berliner Testament gegenseitig zu Alleinerben eingesetzt und auf Ableben des zuletzt Versterbenden ihre gemeinsamen Abkömmlinge.

M verstirbt zuerst.

F heiratet noch einmal, nämlich den neuen Ehegatten N.

Nun verstirbt auch F und wird von ihren Abkömmlingen beerbt.

Der neue Ehegatte N (der ja enterbt ist) kann nun Pflichtteilsansprüche geltend machen. Für die Berechnung der Pflichtteilsansprüche kommt der gesamte Nachlass der F in Frage – einschließlich des Vermögens, welches F von M geerbt hatte.

Somit partizipiert der neue Ehegatte N am Vermögen des ersten Ehegatten M.

Um dies zu verhindern, hätten sich die Eheleute M und F im Berliner Testament gegenseitig zu Vorerben einsetzen können und die gemeinsamen Abkömmlinge als Nacherben des zuerst Verstorbenen und zu Vollerben des zuletzt Verstorbenen. Hierdurch hätte der neue Ehegatte keine Pflichtteilsansprüche in Bezug auf das Vermögen des zuerst Verstorbenen geltend machen können, sondern lediglich in Bezug auf das Eigenvermögen der F.

Formulierungsbeispiel:

„Hiermit setzen wir uns gegenseitig zu Alleinerben ein. Jedoch ist der Überlebende nur als Vorerbe eingesetzt. Zum Nacherben bestimmen wir unsere gemeinsamen Abkömmlinge entsprechend gesetzlicher Erbfolge. Der Nacherbfall tritt mit dem Tod des Vorerben ein."

3. Schutz vor Gläubigerzugriff:

Möchte der Erblasser eine Person als Erben einsetzen und ist diese Person überschuldet oder droht es nach dem Erbfall zu werden, besteht die Gefahr, dass Eigengläubiger des Erben auf das geerbte Vermögen zugreifen. Der Erblasser kann dies verhindern, indem er einen Nacherben einsetzt. Denn nach § 2115 BGB sind Zwangsvollstreckungen von Eigengläubigern des Vorerben in den Nachlass unwirksam.[358] Die Anordnung einer Vor- und Nacherbschaft kann daher vermeiden, dass der Nachlass zur Begleichung von Verbindlichkeiten des Vorerben aufgezehrt wird.

BEISPIEL: Edgar war als Immobilienmakler tätig. Er hat seinen Sohn Siegfried als Vorerben eingesetzt; als Nacherben hat er seinen Enkelsohn Norbert eingesetzt.

Siegfried erhält im Wege der Vorerbschaft 5 Mio. € und diverse Wohnungen in Stuttgart sowie einen Maserati Gran Turismo mit 405 PS.

Siegfried selbst ist hoch verschuldet. Denn er meint, dass man mit echter Arbeit viel zu wenig verdiene. Daher hat er mit geliehenem Geld derivative Spekulationsgeschäfte getätigt und hierbei leider alles verloren. Die Gläubiger, bei denen sich Siegfried das Geld geliehen hatte, möchten nun – nachdem Siegfried mit dem geerbten Maserati durch die Stadt fährt – wissen, ob sie irgendwie an Siegfrieds Vermögen kommen?

LÖSUNG: Würden die Eigengläubiger des Siegfrieds die Zwangsvollstreckung in sein Vermögen betreiben, wären nach § 2115 BGB die Zwangsvollstreckungsmaßnahmen in Bezug auf dasjenige Vermögen unwirksam, welches Siegfried lediglich als Vorerbe hält. Bei Eintritt des Nacherbfalls wären die Zwangsvollstreckungsmaßnahmen also unwirksam und müssten rückabgewickelt werden. Aus diesem Grund werden die Ei-

358 Siehe auch § 773 ZPO, § 83 Abs. 2 InsO.

gengläubiger von vornherein keine Zwangsvollstreckungsmaßnahmen in diese Vermögenswerte vornehmen.

4. Behindertentestament:[359]

   Durch die Anordnung der Vor- und Nacherbfolge soll der Nachlass dem Regress des Sozialhilfeträgers entzogen werden, wenn der Staat gegenüber einem Behinderten etwa in Form von Pflegeleistungen in Vorleistung gegangen ist. Da § 2115 BGB jedoch nur die Zwangsverwertung des Nachlasses verhindert, nicht aber den Zugriff auf die Nachlassfrüchte, sollte als zusätzliche flankierende Maßnahme Testamentsvollstreckung angeordnet werden. Denn nach § 2214 BGB können sich Gläubiger nicht an die der Verwaltung des Testamentsvollstreckers unterliegenden Nachlassgegenstände halten – und im Gegensatz zur Nacherbschaft erfasst die Testamentsvollstreckung eben auch die Nutzungen und Früchte des Nachlasses, so dass diese dem Gläubigerzugriff entzogen sind.[360]

   Entsprechend gelten diese Ausführungen für das sog. Bedürftigentestament, mit dem bedürftige (nichtbehinderte) Personen, die staatliche Sozialleistungen beziehen, als Erben eingesetzt werden. Allerdings muss beachtet werden, dass die Sozialgerichte derartige Gestaltungen aktuell kritisch sehen.[361] Ein deutlicher Risikohinweis an den Mandanten ist hier also zwingend nötig.

5. Steuerung des Erbenverhaltens:

   Möchte der Erblasser den Erben zu gewissem Verhalten oder Unterlassen motivieren, kann er hieran den Eintritt der Nacherbfolge knüpfen. So kann der Erblasser die Wiederverheiratung seines Ehegatten dadurch sanktionieren, dass dies zum Eintritt der Nacherbfolge führt und der überlebende Ehegatte somit die Erbschaft verliert. Positiv kann eine Person aber auch dazu motiviert werden, etwa eine bestimmte Berufsausbildung abzuschließen, um in den Genuss der Nacherbschaft zu gelangen.

359 Zu den Entwicklungen beim Behindertentestament vgl. Weidlich, ZEV 2020 S. 136.

360 Derartige Gestaltungen sind nach Ansicht des BGH nicht sittenwidrig: BGH, ZEV 2011 S. 258. Gleichwohl sollte der Mandant darauf hingewiesen werden, dass eine Änderung der Rechtsprechung in Zukunft nicht ausgeschlossen werden kann, was zur Unwirksamkeit derartiger Gestaltungen führen kann.

361 Das SG Dortmund, ZEV 2010 S. 54, etwa meint: „Zwar misst der BGH der Testierfreiheit einen hohen Wert zu, dies kann jedoch nicht so weit gehen, dass dem Erben sämtliche Annehmlichkeiten (Hobbys, Reisen usw.) aus dem Nachlass finanziert werden, während für den Lebensunterhalt der Steuerzahler aufkommen muss." Zum Ganzen Manthey/Trilsch, ZEV 2015 S. 618; Klühs, ZEV 2011 S. 15.

6. Zeitüberbrückung:

   Ist der vom Erblasser vorgesehene Erbe noch unreif oder schlicht zu jung, kann man ihm den Nachlass erst zu einem späteren Zeitpunkt anfallen lassen, etwa wenn er ein gewisses Alter erreicht hat oder sonstige Umstände eingetreten sind (Studienabschluss, Heirat o. Ä.). Der Vorerbe wird hier als eine Art Treuhänder eingesetzt, was klare Regelungen zu den Befugnissen des Vorerben voraussetzt. Praktikabler dürfte es bei derartigen Gestaltungen daher sein, die vorübergehende „gut gemeinte Bevormundung" des Erben durch eine Dauertestamentsvollstreckung zu bewerkstelligen.

7. Nicht gezeugte Personen:

   Will der Erblasser eine Person als Erben einsetzen, die noch nicht geboren wurde und auch noch nicht gezeugt wurde, ist dies nicht möglich (§ 1923 BGB). Allerdings ist es möglich, dass er die noch nicht gezeugte Person als Nacherben einsetzt (§ 2101 Abs. 1 BGB). Der Vorerbe fungiert hier als Platzhalter bis der Nacherbe gezeugt sein wird. Sobald jedoch feststeht, dass der Nacherbe nicht mehr gezeugt oder geboren werden kann, wird der Vorerbe zum endgültigen Erben.[362]

cc) Abgrenzung zu anderen Rechtsinstituten

581 Abzugrenzen ist die Nacherbschaft vom Nießbrauchsvermächtnis. Hierbei setzt der Erblasser eine Person A als Erben ein und eine Person B erhält den Nießbrauch am kompletten Nachlass als Vermächtnis zugewandt. In der wirtschaftlichen Wirkung ähnelt diese Gestaltung der Vor- und Nacherbschaft. In Abweichung hierzu kann Person B als Nießbraucher (die dem Vorerben ähnelt) jedoch nicht über Nachlassgegenstände verfügen. Denn die Substanz und damit einhergehende Verfügungsbefugnis steht Person A als Erben und Eigentümer (die dem Nacherben ähnelt) zu. Diese Gestaltungsvariante kann insbesondere dann gewählt werden, wenn die Verfügungsbeschränkungen für den Vorerben nach §§ 2115 ff. BGB dem Erblasser nicht genügen und er den Nacherben stärker vor beeinträchtigenden Verfügungen schützen möchte.

582 **Formulierungsbeispiel für Nießbrauchsvermächtnis im Ehegattentestament:**

„Wir setzen jeweils unsere gemeinschaftlichen Abkömmlinge (einschließlich adoptierter) zu unseren Erben ein, entsprechend den Regeln der gesetzlichen Erbfolge. Der Erstversterbende von uns vermacht dem Längerlebenden von uns den

362 Wachter in Münchener Anwaltshandbuch Erbrecht, § 17 Rz. 23.

lebzeitigen Nießbrauch am kompletten Nachlass. Die Auseinandersetzung des Nachlasses gegen den Willen des Längerlebenden ist ausgeschlossen."[363]

Eine Zuwendung von Vermögenswerten über zwei Generationen hinweg ist auch mit dem Instrument des Nachvermächtnisses möglich (§ 2191 BGB). Hierbei setzt der Erblasser ein Vermächtnis zugunsten von Person A aus und gleichzeitig ein Vermächtnis über denselben Gegenstand zugunsten von Person B. Das Nachvermächtnis zugunsten von Person B ist aufschiebend bedingt auf einen bestimmten vom Erblasser genannten Zeitpunkt – meist der Tod des Vermächtnisnehmers A. 583

In Abgrenzung zur Vor- und Nacherbschaft erlangen die Vermächtnisnehmer keine unmittelbare Rechtsposition am Nachlass oder an Einzelgegenständen. Sie werden nicht Gesamtrechtsnachfolger und auch nicht Sonderrechtsnachfolger in einzelne Gegenstände. Sie erlangen lediglich einen schuldrechtlichen Anspruch. Der Vorvermächtnisnehmer erlangt einen Anspruch gegen den oder die Erben auf Erfüllung des Vermächtnisses. Der Nachvermächtnisnehmer erlangt einen schuldrechtlichen Anspruch gegen den Vorvermächtnisnehmer bzw. gegen dessen Rechtsnachfolger. Dieses Rechtsinstitut erscheint dann geeignet, wenn der Erblasser nicht den kompletten Nachlass, sondern nur einzelne Gegenstände über zwei Generationen hinweg steuern möchte. 584

BEISPIEL: Erblasser E möchte seine Ehefrau F zur Alleinerbin einsetzen. Gleichzeitig möchte er seine Ferienwohnung im Schwarzwald per Vermächtnis seiner Tochter T zukommen lassen und zugleich festlegen, dass bei Tod der Tochter deren Tochter ET (also die Enkelin des E) diese Wohnung erhalten soll, ersatzweise die Bergwacht Feldberg e. V.

LÖSUNG: In diesem Fall ist nicht die Vor- und Nacherbschaft das geeignete Rechtsinstitut, sondern das Vor- und Nachvermächtnis, welches sich lediglich auf die Wohnung bezieht. Um den Nachvermächtnisnehmer dinglich gegen Verfügungen des Vorvermächtnisnehmers zu schützen, kann bei Immobilien eine Vormerkung im Grundbuch eingetragen werden. Handelt es sich beim Vermächtnisgegenstand um eine Mobilie, scheidet dieses Sicherungsinstrument allerdings aus. Hat der Vorvermächtnisnehmer anderweitig über den Gegenstand verfügt, geht der Anspruch des Nachvermächtnisnehmer ins Leere. Denkbar sind dann nur Sekundäransprüche.

E könnte sein Testament wie folgt formulieren:

„Ich setze meine Ehefrau F zur Alleinerbin ein.

Meiner Tochter T vermache im Wege des Vermächtnisses meine Eigentumswohnung X.

Ich bestimme meine Enkeltochter ET zur Nachvermächtnisnehmerin. Das Nachvermächtnis fällt mit dem Tod der Vorvermächtnisnehmerin T an. Mitvermacht ist die Ver-

363 Hierzu auch Langenfeld/Fröhler, Rz. 393.

pflichtung der Vorvermächtnisnehmerin, nach dem Erbfall das Anwartschaftsrecht der Nachvermächtnisnehmerin durch eine Vormerkung im Grundbuch sichern zu lassen.

Die Anwartschaft der Nachvermächtnisnehmerin zwischen Erbfall und Nachvermächtnisanfall ist weder vererblich noch übertragbar.

Für den Fall, dass die Nachvermächtnisnehmerin vor oder nach dem Erbfall entfällt, bestimme ich, entgegen jeder anders lautenden gesetzlichen oder richterlichen Vermutungs- oder Auslegungsregel, die Bergwacht Feldberg e. V. zum Ersatznachvermächtnisnehmer.“[364]

585 Um den Vermögensfluss in Bezug auf einzelne Gegenstände über zwei Generationen hinweg zu steuern, kann sich ferner ein aufschiebend bedingtes Herausgabevermächtnis anbieten – und zwar dann, wenn die zunächst bedachte Person A Erbe geworden ist und nachfolgend eine Person B einen Einzelgegenstand erhalten soll:

BEISPIEL: Erblasser E möchte seine Ehefrau F zur Alleinerbin einsetzen. Mit dem Tod der Ehefrau soll seine Eigentumswohnung im Schwarzwald der Bergwacht Feldberg e. V. zukommen.

LÖSUNG: E könnte sein Testament wie folgt formulieren:

„Zu meinem Erben setze ich meine Ehefrau F ein.

Zu ihren Lasten vermache ich der Bergwacht Feldberg e. V. meine Eigentumswohnung X mit der Maßgabe, dass dieses Vermächtnis dem Vermächtnisnehmer erst mit dem Tod meiner Ehefrau anfällt und erst drei Monate nach ihrem Tod fällig ist.

Mitvermacht ist die Verpflichtung des Erben, nach dem Erbfall das Anwartschaftsrecht der Vermächtnisnehmer durch eine Vormerkung im Grundbuch sichern zu lassen.“

dd) Der Vorerbe

586 Der Vorerbe wird beim Tod des Erblassers echter Erbe – allerdings nur auf Zeit. Als Gesamtrechtsnachfolger tritt er vollumfänglich in alle Rechtspositionen ein. Lediglich im Interesse des Nacherben sieht das Gesetz einige Beschränkungen seiner Verfügungsmacht vor, die in §§ 2113 ff. BGB geregelt sind. Soweit das Gesetz keine Beschränkung der Verfügungsbefugnis vorsieht, ist der Vorerbe frei, beliebig damit zu verfahren. Hier ersieht man den Unterschied zum – wirtschaftlich ähnlichen – Erbschaftsnießbraucher, der gerade nicht über Nachlassgegenstände verfügen kann, da ihm diese nicht dinglich zustehen.

587 Da der Vorerbe aber nur zeitlich befristet Inhaber des Nachlasses wird, ist die Substanz des Nachlasses als ein Sondervermögen beim Vorerben zu betrachten. Für dieses Sondervermögen gelten spezielle Regeln zum Erhalt der Substanz für den Nacherben.

364 Hierzu Kerscher/Tanck/Krug, § 15, Rz. 57.

ee) Sondervermögen beim Vorerben

Zum Sondervermögen gehören nicht nur die Vermögenswerte des Nachlasses selbst, sondern auch alles, was der Vorerbe als Surrogat hierfür erlangt hat (§ 2111 Abs. 1 Satz 1 BGB). Hierunter fallen etwa Ersatzleistungen für die Zerstörung, Beschädigung oder Entziehung eines Erbschaftsgegenstandes. Der wichtigste Anwendungsfall der Surrogation liegt vor, wenn der Vorerbe Gegenstände durch Rechtsgeschäft mit Mitteln der Erbschaft erwirbt („Mittelsurrogation"). Voraussetzung ist nur, dass der Vorerbe die Gegenstände[365] objektiv mit Erbschaftsmitteln angeschafft hat. 588

Die Vorschrift ist weit auszulegen, um einen möglichst umfassenden Schutz des Nacherben sicherzustellen. Somit genügt auch ein mittelbarer Zusammenhang aufgrund einer wirtschaftlichen Betrachtungsweise. Verkauft der Vorerbe etwa ein zum Nachlass gehörendes Grundstück und löst mit dem Verkaufserlös einen Kredit ab, den er für den Erwerb eines anderen Grundstücks aufgenommen hatte, so fällt dieses andere Grundstück nunmehr aufgrund der Surrogation in die Erbschaft und dies selbst dann, wenn der Kaufvertrag über das neue Grundstück schon vor der Veräußerung des Nachlassgrundstücks abgeschlossen worden war.[366] 589

Nicht erlaubt und dinglich unwirksam sind Verfügungen des Vorerben über Grundstücke und Grundstücksrechte, soweit sie das Nacherbenrecht vereiteln oder beeinträchtigen würden. Verfügung ist jede dingliche Übertragung, Belastung, Inhaltsänderung und Aufgabe von Grundstücksrechten. 590

Zugrundeliegende Verpflichtungsgeschäfte erfasst § 2113 Abs. 1 BGB nicht. Ob das Rechtsgeschäft wirtschaftlich vorteilhaft ist, spielt keine Rolle. So ist auch der Verkauf eines Grundstücks zu einem attraktiv hohen Preis von § 2113 BGB erfasst. 591

Nach § 2113 Abs. 3 BGB kann der Dritte das Recht vom Vorerben gutgläubig erwerben. Um dies zu verhindern, muss bei Grundstücken der Nacherbenvermerk im Grundbuch eingetragen werden. Dieser verhindert einen gutgläubigen Erwerb. 592

Will der Vorerbe eine Grundstücksverfügung wirksam vornehmen, sollte er sich vorab die Einwilligung des Nacherben einholen. Auch die nachträgliche Genehmigung ist möglich. Erforderlich ist dabei auch die Zustimmung des be- 593

365 Auch Rechte, Forderungen und sonstige Rechtspositionen fallen hierunter.

366 BGHZ 110 S. 176, 178; Lange/Kuchinke, Erbrecht, § 28 IV 1.

dingt eingesetzten Nacherben sowie des weiteren Nacherben – nicht aber die des Ersatznacherben.[367]

594 Es kann auch noch auf einem anderen dogmatischen Weg eine wirksame Verfügung des Vorerben erreicht werden: Der Nacherbe überträgt seine Nacherbenanwartschaft (notariell beurkundet § 2033 BGB analog) auf den Vorerben.[368] Dadurch tritt der Vorerbe in die Rechtsstellung des Nacherben ein. Der Vorerbe wird zum Vollerben und kann folglich frei über Nachlassgegenstände verfügen.[369] Gibt es aber neben dem Nacherben weitere Nacherben oder Ersatznacherben, wird der Vorerbe nicht zum Vollerben. Vielmehr verliert der Vorerbe seine durch die Übertragung erworbene Rechtsstellung als Nacherbe in dem Zeitpunkt an den Ersatznacherben, zu dem sie der – ursprüngliche – Nacherbe an diesen verlieren würde.[370] Aus diesem Grunde kann im Zuge der Übertragung des Anwartschaftsrechts der Nacherben auf den Vorerben die Löschung des Nacherbschaftsvermerks im Grundbuch nicht gegen den Willen des Ersatznacherben herbeigeführt werden.[371] Im Detail divergieren die Ansichten zu dieser Gestaltungsvariante aber erheblich, so dass bei einer entsprechenden Beratung mit der gebotenen Vorsicht zu agieren ist.

595 Geht es nicht um die Verfügung über ein Grundstück und die dafür erforderliche Zustimmung des Nacherben, sondern lediglich um die Löschung eines im Grundbuch eingetragenen Nacherbenvermerks, müssen auch die Ersatznacherben der Löschung zustimmen. Nur wenn also die im Grundbuch genannten Nacherben und auch die Ersatznacherben zugestimmt haben, kann der Vermerk gelöscht werden. Dies sollte bedacht werden, wenn man etwa als Nacherben „die Abkömmlinge entsprechend gesetzlicher Erbfolge" benennt. Denn in einem solchen Fall müssen nicht nur die Kinder, sondern auch die Enkel und Urenkel usw. als Ersatznacherben ihre Zustimmung zur Löschung erteilen.

---

367 BGH, NJW 1963 S. 2320; OLG Hamm, ZEV 2016 S. 638; Weidlich in Grüneberg, § 2113, Rz. 6; Zimmer, ZEV 2014 S. 526; Weidlich, ZErb 2014 S. 325; Hartmann, RNotZ 2020 S. 148; krit. hingegen Hartlich, RNotZ 2018 S. 302. Zum Ganzen ausführlich Wegmann, ZEV 2022 S. 433 ff. sowie S. 500 ff.

368 Eine solche Übertragung ist nach h. M. zulässig, vgl. etwa RG 101 S. 185, 191; RG 145 S. 316; OLG Frankfurt a. M., Rpfleger 1980 S. 228.

369 So OLG Düsseldorf, ZEV 2022 S. 589. Nach a. A. allerdings nur, wenn keine weiteren Nacherben oder Ersatznacherben vorhanden sind bzw. diese der Übertragung nicht zugestimmt haben: OLG München, NJW-RR 2018 S. 71, 73; BayObLG, FamRZ 1992 S. 728; Weidlich, ZErb 2014 S. 325; BGH, RNotZ 2015 S. 301; OLG Hamm, Rpfleger 2013 S. 530. Zum Ganzen auch Wegmann, ZEV 2022 S. 433 ff. sowie S. 500 ff.

370 Statt vieler Schöner/Stöber, Grundbuchrecht, Rz. 3528. A. A. Muscheler, ZEV 2012 S. 289, der in jedem Fall von einer Vollerbschaft für den Vorerben infolge einer Konsolidation ausgeht.

371 So etwa Schöner/Stöber, Grundbuchrecht, Rz. 3528.

Sind Abkömmlinge noch minderjährig oder noch gar nicht geboren, stellen sich hier besondere praktische Probleme. Für die unbekannten Ersatznacherben kann die Bewilligung der Löschung durch einen nach § 1913 BGB bestellten Pfleger und vormundschaftsgerichtliche Genehmigung erlangt werden.[372] 596

Anders ausgedrückt: Soll eine Grundstücksverfügung vorgenommen werden, genügt die Zustimmung der Nacherben, damit die Verfügung wirksam ist. Die Ersatznacherben müssen nicht zustimmen. Denn wenn die Verfügung wirksam ist, kann sich in Zukunft auch kein Recht eines Ersatznacherben mehr ergeben. Denn das Grundstück ist ja wirksam und endgültig aus dem Nachlass ausgeschieden. Die Verfügungsbeschränkung des § 2113 Abs. 1, 2 BGB kann auch beim Eintritt des Ersatzfalls und des Nacherbfalls nicht mehr wirksam werden. Somit kann nun auch der Nacherbenvermerk gelöscht werden, ohne dass es der Zustimmung der (Ersatz-)Nacherben bedarf; denn das Grundbuch ist insoweit unrichtig und ist zu berichtigen (§ 22 GBO).[373] 597

Anders hingegen, wenn lediglich der Nacherbenvermerk im Grundbuch **gelöscht** werden soll, ohne dass eine (wirksame) Verfügung über das Grundstück (mit Zustimmung der Nacherben) getroffen wurde. In diesem Fall kann der Vermerk nur gelöscht werden, wenn auch die Ersatznacherben (einschließlich der unbekannten) der Löschung zustimmen.[374] Das heißt, dass der Nacherbenvermerk nur unter größtem Aufwand aus dem Grundbuch gelöscht werden kann. Wurde aber zuvor eine wirksame Verfügung (mit Zustimmung des Nacherben) vorgenommen, kann anschließend der Vermerk auch ohne Zustimmung der Ersatznacherben gelöscht werden. 598

Verständnisfragen: 599

E hat den A zum Vorerben eingesetzt. Nacherben auf Ableben des A sind „die Abkömmlinge des A entsprechend den Regeln gesetzlicher Erbfolge“.

a) A möchte den Nacherbenvermerk im Grundbuch löschen lassen. Wer muss zustimmen?

b) A möchte das Grundstück veräußern. Wer muss der Eigentumsübertragung zustimmen? Wer muss bei der anschließenden Löschung des Nacherbenvermerks zustimmen?

c) Wie hätten Sie das Testament ggf. anders formuliert?

372 Hierzu BayObLG, DNotZ 1993 S. 404; OLG Köln, NJW 1955 S. 633 f.

373 BayObLG, DNotZ 1993 S. 404 f.

374 OLG Hamm, Rpfleger 1956 S. 159.

Lösung:

a) Alle Nacherben und alle Ersatznacherben – einschließlich unbekannter und noch nicht geborener. Dies ist faktisch unmöglich.

b) Nur die Nacherben müssen zustimmen, also die Abkömmlinge des A. Bei der anschließenden Löschung muss keiner mehr zustimmen.

c) Man könnte weniger abstrakt formulieren, z. B. „Ersatznacherben sind die Kinder des A, nämlich X und Y. Sollte einer von ihnen nicht Nacherbe werden, soll der andere allein erben." Dadurch würde eine Löschung in Variante a) leichter möglich.

600 Nach § 2113 Abs. 2 BGB kann der Vorerbe auch keine unentgeltlichen Verfügungen vornehmen, soweit diese das Nacherbenrecht beeinträchtigen würden und es sich nicht lediglich um Pflicht- oder Anstandsschenkungen handelt. Diese Vorschrift umfasst sämtliche Nachlassgegenstände, also nicht nur Grundstücke, sondern auch Mobilien, Forderungen, Rechte usw. Rechtsfolge einer das Nacherbenrecht beeinträchtigenden unentgeltlichen Verfügung ist deren Unwirksamkeit. Von besonderer praktischer Bedeutung und eine besondere Gefahr für den Nacherben ist hier der gutgläubige Erwerb gem. Abs. 3. Denn ein die Gutgläubigkeit verhindernder Grundbucheintrag kommt hier nicht in Betracht.

BEISPIEL: Vorerbe V beerbt Erblasser E. V schenkt einem befreundeten Ehepaar ein Kunstgemälde, das zum Nachlass des E gehört. Die beschenkten Eheleute wussten nichts von der Erbschaft.

Welche Rechte hat Nacherbe N?

LÖSUNG: N kann von den Eheleuten die Herausgabe des Bildes gem. § 985 BGB verlangen, wenn N Eigentümer ist. Nach Eintritt des Nacherbfalls erlangt der Nacherbe grds. das zur Nachlassmasse gehörende Sondervermögen. Jedoch könnte das Bild bereits vor dem Nacherbfall aus dem Sondervermögen beim Vorerben ausgeschieden sein durch die schenkweise Eigentumsübertragung an die Eheleute. Die schenkweise Verfügung ist zwar grds. wegen § 2113 Abs. 2 BGB unwirksam. Die Eheleute waren aber gutgläubig und haben somit wirksam das Eigentum am Kunstgemälde erworben gem. §§ 2113 Abs. 3, 932 BGB. Daher besteht kein Anspruch aus § 985 BGB. Jedoch kann der Nacherbe wegen der Unentgeltlichkeit im Ausgangsfall Herausgabe gem. § 816 Abs. 1 Satz 2 BGB verlangen.

ff) Der befreite Vorerbe

601 Wie gezeigt, ist die Verfügungsbefugnis des Vorerben bei Grundstücksverfügungen und bei unentgeltlichen Verfügungen eingeschränkt. Das Gesetz ermöglicht dem Erblasser aber, dass er den Vorerben von Beschränkungen befreit. Formal ist dies in der letztwilligen Verfügung vorzunehmen. Inhaltlich

lässt § 2136 BGB nur die Befreiung von den Beschränkungen und Verpflichtungen des § 2113 Abs. 1 BGB und der §§ 2114, 2116–2119, 2123, 2127–2131, 2133, 2134 BGB zu. Eine weitergehende Befreiung ist rechtlich nicht möglich. Der Vorerbe kann insbesondere nicht befreit werden vom Verbot unentgeltlicher Verfügungen gem. § 2113 Abs. 2 BGB. Auch das Surrogationsprinzip des § 2111 BGB und die Schadensersatzverpflichtung nach § 2138 Abs. 2 BGB können nicht ausgeschlossen werden.

Innerhalb dieser vom Gesetz gesteckten Grenzen kann der Erblasser frei entscheiden, in welchem Umfang er den Vorerben befreit. Am häufigsten wird eine Gesamtbefreiung angeordnet, d. h. der Vorerbe wird von allen Beschränkungen befreit, soweit dies rechtlich möglich ist. 602

Formulierungsbeispiel für Gesamtbefreiung: 603

„Hiermit setze ich A zu meinem Alleinerben ein.

A ist jedoch nur Vorerbe.

Nacherbe ist B. Der Nacherbfall tritt mit Tod des A ein.

A ist als Vorerbe von allen gesetzlichen Beschränkungen und Verpflichtungen befreit, soweit dies möglich und rechtlich zulässig ist."

Möglich ist auch, dass der Erblasser mehrere Nacherben[375] hintereinander einsetzt (Nachnacherbe) und diese befreit: 604

Formulierungsbeispiel für Nachnacherben:[376] 605

„Hiermit setze ich A zu meinem Alleinerben ein. A ist jedoch nur Vorerbe. A ist als Vorerbe von allen gesetzlichen Beschränkungen und Verpflichtungen befreit, soweit dies möglich und rechtlich zulässig ist.

***Erster Nacherbe** auf den Tod des A ist B.*

***Zweiter Nacherbe** auf Tod des ersten Nacherben B ist C.*

Erlangt B aufgrund der doppelten Nacherbfolge beim Eintritt des ersten Nacherbfalls die Stellung eines Vorerben, ist B ebenfalls von allen gesetzlichen Beschränkungen und Verpflichtungen befreit, soweit dies möglich und rechtlich zulässig ist."

Möglich sind auch nur teilweise Befreiungen – für bestimmte Miterben und/oder für bestimmte Verfügungsbeschränkungen. Setzt der Erblasser mehrere Vorerben ein, kann er auch nur einzelnen Befreiungen erteilen. Zusätzlich 606

375 Hierzu sogleich unten.

376 Hierzu Mayer, ZEV 2000 S. 1, 3.

kann er Vorerben von jeder der in § 2136 BGB aufgeführten Beschränkungen und Verpflichtungen einzeln befreien, bspw. nur von dem Verbot des § 2113 Abs. 1 BGB, über Grundstücke und Rechte hieran zu verfügen.

607 **Formulierungsbeispiel für teilweise Einzelbefreiung:**

„Hiermit setze ich A zu meinem Alleinerben ein.

A ist jedoch nur Vorerbe.

A ist als Vorerbe vom Verbot des § 2113 Abs. 1 BGB, über ein zur Erbschaft gehörendes Grundstück oder ein Recht an einem Grundstück zu verfügen, befreit. Diese Befreiung bezieht sich aber nur auf das privat genutzte Grundstück X und ausdrücklich nicht auf sämtliche übrige Immobilien in meinem Nachlass.

Die übrigen gesetzlichen Beschränkungen und Verpflichtungen des Vorerben gelten für ihn uneingeschränkt."

608 Manchmal möchte der Erblasser den Vorerben in noch weiterem Umfang befreien, etwa wenn der Vorerbe für bestimmte Gegenstände vom Verbot unentgeltlicher Verfügungen befreit werden soll.

BEISPIEL: Erblasser E setzt seine Ehefrau als befreite Vorerbin ein. Nacherbe ist die Tochter T. Darüber hinaus möchte er, dass seine Frau die von ihm aufgebaute Kunstsammlung nach ihren Vorstellungen verschenken kann (bspw. an Museen, Stiftungen oder beliebige andere Personen).

Wozu raten Sie?

LÖSUNG: E kann die Kunstsammlung dadurch von der Vor- und Nacherbfolge ausnehmen, dass er diese der A durch Vorausvermächtnis (§§ 2150, 2110 Abs. 2 BGB) zuwendet. Da A alleinige Vorerbin wird, gehen die vermachten Gegenstände dann ohne weiteres bereits mit dem Erbfall in das freie Vermögen der A über und werden nicht Bestandteil des gebundenen Sondervermögens.

Das Vermächtnis wirkt insoweit ausnahmsweise dinglich (aber nur, wenn der Vorerbe **alleiniger** Vorerbe ist – und nicht bei Miterbschaft mehrerer Personen).

Somit kann A ohne Weiteres über die Kunstsammlung frei verfügen, insbesondere kann sie diese verschenken.

gg) Eintritt der Nacherbfolge

609 Meist soll die Nacherbfolge mit dem Tod des Vorerben eintreten. Allerdings kann der Erblasser den Eintritt der Nacherbfolge auch von anderen Umständen abhängig machen. Es ist lediglich die 30-Jahresgrenze des § 2109 BGB zu

beachten.[377] Von praktischer Bedeutung ist das Ehegattentestament mit Vor- und Nacherbschaft. Hierin setzen sich die Eheleute wechselseitig zu Vorerben und die Kinder zu Nacherben ein. Der Nacherbfall tritt mit dem Tod des Vorerben ein. Für den Fall aber, dass der Überlebende wieder heiratet, soll der Nacherbfall vorzeitig eintreten.

Formulierungsbeispiel für Ehegattentestament mit Wiederverheiratungsklausel: 610

„Wir setzen uns gegenseitig als Vorerben ein. Nacherben sind unsere Kinder … zu gleichen Teilen.

Der Nacherbfall tritt mit dem Tode des Längstlebenden oder mit dessen Wiederverheiratung ein."

Eine Alternative zu vorstehendem Ehegattentestament besteht darin, dass sich die Ehegatten wechselseitig zu Vollerben und die Kinder zu Schlusserben einsetzen. Für den Fall der Wiederheirat soll jedoch die Vollerbschaft enden und der Überlebende zum Vorerbe werden. Im selben Moment (der Wiederheirat) soll auch die Nacherbschaft eintreten.[378] 611

Der Ehegatte ist also zunächst auflösend bedingter Vollerbe und wird bei Wiederverheiratung zum Vorerben, wenn auch i. d. R. nur für eine juristische Sekunde, weil gleichzeitig der Eintritt der Nacherbfolge angeordnet ist.[379] 612

Zum Schutz des Nacherben soll der überlebende Ehegatte von Anfang an – also auch, als er noch Vollerbe war – den Beschränkungen der §§ 2113 ff. BGB unterliegen. Denn es entspreche dem Erblasserwillen, die Nachlasssubstanz für den Nacherben abzusichern. Regelmäßig wird der überlebende Ehegatte aber als **befreiter** Vorerbe angesehen, außer im Testament finden sich andere Auslegungsmomente.[380] 613

Sittenwidrig sind solche Klauseln, die dazu führen, dass der Längstlebende bei Wiederverheiratung vollständig enterbt wird. Dies gilt jedenfalls dann, wenn dieser auf seinen Pflichtteil verzichtet hat.[381] Um dem Risiko der Sittenwidrig- 614

377 Rechtstechnisch ist die Vorerbschaft auflösend bedingt und befristet, die Nacherbschaft umgekehrt aufschiebend bedingt.

378 Vgl. nur Weidlich in Grüneberg, § 2269, Rz. 17.

379 Zum Meinungsstand zur dogmatischen Begründung vgl. nur Wachter in Münchener Anwaltshandbuch Erbrecht, § 17 Rz. 65.

380 Hierzu eingehend m. w. N. Litzenburger in BeckOK-BGB, § 2269 BGB, Rz. 36 ff.; im Detail a. A. Musielak in MüKo-BGB, § 2269 BGB, Rz. 60; Meier-Kraut, NJW 1992 S. 143, 147.

381 Hierzu Litzenburger in BeckOK-BGB, § 2269 BGB, Rz. 31.

keit zu begegnen, sollte daher mit Vermächtnissen zugunsten des Wiederheiratenden für einen angemessenen Ausgleich gesorgt werden.[382]

615 Die h. M.[383] schreibt einer Wiederverheiratungsklausel daher folgende Wirkungen zu:

1. Wenn der überlebende Ehegatte **nicht mehr heiratet,** steht bei seinem Tod fest, dass er endgültig Vollerbe geblieben ist.

   Hieraus folgt dann auch, dass alle seine lebzeitigen Verfügungen wirksam sind und bleiben.

   Der oder die Schlusserben erben nur noch den bei seinem Tod vorhandenen Nachlass.

2. Anders, wenn der überlebende Ehegatte **noch einmal heiratet:** Mit der Heirat endet dessen Vollerbschaft und er wird Vorerbe; gleichzeitig tritt Nacherbfolge ein.

616 Der überlebende Ehegatte muss also mit der Heirat den Nachlass des Erstverstorbenen an die Nacherben herausgeben. In welchem Umfang diese Herausgabepflicht besteht, kann wiederum vom Erblasser definiert worden sein, wobei eine vollständige Herausgabepflicht bei Wiederheirat zur Sittenwidrigkeit einer solchen Klausel führen kann.

617 Ferner sind alle Rechtsgeschäfte, die gegen die Verfügungsbeschränkungen der §§ 2113 ff. BGB verstoßen und von denen ein Vorerbe gem. § 2136 BGB nicht befreit werden kann, ihnen gegenüber unwirksam. Nacherben haben dann entsprechende Herausgabeansprüche.

618 Verfügungsbeschränkungen, die nach h. M. einer Wiederverheiratungsklausel immanent sind, sind im Erbschein zu vermerken, bei Immobilien ist ein Vermerk im Grundbuch (ähnlich einem Nacherbenvermerk) einzutragen.

619 **Formulierungsbeispiel für Wiederverheiratungsklausel mit Voll- und Schlusserbschaft:**

„Wir setzen uns gegenseitig zu unbeschränkten Alleinerben ein. Schlusserben nach dem Tod des Längstlebenden sind unsere Kinder … zu gleichen Teilen.

Falls der Längstlebende wieder heiratet, soll er aber nur Vorerbe gewesen sein, und zwar befreit von allen Verpflichtungen und Beschränkungen, von denen er befreit werden kann, und mit dem Recht zum Verzehr des Nachlasses.

---

382 Die Beweislast für eine solch verwerfliche Absicht hat derjenige, der sich darauf beruft. Zum Ganzen siehe Litzenburger in BeckOK-BGB, § 2269 BGB, Rz. 31.

383 Hierzu Litzenburger in BeckOK-BGB, § 2269 BGB, Rz. 36 ff.

Mit der Wiederverheiratung werden unsere als Schlusserben eingesetzten Kinder Nacherben.

Sie sind dann verpflichtet, dem Längstlebenden den kleinen Pflichtteil, berechnet nach dem Wert des Nachlasses des Erstversterbenden im Zeitpunkt seines Todes, auszuzahlen."

Freilich kann der Erblasser auch andere Bedingungen für den Anfall der Erbschaft beim Vor- oder Nacherben vorsehen. Stellt sich aber heraus, dass die Bedingung für die Nacherbschaft nicht mehr eintreten wird, entfällt diese und der Vorerbe wird zum Vollerben. 620

BEISPIEL: Erblasser E testiert: „Ich setze meinen Sohn A zum Vorerben ein. Nacherbe ist seine Tochter T. Der Nacherbfall tritt ein, wenn T eine abgeschlossene Berufsausbildung hat und sie ihr 40. Lebensjahr noch nicht vollendet hat."

T muss also vor Vollendung ihres 40. Lebensjahres eine abgeschlossene Berufsausbildung erreicht haben.

Hat sie bei Vollendung des 40. Lebensjahres keine Berufsausbildung, fällt die Bedingung endgültig aus. Es steht dann fest, dass die Bedingungen nicht mehr – wie gefordert – eintreten können. Somit wird A am 40. Geburtstag der T zum Vollerben.

hh) Nacherbfolge bezüglich eines Bruchteils

Der Erblasser muss die Vor- und Nacherbschaft nicht auf die gesamte Erbschaft beziehen. Er kann bei mehreren Miterben lediglich bei einem Erben Nacherbschaft anordnen und bei den anderen nicht. 621

Hat er nur einen Alleinerben eingesetzt, kann er diesem einen Erbteil als Vollerben zuwenden und den anderen Teil als Vorerbe. Der Erbe ist dann teils Vollerbe, teils Vorerbe.[384] 622

Formulierungsbeispiel für teilweise Nacherbschaft: 623

„Hiermit setze ich A zum meinem Alleinerben ein. A ist zu 50 % Vollerbe und zu 50 % Vorerbe. Nacherbe ist B.

Der Nacherbfall tritt mit Tod des A ein."

384 Solange der Nachlass nicht gegenständlich geteilt ist, unterliegt der Erbe hinsichtlich des gesamten Nachlasses den Verfügungs- und Verwaltungsbeschränkungen des Vorerben. Wenn er den Nachlass deshalb gegenständlich teilen will, werden die dinglichen Verfügungen gem. § 2113 Abs. 1, 2 BGB unwirksam sein. Daher ist der Nacherbe analog § 2120 BGB verpflichtet, seine Einwilligung zu erteilen; hierzu nur Weidlich in Grüneberg, § 2120, Rz. 2 f.

ii) „Gegenständliche" Vor- und Nacherbfolge

624 Nicht möglich ist es, die Vor- und Nacherbschaft nur auf einzelne Nachlassgegenstände zu beziehen. Demgemäß kann sie sich immer nur auf die gesamte Erbschaft oder einen Bruchteil hiervon beziehen (§ 2087 BGB). Möchte der Erblasser E bspw. (nur) ein bestimmtes Grundstück mehreren Personen zeitlich nacheinander zukommen lassen, bietet sich daher folgende Gestaltungsalternative an:

625 E setzt Person A als Vorerben ein und Person B als Nacherben. Zusätzlich wird ein Vorausvermächtnis (§ 2150 BGB) zugunsten des A über sämtliche Nachlassgegenstände – mit Ausnahme des Grundstücks – angeordnet. Da sich das Recht des Nacherben im Zweifel nicht auf ein dem Vorerben zugewendetes Vorausvermächtnis erstreckt (§ 2110 Abs. 2 BGB), unterliegt somit nur noch das Grundstück der Vor-/Nacherbschaft. Der Vorerbe erlangt die ihm vermachten Gegenstände ohne Weiteres automatisch bereits mit dem Erbfall zur freien Verfügung. Die vermachten Gegenstände werden automatisch freies Vermögen des Vorerben und fallen aus dem gebundenen Sondervermögen der Vorerbschaft heraus. Hier entfaltet also das Vermächtnis ausnahmsweise dingliche Wirkung. Sind mehrere Vorerben vorhanden, bleibt es hingegen bei der nur schuldrechtlichen Wirkung des Vermächtnisses. Die vermachten Gegenstände müssen dann von der Erbengemeinschaft durch Rechtsgeschäft unter Lebenden übertragen werden, damit sie aus der Vorerbschaft herausfallen.

626 Zur Vermeidung von Rechtsunsicherheit sollte die letztwillige Verfügung ausdrücklich klarstellen, dass sich die Nacherbschaft nicht auf das Vorausvermächtnis erstreckt. Denn dies soll nach § 2110 BGB nur „im Zweifel" gelten.

627 **Formulierungsbeispiel für „gegenständliche" Vor- und Nacherbfolge:**[385]

„Hiermit setze ich A zu meinem Vorerben ein. Nacherbe ist B. Der Nacherbfall tritt mit dem Tod des A ein.

Der Vorerbe A erhält im Wege des nicht der Nacherbfolge unterliegenden Vorausvermächtnisses meinen gesamten Nachlass mit Ausnahme des Grundstücks Flurstück-Nr. X in Gemarkung Y."

628 Wie eben dargestellt, können mithilfe des Vorausvermächtnisses Einzelgegenstände aus der Vorerbschaft herausgenommen werden. Diese Herausnahme kann wiederum mit Bedingungen verknüpft werden.

385 Vgl. Mayer, ZEV 2000 S. 1, 5.

Formulierungsbeispiel für Vor- und Nacherbfolge mit einem bedingten Vorausvermächtnis:[386] 629

„Der Vorerbe ist berechtigt, vor Eintritt des Nacherbfalls den zur Vorerbschaft gehörenden Grundbesitz an einen oder mehrere unserer gemeinschaftlichen Abkömmlinge zu übertragen. Macht der Vorerbe von dieser Befugnis Gebrauch, so ist ihm dadurch aufschiebend bedingt der überlassene Grundbesitz durch nicht der Vor- und Nacherbschaft unterliegendes Vorausvermächtnis zugewendet."

jj) Der Nachnacherbe

Möglich ist auch die Anordnung mehrerer zeitlich nachfolgender Nacherbfolgen. Das Gesetz beschränkt die Anzahl der Nacherbfälle nicht, sondern sieht in § 2109 BGB lediglich eine zeitliche Grenze von 30 Jahren ab dem Erbfall vor: Die Einsetzung eines Nacherben wird mit dem Ablauf von 30 Jahren nach dem Erbfall unwirksam, wenn nicht vorher der Fall der Nacherbfolge eingetreten ist. Innerhalb dieser zeitlichen Grenze kann der Erblasser also mehrere Nacherben bestimmen und somit eine weitreichende Perpetuierung des Nachlasses erreichen. Rechtstechnisch ist der Nacherbe dann zugleich Vorerbe im Verhältnis zum nachfolgenden Nacherben usw. 630

BEISPIEL: Erblasser E setzt V als Vorerben ein.

Nacherbe auf Ableben des V wird N1.

Weiterer Nacherbe auf Ableben des N1 wird N2.

Der zunächst berufene Nacherbe N1 ist dann zugleich Vorerbe im Verhältnis zu N2.

Möchte V nun bspw. eine Grundstücksverfügung vornehmen, muss er die wegen § 2113 Abs. 1 BGB nötige Einwilligung von **beiden** Nacherben einholen. Zur Absicherung des zweiten Nacherben N2 ist dieser auch schon nach dem Erbfall (Tod des E) und nicht erst nach dem Tod des V im Grundbuch vorzumerken.

kk) Verwaltung des Nachlasses

Gemäß § 2130 BGB ist der Vorerbe nach dem Eintritt der Nacherbfolge verpflichtet, dem Nacherben die Erbschaft in dem Zustand herauszugeben, der sich bei einer bis zur Herausgabe fortgesetzten ordnungsmäßigen Verwaltung ergibt. Hieraus lässt sich mittelbar eine Pflicht des Vorerben zur ordnungsgemäßen Verwaltung gegenüber dem Nacherben ablesen. Deutlich ergibt sich die Verwaltungspflicht auch aus den §§ 2127 f. BGB. 631

386 Vgl. Mayer, ZEV 2000 S. 1, 5.

632 Inhaltlich verlangt die Verwaltungspflicht, dass der Vorerbe sein Handeln nach wirtschaftlichen Gesichtspunkten auf Substanzerhaltung und -erlangung ausrichtet, um das Interesse des Nacherben zu wahren.

633 Vorrangig maßgeblich für die Frage der Ordnungsmäßigkeit ist der Erblasserwille, wenn sich ein solcher anhand ausdrücklicher Anordnungen oder anhand allgemeiner Auslegungsgrundsätze feststellen lässt. Dabei sind auch immaterielle Aspekte zu berücksichtigen, wenn diese für den Erblasser von Bedeutung waren. So kann etwa bei Vermögenswerten mit historischen Bestandteilen – wie etwa bei Adelshäusern – oder sonstigen Kulturgütern, die Verwaltung des Nachlasses auch dann ordnungsmäßig sein, wenn sie sich nicht am wirtschaftlichen Maximum orientiert. Die Verwendung von Nachlassmitteln zur Pflege der Familientradition oder zur Erhaltung historisch wichtiger Bestandteile der Erbschaft können dann ordnungsgemäß sein, wenn auch nicht wirtschaftlich optimal.[387]

634 Mangels näherer Anhaltspunkte zum Erblasserwillen muss der Vorerbe sein Handeln an wirtschaftlichen Gesichtspunkten ausrichten und den Wert des Nachlasses so gut wie möglich erhalten und nach Möglichkeit vermehren.[388] Eine Kreditaufnahme ist regelmäßig ordnungsgemäß, wenn sie zur Befriedigung einer Nachlassverbindlichkeit nötig ist oder wenn der Darlehensbetrag zur Finanzierung notwendiger Reparaturen verwendet werden soll.[389]

635 Führt der Vorerbe ein Unternehmen des Erblassers weiter, wird ihm ein größeres unternehmerisches Ermessen bei der Mittelverwendung zugebilligt.[390] Ansonsten könnte er das Unternehmen mit den damit verbundenen Chancen und Risiken faktisch nicht weiterführen. Er muss in der Lage sein, die typischen Unternehmer-Risiken eingehen zu können.

ll) Verbrauch durch den Vorerben und Wertersatzpflicht

636 Grundsätzlich gebühren dem Vorerben lediglich die Nutzungen aus der Erbschaft, während der Stammwert des Nachlasses dem Nacherben erhalten bleiben soll.

637 Möglich ist aber auch, dass der Erblasser dem Vorerben gestattet, die Nachlassgegenstände für eigene Zwecke zu verwenden und zu verbrauchen. Bevor hierauf eingegangen wird, soll zunächst auf das grds. Verbot eigennütziger

387 Lieder in MüKo-BGB, § 2120, Rz. 7.
388 BGH, NJW 1993 S. 1582 f.
389 Lieder in MüKo-BGB, § 2120, Rz. 13.
390 Lieder in MüKo-BGB, § 2120, Rz. 16.

Verwendung eingegangen werden: Verwendet der Vorerbe die Nachlasssubstanz für sich, muss er nach § 2134 Abs. 1 BGB Wertersatz leisten. Liegt Verschulden beim Vorerben vor, haftet er zusätzlich auf Schadensersatz (§ 2134 Abs. 2 BGB).

Unter derartige ausgleichspflichtige Verwendungen fällt bspw. das Ausgeben von Geld, ohne dass hierfür ein Surrogat in die Erbschaft zurückfließt. Dies ist z. B. der Fall, wenn die Gegenleistung ihrer Art nach nur dem Vorerben persönlich zugutekommt, nicht aber dem Nachlass selbst – und somit dem Nacherben: Dies ist etwa der Fall beim Kauf verderblicher Waren wie Lebensmitteln, Verbrauchsgegenständen wie Benzin, bei der Buchung von Urlaubsleistungen, Eintrittskarten, Hotel- und Gaststättenleistungen, bei ärztlichen Leistungen usw.[391] 638

Wie eingangs erwähnt, kann der Erblasser von der Wert- bzw. Schadensersatzverpflichtung Befreiung erteilen (§ 2136 BGB). Ob und in welchem Umfang eine solche Befreiung vorliegt, muss durch Auslegung der letztwilligen Verfügung ermittelt werden. 639

Hierbei kommt es darauf an, ob der Erblasser vorrangig den Unterhalt des Vorerben sicherstellen wollte oder ob er dem Nacherben die Substanz der Erbschaft auf jeden Fall erhalten wollte. 640

Genauer zu prüfen ist dies etwa, wenn in einer vom Erblasser nicht vorhergesehenen Wirtschaftskrise die Vermögenserträge nicht mehr für die Absicherung des Vorerben ausreichen.[392] Hatte der Erblasser angenommen, dass der Vorerbe seinen Unterhalt aus den Erträgnissen der Erbschaft bestreiten kann und ist dies dann unvorhersehbar doch nicht möglich, kann dies eine Befreiung von der Wertersatzpflicht für den Vorerben bedeuten. 641

Der Vorerbe darf die Substanz des Nachlasses dann in dem Umfang antasten, wie dies für seinen Unterhalt erforderlich ist – eine Wert- oder gar Schadensersatzpflicht wird dann nicht ausgelöst. 642

Alternativ kann in einem solchen Fall auch ein bedingtes Vorausvermächtnis angenommen werden. Das Vorausvermächtnis zugunsten des Vorerben ist von den Bindungen der Vorerbschaft nicht erfasst, so dass auch keine daraus folgende Wertersatzpflicht denkbar ist. 643

391 Lieder in MüKo-BGB, § 2134, Rz. 3.
392 Lang in Burandt/Rojahn, § 2134, Rz. 10.

644 Denkbar ist aber auch, dass die Auslegung zu einer Vollerbschaft führt, wenn es dem Erblasser vorrangig darauf ankam, dass der Vorerbe seinen Lebensunterhalt aus der Nachlasssubstanz bestreiten können soll. Denn im Wege der Auslegung kann eine solche Klausel dahin zu verstehen sein, dass der als „Vorerbe" bezeichnete Bedachte tatsächlich als unbeschränkter Vollerbe eingesetzt werden sollte, jedoch belastet mit einem aufschiebend bedingten Vermächtnis zugunsten des als „Nacherben" bezeichneten Dritten, das den gesamten im Zeitpunkt des Bedingungseintritts vorhandenen Nachlass erfasst.[393]

645 In diesem Fall wäre der Bedachte rechtlich nicht Vorerbe i. S. der §§ 2100 ff. BGB, sondern Vollerbe, so dass ihm die freie Verfügung über den Nachlass zusteht. Der Vollerbe kann dann – über die Befreiungsmöglichkeiten des § 2136 BGB hinaus – frei mit dem Nachlass verfahren (z. B. unentgeltliche Verfügungen vornehmen). Der als „Nacherbe" Bezeichnete wäre dann tatsächlich bloßer Vermächtnisnehmer (aufschiebend bedingt).

646 Im Sinne der Rechtssicherheit ist eine ausdrückliche Anordnung des Erblassers mittels letztwilliger Verfügung vorzunehmen. Typischerweise finden sich folgende Formulierungen wie

1. die „Einsetzung des Nacherben auf den Überrest" oder
2. die „Einräumung der freien Verfügung des Vorerben über die Erbschaft."

647 Weitere gängige Formulierungen in Laientestamenten können sein:

1. „Der Vorerbe kann die Erbschaft verbrauchen" oder
2. „er kann mit der Erbschaft machen, was er will".

648 Nach § 2137 Abs. 1 BGB gilt die Einsetzung auf den Überrest als umfassende Befreiung von den Beschränkungen und Verpflichtungen, von denen nach § 2136 BGB befreit werden kann.[394]

649 Da § 2136 BGB auch auf die §§ 2133 und 2134 BGB verweist, kann die Schadens- und Wertersatzpflicht somit komplett ausgeschlossen werden, auch wenn der Vorerbe die Substanz für sich verbraucht hat. Oder anders ausgedrückt: Der Vorerbe ist befugt, die Nachlassmasse für sich zu verbrauchen, ohne dass es zu nachteiligen Rechtsfolgen für ihn kommt.

---

393 Vgl. OLG Oldenburg, DNotZ 1958 S. 95; OLG Bremen, DNotZ 1956 S. 149.

394 Nach früher h. M. handelt es sich bei § 2137 Abs. 1 BGB um eine Ergänzungsregelung, die keine abweichende Auslegung zulässt. Nach neuerer Ansicht handelt es sich richtigerweise lediglich um eine Auslegungsregel, hierzu mit entsprechenden Nachweisen nur Lieder in MüKo-BGB, § 2137, Rz. 2.

Hat der Erblasser in der letztwilligen Verfügung die „Einräumung der freien Verfügung des Vorerben über die Erbschaft“ angeordnet, gelten diese Ausführungen entsprechend (§ 2137 Abs. 2 BGB).[395] 650

mm) Anwartschaftsrecht des Nacherben

Der Nacherbe hat bereits mit dem Tod des Erblassers eine unentziehbare und gesicherte Rechtsposition. Diese kann als Anwartschaftsrecht angesehen werden. Stirbt der eingesetzte Nacherbe vor dem Eintritt des Falls der Nacherbfolge, aber nach dem Eintritt des Erbfalls, so geht sein Recht auf seine Erben über, sofern nicht ein anderer Wille des Erblassers anzunehmen ist. Diese Regelung des § 2108 Abs. 2 Satz 1 BGB enthält die widerlegbare Vermutung, dass die Nacherbenanwartschaft vererblich ist. Stirbt der Nacherbe also zwischen Erbfall und Nacherbfall, geht die Nacherbenanwartschaft auf die Erben des Nacherben über. 651

Diese Regelung gilt aber nur, wenn kein anderer Wille des Erblassers anzunehmen ist. Ob ein anderer Wille anzunehmen ist, muss – wenn das Testament keine ausdrückliche Regelung enthält – im Wege der Auslegung ermittelt werden. Der vorsichtige Berater wird daher immer eine ausdrückliche Regelung hierzu vorschlagen. 652

Denkbar ist auch, dass der Erblasser das Anwartschaftsrecht nur eingeschränkt vererblich stellt. Er kann bspw. eine Vererblichkeit nur an leibliche Abkömmlinge o. Ä. vorsehen. 653

Hat der Erblasser ausdrücklich einen Ersatznacherben (§ 2096 BGB) benannt, wird diskutiert, ob hierdurch (konkludent) die Vererblichkeit der Nacherbenanwartschaft ausgeschlossen wurde.[396] Die h. M.[397] sieht hierin keine Vermutung für oder gegen die Vererblichkeit; entscheidend ist vielmehr der Erblasserwille im Einzelfall, den es durch Auslegung zu ermitteln gilt – Streit ist vorprogrammiert. Daher sollte eine ausdrückliche Regelung vorgenommen werden. 654

Formulierungsbeispiel für Ausschluss der Vererblichkeit: 655

„Für den Fall, dass der Nacherbe vor oder nach dem Erbfall wegfällt, gleich aus welchem Grund, bestimme ich entgegen jeder anders lautenden gesetzlichen

---

395 Im Gegensatz zu Abs. 1 ist nach Abs. 2 ausdrücklich „im Zweifel“ befreit – hier liegt also jedenfalls eine (widerlegbare) Vermutungsregel vor.

396 Zum Meinungsstand vgl. nur Litzenburger in BeckOK-BGB, § 2108 BGB, Rz. 9.

397 OLG Oldenburg, Rpfleger 1989 S. 106; BGH, NJW 1963 S. 1150, 1151; BayObLG, NJW-RR 1994 S. 460 f.

oder richterlichen Auslegungs- oder Vermutungsregel X zum alleinigen und ausschließlichen Ersatznacherben.

Die Ersatzerbenbestimmung schließt die Vererbung der Nacherbenanwartschaft aus.“

656 Das Anwartschaftsrecht ist nicht nur vererblich, sondern auch übertragbar. Der Nacherbe kann analog § 2033 BGB sein Anwartschaftsrecht an Dritte übertragen. Umgekehrt können Dritte das Anwartschaftsrecht auch pfänden.

657 Die Übertragung der Anwartschaft bedarf entsprechend § 2033 Abs. 1 Satz 1 BGB der notariellen Beurkundung, ebenso das zugrundeliegende Verpflichtungsgeschäft (z. B. ein Kaufvertrag) (§§ 2371, 1922 Abs. 2, 2385 BGB). Der Erwerber tritt mit dem Erwerb unmittelbar in die Rechtstellung des Nacherben ein.

658 Tritt der Nacherbfall ein, wird der Erwerber folglich automatisch Erbe (des Erblassers). Im Erbschein ist jedoch nicht der Erwerber, sondern der Nacherbe als Erbe auszuweisen, weil der Erbschein nur die Rechtslage im Erbfall wiedergibt. Überdies würde dadurch die Richtigkeit des Übertragungsgeschäfts bezeugt, was nicht Aufgabe des Erbscheins ist.[398] Der Erwerber kann sich mittels des auf den Nacherben lautenden Erbscheins in Verbindung mit dem notariell beurkundeten Übertragungsgeschäft hinreichend legitimieren.

659 Höchst problematisch an der Übertragbarkeit der Nacherbschaft ist, dass der Erblasser in den allermeisten Fällen gerade nicht möchte, dass eine völlig andere Person als die von ihm benannte sein Nacherbe wird. Es wird regelmäßig nicht seinem Willen entsprechen, dass der von ihm benannte Nacherbe faktisch einen anderen Nacherben „einsetzt“.

660 Daher schlussfolgert die h. M.[399] vollkommen zu Recht, dass der Erblasser die Übertragbarkeit testamentarisch (ganz oder teilweise) ausschließen kann. Zur Sicherheit kann vorsorglich noch eine auflösende Bedingung der Erbeinsetzung eingebaut werden, falls eine Übertragung erfolgt.

661 **Formulierungsbeispiel für Ausschluss der Übertragbarkeit der Nacherbenanwartschaft:**

„Die Nacherbenanwartschaft ist nicht übertragbar. In jedem Fall ist die Einsetzung als Nacherbe auflösend bedingt durch die Veräußerung, Verpfändung oder Pfändung der Nacherbenanwartschaft.“

398 OLG Schleswig, ZEV 2010 S. 574; OLG Düsseldorf, MDR 1981 S. 143.

399 RGZ 170 S. 163, 168; Weidlich in Grüneberg, § 2108, Rz. 4; a. A. Avenarius in Staudinger, 2019, § 2100, Rz. 76.

Wenn der Nacherbe die Nacherbenanwartschaft an jeden beliebigen Dritten übertragen kann, so ist grds. auch die Übertragung an den Vorerben möglich. Der Vorerbe wird dadurch aber nicht zum Vollerben. Vielmehr erwirbt er zu seiner Stellung als Vorerbe zusätzlich die Stellung des Nacherben, wie sie sich aufgrund der letztwilligen Verfügung darstellt. 662

Hat der Erblasser nämlich noch **Ersatznacherben** benannt, müssen deren Rechte gewahrt werden; sie könnten ja noch ersatzweise erben, und diese Möglichkeit darf nicht vereitelt werden durch die Übertragung des Anwartschaftsrechts an den Vorerben. 663

Unbeschränkter Vollerbe wird der Erwerber daher nur und erst dann, wenn er sich auch die Anwartschaft des Ersatznacherben übertragen lässt, oder sobald feststeht, dass der Ersatznacherbe nicht mehr Erbe wird. 664

Hierauf sollte der Erblasser bei der Nachfolgeberatung hingewiesen werden. Entspricht es dem Willen des Erblassers, dass der Vorerbe bereits mit dem Erwerb der Nacherbenanwartschaft unbeschränkter Vollerbe wird, sollte dies in der letztwilligen Verfügung verankert werden: Wenn die Anwartschaft auf den Vorerben übertragen wird, soll die Ersatzerbnachfolge erlöschen. 665

Formulierungsbeispiel für Erlöschen der Ersatzerbfolge bei Übertragung der Nacherbenanwartschaft auf den Vorerben: 666

„Die Nacherbenanwartschaft kann auf den Vorerben übertragen werden. In diesem Fall entfällt jede ausdrückliche oder stillschweigende Ersatznacherbeinsetzung.“

nn) Herausgabeanspruch des Nacherben

Sobald der Nacherbfall eingetreten ist, hat der Nacherbe einen Anspruch gegen den Vorerben auf Herausgabe der Erbschaft (§ 2130 Abs. 1 BGB). Dieser Herausgabeanspruch umfasst alles, was zur Erbschaft gehört. Soweit an die Stelle von Nachlassgegenständen Surrogate (§ 2111 BGB) getreten sind, müssen auch diese herausgegeben werden (§ 2111 BGB). Wurden Gegenstände ersatzlos aus der Erbschaft ausgeschieden, ist die Herausgabe unmöglich und der Vorerbe muss ggf. Schadenersatz leisten.[400] 667

400 Lieder in MüKo-BGB, § 2130, Rz. 9 ff.

oo) Haftung von Vor- und Nacherbe

668 Mit dem Tod des Erblassers haftet der Vorerbe gem. § 1922, 1967 BGB als Gesamtrechtsnachfolger für alle Verbindlichkeiten des Erblassers. Tritt nun der Nacherbfall ein, endet die Erbenstellung des Vorerben. Erbe ist jetzt allein der Nacherbe. Damit endet auch die Haftung des Vorerben für Nachlassverbindlichkeiten.

669 Wurde gegen den Vorerben bereits eine Klage erhoben, wird diese unbegründet. Der Vorerbe kann die Vollstreckung aus einem Titel erfolgreich mit der Vollstreckungsgegenklage (§ 767 ZPO) verhindern.

670 Nur ausnahmsweise haftet der Vorerbe nach Eintritt des Nacherbfalls weiter. § 2145 BGB regelt die Fälle, in denen der Vorerbe weiter haften muss:[401]

1. Der Vorerbe haftet weiter, wenn er bereits vor dem Nacherbfall unbeschränkt haftete (§ 2145 Abs. 2 Satz 1 BGB). Der Vorerbe haftet dann gesamtschuldnerisch neben dem Nacherben.
2. Der Vorerbe haftet, soweit der Nacherbe nicht haftet (§ 2145 Abs. 1 Satz 1 BGB). Dies liegt etwa vor, wenn der Nacherbe beschränkt haftet und dies nicht zur Erfüllung aller Nachlassverbindlichkeiten ausreicht. Der Vorerbe haftet dann zumindest mit dem, was ihm aus der Erbschaft verblieben ist (insbesondere Nutzungen gem. § 2111 BGB). Dasselbe gilt, wenn der Nacherbe zwar unbeschränkt haftet, aber nicht in der Lage ist, die Verbindlichkeiten zu bedienen.[402]
3. Der Vorerbe haftet für die Verbindlichkeiten, die ihm im Verhältnis zum Nacherben zur Last fallen (§ 2145 Abs. 1 Satz 2 BGB). Dies ist etwa der Fall in Bezug auf gewöhnliche Erhaltungskosten (§ 2124 Abs. 1 BGB).
4. Der Vorerbe haftet für Eigenverbindlichkeiten fort. Hierunter fallen etwa Forderungen des Nacherben gegen den Vorerben gem. §§ 2130, 2131, 2134, 2138 II BGB.
5. Der Vorerbe haftet für die Erfüllung von Vermächtnissen und Auflagen, die er persönlich zu erfüllen hat.

d) Die Enterbung

671 Das Gegenteil zur Erbeinsetzung ist die Enterbung. Diese kann der Erblasser entweder ausdrücklich anordnen („X ist enterbt“) oder dadurch zum Ausdruck

401 Nach Hoeren in HK-BGB, § 2145, Rz. 2 ff.

402 Hoeren in HK-BGB, § 2145, Rz. 4.

bringen, dass er ausschließlich eine oder mehrere andere Personen durch letztwillige Verfügung als Erben benennt.

672 Was aber gilt, wenn die anderweitige Erbeinsetzung aus irgendwelchen Gründen unwirksam oder nichtig ist und die Lücke nicht durch Ersatzerbschaft oder Anwachsung geschlossen wird? Gilt die Enterbung (isoliert) dann dennoch oder greift insoweit gesetzliche Erbfolge zugunsten des (unwirksam) Enterbten?

673 Nach h. M. ist § 2085 BGB in diesem Fall nicht anwendbar, da die negative Folge der Enterbung nur die Kehrseite der Erbeinsetzung darstellt.[403] Grundsätzlich entfällt mit der Erbeinsetzung die damit korrespondierende Enterbung. Nur wenn die Verfügung den Willen des Erblassers erkennen lässt, eine von der Erbeinsetzung unabhängige Ausschließung vorzunehmen, kann ausnahmsweise die Enterbung isoliert aufrecht erhalten bleiben.[404]

BEISPIEL: Ehemann E testiert: „Hiermit setze ich meinen Labrador Alfie und meine Tochter T je zu hälftigen Erben ein." Die Ehefrau des E (es bestand Zugewinngemeinschaft) fragt nach ihren Rechten.

LÖSUNG: Da die Erbeinsetzung des Hundes (mangels Rechtsfähigkeit) unwirksam ist, ist auch die damit einhergehende Enterbung der Ehefrau unwirksam. Da E lediglich in Bezug auf die Hälfte seines Nachlasses wirksam verfügt hat, tritt in Bezug auf die andere Hälfte gesetzliche Erbfolge ein (§ 2088 BGB). Die Ehefrau erbt von dieser Hälfte somit 1/2 (1/4 + 1/4 gem. § 1371 BGB) und die Tochter 1/2.

Insgesamt erbt die Tochter also 3/4 und die Ehefrau 1/4.

674 Der Erblasser kann auch sämtliche gesetzliche Erben ausdrücklich enterben, ohne einen Erben einzusetzen (§ 1938 BGB). Die Folge hiervon ist ein Erbrecht des Staates gem. § 1936 BGB – genauer: der Fiskus des Bundeslandes, dem der Erblasser zum Zeitpunkt seines Todes angehört hat. Dasselbe gilt, wenn der Erblasser zwar Erben benannt hat, diese aber die Erbschaft ausschlagen oder einen Erbverzicht erklärt haben. Insofern gilt dasselbe Verständnis in Bezug auf das „Vorhandensein" des § 1936 BGB wie bei § 1930 BGB.[405]

675 Das Erbrecht des Staates kann nicht ausgeschlossen werden. Denn es darf keinen herrenlosen Nachlass geben.

403 Leipold in MüKo-BGB, § 2085, Rz. 5.

404 OLG München, ZEV 2001 S. 153; OLG Zweibrücken, FGPrax 1996 S. 152, allerdings ohne Vermutung für eine bestimmte Auslegungsvariante: Vielmehr ist stets durch Auslegung im Einzelfall zu prüfen, was gewollt war, wobei für die Feststellung des wirklichen Willens des Erblassers alle zugänglichen Umstände, auch solche außerhalb der Testamentsurkunde, heranzuziehen sind.

405 Müller-Christmann in BeckOK-BGB, § 1936, Rz. 3.

676 Hat der Erblasser eine bestimmte Person enterbt, gilt diese Enterbung grds. auch nur für diese Person und nicht etwa für deren Abkömmlinge. Der Enterbte ist also so zu behandeln, als wäre er vor dem Erbfall vorverstorben. Allerdings kann die Auslegung ergeben, dass nicht nur die benannte Person, sondern der gesamte Stamm des Enterbten von der Erbfolge ausgeschlossen sein soll. Um Auslegungsschwierigkeiten (und damit Streit) zu verhindern, sollte die Enterbung hierzu immer Stellung beziehen.

677 **Formulierungsbeispiele:**

„Hiermit enterbe ich meine Tochter T. Die Enterbung soll nicht für ihre Abkömmlinge gelten."

„Hiermit enterbe ich meinen Sohn S einschließlich seiner Abkömmlinge."

e) Das Vermächtnis

678 Wichtigstes dogmatisches Merkmal des Vermächtnisses ist die lediglich schuldrechtliche Wirkung. Während die Erbeinsetzung dinglich wirkt und der Erbe automatisch ohne besonderen Übertragungsakt im Wege der Universalsukzession gem. § 1922 BGB ipso iure in alle Rechte und Pflichten des Erblassers eintritt, hat der Vermächtnisnehmer lediglich einen schuldrechtlichen Anspruch auf Einräumung des zugewandten Vermögensvorteils (§ 2174 BGB).

679 Verpflichtet ist der sog. Beschwerte, welcher meist der Erbe ist. Erfüllt wird diese Verpflichtung dann durch das entsprechende Verfügungsgeschäft durch Rechtsgeschäft unter Lebenden – bei Forderungen nach § 398 BGB, bei Mobilien nach § 929 BGB, bei Immobilien nach §§ 925, 873 BGB usw.

aa) Stückvermächtnis

680 Wendet der Erblasser dem Vermächtnisnehmer einen bestimmten Gegenstand zu, handelt es sich um ein Stückvermächtnis (§ 2169 Abs. 1 BGB). Bei dem bestimmten Gegenstand kann es sich um eine Sache oder um ein Recht handeln. Es kann sich um eine bewegliche oder unbewegliche Sache handeln. Als letztere Variante kommt das Grundstücksvermächtnis in der Praxis sehr häufig vor.

681 **Formulierungsbeispiel für Immobilienvermächtnis:**

„Zugunsten meines Sohnes Adam ordne ich ein Vermächtnis des Inhalts an, dass ihm nach meinem Tode aus dem Nachlass das Grundstück der Gemarkung Konstanz, Grundbuchblatt 2000 BV lfd. Nr. 1, Hof- und Gebäudefläche, Seestr. 11, zu Alleineigentum zu übereignen ist."

Ist der Vermächtnisgegenstand im Zeitpunkt des Erbfalls nicht mehr im Nachlass vorhanden, geht das Vermächtnis ins Leere und ist grds. unwirksam (§ 2169 Abs. 1 BGB). 682

BEISPIEL: E vermacht den Oldtimer Bentley X seinem langjährigen Freund F. E hat den Bentley schon drei Jahre vor dem Erbfall an einen Dritten verschenkt und übereignet.

Geht der Wille des Erblassers jedoch dahin, dass das Vermächtnis auch gelten soll, wenn der Vermächtnisgegenstand nicht (mehr) im Nachlass ist, handelt es sich um ein Verschaffungsvermächtnis (§ 2170 BGB). 683

BEISPIEL: E vermacht seinem langjährigen Freund F einen Oldtimer Bentley X, den der Alleinerbe zunächst am Markt erwerben muss – alternativ: der dem Alleinerben gehört.

Wenn die Sache nicht im Nachlass vorhanden ist, der Erblasser aber einen Anspruch hierauf gegen einen Dritten hat, gilt dieser Anspruch als vermacht (§ 2169 Abs. 3 BGB). 684

Mitumfasst vom Vermächtnis sind im Zweifel auch die gesetzlichen Bestandteile, das vorhandene Zubehör und die auf dem Vermächtnis ruhenden Belastungen. 685

Hat der Erblasser den Vermächtnisgegenstand allerdings veräußert und den Erlös selbst noch eingezogen, geht die h. M. trotz der Vorschrift des § 2169 Abs. 3 BGB davon aus, dass der Erlös dann grds. nicht anstelle des Vermächtnisgegenstandes tritt, sondern das Vermächtnis insoweit unwirksam ist.[406] Nur ausnahmsweise kann im Wege der ergänzenden Testamentsauslegung u. U. doch der Erlös als vermacht angesehen werden.[407] 686

Bevor der Erbfall eingetreten ist, hat der Begünstigte beim Stückvermächtnis weder ein Anwartschaftsrecht noch einen Sicherungsanspruch. Die Erwartung des Vermächtnisnehmers auf den künftigen Erwerb des bestimmten Gegenstandes begründet nur eine (unsichere) Aussicht. Diese kann folglich auch nicht durch eine Auflassungsvormerkung gesichert werden. 687

Nur wenn weitere zusätzliche Sicherungsinstrumente hinzutreten, kommt eine Auflassungsvormerkung zu Lebzeiten in Frage: So kann der Erblasser in einem Erbvertrag einen Verfügungsunterlassungsvertrag über den Vermächtnisgegenstand vereinbaren und zusätzlich einen aufschiebend bedingten An- 688

406 BGH, NJW 1957 S. 421; OLG Rostock, ZEV 2009 S. 624; Rudy in MüKo-BGB, § 2169, Rz. 15 m. w. N.

407 BGHZ 22 S. 357.

spruch auf Auflassung für den Fall des Verstoßens gegen den Verfügungsunterlassungsvertrag vorsehen. Dieser vertraglich vereinbarte aufschiebend bedingte Eigentumsübertragungsanspruch kann auch schon als künftiger (bedingter) Anspruch zu Lebzeiten des Erblassers durch Vormerkung gesichert werden.[408]

689 **Nachdem der Erbfall eingetreten ist,** ist der Vermächtnisanspruch als echte schuldrechtliche Forderung entstanden. Bis zur Erfüllung dieses Vermächtnisanspruchs kann ein Sicherungsanspruch gegeben sein (der durch Arrest oder einstweilige Verfügung gesichert werden kann, §§ 916 Abs. 2, 936 ZPO). Bei einen Grundstücksvermächtnis kommt hierfür eine Auflassungsvormerkung in Frage.[409] Um die Eintragung im Grundbuch zu beschleunigen, ist es auch möglich und ratsam, dass der Erblasser schon in der letztwilligen Verfügung eine Vormerkung bewilligt. Wegen der Formvorschrift des § 29 Abs. 1 GBO in Bezug auf die Bewilligung scheidet dann jedoch ein handschriftliches Testament aus. Die Bewilligung muss in einem notariellen Testament enthalten sein.

690 Leidet der vermachte Gegenstand unter Mängeln, stellt sich die Frage nach einer etwaigen Sachmängelhaftung. Nach h. M. besteht grds. keine Haftung für Sachmängel.[410] Gemäß § 2165 BGB besteht auch grds. keine Haftung für Rechtsmängel, so dass auch dingliche Belastungen (etwa Grundpfandrechte) vom Vermächtnisnehmer hinzunehmen sind.[411]

691 Bei vermachten Grundstücken tritt in der Praxis häufig die Situation auf, dass das Grundstück noch mit einer Grundschuld oder Hypothek belastet ist.[412] Nach § 2165 BGB kann der Vermächtnisnehmer im Zweifel nicht die Beseitigung des Rechts verlangen, mit dem das Grundstück belastet ist.

692 Von dieser dinglichen Belastung und Haftung des Grundstücks ist die persönliche Verpflichtung aus dem zu sichernden Schuldverhältnis (etwa Darlehensvertrag) zu unterscheiden. Diese geht als schuldrechtliche Verbindlichkeit auf den Erben als Gesamtrechtsnachfolger über. Der Erbe ist also schuldrechtlich gegenüber dem Gläubiger verpflichtet.

693 Würde nun aber der Vermächtnisnehmer die Schuld tilgen, so ginge die Forderung des Gläubigers gegen den Erben auf ihn über gem. § 1143 BGB. Anschlie-

408 BGHZ 134 S. 182; Schlitt in Münchener Anwaltshandbuch Erbrecht, § 13 Rz. 66.

409 Weidlich in Grüneberg, § 2174, Rz. 10.

410 Statt aller nur Weidlich in Grüneberg § 2183, Rz. 2.

411 Da die Regelung nur „im Zweifel" gilt, kann der Erblasser diesbezüglich andere Anordnungen treffen und eine Sach- und Rechtsmängelhaftung zugunsten des Vermächtnisnehmers vorsehen; Formulierungsvorschläge bei Tersteegen, ZErb 2013 S. 284.

412 Hierzu Grunewald/Rizor, ZEV 2008 S. 510 ff.

ßend könnte er die Forderung gegen den nach § 1967 BGB für die Erblasserschuld haftenden Erben geltend machen.[413] Letztlich müsste also der Erbe die Belastung des Vermächtnisgegenstandes tragen und der Vermächtnisnehmer erhielte den Gegenstand im wirtschaftlichen Ergebnis lastenfrei. Dies widerspräche der ratio des § 2165 BGB, wonach der Vermächtnisnehmer grds. keinen Anspruch auf Übertragung eines lastenfreien Gegenstandes hat. Daher bestimmt § 2166 BGB: Ist ein vermachtes Grundstück mit einer Hypothek für eine Schuld des Erben belastet, ist der Vermächtnisnehmer – **im Zweifel** – dem Erben gegenüber zur Befriedigung des Gläubigers verpflichtet.

HINWEIS:

Im Innenverhältnis zwischen Erbe und Vermächtnisnehmer ist – im Zweifel – allein der Vermächtnisnehmer verpflichtet, die Belastung zu tragen, allerdings nur soweit, wie die Schuld durch den Wert des Grundstücks gedeckt ist.

Es kommt nicht etwa darauf an, dass die Schuld auf dem Erwerb des Grundstücks oder Maßnahmen zu seiner Erhaltung beruht und dem Bedachten insofern zugutegekommen ist. Es kann sich auch um eine Schuld des Erblassers handeln, die mit dem Grundstück selbst gar nichts zu tun hat. Auch dann muss der Vermächtnisnehmer im Zweifel hierfür aufkommen.[414] 694

Für Sie als Gestaltungsberater im Erbrecht entscheidend ist aber, dass die Regelungen des § 2166 BGB nur **„im Zweifel"** gelten. Entscheidend ist vorrangig der Wille des Erblassers. Diesen zu eruieren und dann technisch korrekt in der letztwilligen Verfügung umzusetzen, ist Ihre Aufgabe. Werden hierzu keine Regelungen getroffen, besteht aufgrund der Zweifelsregelung Rechtsunsicherheit und ein erhebliches Streitpotenzial zwischen Erben einerseits und Vermächtnisnehmer andererseits – zumal es sich bei dinglich gesicherten Verbindlichkeiten meist um beträchtliche Summen handelt. 695

HINWEIS:

Streitvermeidung ist die Maxime für jede Gestaltungsberatung im Allgemeinen und für Gestaltungen im streitanfälligen Erbrecht im Besonderen. Belassen Sie es daher nie bei gesetzlichen Regelungen, die nur „im Zweifel" gelten, sondern regeln Sie stets explizit, um späteren Auslegungsstreit zu vermeiden.

BEISPIEL: Erblasser E setzt seine drei Töchter A, B und C zu gleichen Teilen zu seinen Erben ein. Seiner Lebensgefährtin F wendet er per Vermächtnis eine vermietete Immobilie mit einem Verkehrswert von 3 Mio. € zu. Die Immobilie ist mit einer Grund-

413 Rudy in MüKo-BGB, § 2166, Rz. 1.

414 Rudy in MüKo-BGB, § 2166, Rz. 3; a. A. aber Grunewald/Rizor, ZEV 2008 S. 510 ff. Jedenfalls greift die Vorschrift nicht, wenn der dinglichen Sicherung keine persönliche Verbindlichkeit des Erblassers zugrunde liegt – z. B. wenn das Grundstück die Schuld eines Dritten absichert.

schuld zugunsten der Sparkasse S belastet. Die Grundschuld sichert zwei Darlehen ab:

- ein Darlehen mit einer aktuellen Restschuld i. H. von 850.000 €, das zur Finanzierung des Anschaffungspreises der vermachten Immobilie diente, sowie
- ein weiteres Darlehen mit einer Restschuld i. H. von 500.000 €, das zur Finanzierung eines Unternehmenskaufs diente.

Nach § 2165 Abs. 1 BGB sind alle dinglichen Belastungen vom Vermächtnisnehmer zu übernehmen, nicht jedoch die schuldrechtliche Verpflichtung, die sich gegen den Erben als Gesamtrechtsnachfolger richtet. Für Grundpfandrechte ist jedoch § 2166 BGB zu beachten. Hiernach trifft im Zweifel **den Vermächtnisnehmer** die Pflicht zur Befriedigung des Gläubigers. Allerdings gilt diese Regelung nur für das Innenverhältnis zwischen Vermächtnisnehmer und Erben. Der Vermächtnisnehmer ist **dem Erben gegenüber** verpflichtet, den Gläubiger bei Fälligkeit der Schuld zu befriedigen.[415] Im wirtschaftlichen Ergebnis müsste die Verbindlichkeit also (im Innenverhältnis) vom Vermächtnisnehmer getragen werden. Da die Regelung des § 2166 BGB aber nur im Zweifel gilt, ist hier explizit zu regeln, um Streit und Rechtsunsicherheit zu vermeiden:

- Der Wunsch des Mandanten könnte bspw. dahin gehen, dass die F das Grundstück wirtschaftlich komplett lastenfrei erhält. Sämtliche der Grundschuld zugrundeliegenden Verbindlichkeiten sollen von den Erben beglichen werden: Die F müsste hierfür einen vermächtnisweisen Anspruch auf Übereignung der Immobilie erhalten. Zusätzlich sollte klargestellt werden, dass die Erben für die Verbindlichkeit im Außenverhältnis haften und im Innenverhältnis keine Haftung der F gegenüber den Erben besteht. Vorsorglich könnte der F ein Anspruch gegen die Erben auf Freistellung von jeglicher persönlicher und dinglicher Inanspruchnahme vermacht werden.
- Denkbar wäre auch eine gewünschte Freistellung der F nur in Bezug auf die Verbindlichkeit i. H. von 500.000 €, die zur Finanzierung des Unternehmenskaufs diente und somit nicht der Immobilie zugutekam. Diese Verbindlichkeit wäre – wie zuvor beschrieben – durch ein Vermächtnis der F gegen die Erben zu regeln. Die Verbindlichkeit i. H. von 850.000 € zur Anschaffung der Immobilie sollte hingegen von F allein zu tragen sein. Da § 2166 BGB nur im Zweifel gilt, sollte auch hier explizit geregelt werden: Daher ist hier ein Vermächtnis zugunsten der Erben gegen die Vermächtnisnehmerin (Untervermächtnis) anzuordnen, wonach die F die persönliche Schuld i. H. von 850.000 € **im Außenverhältnis** übernehmen und die Erben von dieser Verbindlichkeit freistellen muss.[416]

415 Er schuldet aber weder Freistellung des Erben noch Sicherheitsleistung, Rudy in MüKo-BGB, § 2166, Rz. 2.

416 Hierzu BGH, NJW 1963 S. 1612; OLG Bremen, ZEV 2021 S. 238; Müller-Christmann in BeckOK-BGB, § 2166, Rz. 2; Rudy in MüKo-BGB, § 2166, Rz. 2.

bb) Vorausvermächtnis

696 Erhält ein Miterbe zusätzlich zu seinem Erbteil eine Zuwendung, die er sich – im Gegensatz zur Teilungsanordnung nach § 2048 BGB – nicht wertmäßig auf seinen Erbteil anrechnen lassen muss (§ 2150 BGB), liegt ein Vorausvermächtnis vor.

697 Wurde die letztwillige Verfügung von juristischen Laien errichtet, bestehen in der Praxis häufig Auslegungsprobleme. Hat ein Erblasser im Testament keine spezifischen Erbquoten genannt, sondern seinen gesamten Nachlass durch Zuweisung von Einzelgegenständen verteilt, kann dies rechtlich unterschiedlich zu werten sein:

1. Die Zuweisung der sämtlichen Einzelgegenstände kann eine Erbeinsetzung sein; die Erbquoten werden dann nach § 2087 BGB im Verhältnis des Gesamtnachlasses zu den Einzelzuwendungen ermittelt.
2. Es kann eine Erbeinsetzung zu gleichen Teilen vorliegen, wobei die Einzelzuwendungen Teilungsanordnungen oder (Voraus-)Vermächtnisse darstellen können.
3. Denkbar ist auch die Annahme von gesetzlicher Erbfolge kombiniert mit Vermächtnissen zugunsten der Bedachten.

698 Hieran sieht man wieder, wie wichtig eine präzise juristische Formulierung durch den Kautelarjuristen ist.

699 Für das Vorausvermächtnis gelten nicht die Beschränkungen und Beschwerungen, die sich auf den Nachlass beziehen. Der Erblasser kann bspw. Vor- und Nacherbschaft anordnen. In Bezug auf bestimmte Gegenstände wünscht er jedoch keinerlei Beschränkungen zulasten des Vorerben. Diese Gegenstände kann er dem Vorerben dann als Vorausvermächtnis zukommen lassen, so dass sie nicht Teil des gebundenen Vorerbschaftsvermögens sind. Teilweise wird deswegen auch vom „superbefreiten Vorerben" gesprochen,[417] wenn ein Vorerbe ein Vorausvermächtnis erlangt.

700 Das führt aber auch dazu, dass die Nacherben nicht automatisch an diesem Vermächtnisgegenstand berechtigt sind. Wenn der Erblasser den Vermächtnisgegenstand nach dem Tod des Vorerben (und Vorausvermächtnisnehmers) wiederum auch auf die Nacherben übertragen will, muss er zusätzlich ein Nachvermächtnis i. S. des § 2191 BGB anordnen.

---

417 Mayer, ZEV 2000 S. 1.

701 Grundsätzlich hat ein Vermächtnis keine dingliche Wirkung, sondern verleiht dem Vermächtnisnehmer lediglich einen schuldrechtlichen Anspruch. Der Anspruch kann sich richten gegen

- den/die Erben,
- den/die Miterben (Vorausvermächtnis),
- den/die Vermächtnisnehmer (Untervermächtnis).

702 Inhaltlich ist der Anspruch gerichtet auf Übertragung des Vermächtnisgegenstandes. Eine wichtige Ausnahme von diesem Grundsatz besteht dann, wenn ein Vorausvermächtnis zugunsten eines **Allein-Vorerben** angeordnet wurde:[418] Das Vorausvermächtnis an den alleinigen Vorerben hat ausnahmsweise unmittelbare dingliche Wirkung. Der Vermächtnisgegenstand wird kraft Gesetzes unmittelbar aus dem gebundenen Sondervermögen der Vorerbschaft separiert und fällt direkt in das freie Vermögen des Vorerben, wo es nicht den Beschränkungen der Vorerbschaft unterliegt.

703 Handelt es sich hingegen um **mehrere Vorerben,** wirkt die dingliche Befreiung nur zur gesamten Hand aller Miterben. Ist nur zugunsten eines einzelnen Mitvorerben ein Vorausvermächtnis angeordnet, hat die Erbengemeinschaft die Erfüllung durch Rechtsgeschäft unter Lebenden vorzunehmen. Der begünstigte Mitvorerbe erlangt dann erst nach Vermächtniserfüllung durch die Mitvorerbengemeinschaft gesamthandfreies Eigentum.[419]

704 **Formulierungsbeispiel:**

„Hiermit setze ich meinen Ehemann zu meinem nichtbefreiten Vorerben ein. Nacherben sind meine Abkömmlinge A und B, ersatzweise deren Abkömmlinge nach den Regeln der gesetzlichen Erbfolgeordnung.

Der Nacherbfall tritt mit dem Tod des Vorerben ein.

Ferner erhält mein Mann bei meinem Tod als Vorausvermächtnis die Immobilie X.“

cc) Verschaffungsvermächtnis

705 Soll einer Person ein Gegenstand oder ein Recht zugewandt werden, das gar nicht zum Nachlass gehört, sondern erst noch angeschafft werden muss, spricht man von einem Verschaffungsvermächtnis. Hierdurch erlangt der Ver-

---

418 Vorausvermächtnisse an den Alleinerben sind nach Dernburg „eine immerhin seltene Schöpfung juristischer Kunst“; Dernburg, Bürgerliches Recht, 3. Aufl., zitiert nach Fröhler, BWNotZ 2005 S. 1, der auf Flad, DGWR 1937 S. 233, 237, Bezug nimmt.

419 Hierzu vertiefend Fröhler, BWNotZ 2005 S. 1, 5.

mächtnisnehmer gegenüber dem Beschwerten einen schuldrechtlichen Anspruch auf Übereignung von Sachen oder auf Einräumung von Rechten, die nicht zum Nachlass gehören (§ 2170 BGB).[420]

Formulierungsbeispiel: 706

„Meine Erben werden im Wege des Vermächtnisses verpflichtet, meinem langjährigen Sportkollegen Erwin, ein neues Wohnmobil der Marke X Typ Y zu kaufen und zu übereignen."

Das Verschaffungsvermächtnis kann sich auf eine konkrete individualisierte Sache beziehen; möglich ist aber auch eine Umschreibung nur der Gattung nach. Insbesondere wenn eine ganz bestimmte Sache geschuldet ist, kann sich das Problem der objektiven Unmöglichkeit oder des subjektiven Unvermögens stellen: 707

1. Anfängliches Unvermögen:

   Gehört die Sache einem Dritten und ist dieser nicht bereit, die Sache an den Erben bzw. den Vermächtnisnehmer zu übertragen, liegt ein Fall von Unvermögen vor. Allerdings ist erst von Unvermögen auszugehen, wenn der Beschwerte alles ihm zum Zwecke der Verschaffung Zumutbare getan hat. Dann ist der Verpflichtete von der Leistungspflicht befreit, muss jedoch Wertersatz an den Vermächtnisnehmer zahlen (§ 2170 Abs. 2 Satz 1 BGB). Ist die Verschaffung nur mit unverhältnismäßigen Aufwendungen möglich, so kann sich der Beschwerte ebenfalls durch Entrichtung des Wertes befreien (§ 2170 Abs. 2 Satz 2 BGB).

2. Anfängliche Unmöglichkeit:

   Ist das Vermächtnis von Anfang an auf eine objektive unmögliche Leistung gerichtet, ist es von Anfang an unwirksam (§ 2171 BGB). Dasselbe gilt, wenn das Verschaffungsvermächtnis gegen ein gesetzliches Verbot verstößt (§ 134 BGB) oder sittenwidrig ist.[421]

3. Nachträgliche Unmöglichkeit/nachträgliches Unvermögen:

   Wird die Leistung durch einen Umstand nachträglich unmöglich, den der Beschwerte zu vertreten hat, haftet er nach §§ 275 Abs. 4, 280, 283 BGB

420 Statt aller nur Weidlich in Grüneberg, § 2170, Rz. 1.

421 Die Sittenwidrigkeit ist grds. im Zeitpunkt der letztwilligen Anordnung relevant. Sollten sich die sittlichen Maßstäbe ändern, ist nach h. M. jedoch der Zeitpunkt des Richterspruchs maßgeblich, Ellenberger in Grüneberg, § 138, Rz. 9 f.

auf Schadensersatz.[422] Dasselbe gilt bei zu vertretendem nachträglichem Unvermögen. Bei fehlendem Verschulden kommt es hingegen nicht zur Haftung des Verpflichteten.[423]

dd) Ersatzvermächtnis

708 Fällt der Vermächtnisnehmer vor oder nach dem Erbfall weg, ist fraglich, welches Schicksal das ausgesetzte Vermächtnis erleidet. Für den Fall, dass der zunächst Bedachte das Vermächtnis nicht erwirbt, kann der Erblasser ersatzweise einen anderen bedenken (Ersatzvermächtnis). § 2190 BGB sieht für diesen Fall die entsprechende Anwendung der Vorschriften für den Ersatzerben vor (§§ 2097–2099).

709 Unproblematisch ist zunächst der Fall, dass der Vermächtnisnehmer nach Eintritt des Erbfalls stirbt, denn dann vererbt sich der bereits entstandene Vermächtnisanspruch weiter an den Erben des Vermächtnisnehmers.

710 Nach dem Erbfall kommt ein Wegfall des Vermächtnisses in Frage durch Ausschlagung, Erbunwürdigkeitserklärung, Nichterleben einer aufschiebenden Bedingung, Anfechtung oder die Nichterteilung der staatlichen Genehmigung.[424]

711 Vor dem Erbfall kann der Vermächtnisnehmer wegfallen durch Vorversterben oder durch einen Erbverzicht. Wurden Abkömmlinge des Erblassers als Vermächtnisnehmer bedacht, sind – allerdings nur im Zweifel – deren Abkömmlinge Ersatzvermächtnisnehmer (§ 2069 BGB).[425] Greift kein Ersatzvermächtnis ein und erfolgt auch keine Anwachsung nach § 2158 BGB, wird das Vermächtnis gem. § 2160 BGB unwirksam. Der Vermächtnisgegenstand muss vom Erben nicht herausgegeben werden.

712 Bei einem Vermächtnis sollten Sie – schon um der Klarheit willen – immer ausdrücklich im Testament regeln, was bei Wegfall eines Vermächtnisnehmers passieren soll. Es kann also ein Ersatzvermächtnisnehmer bestimmt werden, der anstelle des bisher als Vermächtnisnehmer Berufenen in den Genuss des Vermächtnisses kommen soll oder es kann auch der Wegfall des Vermächtnisses angeordnet werden, ohne dass es einen Ersatzvermächtnisnehmer gibt.

---

422 Müller-Christmann in BeckOK-BGB, § 2170, Rz. 8; Weidlich in Grüneberg, § 2170, Rz. 3; a. A. Burandt in Burandt/Rojahn, § 2170, Rz. 12.

423 A. A. Schlitt in Münchener Anwaltshandbuch Erbrecht, § 13 Rz. 98, der dann § 281 BGB anwendet. Dies allerdings ist nur als Rechtsfolgenverweis denkbar, da § 281 BGB auf § 280 Abs. 1 BGB verweist, der wiederum Verschulden voraussetzt.

424 Weidlich in Grüneberg, § 2191, Rz. 2.

425 Müller-Christmann in BeckOK-BGB § 2190, Rz. 2

Formulierungsbeispiel: 713

„Meinem Sportkollegen A vermache ich hiermit meinen antiken Tennisschläger der Marke X.

Sollte der Vermächtnisnehmer A vorverstorben sein oder in sonstiger Weise wegfallen, benenne ich meinen Sportkollegen B zum Ersatzvermächtnisnehmer."

ee) Untervermächtnis

Mit einem Vermächtnis kann sowohl der Erbe als auch ein Vermächtnisnehmer beschwert werden (§ 2147 BGB). Im letzten Fall spricht man von einem Untervermächtnis. Der Gegenstand des Untervermächtnisses kann – aber muss nicht – identisch sein mit dem des Hauptvermächtnisses. So kann sich das Hauptvermächtnis etwa auf einen bestimmten Gegenstand beziehen (Stückvermächtnis), während das Untervermächtnis ein Verschaffungsvermächtnis ist. 714

Formulierungsbeispiel für beide Varianten: 715

„Meinem Sportkollegen A vermache ich meinen Oldtimer X.

Den Hauptvermächtnisnehmer A belaste ich hiermit mit folgenden Untervermächtnissen:

A muss den Oldtimer X jeden August meinem Tennispartner T unentgeltlich zur Nutzung überlassen (Untervermächtnis zugunsten des T).

Ferner muss A meinem Sportkollegen B einen neuen VW Golf Typ Y kaufen und übereignen (Untervermächtnis zugunsten des B)."

Da ein Vermächtnisnehmer nicht Gesamtrechtsnachfolger des Erblassers wird, haftet er auch nicht für dessen Schulden. Insofern kann das Vermächtnis auch nicht zu einer Überbelastung oder Überschuldung des Hauptvermächtnisnehmers führen. Jedoch kann ein angeordnetes Untervermächtnis durchaus zu einer Überbelastung des Hauptvermächtnisnehmers führen, wenn dieses wertmäßig das Hauptvermächtnis übersteigt (wenn im obigen Beispiel also der Oldtimer einen geringeren Wert hat als der neue VW Golf). 716

Für diesen Fall bestimmt jedoch § 2187 BGB, dass die Haftung des Hauptvermächtnisnehmers für die Erfüllung des Untervermächtnisses begrenzt ist und ihm dann ein Leistungsverweigerungsrecht gegenüber dem Untervermächtnisnehmer zusteht. Der Vermächtnisnehmer soll also nicht für mehr haften 717 müssen, als ihm wertmäßig zugewandt wurde.[426] Selbst wenn er in Kenntnis der Beschwerungen und einer möglicherweise bestehenden übermäßigen Belastung das Vermächtnis angenommen hat, kann er sich dennoch auf das Leistungsverweigerungsrecht berufen. Eine Verwirkung o. Ä. wird nicht angenommen.

ff) Nachvermächtnis

718 Ebenso wie ein Nacherbe bestimmt werden kann, ist auch die Aussetzung eines Nachvermächtnisses möglich (§ 2191 BGB). Der Erblasser wendet hierdurch denselben Vermächtnisgegenstand zeitlich nachfolgend verschiedenen Personen zu. Bei Eintritt des vom Erblasser definierten Zeitpunkts (häufig das Versterben des ersten Vermächtnisnehmers) muss der erste Vermächtnisnehmer (bzw. dessen Erbe) den Gegenstand dem zweiten Vermächtnisnehmer (Nachvermächtnisnehmer) herausgeben. Der Erblasser kann auch mehrere Nachvermächtnisfälle zeitlich hintereinander anordnen. Rechtlich handelt es sich beim Nachvermächtnis um einen Unterfall des Untervermächtnisses. Denn der Vermächtnisnehmer wird damit belastet, einem weiteren Vermächtnisnehmer (aufschiebend bedingt) eine Zuwendung zu machen.

719 Die Wirkungen des Nachvermächtnisses sind jedoch nicht vergleichbar mit denen der Nacherbschaft. Gemäß § 2191 Abs. 2 BGB finden auf das Nachvermächtnis lediglich die Vorschriften über die Einsetzung eines Nacherben Anwendung, nämlich die §§ 2102, 2106 Abs. 1, 2107, 2110 Abs. 1 BGB. Nicht zur Anwendung kommen hingegen die Schutzvorschriften zugunsten des Nacherben durch die Verfügungsbeschränkungen der §§ 2113 ff. BGB.

720 Auch ist das Nachvermächtnis nicht vererblich, wie dies § 2108 BGB bei der Nacherbschaft anordnet. Vielmehr entfällt das Nachvermächtnis, wenn der Vermächtnisnehmer vor dem Anfall wegfällt.[427]

721 Der Vorvermächtnisnehmer ist gem. §§ 2177, 2179, 160 BGB zur ordnungsmäßigen Verwaltung im Interesse des Nachvermächtnisnehmers verpflichtet. Da es sich hierbei aber lediglich um schuldrechtliche Ansprüche handelt, sollten Sie als Kautelarjurist über weitere Sicherungsinstrumente zugunsten des Nachvermächtnisnehmers nachdenken:

---

426 Der Hauptvermächtnisnehmer muss sich im Urteil die beschränkte Haftung gem. § 780 ZPO vorbehalten.

427 Es sei denn, der Erblasser hat einen Ersatzvermächtnisnehmer ausdrücklich benannt oder § 2069 BGB findet unmittelbar Anwendung, Schlitt in Münchener Anwaltshandbuch Erbrecht, § 13 Rz. 238.

1. Eine dingliche Absicherung zugunsten des Nachvermächtnisnehmers kann bei Immobilien dadurch erreicht werden, dass der künftige Anspruch des Nachvermächtnisnehmers durch **Vormerkung im Grundbuch** gesichert wird. Vorsorglich[428] sollte der Erblasser ausdrücklich im Testament anordnen, dass der Anspruch des Nachvermächtnisnehmers vormerkbar ist. Zur Beschleunigung der tatsächlichen Eintragung im Grundbuch kann die Eintragungsbewilligung bereits in der Verfügung[429] von Todes wegen enthalten sein.[430]

2. Als weiteres Sicherungsinstrument zugunsten des Nachvermächtnisnehmers kommt die **Testamentsvollstreckung** in Betracht. Die Verwaltung des Vermächtnisgegenstandes sowie die spätere Herausgabe an den Nachvermächtnisnehmer kann einem Testamentsvollstrecker übertragen werden. Durch eine solche Nachvermächtnisvollstreckung wird der Nachvermächtnisnehmer umfassend vor beeinträchtigenden Verfügungen durch den Vermächtnisnehmer geschützt, da die Verfügungsbefugnis nunmehr beim Testamentsvollstrecker liegt.[431]

Formulierungsbeispiel: 722

„Meinem Sohn A vermache ich meine Immobilie X. A ist aber nur Vorvermächtnisnehmer und mit einem Nachvermächtnis belastet. A muss die Immobilie bei seinem Tod auf seine dann vorhandenen Abkömmlinge entsprechend den Regeln der gesetzlichen Erbfolge übereignen. Mitvermacht ist das Recht der Nachvermächtnisnehmer, die Sicherung ihres bedingten Übereignungsanspruchs durch

428 Da nicht unumstritten ist, ob der Nachvermächtnisnehmer bei einem Grundstücksvermächtnis die Bewilligung einer Vormerkung verlangen kann; so etwa nur bei entsprechender Anordnung im Testament Watzek, MittRhNotK 1999 S. 37, 43. Hierzu auch Bregulla-Weber in Scherer, Unternehmensnachfolge, § 18, Rz. 47.

429 Wegen § 29 GBO sollte die Verfügung dann in notarieller Form vorgenommen werden.

430 BayObLG, Rpfleger 1981 S. 190; OLG Frankfurt, OLGR 1999 S. 112; LG Stuttgart, BWNotZ 1999 S. 22. Zum Ganzen ausführlich Bengel, NJW 1990 S. 1826; Werkmüller, ZEV 1999 S. 343; Baltzer, Das Vor- und Nachvermächtnis in der Kautelarjurisprudenz, 2007, Rz. 494 ff.

431 Genügen vorgenannte Sicherungen dem Erblasser nicht oder kommt (bei Mobilien) von vornherein keine Auflassungsvormerkung in Frage, kann man sich auch des Prinzips der „gegenständlich beschränkten Nacherbfolge" bedienen. Die Person, die eigentlich Vorvermächtnisnehmer sein soll, wird hierbei stattdessen als (echter) Vorerbe eingesetzt. Allerdings darf der Vorerbe nur z. B. die Immobilie behalten, die er eigentlich als Vorvermächtnis erhalten sollte. Alle anderen Nachlassgegenstände werden als Vermächtnis(se) an die Personen vermacht, die eigentlich Erben sein sollten. Der Vorerbe wird also mit einem Universalvermächtnis belastet, wonach er sämtliche Nachlassgegenstände an die Personen herausgeben muss, die eigentlich als Erben gewollt sind – mit Ausnahme des Gegenstandes, den er eigentlich als Vermächtnis erhalten sollte. Da er diesen Gegenstand aber nunmehr nicht als Vorvermächtnisnehmer, sondern als Vorerbe innehat, greifen auch sämtliche Schutzvorschriften zugunsten der Nacherben ein – insbesondere die Verfügungsbeschränkungen der §§ 2113 ff. BGB.

Eintragung einer Vormerkung im Grundbuch zu verlangen. Die Eintragung der Vormerkung wird hiermit bereits bewilligt."

gg) Universalvermächtnis

723 Von einem Universalvermächtnis spricht man, wenn einer Person mittels Vermächtnisses (nahezu) der gesamte Nachlass übertragen wird.

724 Der Begünstigte wird dann nicht Erbe (und somit nicht Gesamtrechtsnachfolger), sondern nur Vermächtnisnehmer.

725 Um zu verhindern, dass die gesetzliche Vermutung des § 2087 Abs. 1 BGB eingreift, sollte ausdrücklich klargestellt werden, dass gerade keine Erbeinsetzung gewollt ist.

726 **Formulierungsbeispiel:**

„Die gesetzliche Erbfolge ändere ich nicht ab.

Im Wege des Vermächtnisses (und ausdrücklich nicht als Erbeinsetzung) wende ich meinen gesamten Nachlass (bewegliches und unbewegliches Vermögen mit allen Aktiva und Passiva) meinem Ehemann zu Alleineigentum bzw. Alleininhaberschaft zu."

727 Bei einem Vermächtnis kann – im Gegensatz zu einer Erbeinsetzung (bitte § 2065 BGB lesen) – die Auswahl des Begünstigten einem Dritten überlassen werden (bitte § 2151 BGB lesen). Strittig ist, ob man mittels eines Universalvermächtnisses und unter Anwendung von § 2151 BGB das Drittbestimmungsverbot des § 2065 BGB wirksam umgehen kann. Teilweise wird in einem Universalvermächtnis mit Drittbestimmung i. S. des § 2151 BGB eine unzulässige Umgehung des § 2065 BGB gesehen; denn faktisch stelle ein Universalvermächtnis eine Alleinerbeinsetzung dar und daher greife auch § 2065 Abs. 2 BGB ein.[432]

728 Nach überzeugender h. M. ist eine Drittbestimmung unter Beachtung der weiteren Voraussetzungen des § 2151 BGB jedoch zulässig, auch wenn es sich um ein Universalvermächtnis handelt. Richtigerweise kann § 2151 BGB als Ausnahmevorschrift zu § 2065 BGB nicht wiederum durch diese Vorschrift begrenzt werden. Der Gesetzgeber hat bei Erlass des § 2151 BGB durchaus den Wertungswiderspruch zu § 2065 Abs. 2 BGB erkannt[433] und diesen in Kauf genommen. Dass sich Erbeinsetzung und Vermächtnisanordnung bei wirtschaft-

432 Menz, DB 1966 S. 1719; Sudhoff, DB 1966 S. 1720.

433 Prot. V S. 29.

licher Betrachtung nur wenig unterscheiden, war dem Gesetzgeber bewusst, so dass er mit § 2151 BGB bewusst einen Systembruch in Kauf genommen hat.[434] Der Systembruch ist dann aber auch zu respektieren, und es kann nicht als unzulässige Rechtsausübung gelten, sich der eröffneten kautelarjuristischen Möglichkeiten des § 2151 BGB zu bedienen. Vorsichtige Berater sollten dennoch vorsorglich auf ein gewisses Restrisiko bei einem Universalvermächtnis mit Drittbestimmung hinweisen.

Formulierungsbeispiel: 729

„Die gesetzliche Erbfolge ändere ich nicht ab.

Ich vermache meinen gesamten Nachlass einer derjenigen Personen, die mindestens während der letzten 12 Monate vor meinem Tod regelmäßig mit meiner Pflege beschäftigt waren.

Die Auswahl des Vermächtnisnehmers erfolgt durch meinen Testamentsvollstrecker Peter Pahn."[435]

Siehe hierzu oben →Rz. 545 ff.

f) Die Teilungsanordnung (und Abgrenzung zum Vorausvermächtnis)

In der Praxis häufig anzutreffen sind Vorausvermächtnisse und Teilungsanord- 730
nungen, bei denen die Abgrenzung im Einzelfall schwerfällt, da die Erblasser nicht juristisch eindeutig formuliert haben. Meist geht es den Erblassern darum, Einzelgegenstände ihres Nachlasses bestimmten Erben zuzuordnen. Sie wollen also Einfluss nehmen auf die gegenständliche Aufteilung des Nachlasses.

Da das deutsche Recht grds.[436] keine gegenständliche Erbeinsetzung und keine 731
Sonderrechtsnachfolge in Einzelgegenstände kennt, kommt eine Zuordnung nur über die beiden Rechtsinstitute des Vorausvermächtnisses und der Teilungsanordnung in Frage. Laienhafte Testaments-Formulierungen, die dem Grundsatz der Gesamtrechtsnachfolge widersprechen, müssen dann entsprechend ausgelegt werden.

434 Helms, ZEV 2007 S. 1.

435 Nach Helms, ZEV 2007 S. 1 f., der wiederum Bezug nimmt auf Nieder in Münchener Vertragshandbuch, 5. Aufl. 2003, Bd. 6/2, Formular XVI.4 S. 828 ff.

436 Außer bei qualifizierten Nachfolgeklauseln im Personengesellschaftsrecht und bei der Hoferbfolge.

732 **Beispiel für laienhafte Formulierung:**

„Meine Tochter erbt meine Eigentumswohnungen, mein Sohn erbt mein Barvermögen."

733 Sowohl das Vorausvermächtnis als auch die Teilungsanordnung haben keine dingliche Wirkung; sie verleihen lediglich einen schuldrechtlichen Anspruch auf Übertragung des genannten Vermögensgegenstandes gegen die Erbengemeinschaft.

734 Der entscheidende Unterschied zwischen beiden Instrumenten liegt darin, dass das Vermächtnis eine wertverschiebende Wirkung zwischen den Miterben entfaltet, während die Teilungsanordnung gerade keine solche Wertverschiebung bewirkt. Beim Vorausvermächtnis erlangt der Begünstige voraus/vorab den bestimmten Vermächtnisgegenstand und erst anschließend erfolgt die Verteilung des Restnachlasses entsprechend der Erbquoten. Das Vorausvermächtnis wird nicht auf die Erbquote angerechnet, sondern zusätzlich hierzu gewährt; anders bei der Teilungsanordnung, die lediglich eine gegenständliche Aufteilung des Nachlasses bewirkt, ohne dass hierdurch wirtschaftlich eine Veränderung bei den Begünstigten gegenüber ihrer Erbquote eintritt. Ein Vorausvermächtnis liegt hiernach vor, wenn der Begünstigte nach dem Willen des Erblassers einen Vermögensvorteil gegenüber den übrigen Miterben erlangen soll.[437]

735 Damit diese Auslegungsschwierigkeiten und mögliche Aufteilungsstreitigkeiten unter Miterben vermieden werden, haben Sie bei der Formulierung des Testaments eindeutig zu formulieren, welches der beiden Instrumente für die Aufteilung des Nachlasses gewollt ist.

736 **Formulierungsbeispiel:**

„Hiermit setze ich meine drei Töchter X, Y und Z zu gleichen Teilen als meine Erben ein, ersatzweise deren Abkömmlinge nach den Regeln gesetzlicher Erbfolge nach Stämmen.

Für die Aufteilung meines Nachlasses treffe ich folgende ***Teilungsanordnungen,*** *die wertmäßig auf den entsprechenden Erbteil anzurechnen sind:*

- *X erhält in Anrechnung auf ihren Erbteil meine Immobilie A,*
- *Y erhält in Anrechnung auf ihren Erbteil meine Kunstsammlung,*
- *Z erhält in Anrechnung auf ihren Erbteil meine Beteiligung an der X-GmbH.*

437 BGH, NJW 1962 S. 343; NJW 1985 S. 51; NJW 1998 S. 682.

Die vorstehenden Teilungsanordnungen gelten auch bei Eintritt der Ersatzerbfolge entsprechend.

Soweit ein Erbe durch Erfüllung vorstehender Anordnungen mehr erhält, als seinem Erbteil entspricht, hat ein entsprechender Ausgleich an die anderen Erben zu erfolgen.

Im Wege des Vorausvermächtnisses, d. h. ohne Anrechnung des Verkehrswerts auf den Erbteil, vermache ich meinem Erben C zusätzlich das Eigentum an der Immobilie B."

Wurde ein Miterbe durch eine Teilungsanordnung überquotal bedacht, trifft 737
ihn eine Ausgleichspflicht gegenüber den anderen Miterben. Je nach Höhe kann dies dazu führen, dass ein Ausgleich aus dem Eigenvermögen des Erben notwendig wird. Da jedoch kein Miterbe dazu gezwungen werden kann, eine Teilungsanordnung unter Ausgleichung aus seinem Eigenvermögen auszuführen, ist die Teilungsanordnung unbeachtlich, wenn der überquotal bedachte Miterbe zu einem Ausgleich aus seinem Eigenvermögen nicht bereit ist. Der Erbe könnte also auf den per Teilungsanordnung zugewiesenen Gegenstand verzichten und wäre dann auch nicht zum Ausgleich verpflichtet.[438] Zu dieser höchst umstrittenen Thematik werden jedoch auch andere Ansichten vertreten.[439]

Sollte der Erblasser aber eine Übernahme mit entsprechendem Ausgleich (aus 738
dem Eigenvermögen des Erben) wünschen, muss eine entsprechende Übernahme**pflicht** angeordnet werden. Technisch wird dies erreicht, indem die Teilungsanordnung durch eine Auflage oder ein Vorausvermächtnis zugunsten der übrigen Miterben flankiert wird. Alternativ kann die Durchführung der Teilungsanordnung auch zur Bedingung für die Erbeinsetzung gemacht werden.

g) Das Übernahmerecht

Eine weitere Variante, dem Begünstigten bestimmte Nachlassgegenstände zu- 739
zuordnen, ist die Anordnung eines Übernahmerechts. Möchte der Erblasser dem Begünstigten das Recht – nicht aber die Pflicht – zur Übernahme eines bestimmten Gegenstandes eröffnen, ist ein Übernahmerecht das geeignete Mittel.

438 So etwa Steinhauer in Münchener Anwaltshandbuch Erbrecht, § 16 Rz. 9; Weidlich in Grüneberg, § 2048, Rz. 1.

439 Hierzu Lange/Horn, ZEV 2021 S. 1 m. w. N.

740 Bei der reinen Teilungsanordnung hat der Bedachte keine Wahl, ob er den zugeordneten Gegenstand übernehmen will oder nicht. Nimmt er die Erbschaft an, muss er sich auch den per Teilungsanordnung verfügten Übernahmepflichten stellen – möchte er dies nicht, bleibt nur die Ausschlagung der kompletten Erbschaft als letztes Mittel.

741 Demgegenüber kann sich der Begünstigte beim angeordneten Übernahmerecht frei entscheiden.

742 Das Übernahmerecht kann wiederum in zwei Varianten angeordnet werden: Als reines Vorausvermächtnis wird dem Begünstigten der Gegenstand unter der aufschiebenden Bedingung vermacht, dass er von seinem Übernahmerecht Gebrauch macht.[440] Wird das Übernahmerecht hingegen als Teilungsanordnung verfügt, wird der Wert des zugewandten Gegenstands auf den Erbteil angerechnet.

743 **Formulierungsbeispiel:**

„A hat das Recht (nicht aber die Pflicht), meinen Oldtimer X unter Anrechnung auf seinen Erbteil bei der Erbauseinandersetzung zu übernehmen. Solange er von diesem Recht keinen Gebrauch macht, kann er von seinen Miterben nicht zur Übernahme verpflichtet werden.

Das Übernahmerecht kann nur innerhalb einer Ausschlussfrist von sechs Monaten ab Kenntnisnahme von diesem Testament ausgeübt werden. Unabhängig davon erlischt es mit Vollzug der Erbauseinandersetzung."

744 Was ist nun der Unterschied zwischen einem als Teilungsanordnung verfügten Übernahmerecht und einer „reinen Teilungsanordnung"? Bei Ersterem trifft den bedachten Miterben gerade keine Übernahmepflicht, wenn er nicht von seinem Übernahmerecht Gebrauch macht. Er kann also die Teilungsanordnung isoliert annehmen oder ablehnen. Bei der reinen Teilungsanordnung hingegen muss er die angeordnete Teilungsanordnung annehmen – außer er schlägt die komplette Erbschaft aus. Mit dem Übernahmerecht bietet der Erblasser dem Begünstigten also eine Option aber keine Verpflichtung, einen bestimmten Gegenstand zu übernehmen.

745 Der Erblasser kann beim Übernahmerecht darüber hinaus bestimmen, zu welchem Wert/Preis der Begünstigte den Gegenstand von den Miterben verlangen kann. Ist der Anrechnungswert vom Erblasser bewusst niedrig angesetzt worden, liegt insoweit ein Vorausvermächtnis vor. Ist der Übernahmewert hin-

440 BGH, NJW 1959 S. 2252, 2254.

gegen höher als der Verkehrswert, liegt hierin ein Untervermächtnis zugunsten der übrigen Miterben.[441]

Ist bei Testamentserrichtung die Wertentwicklung des entsprechenden Gegen- 746
standes noch nicht klar abzuschätzen, empfiehlt sich die Anordnung eines nur abstrakten Übernahmewerts. So kann bspw. in einem ersten Schritt der Berechnungsweg vorgegeben werden, indem etwa eine klar definierte Formel vorgegeben wird oder der von einem Gutachterausschuss bestimmte Wert für maßgeblich erklärt wird. In einem zweiten Schritt kann dann verfügt werden, dass der Übernahmewert X % über oder unter diesem festgestellten Wert liegt. Zu beachten ist hierbei, dass die Anordnung eines sehr niedrigen Übernahmewerts nicht das Pflichtteilsrecht der anderen Erben einschränken kann.

Formulierungsbeispiel: 747

„Für die Auseinandersetzung unter meinen Erben ordne ich an, dass mein Sohn A das Recht (nicht aber die Pflicht) hat, meinen Oldtimer X unter Anrechnung auf seinen Erbteil bei der Erbauseinandersetzung zu übernehmen. Solange er von diesem Recht keinen Gebrauch macht, kann er von seinen Miterben nicht zur Übernahme verpflichtet werden.

Die Anrechnung auf seinen Erbteil und die Ausgleichung gegenüber meinen weiteren Erben erfolgt jedoch nicht in Höhe des wirklichen Verkehrswerts des Oldtimers, sondern zu einem um 30 % gekürzten Wert; die Wertdifferenz ist meinem Sohn als Vorausvermächtnis vermacht.

Können sich meine Erben über den Verkehrswert des Oldtimers nicht einigen, ist dieser verbindlich durch einen vereidigten Sachverständigen festzustellen.“[442]

h) Das Auseinandersetzungsverbot

aa) Ziele des Auseinandersetzungsverbots

Ein in der Praxis wichtiges Gestaltungsinstrument ist das Auseinanderset- 748
zungsverbot gem. § 2044 BGB. Der Erblasser kann die Auseinandersetzung des gesamten Nachlasses oder in Bezug auf einzelne Nachlassgegenstände ausschließen – und zwar grds. für 30 Jahre.[443] Seiner Rechtsnatur nach ist es entweder Vermächtnis oder Auflage.

441 Im Detail umstritten, hierzu nur Steinhauer in Münchener Anwaltshandbuch Erbrecht, § 16 Rz. 19 m. w. N.

442 Ähnlich bei Keim in Beck'sches Formularbuch Erbrecht, A II. 5 c) ee).

443 Hierzu eingehend Tavakoli, ZEV 2025 S. 565 (zum Rechtsrahmen) und ders., ZEV 2025 S. 705 (zu entsprechenden Gestaltungsvarianten).

749 Der Erblasser kann mit diesem Instrument unterschiedliche Zwecke verfolgen: Zum einen kann er persönliche Vorstellungen über die Weiterführung seiner Vermögenswerte umsetzen; zum anderen kann er aber auch dem Wunsch einzelner Miterben nach einer (vorübergehenden) Fortsetzung der Erbengemeinschaft nachkommen. Im unternehmerischen Bereich kann das Instrument insbesondere Familienunternehmern dabei helfen, ihr Lebenswerk ungeteilt auf die nächste Generation zu überführen. Denn müsste das Unternehmen aufgeteilt werden, würde dies die wirtschaftliche Entwicklung und Zukunftsfähigkeit des Unternehmens gefährden – im Worst Case wäre die Veräußerung oder Zerschlagung des Unternehmens erforderlich. Der Erblasser kann aber auch den Wunsch haben, dass etwa ein Kunstwerk oder eine Immobilie weiterhin in Familienhand bleibt. Dies kann auf persönlicher Verbundenheit oder Nostalgie beruhen. Es kann aber auch handfeste wirtschaftliche Gründe haben, etwa wenn der Gegenstand künftige Wertsteigerungen verspricht.

750 Auch die Erben selbst können ein Interesse daran haben, dass nicht jeder Erbe jederzeit die Auseinandersetzung der Erbengemeinschaft verlangen kann. Sie bekommen Zeit, um Finanzmittel zu beschaffen, die zur Abfindung anderer Miterben nötig sind. So kann verhindert werden, dass Gegenstände an Dritte veräußert werden müssen. Und bei Nachlasswerten mit volatilen Verkehrswerten (z. B. Aktien, aber auch Immobilien) gilt es schließlich, die „Kunst des richtigen Zeitpunkts" für den Verkauf zu beherrschen. Je nachdem, wann Nachlassgegenstände veräußert werden, kann der realisierbare Verkehrswert höher oder niedriger ausfallen.

bb) Wirkungsweise

751 Eine Anordnung nach § 2044 BGB wirkt lediglich schuldrechtlich, d. h. die Erben können sich einvernehmlich darüber hinwegsetzen.

BEISPIEL:[444] Erblasser E hat seine beiden Kinder A und B zu gleichen Teilen als Erben eingesetzt. Außerdem hat er im Testament verfügt, dass die Auseinandersetzung der Erbengemeinschaft für die Dauer von 20 Jahren ausgeschlossen ist. Nach dem Tod des E beschließen A und B, das zum Nachlass gehörende Einfamilienhaus ihres Vaters E zu verkaufen. Sie schließen einen Kaufvertrag mit dem Käufer D und übertragen ihm das Eigentum an der Immobilie. A und B hatten dem D zuvor von dem Auseinandersetzungsverbot erzählt. Sind Kaufvertrag und Übereignung wirksam?

LÖSUNG: Der Abschluss des schuldrechtlichen Verpflichtungsgeschäfts in Form des Kaufvertrags konnte von den Erben A und B wirksam abgeschlossen werden. Für diese Frage ist unerheblich, ob sie hierzu berechtigt waren oder nicht. Selbst wenn sie

444 In Anlehnung an Tavakoli, ZEV 2025 S. 565 f.

Nichtberechtigte/Nichteigentümer der Immobilie wären, stünde dies der Wirksamkeit des schuldrechtlichen Kaufvertrags nicht entgegen. Dies könnte allenfalls einen Ausschluss der Primärpflicht gem. § 275 Abs. 1 BGB und eine Verpflichtung zum Schadensersatz nach § 281 BGB begründen.

Die (gemeinschaftliche) Verfügungsbefugnis der Erben ergibt sich aus § 2040 Abs. 1 BGB. Da ein Auseinandersetzungsverbot gem. § 2044 BGB lediglich schuldrechtlich wirkt, sind die Erben weiterhin dinglich Berechtigte. Die Verfügung über das Eigentum gem. §§ 925, 873 BGB war somit wirksam. Ein gutgläubiger Erwerb vom Nichtberechtigten i. S. des § 892 BGB liegt hier nicht vor, so dass es auf eine etwaige Gutgläubigkeit des Erwerbers D nicht ankommt. Die Übereignung an den Erwerber D ist wirksam gem. §§ 925, 873 BGB.

Um der o. g. Schwäche des lediglich schuldrechtlich wirkenden Auseinander- 752
setzungsverbots zu begegnen, kann der Erblasser Testamentsvollstreckung anordnen. Diese bewirkt einen Übergang der dinglichen Verfügungsbefugnis weg von den Erben hin zum Testamentsvollstrecker (§§ 2205, 2211 BGB). Somit können sich die Erben nicht mehr einvernehmlich über das Auseinandersetzungsverbot hinwegzusetzen. Nur der Testamentsvollstrecker kann wirksam über den Nachlass verfügen.

Ein Spezialproblem ergibt sich in Konstellationen, in denen der Erblasser ange- 753
ordnet hat, dass der Testamentsvollstrecker über einzelne seiner Verwaltung unterliegende Gegenstände nicht verfügen darf. Da § 2208 Abs. 1 Satz 1 BGB auf § 2205 BGB verweist, kommt dieser letztwilligen Verfügung dingliche Wirkung zu. Der Testamentsvollstrecker hat also keine dingliche Verfügungsbefugnis über den Gegenstand. Andererseits fehlt aber auch dem Erben wegen § 2211 BGB die dingliche Verfügungsbefugnis. Im Ergebnis hätte niemand dingliche Verfügungsbefugnis über den Gegenstand – ein nicht akzeptables Ergebnis! Nach § 137 BGB können veräußerliche Rechte nicht durch Rechtsgeschäft unverfügbar gemacht werden. Gelöst wird dieses Dilemma dadurch, dass sämtliche Erben und der Testamentsvollstrecker **gemeinsam** über die von der Verfügungsbeschränkung betroffenen Nachlassgegenstände verfügen können.

Zu beachten ist aber, dass ein etwaiger als Gegenleistung erhaltener Veräuße- 754
rungserlös an die Stelle des Nachlassgegenstandes tritt. Der Kaufpreis ist Surrogat i. S. des § 2041 BGB und unterliegt daher ebenfalls der Dauertestamentsvollstreckung. Wünscht der Erblasser keine Fortsetzung der Testamentsvollstreckung am Erlös, ist dies in der letztwilligen Verfügung ausdrücklich klarzustellen.[445] Ansonsten droht später Rechtsunsicherheit und Streit. Unbe-

445 Tavakoli, ZEV 2025 S. 565, 568 m. w. N.

nommen bleibt dem Testamentsvollstrecker die Möglichkeit, Gegenstände gem. § 2217 BGB aus der Testamentsvollstreckung freizugeben.

BEISPIEL:[446] Erblasser E verfügt: *„Ich bestimme, dass mein Nachlass 20 Jahre lang nicht auseinandergesetzt werden darf. Dieses Auseinandersetzungsverbot stellt ein Vermächtnis jeweils zugunsten und zulasten sämtlicher Erben dar.*

Ferner ordne ich Dauertestamentsvollstreckung über meinen gesamten Nachlass an.

Meine Immobilie X hat der Testamentsvollstrecker zwar zu verwalten, er darf aber nicht über sie verfügen. Die Testamentsvollstreckung endet 20 Jahre nach meinem Tod."

Ein Immobilienentwickler bietet für die Immobilie einen Preis, der fast doppelt so hoch ist wie der Verkehrswert.

Die Beteiligten fragen sich, ob und ggf. wie die Immobilie veräußert werden kann.

LÖSUNG: Eine Veräußerung der Immobilie ist auf mehrere Arten möglich:

Variante 1:

Die Verfügungsmacht über die Immobilie steht sämtlichen Erben und dem Testamentsvollstrecker gemeinsam zu, so dass diese Personen gemeinsam die Übereignung vornehmen können. Da der Kaufpreis als Surrogat an die Stelle der Immobilie tritt, setzt sich die Testamentsvollstreckung hieran grds. fort. Ob vorliegend ausnahmsweise von einem anderen Willen des Erblassers ausgegangen werden kann, sollte nicht einem späteren Streit zwischen den Beteiligten überlassen werden. Vielmehr sollte noch vor der Veräußerung zwischen den Erben und dem Testamentsvollstrecker eine Freigabe des Erlöses zur freien Verfügung gem. § 2217 BGB vereinbart werden.

Variante 2:

Der Testamentsvollstrecker überlässt die Immobilie den Erben zur freien Verfügung gem. § 2217 BGB. Die Immobilie unterliegt nicht mehr der Testamentsvollstreckung. Hierdurch erlangen die Erben die alleinige Verfügungsmacht und können allein übereignen. Der Kaufpreis für die Immobilie steht den Erben ebenfalls zur freien Verfügung zu.[447]

Variante 3:

Möglich ist auch eine vorherige Beendigung der Testamentsvollstreckung im Ganzen. Hierdurch entfällt die Mitwirkungspflicht des Testamentsvollstreckers. Die Erben können frei agieren. Diese Variante kommt in Betracht, wenn neben der Immobilie keine weiteren Nachlasswerte (mehr) vorhanden sind. Die Beendigung der Testamentsvollstreckung erfolgt durch Kündigung des Testamentsvollstreckers gem. § 2226 BGB.

Sämtlichen Varianten ist gemein, dass sich alle Erben und der Testamentsvollstrecker einig sein müssen.

---

446 In Anlehnung an Tavakoli, ZEV 2025 S. 565, 567.

447 Da die Immobilie bereits gem. § 2217 BGB freigegeben war, findet keine Surrogation mehr statt.

cc) Delegation des Auseinandersetzungsverbots

755 In der Praxis möchte der Erblasser häufig den Zeitpunkt für die Auseinandersetzung einem bestimmten Miterben überlassen. Dies kann dadurch erreicht werden, dass dieser Miterbe als Vorausvermächtnis das Recht erhält, von allen anderen Miterben das Unterlassen der Auseinandersetzung zu verlangen. Dem Recht auf jederzeitige Auseinandersetzung des Nachlasses gem. § 2042 BGB kann der begünstigte Erbe dann seinen vermächtnisweisen Anspruch auf Unterlassung der Auseinandersetzung entgegenhalten. Da nur dieser eine Erbe das Vermächtnis erlangt, können die anderen Erben sich nicht gegen das jederzeitige Auseinandersetzungsverlangen aus § 2042 BGB wehren. Im Ergebnis kann nur dieser eine Erbe bestimmen, wann die Auseinandersetzung erfolgt.

756 **Formulierungsbeispiel:**

„Meine Erben sind A, B und C. Hiermit vermache ich dem Erben A als Vorausvermächtnis das Recht, das Unterlassen der Auseinandersetzung des Nachlasses (alternativ: in Bezug auf das Grundstück X) zu verlangen. Dieses Recht des A endet … Jahre ab meinem Tod. Mit diesem Vermächtnis sind die Erben B und C belastet."

757 Häufig wünscht der Erblasser nicht nur, dass ein bestimmter Erbe seines Vertrauens den Zeitpunkt der Auseinandersetzung bestimmen soll. Dieser eine Erbe soll vielmehr auch als Dauertestamentsvollstrecker die Verwaltung des Nachlassgegenstandes oder des gesamten Nachlasses übernehmen. Häufig soll mit der Veräußerung des betreffenden Gegenstandes sowohl das Auseinandersetzungsverbot als auch die Testamentsvollstreckung enden. Ob derartige Gestaltungen rechtlich möglich sind oder ob sie einen Verstoß gegen den Grundsatz der materiellen Höchstpersönlichkeit (§ 2065 BGB) darstellen,[448] ist umstritten. Richtigerweise ist von der Zulässigkeit derartiger Gestaltungen auszugehen.[449]

448 Zimmermann, ZEV 2021 S. 222; Muscheler, ZEV 2010 S. 340, 345; im Grundsatz auch Röhl in Bengel/Reimann/Holtz/Röhl, Handbuch der Testamentsvollstreckung, § 2, Rz. 11. BayObLG, NJW 1976 S. 1692, differenziert etwa danach, ob die vorzeitige Beendigung von einem Gremium mehrerer Testamentsvollstrecker gefasst wird und die Erhaltung des Nachlassvermögens auch ohne die Dauervollstreckung gesichert ist. Nach Tavakoli, ZEV 2025 S. 565, 570, ist von der grds. Zulässigkeit solcher Gestaltungen auszugehen.

449 Zu dieser Thematik eingehend und mit Formulierungsbeispielen Tavakoli, ZEV 2025 S. 705.

758 **Formulierungsbeispiel:**[450]

„Mein Sohn S erhält als Vorausvermächtnis das Recht, das Unterlassen der Auseinandersetzung des Nachlasses in Bezug auf das Grundstück A zu verlangen. Dieses Recht des S endet X Jahre ab meinem Tod. Mit diesem Vermächtnis sind meine Erben belastet.

Ferner ordne ich für die Dauer von X Jahren ab meinem Tod Dauertestamentsvollstreckung in Bezug auf das Grundstück A an. Testamentsvollstrecker ist S. S ist berechtigt, zu einem von ihm zu bestimmenden Zeitpunkt den Verkauf des Grundstücks vorzunehmen. In der Art und Weise der Veräußerung ist er frei. Er hat aber nach „vernünftigem Ermessen" dafür zu sorgen, dass der Grundstückswert realisiert werden kann. Die Testamentsvollstreckung setzt sich nicht am Erlös aus dem Verkauf des Grundstücks fort. Vielmehr ist der Erlös an die Erben auszukehren und die Testamentsvollstreckung damit beendet.

In der Eingehung von Verbindlichkeiten für den Nachlass ist der Testamentsvollstrecker nicht beschränkt. Er ist von allen Beschränkungen, insbesondere denen des § 181 BGB, befreit. […]"

i) Die Auflage

759 Die Auflage gem. § 1940 BGB ist dadurch gekennzeichnet, dass der Erblasser den Erben[451] oder einen Vermächtnisnehmer zu einer Leistung verpflichten kann, ohne einem anderen ein Recht auf die Leistung zuzuwenden. Es handelt sich um eine Leistungsverpflichtung des Beschwerten, wobei es aber keinen Begünstigten gibt, der einen Erfüllungsanspruch geltend machen könnte.

760 Wer kann also die Vollziehung der Auflage verlangen? Dies regelt § 2194 BGB, wonach der Erbe, der Miterbe und derjenige die Vollziehung verlangen kann, welchem der Wegfall des mit der Auflage zunächst Beschwerten unmittelbar zustattenkommen würde. Liegt die Vollziehung im öffentlichen Interesse, so kann auch die zuständige Behörde die Vollziehung verlangen. Dies ist etwa der Fall, wenn Gebäude oder Kunstsammlungen der Öffentlichkeit zugänglich gemacht werden sollen.

450 Hierzu Tavakoli, ZEV 2025 S. 705 f.

451 Bei mehreren Erben erfolgt die Beschwerung im Verhältnis ihrer Erbteile (§ 2148 BGB). Soll nur einer von mehreren Erben belastet werden, ist dies ausdrücklich so anzuordnen.

Möglich ist auch, dass der Erblasser Testamentsvollstreckung anordnet, so dass der Testamentsvollstrecker die Umsetzung der Auflage durchsetzen kann.[452] 761

Formulierungsbeispiel:[453] 762

„Meinem Erben mache ich zur Auflage, meine Kunstsammlung für X Jahre nicht zu veräußern und sie Künstlern, Kunststudenten und Kunsthistorikern auch zugänglich zu machen. Dem übrigen an meiner Sammlung und an meinem künstlerischen Schaffen interessierten Publikum soll dadurch gedient werden, dass ich die Auflage noch dahingehend ergänze, Museen – insbesondere denen in meiner näheren Heimat – in dieser Zeit Leihgaben in angemessenem Umfang zur Verfügung zu stellen.

Den Vollzug dieser Auflage vertraue ich meinem Testamentsvollstrecker an, dem ich keine weiteren Aufgaben zuweise. Zum Testamentsvollstrecker berufe ich T. Sollte dieser das Amt des Testamentsvollstreckers nicht antreten oder nach Annahme dieses Amtes dieses nicht mehr weiterführen – gleich aus welchem Grund, auch im Falle seines Todes – entfällt die Testamentsvollstreckung. Ich gehe davon aus, dass mein Erbe die Auflage dann auch von sich aus im Sinne meines hier deutlich gemachten Bestrebens erfüllt. Eine Vergütung erhält der Testamentsvollstrecker nicht, nur den Ersatz seiner Aufwendungen."

Da die Auflage keinen Begünstigten voraussetzt, kann die Auflage für viele Zwecke eingesetzt werden. Typische Anwendungsfälle in der Praxis sind Anweisungen des Erblassers zu Bestattung, Grabpflege oder zur Versorgung von Haustieren. 763

Formulierungsbeispiel: 764

„1. Der Erbe E wird mit der Auflage beschwert, mein Grab auf dessen Liegezeit, die mindestens X Jahre betragen soll, in ortsüblicher Weise zu pflegen, insbesondere mit Blumenschmuck zu versehen.

2. Der Tierschutzverein T e. V. mit dem Sitz in …, dem ich mit diesem Testament in Ziffer X einen Geldbetrag i. H. von X € vermacht habe, wird mit der Auflage beschwert, die Versorgung, Unterbringung und Pflege meiner bei meinem Ableben vorhandenen Haustiere bis zu deren Lebensende durchzuführen. Klargestellt wird, dass das Vermächtnis nicht entfällt, sollten bei meinem Ableben keine Haustiere vorhanden sein."

---

452 OLG Karlsruhe, FamRZ 2017 S. 1975. Die Befugnis (und Pflicht) des Testamentsvollstreckers hierzu ergibt sich aus §§ 2203, 2208 Abs. 2, 2223 BGB.

453 Nach Eckelskemper/Schmitz in Beck'sches Formularbuch Erbrecht, C VII 15.

765 Als Untervarianten der Auflage sind zu nennen: Die Wahlauflage (§§ 2192, 2154 BGB), die Gattungsauflage (§§ 2192, 2155 BGB), die Zweckauflage (§§ 2192, 2156 BGB), die Verteilungsauflage (analog § 2153 BGB), die Verschaffungsauflage (analog §§ 2169 Abs. 1, 2170 Abs. 1 BGB) und die Quotenauflage (analog § 2155 BGB).

766 Aus der Besonderheit, dass die Auflage keinen Begünstigten kennt und somit kein subjektives Recht verleiht, stellt sich auch nicht die Frage nach einer Vererblichkeit. Denn es existiert von vornherein kein Anspruch oder ein Anwartschaftsrecht im Hinblick auf die Auflage, welches vererbt werden könnte. Ist eine ersatzweise Begünstigung gewollt, empfiehlt sich daher eine ausdrückliche Anordnung:

767 **Formulierungsbeispiel:**

„Sobald der auflagenbegünstigte A wegfällt, sollen dessen Abkömmlinge (bei mehreren entsprechend gesetzlicher Erbfolge) als Begünstigte an dessen Stelle treten.“

j) Die Testamentsvollstreckung

aa) Ziele der Testamentsvollstreckung

768 Mit der Anordnung von Testamentsvollstreckung kann der Erblasser mehrere Ziele verfolgen:

769 Hat der Erblasser bestimmte Anordnungen getroffen (z. B. Teilungsanordnungen, Vermächtnisse, Auseinandersetzungsverbote usw.) möchte er i. d. R. auch, dass diese später tatsächlich umgesetzt werden. Zwar sind die Erben und die sonstigen am Nachlass Beteiligten an die Verfügungen des Erblassers gebunden und haben kein Recht, sich eigenmächtig über die testamentarischen oder gesetzlichen Erbquoten oder sonstigen Anordnungen des Erblassers hinwegzusetzen.

770 Sind sich aber alle Beteiligten einig, können sie sich über diese Anordnungen hinwegsetzen. Hätte der Erblasser z. B. verfügt, dass bei je hälftiger Erbfolge der A das Wohnhaus und der B das Geschäftshaus bekommen sollen, könnten die beiden – wenn sie sich einig sind – auch eine andere Teilung vornehmen. Dies könnte dem Willen des Erblassers widersprechen. Und auch hier gilt: „Wo kein Kläger, da kein Richter.“ Durch Einsetzung eines Testamentsvollstreckers kann dies verhindert werden. Denn der Testamentsvollstrecker hat die ausschließliche dingliche Verfügungsbefugnis über den Nachlass. Die Erben hingegen sind zwar Inhaber des Rechts, haben jedoch keine Verfügungsbefugnis (§§ 2205, 2211 BGB).

Wie oben unter →Rz. 204 beschrieben, kann die Testamentsvollstreckung auch eingesetzt werden, um Erben den Zugriff auf den sog. digitalen Nachlass ganz oder teilweise vorzuenthalten. 771

Hilfreich kann die Testamentsvollstreckung auch sein, wenn bei der Auseinandersetzung Konflikte und damit einhergehende Verzögerungen zu erwarten sind. Beispielsweise kann der überlebende Ehegatte als Testamentsvollstrecker eingesetzt werden, um die zu seinen Gunsten angeordneten Verfügungen selbst vornehmen zu können (hier muss in der letztwilligen Verfügung Befreiung von § 181 BGB erteilt werden). Der überlebende Ehegatte ist dann nicht auf die Mitwirkung der (sich ggf. sträubenden) Miterben angewiesen, was die Auseinandersetzung beschleunigt und erleichtert. 772

BEISPIEL: Die überlebende Ehefrau wird Miterbin neben den beiden Kindern des Erblassers E. Die Ehefrau erhält als Vorausvermächtnis das Familienwohnhaus, das sie dann als Testamentsvollstreckerin unter Befreiung vom Verbot des Insichgeschäfts gem. § 181 BGB von der Erbengemeinschaft an sich selbst übereignen kann.

Ein weiterer wichtiger Anwendungsfall für die Testamentsvollstreckung ist die dauerhafte Verwaltung des Nachlasses durch einen Dritten. Dies kann angezeigt sein, wenn der Begünstigte selbst nicht oder noch nicht die erforderliche Reife oder den Sachverstand besitzt, um den Nachlass sinnvoll bzw. im Sinne des Erblassers zu verwalten. Dies kann bei komplexen unternehmerischen Vermögenswerten der Fall sein oder bei minderjährigen Erben. Der Testamentsvollstrecker übernimmt dann die Verwaltung des Nachlasses für den Erben. 773

Die der Testamentsvollstreckung unterliegenden Vermögenswerte sind dem Zugriff der Eigengläubiger des Erben entzogen (§ 2214 BGB). Daher kann das Instrument auch als „Feuerwand" eingesetzt werden. Die Eigengläubiger des Erben können sich wegen ihrer Forderungen gegen den Erben dann nicht an den Nachlasswerten befriedigen. 774

BEISPIEL: Der verwitwete E möchte seinen einzigen Sohn K zu seinem Alleinerben machen. Jedoch hat K aus der Insolvenz seiner Firma 2 Mio. € Schulden. E fürchtet daher, dass sein gesamter Nachlass in die Hände der Gläubiger des K fallen wird.

Hier kann E seinen Sohn K gleichwohl als Alleinerben einsetzen. Bei Anordnung von Dauertestamentsvollstreckung wird ein Gläubigerzugriff gem. § 2214 BGB verhindert.

Auch beim sog. Bedürftigentestament/Behindertentestament kommt das Instrument der Testamentsvollstreckung aus diesem Grund zum Einsatz. Den 775 zahlreichen Einsatzmöglichkeiten und Vorteilen der Testamentsvollstreckung stehen aber auch – nicht zu unterschätzende – Nachteile gegenüber:

- hohe Kosten für den Nachlass,
- Bevormundung der Erben,
- hohes Konfliktpotenzial zwischen Erben und Testamentsvollstrecker.

bb) Person des Testamentsvollstreckers

776 Neben natürlichen Personen[454] können auch juristische Personen Testamentsvollstrecker sein. Ebenso kommen Personenhandelsgesellschaften (OHG und KG), freiberufliche Partnerschaftsgesellschaften und Gesellschaften bürgerlichen Rechts in der Ausprägung der rechtsfähigen Variante gem. § 705 Abs. 2 BGB hierfür in Frage. Auch stellt die geschäftsmäßige Übernahme von Testamentsvollstreckungen durch Nicht-Anwälte keinen Verstoß gegen das RDG dar. So können etwa auch Steuerberater und Banken diese Dienstleistung als Nebentätigkeit i. S. des § 5 RDG zulässigerweise anbieten.

777 Auch ein Erbe kann Testamentsvollstrecker sein. Ein Alleinerbe kann hingegen grds. nicht alleiniger Testamentsvollstrecker sein, da dies sinnlos wäre. Denn die Rechtsmacht des Testamentsvollstreckers und die des Erben wären identisch (Personalunion).[455]

778 Regelmäßig wird der Erblasser den Testamentsvollstrecker selbst namentlich benennen und auch sogleich eine Ersatzperson benennen (§ 2197 Abs. 2 BGB). Er kann die Bestimmung aber auf einen von ihm ermächtigten Dritten (§ 2198 BGB) oder auf das Nachlassgericht (§ 2200 BGB) delegieren. Ferner kann er den Testamentsvollstrecker ermächtigen, seinen eigenen Nachfolger zu ernennen (§ 2199 BGB).

779 Von diesen Gestaltungsoptionen ist aber grds. abzuraten. Der Erblasser sollte die Auswahl stets selbst treffen und nicht delegieren. Bei der Auswahl hat der Erblasser (und auch Sie als Berater) besondere Sorgfalt walten zu lassen. Mit der Machtfülle, der zeitlichen Dauer der Testamentsvollstreckung und etwaiger Charakterschwäche des Testamentsvollstreckers steigt auch das Risiko von Konflikten zwischen Erben und Testamentsvollstrecker. Schließlich will der Erblasser mit der Testamentsvollstreckung eine geordnete und friedliche Nach-

---

454 Gemäß § 2201 BGB müssen sie voll geschäftsfähig sein und dürfen keiner Betreuung unterstellt sein.

455 Anders jedoch, wenn sich die Testamentsvollstreckung auf die sofortige Erfüllung eines Vermächtnisses beschränkt und das Nachlassgericht bei groben Pflichtverstößen einen Ersatztestamentsvollstrecker bestimmen kann, BGH, ZEV 2005 S. 204.

lassverwaltung sicherstellen. Mit der falschen Person als Testamentsvollstrecker wird dann das Gegenteil erreicht: Streit und gerichtliche Auseinandersetzungen, die Nerven und Geld kosten – und die bei entsprechender Prominenz nicht selten unter medialer Berichterstattung ausgetragen werden.

HINWEIS:

Jede Testamentsvollstreckung steht und fällt mit der Person des Testamentsvollstreckers. Ein Testamentsvollstrecker sollte nicht nur über fundierte rechtliche und wirtschaftliche Kenntnisse verfügen. Am wichtigsten ist m. E. die charakterliche Integrität des Testamentsvollstreckers. Sowohl der Erblasser als auch die Erben sollten absolutes Vertrauen in die Person des Testamentsvollstreckers haben. Der Testamentsvollstrecker sollte von den Beteiligten allseits respektiert sein und besondere zwischenmenschliche Fähigkeiten mitbringen. Je länger die angeordnete Testamentsvollstreckung dauert, desto mehr Bedeutung kommt diesen Aspekten zu.

Bitte bedenken Sie, dass manche Menschen sich auch verändern, sobald sie Macht und Einfluss über andere Menschen und über große Vermögen erlangen. Fragen Sie sich kritisch, ob der von Ihnen angedachte Testamentsvollstrecker die entsprechende Integrität und Charakterstärke aufweist.

Will der Mandant um jeden Preis sichergestellt wissen, dass die Testaments- 780
vollstreckung zum Zuge kommt, auch wenn die von ihm favorisierten Personen ausfallen, empfiehlt sich eine Kombination aus Ersatzbenennung und einer Delegation an das Nachlassgericht:

Formulierungsbeispiel: 781

„Hiermit bestimme ich ... zu meinem Testamentsvollstrecker. Sollte dieser vor oder nach der Annahme des Amtes wegfallen, so ernenne ich ersatzweise ... zum Testamentsvollstrecker. Sollten sämtliche Vorgenannten weggefallen sein oder das Amt nicht übernehmen, so soll das Nachlassgericht einen geeigneten Testamentsvollstrecker ernennen.

Der jeweilige Testamentsvollstrecker kann einen Nachfolger im Amt ernennen.

Die Testamentsvollstreckung endet ... Jahre nach meinem Tod."

Es ist auch möglich, mehrere Testamentsvollstrecker gleichzeitig zu benennen, 782
die das Amt dann gemeinschaftlich ausüben (§ 2197 Abs. 1 BGB). Dies kann bei sehr großen und komplexen Nachlässen eine sinnvolle Arbeitsteilung bewirken. Es kann aber auch als Kontrollinstrument eingesetzt werden, um die Macht eines einzelnen Testamentsvollstreckers zu begrenzen. Umgekehrt kann bei Uneinigkeit der Testamentsvollstrecker die Handlungsfähigkeit des Nachlasses gelähmt sein.

cc) Aufgaben des Testamentsvollstreckers

783 Der Testamentsvollstrecker kann zur Erfüllung verschiedener Aufgaben eingesetzt werden. Die gesetzliche Grundvariante ist die Abwicklungsvollstreckung. Hier hat der Testamentsvollstrecker (lediglich) die Aufgabe, die letztwilligen Verfügungen des Erblassers umzusetzen (§ 2203 BGB). Der Testamentsvollstrecker erfüllt Vermächtnisse, Auflagen und Teilungsanordnungen. Er führt die Auseinandersetzung der Erbengemeinschaft durch, wodurch das Amt dann auch beendet ist.

784 Hiervon zu unterscheiden ist die Verwaltungs- und Dauertestamentsvollstreckung. Hier hat der Testamentsvollstrecker deutlich mehr Aufgaben und Befugnisse – und vor allem für eine längere Dauer. Es geht hier nicht primär um die Auseinandersetzung des Nachlasses. Vielmehr wird der Nachlass hier geteilt oder ungeteilt dauerhaft vom Testamentsvollstrecker (für die Erben) verwaltet. Die Verwaltungs- und Dauertestamentsvollstreckung unterscheiden sich wiederum wie folgt voneinander:

- Die Verwaltungsvollstreckung i. S. des § 2209 Satz 1 Halbsatz 1 BGB beinhaltet lediglich die Verwaltung des Nachlasses, die hier zum Selbstzweck erhoben wird.[456] Sie beinhaltet nicht die Erfüllung letztwilliger Verfügungen oder die Auseinandersetzung unter den Miterben.
- Die Dauertestamentsvollstreckung i. S. des § 2209 Satz 1 Halbsatz 2 BGB beinhaltet auch die Auseinandersetzung des Nachlasses. Damit ist – im Gegensatz zur Auseinandersetzungsvollstreckung – die Vollstreckung jedoch nicht beendet, sondern es schließt sich nun eine Verwaltungsvollstreckung an.

785 **Formulierungsbeispiel „Auseinandersetzungstestamentsvollstreckung“:**

„Hiermit ordne ich Abwicklungstestamentsvollstreckung gem. § 2203 BGB an. Der Testamentsvollstrecker hat meine sämtlichen letztwilligen Verfügungen durchzuführen, insbesondere hat er Vermächtnisse zu erfüllen und die Auseinandersetzung unter den Miterben durchzuführen sowie für die Erfüllung der angeordneten Auflagen zu sorgen. Er hat die volle Verwaltungs- und Verfügungsbefugnis.

In der Eingehung von Verbindlichkeiten für den Nachlass ist der Testamentsvollstrecker nicht beschränkt.

Er ist von sämtlichen Beschränkungen des § 181 BGB befreit.

---

456 Lorz in Münchener Anwaltshandbuch Erbrecht, § 19 Rz. 24; Lange, Erbrecht, § 62, Rz. 15.

Die Testamentsvollstreckung endet nach Erfüllung der angeordneten Vermächtnisse und Auflagen und nach erfolgter Auseinandersetzung des Nachlasses."

Formulierungsbeispiel „Dauertestamentsvollstreckung": 786

„Hiermit ordne ich Dauertestamentsvollstreckung an. Der Testamentsvollstrecker hat meine sämtlichen letztwilligen Verfügungen durchzuführen, insbesondere hat er Vermächtnisse zu erfüllen sowie für die Erfüllung der angeordneten Auflagen zu sorgen. Die Testamentsvollstreckung dauert auch nach Erfüllung dieser Verfügungen an. Der Testamentsvollstrecker hat die Aufgabe, den Nachlass ordnungsgemäß zu verwalten. Die Testamentsvollstreckung setzt sich auch an Surrogaten von Nachlassbestandteilen fort, insbesondere an Veräußerungserlösen.

In der Eingehung von Verbindlichkeiten für den Nachlass ist der Testamentsvollstrecker nicht beschränkt.

Er ist von sämtlichen Beschränkungen des § 181 BGB befreit.

Die Testamentsvollstreckung endet mit dem Tod des Alleinerben, spätestens jedoch nach 10 Jahren nach meinem Tod."

787 Neben o. g. Grundvarianten der Testamentsvollstreckung gibt es noch Spezialvarianten: So kann eine Nacherbentestamentsvollstreckung gem. § 2222 BGB angeordnet werden.[457] Diese hat den Zweck, die Rechte des Nacherben gegenüber dem Vorerben wahrzunehmen. Dies kann angezeigt sein, wenn der Nacherbe selbst nicht in der Lage ist, seine gesetzlichen Rechte gegenüber dem Vorerben wahrzunehmen – etwa, weil er noch zu jung ist oder noch gar nicht geboren wurde. Der Nacherbentestamentsvollstrecker agiert hier ähnlich wie ein Nachlasspfleger: Er nimmt die Rechte und Pflichten des Nacherben gegenüber dem Vorerben wahr.

Formulierungsbeispiel: 788

„Hiermit ordne ich für den Nacherben Testamentsvollstreckung an bis zum Eintritt der Nacherbfolge gem. § 2222 BGB. Der Testamentsvollstrecker hat sämtliche Rechte und Pflichten des Nacherben wahrzunehmen. Testamentsvollstrecker ist ..."

789 Die Vermächtnisvollstreckung gem. § 2223 BGB ist eine weitere Spezialvariante. Sie dient der Umsetzung von Beschwerungen, die einem Vermächtnisnehmer auferlegt sind. So hat der Testamentsvollstrecker die Ausführung von

457 Nicht zu verwechseln mit der (gewöhnlichen) Testamentsvollstreckung über den Vorerben, welche mit dem Eintritt des Nacherbfalls endet.

Untervermächtnissen (§ 2186 BGB) oder Auflagen (§ 2192 BGB) durch den Vermächtnisnehmer zu besorgen.

790 Testamentsvollstreckung kann auch im Rahmen einer Pflichtteilsbeschränkung in guter Absicht gem. § 2338 Abs. 1 Satz 2 BGB angeordnet werden. Mit diesem Instrument können Anordnungen getroffen werden, die normalerweise von § 2306 Abs. 1 BGB erfasst wären. Im Rahmen des § 2338 BGB kann sich der Pflichtteilsberechtigte jedoch nicht durch Ausschlagung von den Belastungen befreien. Hat sich ein Abkömmling in solchem Maße der Verschwendung ergeben oder ist er in solchem Maße überschuldet, dass sein späterer Erwerb erheblich gefährdet wird, kann der Erblasser auch das Pflichtteilsrecht beschränken: Der Pflichtteil des überschuldeten oder verschwenderischen Abkömmlings kann auf Lebenszeit der Dauertestamentsvollstreckung unterworfen werden (oder den Regelungen der Vorerbschaft unterworfen werden, § 2338 Abs. 1 Satz 1 BGB). Hierdurch wird der *verschwenderische* Abkömmling vor sich selbst geschützt; denn er hat keine Verfügungsbefugnis mehr über den Nachlass (sondern ausschließlich der Testamentsvollstrecker, §§ 2205, 2211 BGB). Der *überschuldete* Abkömmling wird durch die Testamentsvollstreckung vor dem Pfändungszugriff seiner Eigengläubiger geschützt (§ 2214 BGB).[458]

791 Der Reinertrag des Pflichtteils wird nach § 2338 BGB von der Testamentsvollstreckung nicht erfasst, sondern verbleibt dem Abkömmling zur freien Verfügung. Hat der Erblasser aber – entgegen § 2338 BGB – auch den Reinertrag der Testamentsvollstreckung unterstellt, kann sich der (überschuldete) Abkömmling dem freiwillig unterwerfen. Denn dies hat den Effekt, dass dann auch der Reinertrag vor dem Gläubigerzugriff geschützt wird.[459]

792 In allen Varianten geht die Verfügungsbefugnis über den Nachlass auf den Testamentsvollstrecker über. Nur er – nicht aber der Erbe – kann über Nachlassgegenstände verfügen (§§ 2205, 2211 BGB).

793 Die Aufgaben des Testamentsvollstreckers beginnen erst mit der Übernahme des Amtes, die der Testamentsvollstrecker gegenüber dem Nachlassgericht formlos erklärt (§§ 2202 BGB). Damit sich der Testamentsvollstrecker bei Erfüllung seiner Aufgaben im Rechtsverkehr für den Nachlass legitimieren kann, wird ihm vom Nachlassgericht ein Testamentsvollstreckerzeugnis erteilt (§ 2368 BGB). Spiegelbildlich wird im Erbschein die Beschränkung der Erben

---

458 Allerdings verbleibt dem Abkömmling der jährliche Reinertrag des Pflichtteils, auf den die Gläubiger dann auch nach Maßgabe des § 863 Abs. 1 ZPO zugreifen können.

459 Lange in MüKo-BGB, § 2338, Rz. 18; Formulierungsbeispiel bei Lorz in Münchener Anwaltshandbuch Erbrecht, § 19 Rz. 30.

infolge der Testamentsvollstreckung für den Rechtsverkehr transparent gemacht (§ 352b Abs. 2 FamFG). Bei Vorlage des Erbscheins ist die fehlende Verfügungsbefugnis der Erben somit erkennbar – ein gutgläubiger Erwerb des Dritten vom nichtberechtigten Erben scheidet dann aus.

Befinden sich Grundstücke im Nachlass, wird von Amts wegen ein Testa- 794
mentsvollstreckervermerk in Abteilung 2 des Grundbuchs eingetragen (§ 52 GBO). Hierdurch wird ebenfalls ein gutgläubiger Erwerb gem. § 2211 Abs. 2 BGB verhindert. Auch im Handelsregister kann ein Testamentsvollstreckervermerk eingetragen werden. So sieht der BGH[460] bei einer Dauervollstreckung die Notwendigkeit, den Rechtsverkehr mittels Handelsregister über die abweichende Verfügungsbefugnis und die haftungsrechtliche Situation zu informieren.

dd) Vergütung des Testamentsvollstreckers

Zur Vergütung des Testamentsvollstreckers regelt das Gesetz in § 2221 BGB 795
lediglich, dass eine „angemessene Vergütung" verlangt werden kann, sofern der Erblasser nicht etwas anderes bestimmt hat. Bedauerlich ist, dass der Gesetzgeber diesen doch sehr wichtigen und streitanfälligen Aspekt der Vergütung nur so rudimentär geregelt hat. Erfreulich ist aber die Möglichkeit für den Erblasser, die Höhe der Vergütung selbst verbindlich zu bestimmen. Hat der Erblasser nämlich die Höhe der Vergütung festgelegt, ist diese verbindlich. Für eine gerichtliche Überprüfung (der Angemessenheit) der festgelegten Vergütung bleibt dann kein Raum. Dies schafft Rechtssicherheit für alle Beteiligten.

Hat der Erblasser die Vergütung (zu) niedrig festgelegt oder ganz ausgeschlos- 796
sen, hat der Testamentsvollstrecker keinen höheren Vergütungsanspruch gegen die Erben. Ihm bleibt dann nur die Wahl, das Amt entweder abzulehnen oder mit den Erben eine einvernehmliche Vereinbarung über die (höhere) Vergütung zu treffen.

Welche Vergütung „angemessen" ist, wenn der Erblasser – wie oft in der Pra- 797
xis – die Höhe nicht selbst festgelegt hat, ist alles andere als klar. Der BGH verlangt, dass die Höhe stets nach dem Äquivalenzprinzip und dem Differenzierungsgebot bemessen sein muss; die rein schematische Anwendung von Tabellenwerten verbietet sich.[461] Dies macht die Frage freilich nicht vorherseh-

460 BGH, DStR 2012 S. 866 f.

461 BGH, ZEV 2005 S. 22, m. Anm. Haas/Lieb; OLG Köln, ZEV 2008 S. 335; OLG Schleswig, ZEV 2009 S. 625; zum Ganzen mit eigenen Vorschlägen auch Bonefeld, ZEV 2021 S. 153.

barer und klarer. Die in der Fachliteratur entwickelten Tabellen[462] dienen der Rechtsprechung als Anhaltspunkte – nicht mehr und nicht weniger. Seit Jahrzehnten werden umfangreiche Diskussionen zu dieser Thematik geführt. *„Der Umfang der literarischen Äußerungen zu diesem Thema ist umgekehrt proportional zur Kürze der gesetzlichen Regelung."*[463]

HINWEIS:

Streitigkeiten über die Vergütung gehören zu den langwierigsten und am erbittertsten geführten Auseinandersetzungen zwischen Testamentsvollstrecker und Erben.[464] Für Sie als gestaltender Berater ist somit klar: Vermeiden Sie Streitpotenzial! Empfehlen Sie dem Mandanten, die Höhe der Vergütung in der letztwilligen Verfügung zu regeln. Es hängt vom Einzelfall ab, welche Vergütungsvariante geeignet ist:

- (wertgesicherter) Pauschalbetrag,
- Prozentsatz inkl. maßgeblicher Bemessungsgrundlage,
- (wertgesichertes) Stundenhonorar,
- Vereinbarung einer (amtlichen oder nichtamtlichen) Gebührentabelle usw.

Die Vergütung sollte einerseits nicht übermäßig hoch sein, um das Verhältnis zu den belasteten Erben nicht zu strapazieren. Andererseits sollte die Vergütung nicht so niedrig sein, dass der Testamentsvollstrecker das Amt später gar nicht annimmt oder kündigt.

5. Widerruf von Testamenten

a) Allgemeines

798 Der Erblasser kann ein Testament sowie eine einzelne in einem Testament enthaltene Verfügung jederzeit ohne Begründung widerrufen (§ 2253 BGB). Der Widerruf ist eine negative letztwillige Verfügung, die Bestandteil der grds. geschützten Testierfreiheit ist.

799 Technisch kann der Widerruf eines Testaments auf verschiedene Arten erfolgen:

- durch **Testament** (§ 2254 BGB),
- durch **Vernichtung** oder Veränderung der Urkunde (§ 2255 BGB),
- durch ein **späteres** Testament, soweit es dem früheren inhaltlich widerspricht (§ 2258 BGB),

462 Vgl. hierzu ausführlich nur Zimmermann in MüKo-BGB, § 2221, Rz. 8 ff. m. w. N.

463 So auf den Punkt gebracht von Reimann, MittBayNot 2010 S. 139, 143.

464 Lange, Erbrecht, § 67, Rz. 192.

- bei **notariellem** Testament: zusätzlich auch durch Rücknahme aus der amtlichen Verwahrung (§ 2256 BGB), aber Achtung: Die Rücknahme eines handschriftlichen Testaments aus der Verwahrung bewirkt keinen Widerruf!
- bei **gemeinschaftlichem** Testament: Sind sich die Ehegatten nicht einig, können **wechselbezügliche** Verfügungen nur durch notariell beurkundeten Widerruf eines Ehegatten und dessen Zugang beim anderen Ehegatten erfolgen (§§ 2271 Abs. 1, 2296 BGB), aber Achtung: Für einseitig getroffene Verfügungen in einem gemeinschaftlichen Testament gilt nur § 2254 BGB, d. h. jeder Ehegatte kann allein agieren! Sind sich beide Ehegatten über den Widerruf einig, können sie durch ein neues gemeinschaftliches Testament widerrufen.
- bei Erbvertrag: einseitige Verfügungen (§ 2299 BGB) durch Testament und erbvertragliche Verfügungen nur durch einen notariellen Vertrag (§ 2290 BGB).

Egal, auf welche Art der Widerruf erfolgt, es handelt es sich immer um eine Wil- 800
lenserklärung. Das gegenständliche Vernichten des Testaments oder das Herausverlangen des notariellen Testaments aus der Verwahrung sind also nur dann ein wirksamer Widerruf, wenn der Erblasser hierbei testierfähig ist (§ 2229 BGB). Und so wie jede Willenserklärung, ist auch der Widerruf anfechtbar.

Für einen Widerruf durch Vernichtung oder Veränderung i. S. des § 2255 BGB 801
ist nicht nur eine objektive Handlung, sondern auch ein subjektiver Widerrufswille erforderlich. Eine Vernichtung erfordert objektiv die vollständige Zerstörung der Urkunde, etwa durch Zerreißen, Verbrennen oder Zerschneiden. Eine Veränderung erfordert einen Eingriff in die Schriftzeichen der Testamentsurkunde, ohne diese vollständig zu zerstören. Anders als bei der Vernichtung muss der Eingriff objektiv geeignet erscheinen, den Widerrufswillen des Erblassers zum Ausdruck zu bringen. Es genügt etwa das Durchstreichen, Unleserlichmachen, Ausradieren oder Einreißen. Der subjektive Widerrufswille wird gem. § 2255 Satz 2 BGB – allerdings widerlegbar – vermutet, wenn feststeht, dass das Testament vom Erblasser vernichtet oder verändert worden ist.

b) Bedeutung in der Praxis

Zu Beginn jeder erbrechtlichen Beratung werden Sie den Mandanten fragen, 802
ob und welche letztwilligen Verfügungen es bereits gibt. In jedem Fall sollten Sie vorsorglich („sicherster Weg!“) sämtliche früheren letztwilligen Verfügungen zunächst widerrufen. Denn der Mandant hat vielleicht vergessen, dass es

noch eine letztwillige Verfügung gibt, oder der vom Mandanten angenommene Widerruf war rechtlich nicht wirksam.

803 In diesem Zusammenhang muss aber zunächst von Ihnen geprüft werden, ob ein (vorsorglicher) Widerruf rechtlich überhaupt möglich ist. Vertragsmäßige Verfügungen in einem Erbvertrag (§ 2278 BGB) oder bindend gewordene wechselseitige Verfügungen in einem gemeinschaftlichen Testament (§ 2270 BGB) können in diesem Kontext die Testierfreiheit beschränken. Liegt dies vor, kommt ein Widerruf durch den Erblasser grds. nicht in Frage.

804 Ist nach Ihrer Prüfung der Mandant hingegen nicht derart gebunden, ist ein Widerruf der vorhandenen Verfügungen grds. möglich und angezeigt. Zwar wird durch die Errichtung eines Testaments ein früheres Testament aufgehoben – jedoch nur insoweit, als das spätere Testament mit dem früheren in Widerspruch steht (§ 2258 Abs. 1 BGB); denkbar und streitgegenständlich könnte somit die Frage werden, ob sich altes und neues Testament nicht widersprechen, sondern (zumindest teilweise) ergänzen. Auch wenn die bisherigen letztwilligen Verfügungen ganz oder teilweise neben der neuen Verfügung von Todes wegen weitergelten sollen – oder umgekehrt, wenn die neuen Verfügungen in klarem Widerspruch zu den bisherigen Regelungen stehen –, nehmen Sie einen ausdrücklichen (vorsorglichen) Widerruf in die neue Verfügung auf. Denn die bloße Existenz mehrerer zeitlich aufeinander folgender Testamente beinhaltet Auslegungs- und somit Streitpotenzial – was es zu vermeiden gilt („sicherster Weg").

805 Eine generelle Widerrufsklausel sollte schließlich auch dann in die zu errichtende Verfügung von Todes wegen aufgenommen werden, wenn der Mandant meint ausschließen zu können, Schriftstücke errichtet zu haben, die sich als letztwillige Verfügung deuten lassen.

806 Sollte der Mandant Ihre Frage nach vorhandenen Verfügungen positiv beantworten, lassen Sie sich diese Verfügungen vorlegen. Sie prüfen diese Verfügungen selbst und verlassen sich nicht etwa auf die Wiedergabe des Inhalts durch den Mandanten. Denn diese kann falsch sein.

807 Im nächsten Schritt überlegen Sie, ob die vorgefundene Verfügung wirksam ist oder nicht – und ob die vorgefundene Verfügung dem Erblasserwillen entspricht. Sollte dies nicht der Fall sein, müssen Alternativregelungen überlegt werden.

808 Ist etwa eine umfassende Nachfolgeregelung geplant, die einige Zeit in Anspruch nehmen wird und der Mitwirkung verschiedener Familienmitglieder bedarf, sollte für diesen Übergangszeitraum schnell eine Kompromisslösung

erarbeitet werden, die den Mandanteninteressen bei vorzeitigem Todeseintritt gerechter wird als die vorgefundene Verfügung.

In diesem Zuge kann es notwendig sein, die vorgefundene letztwillige Verfügung sofort zu widerrufen und durch eine neue (vorübergehende) zu ersetzen. Denkbar ist aber auch, dass der Eintritt der gesetzlichen Erbfolge als Interimslösung vorgesehen wird. In diesem Fall genügt der Widerruf ohne Erstellung einer neuen Verfügung. 809

BEISPIEL: Mandantin M, 85 Jahre alt, hat einen Ehemann und zwei volljährige Kinder aus ihrer ersten Ehe, von denen die Tochter finanziell überschuldet und psychisch sehr labil ist. Sowohl M als auch der Ehemann sind schwerstkrank. Das Vermögen von M besteht im Wesentlichen aus einer 8%igen Beteiligung an einer GmbH (Verkehrswert der Beteiligung: rund 20 Mio. €; jährliche Dividende: rund 0,6 Mio. €) und aus Grundbesitz. M möchte, dass die Beteiligung auch nach ihrem Tod sachgerecht verwaltet wird, wobei hierfür nur ein Cousin in Frage kommt, der M bereits heute berät. Sowohl die Kinder als auch den Ehemann möchte M finanziell vollständig absichern, ihnen aber in Bezug auf die Beteiligung nur so wenig Rechte wie möglich einräumen. Vor allem sollen sie nicht über eine Veräußerung der Beteiligung entscheiden dürfen. An letztwilligen Verfügungen gibt es bereits ein notarielles Testament der M, in dem die Kinder zu gleichen Teilen als Erben eingesetzt sind und dem Ehemann ein Nießbrauchsvermächtnis am gesamten Nachlass eingeräumt wird.

Welche Überlegungen stellen sie zu Beginn des Mandats an und wozu raten Sie?

LÖSUNG: Die Vorstellungen der Mandantin werden hier nicht umgesetzt:

Die Verwaltung der GmbH-Beteiligung obliegt gerade nicht dem Cousin.

Die Kinder sind nicht finanziell abgesichert. Sie sind zwar Erben, aber der Ehemann erlangt den Nießbrauch am gesamten Nachlass. Sämtliche Erträge fließen also an ihn. Die Kinder müssen jedoch die Erbschaftsteuer bezahlen, ohne dass sie hierfür laufende liquide Mittel zur Verfügung haben.

Bei der überschuldeten Tochter droht außerdem ein Zugriff der Gläubiger auf das geerbte Vermögen.

Jeder der Beteiligten kann ausschlagen und stattdessen den Pflichtteil verlangen (die Kinder wegen § 2306 BGB und der Ehemann wegen § 2307 BGB).

Würde hingegen gesetzliche Erbfolge eintreten, wäre zumindest die finanzielle Absicherung aller Beteiligter gegeben. Ferner drohte keine Ausschlagung und Pflichtteilsgeltendmachung durch die Kinder (dem Ehemann verbleibt diese Möglichkeit wegen § 1371 Abs. 3 BGB aber dennoch).

Daher ist als schnelle Übergangslösung statt dieses Testaments besser gesetzliche Erbfolge vorzusehen. Das vorgefundene Testament sollte also widerrufen werden. Dies kann erfolgen durch einen ausdrücklichen Widerruf in Form einer letztwilligen Verfügung. Das Testament könnte aber auch einfach vernichtet/verändert werden.

HINWEIS:

Um den „sichersten Weg" zu gehen, empfiehlt sich grds. ein ausdrücklicher Widerruf durch den Erblasser, der handgeschrieben, datiert und unterschrieben sein sollte:

„Widerrufstestament

Ich, [...], widerrufe hiermit mein Testament vom [...].

Ort, Datum

Unterschrift"

Alternativ kann statt eines separaten Widerrufstestaments auch eine Veränderung des ursprünglichen Testaments erfolgen:

Der Erblasser könnte das Testament z. B. mit einem Entwertungsvermerk wie „ungültig" oder „annulliert" versehen. Dieser sollte vorsorglich handschriftlich, datiert und mit Unterschrift erfolgen.

Wird das Testament hingegen „nur" vernichtet, kann dies Streitpotenzial bedeuten:

So könnten Beteiligte später vorbringen, dass das Testament gar nicht vom Erblasser vernichtet wurde, sondern von Dritten, dass es nur unauffindbar sei oder dass der Erblasser jedenfalls keinen Widerrufswillen bei der (versehentlichen) Zerstörung der Urkunde hatte usw. Der Inhalt des Testaments könnte dann z. B. durch Vorlage einer Kopie des Testaments oder durch Zeugenaussagen bewiesen werden.

6. Varianten letztwilliger Verfügungen

a) Privatschriftliches Testament

810 Das privatschriftliche Testament kann von jedem Volljährigen errichtet werden, der nicht testierunfähig ist. War der Testierende zum Zeitpunkt der Errichtung noch nicht volljährig, ist das Testament unheilbar nichtig (§ 2247 Abs. 4 BGB). Eine nachträgliche Genehmigung nach Eintritt der Volljährigkeit scheidet aus. Allerdings kann ein dann neu errichtetes Testament auf den Inhalt des unwirksamen Testaments Bezug nehmen und dieses dadurch zur Wirksamkeit bringen.[465]

811 In formeller Hinsicht muss das eigenhändige Testament eigenhändig geschrieben und unterschrieben sein. Dies geht über die normale Schriftform des § 126 BGB hinaus, bei der lediglich die Unterschrift handschriftlich sein muss. Etwas weniger streng ist die Form allerdings beim Ehegattentestament. Dort genügt es, wenn nur ein Ehegatte das Testament eigenhändig geschrieben hat und der andere es lediglich (mit-)unterzeichnet – nicht aber selbst geschrieben hat (§ 2267 BGB). Das Erfordernis der Eigenhändigkeit soll Zweifel an der Echtheit und am Testierwillen ausräumen helfen. Der Testierwille grenzt das Testa-

465 OLG Dresden, NJWE-FER 1998 S. 61.

ment ab von Entwürfen, der bloßen Ankündigung der Errichtung eines Testaments oder sonstigen Schriftstücken, die keine letztwillige Verfügung darstellen sollen. Zweifel am Testierwillen tauchen regelmäßig nur in Extremfällen auf, wenn das Dokument seiner äußeren Form nach nicht den üblichen Gepflogenheiten entspricht.[466] Aber auch diese Varianten etwa in Form eines Briefs, einer Vollmacht oder eines Notizzettels sind mögliche Testamente – an den Nachweis des Testierwillens sind dann aber strenge Anforderungen zu stellen.[467] So kann etwa ein Notizzettel einer Brauerei, auf dem üblicherweise Bestellungen in der Gastronomie notiert werden, mit dem Satz „... kriegt alles." ein wirksames Testament zugunsten der Lebensgefährtin darstellen.[468]

Ist der Testierwillige nicht in der Lage zu lesen, kann er kein eigenhändiges Tes- 812
tament errichten (§ 2247 Abs. 4 BGB). Ihm bleibt aber die Möglichkeit zur Errichtung eines notariellen Testaments.

Ist eine Person schreibunfähig, kann sie das Erfordernis der Handschriftlichkeit 813
nicht erfüllen und kann daher kein handschriftliches Testament errichten. Eine blinde Person kann zwar unter Umständen mittels Blindenschrift schreiben; dies genügt jedoch nicht der Form des § 2247 BGB, da Blindenschrift nur unter Zuhilfenahme technischer Hilfsmittel geschrieben werden kann, was keine Eigenhändigkeit darstellt.[469] Im Gegensatz hierzu sind taube und/oder stumme Menschen in der Lage, ein Testament eigenhändig zu schreiben und zu unterschreiben.

Die Unterschrift bildet den räumlichen Abschluss der Verfügung und muss 814
sich am Ende befinden. Allerdings kann es genügen, wenn die Unterschrift neben oder über dem Text angebracht ist, weil diese erkennbar aus Platzmangel nicht unterhalb des Textes erfolgen konnte.[470]

Möglich ist eine Anlage zum Testament, auf die im Testament selbst Bezug ge- 815
nommen wird. Wichtig ist aber, dass auch die Anlage handschriftlich verfasst und unterschrieben sein muss.[471] Denn laut BGH[472] müssen sämtliche Verfügungen des Erblassers diese Formanforderungen erfüllen, um wirksam zu

466 Etwa die Rückseite eines Werbezettels, die zudem mit Bleistift beschrieben wurde wie bei OLG Hamm, ZEV 2021 S. 790.

467 OLG München, ZEV 2008 S. 596; OLG Saarbrücken, ZEV 2022 S. 307.

468 OLG Oldenburg, ZEV 2024 S. 336.

469 LG Hannover, NJW 1972 S. 1204.

470 Litzenburger in BeckOK-BGB, § 2247, Rz. 24; OLG Celle, ZEV 2012 S. 41.

471 Wenn die Anlage auf der Rückseite des Testaments handschriftlich (aber nicht unterschrieben) vorliegt, soll nach OLG Karlsruhe, FamRZ 2012 S. 400, die Anlage dann keine gesonderte Unterzeichnung benötigen. Diese Entscheidung dürfte vor der strengen Auffassung des BGH so keinen Bestand mehr haben.

472 BGH, NJW 2022 S. 474.

sein. So ist es zwar zulässig, in einem Testament auf eine andere wirksame letztwillige Verfügung zu verweisen. Der Erblasser kann aber nicht auf Schriftstücke Bezug nehmen, die nicht der Testamentsform genügen (sog. „testamentum mysticum“).

816 Nach bislang h. M. sollte aber eine Bezugnahme zum Zwecke der näheren **Erläuterung** der testamentarischen Verfügungen zulässig sein. Denn es handle sich dann nur um die Auslegung des bereits formgültig erklärten, andeutungsweise erkennbaren Willens.[473]

817 Nach bisheriger h. M. wurde also unterschieden zwischen

- zulässiger erläuternder Bezugnahme und
- unzulässiger ergänzender/inhaltsbestimmender Bezugnahme.

818 Dieser Unterscheidung begegnet der BGH nunmehr kritisch, da sie zu Abgrenzungsschwierigkeiten führt und die Formvorschrift des § 2247 BGB untergräbt.[474]

819 Nach aktueller BGH-Rechtsprechung ist wie folgt vorzugehen:

1. Zunächst ist zu klären, ob die letztwillige (formwirksame) Verfügung für sich genommen hinreichend bestimmt und damit vollständig ist.
2. Ist dies nicht der Fall, ist zu prüfen, ob die letztwillige Verfügung auslegungsfähig ist, also mehrere Auslegungsmöglichkeiten zulässt.
3. Ist dies der Fall, muss untersucht werden, ob der Inhalt der formunwirksamen Anlage zumindest im Testament angedeutet ist. Hierbei ist aber entscheidend: Für eine Andeutung im Testament genügt gerade nicht die bloße (formale) Bezugnahme auf die Anlage. Vielmehr muss der materiellrechtliche Inhalt der letztwilligen Verfügung selbst angedeutet sein.[475] Das LG Frankenthal[476] hat es in einer Entscheidung aus dem Jahr 2026 hingegen genügen lassen, dass die Anlagen zwar handschriftlich verfasst, jedoch nicht unterschrieben waren.

HINWEIS:

Bisweilen möchten Mandanten Regelungen des Testaments in eine Anlage auslagern, um bei späteren Änderungen nicht das gesamte Testament neu schreiben zu müssen.

Den Mandanten sollte erläutert werden:

473 Vgl. OLG Köln, FamRZ 2015 S. 1529; Weidlich in Grüneberg, § 2247, Rz. 8; KG, ZEV 2018 S. 272 Rz. 11 f., 14; OLG Hamm, FamRZ 2006 S. 1484; OLG Zweibrücken NJW-RR 1989 S. 1413; Litzenburger in BeckOK, § 2247, Rz. 13; ausführliche Darstellung des Meinungsstands m. w. N. in BGH, NJW 2022 S. 474 Rz. 12.

474 BGH, NJW 2022 S. 474 Rz. 12; in diesem Sinne bereits OLG Hamburg, Rz. 17 f.

475 BGH, NJW 2022 S. 474 Rz. 13.

476 ZEV 2026 S. 201.

Eine spätere Änderung kann auf den entsprechenden Teil des Testaments (z. B. § 3: Erbeinsetzung) beschränkt werden. Es muss nicht das gesamte Testament neu verfasst bzw. abgeschrieben werden.

Sollte aber dennoch eine Anlage gewünscht sein, muss diese zwingend vollinhaltlich handschriftlich verfasst und unterschrieben sein.

Ergänzend sollten Sie die Mandanten (schriftlich) darauf hinweisen, dass spätere Änderungen oder Novellierungen der Anlage nur bei Einhaltung dieser Form wirksam sind.

Die Unterschrift muss nicht gleichzeitig mit der Errichtung des Testaments er- 820
folgen, sondern kann auch nachgeholt werden. Befindet sich die Unterschrift auf einem das Testament enthaltenden Umschlag, kann dies genügen, wenn die dort befindliche Unterschrift keine weitere Funktion besitzt und ein ausreichender Bezug zur Verfügung besteht. Hieran kann es fehlen, wenn sich etwa Handlungsanweisungen auf dem Umschlag befinden und diese mit der Unterschrift versehen wurden („Nach meinem Tod unter Zeugen zu öffnen"),[477] oder wenn die Unterschrift etwa als Sicherung gegen unbefugtes Öffnen dient, indem über die Klebeleiste des Umschlags unterschrieben wurde. Dasselbe gilt, wenn der Umschlag nicht verschlossen wurde.[478]

Die Unterschrift soll mit Vor- und Familiennamen erfolgen. Ein Verstoß gegen 821
diese Sollvorschrift führt nicht zwingend zur Unwirksamkeit der Verfügung. Vielmehr muss dann die Urheberschaft eindeutig geklärt werden. Auch die Unterzeichnung mit Künstler- oder Spitznamen oder abstrakten Bezeichnungen („eure liebende Mutter") kann genügen.[479]

Die Verfügung muss höchstpersönlich errichtet werden; jede Form der Stell- 822
vertretung in materieller wie formeller Hinsicht ist unzulässig (§§ 2064, 2065 BGB).

Der Sollangabe zum Datum der Errichtung kommt bei mehrfachen Verfügun- 823
gen Bedeutung zu (welche Verfügung war die letzte?). Aber auch für die Feststellung einer später aufgetretenen Geschäftsunfähigkeit ist der Zeitpunkt der Errichtung von Bedeutung (war der Verfügende zu diesem Zeitpunkt noch testierfähig?). Die geforderte Angabe des Ortes der Errichtung kann relevant sein, wenn es um die Frage der formellen Gültigkeit der Verfügung geht – und für diese Frage kann der Ort der Errichtung ggf. relevant sein (so etwa Art. 1 Buchst. a) Haager Testamentsformübereinkommen).

477 OLG Düsseldorf, NJW 1972 S. 260.

478 Zum Ganzen m. w. N. Sticherling in MüKo-BGB, § 2247, Rz. 41.

479 Weidlich in Grüneberg, § 2247, Rz. 10 m. w. N.

824 Ergänzungen und nachträgliche Änderungen sind ebenfalls formpflichtig. Werden Nachträge auf einem gesonderten Blatt vorgenommen, ist eine separate Unterschrift hierunter erforderlich.[480]

825 Besondere Probleme resultieren aus dem Formerfordernis im Zusammenspiel mit der Auslegung des Testaments anhand des subjektiven Erblasserwillens. Denn der durch Auslegung ermittelte wirkliche oder hypothetische Wille des Erblassers muss auch **formwirksam** erklärt worden sein. Nach h. M. kommt hier die sog. Andeutungstheorie zur Anwendung. Hiernach muss der durch Auslegung ermittelte Wille des Erblassers in der formwirksamen Erklärung jedenfalls in irgendeiner Weise angedeutet worden sein.[481] Unproblematisch ist es hiernach auch, wenn etwa in einem formwirksamen Testament auf eine andere wirksame letztwillige Verfügung verwiesen wird. Denn selbst, wenn das verweisende Testament – isoliert betrachtet – nicht aus sich heraus verständlich sein sollte, ergibt sich doch aus der Zusammenschau der beiden formgerechten Testamente die Gesamtverständlichkeit des Erblasserwillens.[482]

b) Das öffentliche Testament

826 Das öffentliche Testament nach § 2232 BGB kann auf zweierlei Arten errichtet werden: durch Erklärung des letzten Willens gegenüber dem Notar zur Niederschrift oder durch Übergabe einer Schrift mit entsprechender Erklärung.

827 Bei der ersten (häufigeren) Variante schreibt der Notar den geäußerten Willen des Verfügenden nieder. Die Niederschrift wird dann vom Erblasser und dem Notar unterzeichnet. Meist wird der Erblasser dem Notar aber nach vorheriger Beratung in eigenen Worten seine Vorstellungen schildern und der Notar wird auf dieser Basis das Testament in juristisch korrekter Ausdrucksweise vorbereiten. Anschließend wird der Notar das Verfasste vorlesen. Der Erblasser wird das Verlesene als seinem Willen entsprechend genehmigen, wobei diese Genehmigung wiederum auch durch eindeutige Zeichen wie Kopfnicken oder Zeichensprache erfolgen kann. Und schließlich muss die Niederschrift vom Erblasser und vom Notar unterschrieben werden (§ 13 BeurkG).[483]

---

480 BGH, FamRZ 1974 S. 302; OLG München, ZEV 2012 S. 41; hierzu auch Stahl/Ejlli in Münchener Anwaltshandbuch Erbrecht, § 5 Rz. 49.

481 Ständige Rechtsprechung, vgl. nur BGHZ 86 S. 41; OLG Hamm, ZErb 2006 S. 352.

482 BGH, ZEV 2010 S. 364.

483 Ist der Verfügende dergestalt eingeschränkt, dass er nicht zu hören, zu sehen, zu sprechen vermag oder kann er seinen Namen oder sogar überhaupt nicht schreiben, gelten Besonderheiten im BeurkG, die dem Rechnung tragen; hierzu nur die Nachweise bei Litzenburger in BeckOK-BGB, § 2232, Rz. 11.

Vorteile eines notariellen Testaments können sich daraus ergeben, dass es als öffentliche Urkunde i. S. von § 415 ZPO Beweiskraft für den darin beurkundeten Tatbestand der Testamentserrichtung entfaltet. Das Testament gilt hiernach erst dann als unwirksam, wenn jede Möglichkeit der Richtigkeit der Urkunde ausgeschlossen ist. 828

Den größten Vorteil hat das notarielle Testament jedoch dann, wenn die Geschäftsfähigkeit des Testierenden später in Zweifel gezogen wird. Denn nach § 28 BeurkG soll der Notar seine Wahrnehmung über die Geschäftsfähigkeit des Erblassers in der Niederschrift vermerken. In einem späteren Gerichtsprozess kann der Notar als Zeuge zur fraglichen Testierfähigkeit vernommen werden, wobei er kein Zeugnisverweigerungsrecht nach § 383 Abs. 1 Nr. 6 ZPO hat. 829

Schließlich ist noch auf einen möglichen Kostenvorteil des notariellen Testaments hinzuweisen. Sind im Nachlass Immobilien vorhanden, ist für die Grundbuchberichtigung grds. ein Erbschein erforderlich. Ein Erbschein ist jedoch nicht nötig bei Vorliegen eines notariellen Testaments. Dieses genügt in Verbindung mit der Eröffnungsniederschrift zur Grundbuchberichtigung (§ 35 Abs. 1 GBO). Die Kosten für das notarielle Testament sind regelmäßig niedriger als die für den Erbschein. Allerdings ist auch zu bedenken: Die Kosten für die Beurkundung des Testaments trägt der Erblasser, die Kosten für den Erbschein tragen hingegen die Erben. 830

Die Errichtung einer letztwilligen Verfügung durch Übergabe einer Schrift erfordert die geringsten Anforderungen. Als Schriftstück genügt jede Verkörperung von Schriftzeichen, egal auf welchem Medium (Papier, Karton usw.), in welcher Schrift (lateinische Schrift, Bilderschrift, Blindenschrift usw.) oder Sprache (Deutsch, Englisch usw.) diese erfolgt. 831

Der Notar muss die Schrift nicht lesen können, der Erblasser jedoch schon.[484] 832
Die Schrift muss nicht vom Erblasser herrühren, nicht von ihm unterzeichnet sein, die Sprache und formelle Gestaltung sind dem Erblasser freigestellt. Ausgeschlossen ist jedoch eine Übergabe von Bildern, Datenträgern, Tonaufnahmen, CDs o. Ä., da diese nicht dem Erfordernis Schriftlichkeit genügen. Die Schrift kann verschlossen oder offen übergeben werden.

Ist die Schrift offen, soll der Notar von dieser Kenntnis nehmen, sofern er der 833
Sprache hinreichend kundig ist (§ 30 Satz 4 BeurkG) und diesbezüglich umfas-

484 Lauck in Burandt/Rojahn, § 2232, Rz. 12.

send belehren. Minderjährige im Alter von 16 oder 17 Jahren können die Schrift aber nur offen übergeben (§§ 2229 Abs. 1, 2233 Abs. 1 BGB).

c) Außerordentliche Testamente

834 Schließlich soll noch auf die beiden in der Praxis naturgemäß selten vorkommenden Nottestamtsformen hingewiesen werden: das Bürgermeistertestament und das Dreizeugentestament.

835 Ob in der Praxis tatsächlich der Bürgermeister leichter zu erreichen ist als ein Notar, sei dahingestellt. Jedenfalls besteht nach § 2249 BGB die Möglichkeit, vor dem Bürgermeister des Aufenthaltsortes ein öffentliches Testament zu errichten, wenn die Besorgnis besteht, dass vor dem Tod des Erblassers kein Notar mehr erreicht werden kann.

836 Möglich ist dies zur Niederschrift oder durch Übergabe einer Schrift (§§ 2249 Abs. 1 Satz 4, 2232, 2233 BGB).

837 Der Bürgermeister muss zwingend zwei Zeugen zum gesamten Beurkundungsvorgang hinzuziehen. Personen, die in dem Testament bedacht werden oder als Testamentsvollstrecker vorgesehen sind, scheiden als Zeugen aus. Der Bürgermeister muss über die Erklärung eine Niederschrift fertigen – und zwar noch vor dem Tod des Erblassers. Denn die Niederschrift muss in Gegenwart des Bürgermeisters und der beiden Zeugen vorgelesen und vom Erblasser genehmigt worden sein.[485]

838 Aus dem Kreis der Nottestamente dürfte das Dreizeugentestament eine etwas größere praktische Relevanz aufweisen als das Bürgermeistertestament. Befindet sich der Erblasser etwa in Folge eines akuten Unglücks in Lebensgefahr, wird auch der Bürgermeister nicht schneller erreichbar sein als ein Notar. Daher besteht die Möglichkeit nach § 2250 BGB, ein Testament mündlich vor drei Zeugen zu errichten. Die drei Zeugen müssen bei der Testamentserrichtung anwesend sein; ihnen muss bewusst sein und sie müssen die Bereitschaft haben, dass sie als Zeuge fungieren.[486] Zufällig Anwesende sind also nicht per se Zeugen im Sinne dieser Vorschrift.

839 Über die Erklärung des Erblassers muss eine Niederschrift angefertigt werden und der Erblasser muss die verlesene und genehmigte Niederschrift unterzeichnen.[487] Das Fehlen der Unterschrift macht das Testament unwirksam, es

485 BGHZ 54 S. 89.

486 OLG Frankfurt a. M., BeckRS 2014 S. 13386 Rz. 19.

487 BGH, NJW 1991 S. 3210.

sei denn, das Fehlen ist darauf zurückzuführen, dass der Erblasser (bereits) schreibunfähig war.[488]

Schließlich besteht noch die Möglichkeit, ein Nottestament auf See zu errichten (§ 2251 BGB). Das Procedere richtet sich nach dem des Dreizeugentestaments gem. § 2250 Abs. 3 BGB. Allerdings ist für das Seetestament keine Todesgefahr erforderlich. 840

d) Erbvertrag

Mit einem Erbvertrag als gesetzlich geregelte Ausnahme vom Verbot des § 2302 BGB (unbeschränkbare Testierfreiheit) kann die größtmögliche Bindungswirkung erreicht werden. Die Zulässigkeit einer solch starken Bindung zu Lebzeiten des Erblassers war im römischen Recht noch als unsittliche Beschränkung der Testierfreiheit angesehen worden.[489] Gerade diese starke Bindungswirkung der vertragsmäßigen Verfügungen stellt das Wesensmerkmal eines Erbvertrags dar. 841

Nach § 2289 Abs. 1 BGB werden frühere und spätere letztwillige Verfügungen des Erblassers unwirksam, soweit sie das Recht des erbvertraglich Bedachten beeinträchtigen. Der Erblasser begibt sich mit einem Erbvertrag seiner Testierfreiheit; seine Testierfreiheit zurück erlangen kann er nur mittels Anfechtung (§§ 2281 ff. BGB), Aufhebung (§§ 2290 ff. BGB), Rücktritt (§§ 2293 ff. BGB), Ausschlagung (§ 1953 BGB), Erbunwürdigkeit (§§ 2344 f. BGB) oder Erbverzicht (§§ 2346, 2352 BGB). 842

Formulierungsbeispiel für erbvertragliche Bindung: 843

„Wir nehmen hiermit die vorstehend getroffenen Verfügungen, soweit gesetzlich zulässig, mit erbvertraglicher Bindung gegenseitig an."

Möglich ist die einvernehmliche Vereinbarung eines Rücktrittsvorbehalts;[490] durch Erklärung des Rücktritts (in der Form des § 2296 Abs. 2 BGB) entfällt die Bindungswirkung für den Erblasser. 844

Nach § 2299 Abs. 1 und 2 BGB ist es möglich, in den Erbvertrag einseitig getroffene Verfügungen aufzunehmen, für die dann Testamentsrecht gilt. Es handelt sich also um einseitige Verfügungen, die keiner Bindungswirkung unterliegen und für die gerade nicht die strengen Regeln des Erbvertrags gelten. 845

488 BayObLGZ 1979 S. 232, 238.

489 Battes, Gemeinschaftliches Testament und Ehegattenerbvertrag als Gestaltungsmittel für die Vermögenszuordnung der Familie, § 2.

490 Zu Rücktrittsvorbehalten vgl. Keim, ZEV 2005 S. 365 ff.

Letztlich handelt es sich um einseitige testamentarische Verfügungen, die „bei Gelegenheit des Erbvertrags“ dort mitverfasst wurden.

846 **Formulierungsbeispiel:**

„Sämtliche in diesem Erbvertrag von mir angeordneten Vermächtnisse treffe ich nicht erbvertraglich bindend, sondern einseitig verfügend, einseitig abänderbar und widerruflich.“

847 Als äußerste Grenze für solche einseitigen Verfügungen in einem Erbvertrag ist zu beachten, dass nach h. M. in einem Erbvertrag mindestens eine Verfügung vertragsmäßig und damit bindend sein muss.[491] Ansonsten liegt schon dem Grunde nach kein Erbvertrag (sondern allenfalls ein Testament) vor.

848 Hiervon rechtlich zu unterscheiden (aber ähnlich in der Wirkung) ist eine erbvertragliche Vereinbarung dahingehend, dass die Verfügungen zwar vertragsmäßig (also nicht einseitig) getroffen werden, jedoch gerade keine erbvertragliche Bindung gelten soll; der Erblasser soll also anderweitig über seinen Nachlass testieren können, auch wenn es sich um erbvertragliche Verfügungen handelt.[492] In Bezug auf diese Verfügungen behält sich der Erblasser seine Testierfreiheit vor. So kann er sich bspw. die Beschwerung von Bedachten mit Vermächtnissen und/oder Auflagen, mit Testamentsvollstreckung oder die Änderung von Erbquoten vorbehalten.

849 Bei einem Änderungsvorbehalt ist jedoch zu beachten, dass ein Totalabänderungsvorbehalt nicht zulässig ist: Mindestens eine vertragsmäßige Anordnung darf vom Änderungsvorbehalt nicht erfasst sein, damit der Erbvertrag nicht seinen eigentlichen Wesenskern verliert.[493] Die h. M. lässt es hier aber bereits genügen, wenn bei der geforderten einzigen vertragsmäßigen Anordnung die vorbehaltene Abänderungsmöglichkeit zumindest an präzise beschriebene Voraussetzungen geknüpft ist, so dass für die Willkür des Erblassers kein Raum bleibt (sog. spezifizierter Abänderungsvorbehalt).[494] Die Änderung einer vertragsmäßigen Verfügung kann in jeder beliebigen Verfügung von Todes wegen geschehen. Sie bedarf nicht der Form des Erbvertrags und

491 BGHZ 26 S. 204, 208; BGH, NJW 1982 S. 441, 443; OLG Stuttgart, NJW-RR 1986 S. 165; Musielak in MüKo-BGB, Vor § 2274, Rz. 5.

492 Zu zulässigen Änderungsvorbehalten vgl. Keim, NJW 2009 S. 818.

493 BGH, NJW 1982 S. 441; OLG Köln, NJW-RR 1994 S. 651 f.

494 OLG München, DNotZ 2009 S. 138 ff.; OLG München, DNotZ 2007 S. 53; Hülsmeier, NJW 1986 S. 3115, 3117 f.; Bengel, DNotZ 1989 S. 156; Buchholz, Rpfleger 1990 S. 45, 52; J. Mayer, DNotZ 1990 S. 755, 774; Nieder/Kössing, Handbuch der Testamentsgestaltung, § 11, Rz. 84; Weiler, DNotZ 1994 S. 427, 436 ff.; Herlitz, MittRhNotK 1996 S. 153, 158; Keim, ZEV 2005 S. 365 f.

auch nicht der Form des Rücktritts vom Erbvertrag. Allerdings kann vereinbart werden, dass für die Ausübung des Änderungsvorbehalts bestimmte Formanforderungen erfüllt sein müssen. Diese vereinbarten formalen Anforderungen sind dann selbst Wirksamkeitsvoraussetzung der Änderung.

Zusammengefasst ergeben sich folgende praktischen Unterschiede zwischen einem Abänderungsvorbehalt einerseits und einem Rücktrittsvorbehalt andererseits: 850

Mit dem Änderungsvorbehalt wird im Rahmen der Vertragsfreiheit vereinbart, dass der Erblasser teilweise anders über seinen Nachlass einseitig testieren darf, als im Erbvertrag vorgesehen. Der Erblasser erhält sich also insofern trotz Erbvertrags seine Testierfreiheit im Umfang des Vorbehalts. So kann er sich etwa vorbehalten, die Erben oder deren Erbquoten noch frei abzuändern oder zusätzliche Vermächtnisse anzuordnen usw. Der Erblasser kann also eine dem Erbvertrag widersprechende Verfügung von Todes wegen treffen, ohne dass diese dem Vertragspartner bekannt gemacht werden muss. An eine bestimmte Form ist die Abänderung nicht gebunden, sie kann in jeder beliebigen Form für Verfügungen von Todes wegen erfolgen. 851

Im Gegensatz hierzu ist beim Rücktrittsvorbehalt die strenge Form des § 2296 Abs. 2 BGB einzuhalten. Der Rücktritt bedarf also notarieller Form und er muss dem Vertragspartner zugehen, ihm also bekannt gemacht werden. Während beim Abänderungsvorbehalt die Änderung einseitig ohne Wissen und Mitwirkung des Vertragspartners erfolgen kann, ist dies beim Rücktritt nicht möglich. 852

Zusammenfassend kann bei einem Erbvertrag dennoch Testierfreiheit in folgenden Varianten bestehen: 853

1. einseitige Verfügungen im Erbvertrag,
2. erbvertragliche Verfügungen mit Änderungsvorbehalt/ohne Bindungswirkung,
3. erbvertragliche Verfügungen mit Rücktrittsvorbehalt.

Mit erbvertraglicher Bindungswirkung können ausschließlich die vier nachfolgenden Verfügungen vereinbart werden (§ 2278 Abs. 2 BGB): 854

1. Erbeinsetzungen,
2. Vermächtnisse,
3. Auflagen,
4. Rechtswahlen.

855 Diese vier genannten Verfügungsgegenstände können – müssen aber nicht – mit erbvertraglicher Bindungswirkung vereinbart sein. So können in einem Erbvertrag etwa bestimmte Vermächtnisse bindend, andere hingegen frei widerruflich angeordnet sein. Um hier Auslegungsprobleme zu vermeiden, müssen Sie als Gestaltungsberater immer ausdrücklich klarstellen, was gemeint ist: Für jede im Erbvertrag enthaltene Verfügung ist ausdrücklich zu regeln, ob diese bindend oder nur einseitig getroffen wird. Nur so ist eindeutig erkennbar, welche Verfügung bindend und welche frei widerruflich ist.

856 Andere als die vier vorgenannten Verfügungen können immer nur einseitig getroffen werden; sie sind also frei widerruflich. Anderslautende Vereinbarungen im Erbvertrag sind unwirksam. Solche nur einseitig zu treffenden Verfügungen sind etwa die Anordnung von Testamentsvollstreckung, Enterbung, Teilungsanordnungen oder Vormundbenennungen.

857 Ein Erbvertrag kann von beliebigen Personen miteinander geschlossen werden; Vertragspartner können miteinander verwandte Personen, Ehegatten oder auch beliebige Dritte sein.

858 Der Vertragspartner muss nicht auch derjenige sein, der aus dem Erbvertrag eine Zuwendung erhält; vielmehr kann sich die Funktion eines Vertragspartners darauf beschränken, die Verfügung zugunsten einer weiteren Person erbvertraglich bindend zu vereinbaren. Die Verfügung zugunsten einer Person A kann also nur mit Zustimmung von Person B als Vertragspartner abgeändert werden.

BEISPIEL: A vereinbart mit seiner geschiedenen Exfrau B, dass die gemeinsame Tochter T erbvertraglich bindend als Alleinerbe von A eingesetzt ist. B trifft keine eigene Verfügung in dem Erbvertrag. T ist nicht Vertragsbeteiligte. A kann die Erbeinsetzung der Tochter somit nur mit Einwilligung der B abändern.

859 Grundvoraussetzung ist stets das Vorliegen von Angebot und Annahme. Da letztwillige Verfügungen, die Verfügungen i. S. des § 2278 Abs. 2 BGB zum Gegenstand haben, nicht per se wie vertragsmäßige Verfügungen zu behandeln sind, empfiehlt es sich, dies stets ausdrücklich klarzustellen.

860 Der Form nach muss ein Erbvertrag immer notariell beurkundet werden. Dies erklärt sich aus der weitreichenden Bindungswirkung und der Beschneidung der Testierfreiheit. Der Erblasser soll durch dieses Formerfordernis gewarnt und seine Aufklärung sichergestellt werden.

861 Die Kehrseite dieses Beurkundungserfordernisses ist freilich die notarielle Gebührenbelastung. Zu bedenken ist auch, dass jede Änderung des Erbvertrags der notariellen Form bedarf und somit wiederum Kostenfolgen auslöst.

Gemäß § 2274 BGB muss jeder Vertragsschließende, der eine Verfügung trifft, den Vertrag persönlich schließen. Stellvertretung ist ausgeschlossen. Andere am Vertrag beteiligte Personen (die keine Verfügungen treffen, sondern lediglich die Annahme der angebotenen Verfügungen erklären), können sich vertreten lassen. Zu beachten ist aber, dass gem. § 2276 Abs. 1 Satz 1 BGB alle Beteiligten gleichzeitig (persönlich oder durch Vertreter) anwesend sein müssen. 862

Die erbvertragliche Bindung bezieht sich lediglich auf Verfügungen von Todes wegen und nicht auf Verfügungen unter Lebenden. Der Erblasser kann auch nach Abschluss eines Erbvertrags entgeltliche und unentgeltliche Rechtsgeschäfte unter Lebenden vornehmen und dadurch sein Vermögen schmälern oder gar aufzehren. 863

Der Schutz in Bezug auf beeinträchtigende Schenkungen, die der Erblasser zu Lebzeiten vorgenommen hat, greift ebenfalls nicht zu Lebzeiten ein, sondern erst nachdem der Erbfall eingetreten ist. Der erbvertraglich Bedachte erlangt keine rechtliche gesicherte Anwartschaft auf das ihm zugedachte Vermögen.[495] Auch wer erbvertraglich bindend als Erbe oder Vermächtnisnehmer eingesetzt ist, erlangt lediglich eine Aussicht auf das Vermögen des Erblassers. Es wird kein Anspruch begründet, so dass ein solcher auch nicht vererblich, übertragbar oder pfändbar ist.[496] Da kein Anspruch besteht, kann ein solcher auch nicht mittels Vormerkung gesichert werden.[497] Der Schutz des erbvertraglich Bedachten vor lebzeitigen Vermögensverfügungen wird allein durch § 2287 BGB gewährleistet. Hiernach kann der Vertragserbe – grds. aber erst nach dem Tod des Erblassers – Ansprüche auf Herausgabe von Schenkungen oder gemischten Schenkungen in Beeinträchtigungsabsicht nach §§ 812 ff. BGB geltend machen. 864

Ist es dem erbvertraglich Bedachten aber gerade wichtig, einen bestimmten Gegenstand beim Erbfall mit Sicherheit zu erhalten, genügt der Schutz des § 2287 BGB wegen der strengen Voraussetzungen (Beeinträchtigungsabsicht[498]) einerseits und der relativ weichen Rechtsfolge (Bereicherungsrecht) nicht. In diesem Fall kann an eine Absicherung in Form eines sog. Verfügungsunterlassungsvertrags[499] gedacht werden, worin sich der Erblasser schuldrechtlich verpflichtet, über den Gegenstand nicht zu verfügen. Trotz der Unterlassungspflicht bleibt der Eigentümer aber dinglich Berechtigter, was sich aus 865

495 BGH, NJW 1954 S. 633.

496 Zur Zugehörigkeit zur Insolvenzmasse vgl. BVerwG, NJW 1994 S. 470.

497 BGHZ 12 S. 115; OLG Hamm, OLGZ 1965 S. 347.

498 Zur Auslegung dieses Begriffs BGH, NJW 1982 S. 43; NJW 1992 S. 564.

499 Im Detail hierzu in Münchener Anwaltshandbuch Erbrecht, § 10 Rz. 48 ff.

§ 137 BGB ergibt. Aus einer Zuwiderhandlung folgen aber (lediglich) Sekundäransprüche gegen den Erblasser bzw. dessen Erben. Wenn dem Bedachten Sekundäransprüche aber nicht als Absicherung genügen, kann vereinbart werden, dass der Bedachte einen (aufschiebend bedingten) Anspruch auf Eigentumsübertragung hat, sobald der Erblasser gegen das Verfügungsverbot verstößt. Dieser Anspruch geht allerdings dann wegen Unmöglichkeit gem. § 275 BGB unter, wenn der Erblasser den Gegenstand bereits wirksam an einen Dritten übereignet hat. Aber auch automatisch erfolgende Übereignungen mittels aufschiebender Bedingung gem. § 158 Abs. 1 BGB können keine bessere Absicherung bieten, da der gutgläubige Erwerb eines Dritten möglich bleibt.

BEISPIEL: E vermacht dem A erbvertraglich bindend ein wertvolles Kunstgemälde von Otto Dix. Es wird zusätzlich ein Verfügungsunterlassungsvertrag geschlossen. Hiernach ist es dem E verboten, zu Lebzeiten schuldrechtliche oder dingliche Veräußerungsgeschäfte über das Gemälde vorzunehmen. Für den Fall eines Verstoßes, übereignet E dem A das Gemälde bereits zu Lebzeiten aufschiebend bedingt gem. §§ 929, 930, 158 BGB.

Nachdem E 10 Jahre später dringend Geld braucht, um eine Spezialbehandlung seiner erkrankten Ehefrau zu bezahlen, verkauft er das Gemälde am 10.1. für 3 Mio. € an den Galeristen D. Übergabe und Übereignung des Gemäldes sowie Kaufpreiszahlung erfolgen am 25.1. Am Abend des 25.1. verabreden sich E und D zu einem Abendessen, um den erfolgreich durchgeführten Deal zu feiern. Hierbei erzählt E dem D von dem Erbvertrag und dem Inhalt des Unterlassungsvertrags. D fragt sich nun, ob er noch Grund zum Feiern hat oder mit rechtlichen Schritten des A rechnen muss.

LÖSUNG: A könnte gegen D einen Anspruch auf Herausgabe des Gemäldes gem. § 985 BGB haben. Hierfür müsste A Eigentümer sein.

- Der am 10.1. abgeschlossene Kaufvertrag ist wirksam (§ 433 BGB). Hieran ändern die mit D getroffenen Vereinbarungen nichts. Das Eigentum ist hierdurch aber nicht an D übergegangen (Trennungsprinzip).
- Das Eigentum ist am 10.1. aufgrund des Verfügungsunterlassungsvertrags, der eine aufschiebend bedingte Übereignung enthält, von E an A übergegangen gem. §§ 929, 930, 158 BGB. Durch den Abschluss des Kaufvertrags am 10.1. mit D ist die aufschiebend bedingte Übereignung von E an A wirksam geworden. Das Eigentum ist somit am 10.1. wirksam auf A übergegangen. Eigentümer des Gemäldes ist seit dem 10.1. A.
- Das Eigentum am Gemälde könnte am 25.1. gem. § 929 BGB an D übergegangen sein. Hierfür müsste E dinglich Berechtigter gewesen sein. Die dingliche Berechtigung des E entfällt nicht aufgrund des vereinbarten Verfügungsverbots. Denn dieses wirkt gem. § 137 BGB lediglich schuldrechtlich. Die dingliche Berechtigung des E fehlt aber aufgrund der wirksam gewordenen Übereignung an den A am 10.1.
- D hat aber am 25.1. das Eigentum am Gemälde gutgläubig vom Nichtberechtigten E erworben gem. §§ 929, 932 BGB. Dass D erst nach erfolgter Über-

eignung bösgläubig wurde, schadet nicht gem. § 932 Abs. 2 BGB. Somit hat A sein am 10.1. erlangtes Eigentum am 25.1. an D verloren. Eigentümer ist nun D.

- Da A nicht Eigentümer ist, kann er auch nicht die Herausgabe des Gemäldes von D gem. § 985 BGB verlangen.
- Ansprüche des A aus § 2288 Abs. 2 Satz 1 BGB auf Verschaffung des Gemäldes bzw. auf Wertersatz scheiden mangels Beeinträchtigungsabsicht des E aus. Unabhängig davon wären derartige Ansprüche ohnehin erst mit dem Tod des E durchsetzbar und richteten sich dann gegen dessen Erben.

Für Mobilien stehen keine rechtlichen Instrumente zur Verfügung, um eine ef- 866
fektive Absicherung des Bedachten zu erreichen. Wie vorstehender Beispielsfall zeigt, kann selbst unter Einsatz bedingter Übereignungen der gutgläubige Erwerb eines Dritten nicht verhindert werden.

Besser stellt sich die Ausgangslage für den Gestaltungsberater hingegen bei 867
Immobilien dar: Zwar ist der schuldrechtliche Anspruch, eine Verfügung über ein Grundstück nicht vorzunehmen, nicht durch Vormerkung sicherbar.[500] Denn eine Vormerkung setzt einen Eigentumsübertragungsanspruch voraus. Es kann aber vereinbart werden, dass der Bedachte einen (aufschiebend bedingten) Anspruch auf Eigentumsübertragung hat, sobald der Erblasser gegen das Verfügungsverbot verstößt. Dieser aufschiebend bedingte Eigentumsübertragungsanspruch kann sodann im Grundbuch durch Vormerkung gesichert werden. Die Publizitätswirkung des Grundbuchs verhindert in jedem Fall auch einen gutgläubig lastenfreien Erwerb eines Dritten.

Formulierungsbeispiel:[501] 868

„Erblasser E und Vertragserbe A sind sich darüber einig, dass die Erlangung des unbelasteten Eigentums an dem Grundstück X für den Vertragserben A grundlegende Bedeutung hat.

Demzufolge verpflichtet sich der Erblasser E hiermit schuldrechtlich gegenüber dem Vertragserben A, jede den Vertragserben A beeinträchtigende Verfügung (Übertragung oder Belastung) über das Grundstück ohne Zustimmung des Vertragserben A zu unterlassen und sich auch nicht zu einer solchen Verfügung ohne Zustimmung des Vertragserben A zu verpflichten. Bei einer mit den Grundsätzen ordnungsgemäßer Wirtschaft zu vereinbarenden Verfügung kann der Erblasser jedoch die Zustimmung des Vertragserben zur Verfügung verlangen. Der Vertragserbe ist verpflichtet, die Zustimmung zu erteilen.

500 Musielak in MüKo-BGB, § 2286, Rz. 13 m. w. N.
501 in Münchener Anwaltshandbuch Erbrecht, § 10 Rz. 50.

Verstößt der Erblasser E gegen die vorstehende Unterlassungsverpflichtung, so kann Vertragserbe A verlangen, dass der Erblasser E das Grundstück auf Kosten des Erblassers E (unentgeltlich/gegen Erbringung einer Gegenleistung von X) dem A zu Eigentum überträgt.

Zur Sicherung dieses bedingten Übertragungsanspruchs wird von den Beteiligten zugunsten des A die Eintragung einer Vormerkung im Grundbuch an bereitester Rangstelle bewilligt und beantragt."

869 Wie gezeigt, ist der Erbvertrag das stärkste Gestaltungsmittel im Erbrecht, da er die Testierfreiheit schon zu Lebzeiten einschränkt und der Erblasser nicht mehr anderweitig testieren kann. Diese Wirkungsweise macht ihn zum unverzichtbaren Gestaltungsinstrument gerade im Bereich der Unternehmensnachfolge. Bei Gestaltung einer Unternehmensnachfolge kommt es regelmäßig zu umfassenden Überlegungen und Gestaltungen im Hinblick auf die Gesamtsituation des Unternehmens und der Familienangehörigen. Letztlich geht es darum, den Bestand des Unternehmens zu sichern und gleichzeitig Verteilungsgerechtigkeit und Familienfrieden zu erhalten. Diese Aufgabe hat im Kontext der erbrechtlichen, steuerrechtlichen und gesellschaftsrechtsrechtlichen Möglichkeiten zu erfolgen. So kann es etwa sein, dass nicht alle Personen Nachfolger in eine Gesellschaftsbeteiligung werden, weil eine qualifizierte Nachfolgeklausel im Gesellschaftsvertrag entgegensteht. Will man im Rahmen einer umfassenden Nachfolgeregelung verbindlich festlegen, wer welche Vermögenswerte erhalten wird, ist der Erbvertrag das probate Mittel, um hier bereits zu Lebzeiten Verbindlichkeit für alle Beteiligten zu schaffen.

870 Meist wird der Erbvertrag kombiniert mit einem Pflichtteilsverzicht der begünstigten Personen. Die erbvertraglich begünstigten Personen verzichten dann meist auf ihr Pflichtteilsrecht und erhalten im Gegenzug bestimmte Vermögenswerte per Erbvertrag zugewandt. Der Erbvertrag dient hier dazu, die Begünstigten dazu zu bewegen, einen Pflichtteilsverzicht zu erklären. Der Pflichtteilsverzicht ist notwendig, damit die Nachfolgegestaltung im Erbfall dann auch zum Tragen kommt und nicht etwa torpediert wird, indem Begünstigte unter Berufung auf § 2306 BGB die Erbschaft ausschlagen und ihren Pflichtteil verlangen. Denn bei einer Unternehmensnachfolge werden Beschränkungen oder Beschwerungen i. S. des § 2306 BGB in Form von Vermächtnissen, Teilungsanordnungen, Testamentsvollstreckung o. Ä. regelmäßig notwendig sein. Liquiditätsabflüsse in Form von Pflichtteilsansprüchen sind im Sinne des Unternehmenserhalts aber stets zu verhindern. Der Erb- und Pflichtteilsverzichtsvertrag ist das Mittel der Wahl hierfür.

Im Überblick hier noch einmal die Vor- und Nachteile des Erbvertrags:[502] 871

Vorteile: 872

- Bindungswirkung bereits zu Lebzeiten,
- Errichtung durch jedermann (nicht nur Ehegatten),
- nur Erblasser muss letztwillige Verfügung treffen, nicht auch der Vertragspartner,
- Schutz vor beeinträchtigenden Schenkungen unter Lebenden durch §§ 2287, 2288 BGB.

Nachteile: 873

- Bindungswirkung bereits zu Lebzeiten,
- gesetzliche Rücktrittsrechte von den vertragsmäßigen Verfügungen können nicht abbedungen werden,
- Verbot des Totalabänderungsvorbehalts,
- strenge Anforderungen an Schutz vor beeinträchtigenden Schenkungen (Beeinträchtigungsabsicht),
- Schutz vor beeinträchtigenden Schenkungen nur mittels Bereicherungsrecht (§§ 2287, 812 ff. BGB).

Formulierungsbeispiel für Erbvertrag (auszugsweise): 874

„Heute, am …, erschienen vor mir dem Notar …, in den Amtsräumen … um einen Erbvertrag zu errichten, gleichzeitig

Frau … (E),

deren Tochter, Frau … (T).

E erklärt:

Hiermit setze ich T zu meiner Alleinerbin ein.

Zugunsten meiner Enkeltochter X setze ich folgende Vermächtnisse aus: …

Die vorstehenden Bestimmungen über die Erbeinsetzung und die Vermächtniszuwendung sind vertragsmäßig und erbvertraglich bindend getroffen worden; die Beteiligten nehmen diese Erklärungen gegenseitig und mit erbvertraglicher Wirkung an.

---

502 in Münchener Anwaltshandbuch Erbrecht, § 11 Rz. 178.

Die Verfügungen sind nicht einseitig widerruflich, mit folgender Ausnahme: E ist berechtigt, in Abänderung vorstehender Verfügungen einseitig weitere Vermächtnisse zugunsten der Enkeltochter X anzuordnen.

Ein einseitiges Rücktrittsrecht wird nicht vorbehalten.

T erklärt, dass sie heute in dieser Urkunde keine letztwilligen Verfügungen trifft.

Diese Niederschrift wurde den Beteiligten bei gleichzeitiger Anwesenheit vorgelesen, genehmigt und unterschrieben."

7. Das gemeinschaftliche Testament

875 Das gemeinschaftliche Testament nach §§ 2265 ff. BGB bietet die Möglichkeit für Ehegatten, Verfügungen zu treffen, die zum einen aufeinander abgestimmt sind und zum anderen nur eingeschränkt abänderbar sind. Das Anliegen der Eheleute, dass der Überlebende seine Verfügungen nicht (frei) abändern kann, kann mittels dieses Instruments umgesetzt werden. Dies ist etwa bei dem häufig anzutreffenden „Berliner Testament" der Fall, bei dem sich die Eheleute zunächst wechselseitig als Alleinerben einsetzen und auf Ableben des Überlebenden dann Dritte (meist die Abkömmlinge) als Erben eingesetzt werden. Die Einsetzung der Schlusserben soll regelmäßig nach dem Willen beider Eheleute nicht mehr vom überlebenden Ehegatten verändert werden können.

a) Die Form

876 Der Form nach kann das gemeinschaftliche Testament in öffentlicher Form zur Niederschrift eines Notars oder durch eigenhändiges Testament errichtet werden. Möglich ist die Errichtung in einer einzigen Urkunde (was der Normalfall in der Praxis ist), rechtlich möglich sind aber auch zwei getrennte Testamente. Nach h. M. liegt ein gemeinschaftliches Testament vor, wenn jeder im Zeitpunkt der Errichtung weiß und will, dass er mit dem anderen zusammen letztwillig verfügt, und dies in irgendeiner Weise in der Urkunde angedeutet ist.[503] Eine gemeinsame Testamentsurkunde ist daher nicht erforderlich[504] – wenngleich in der Praxis üblich und empfehlenswert.

877 Wird das gemeinschaftliche eigenhändige Testament in einer gemeinsamen Urkunde errichtet, gewährt das Gesetz eine Formerleichterung: Es genügt,

503 Hierzu BGH, NJW 1953 S. 698; OLG München, ZEV 2008 S. 485.

504 Litzenburger in BeckOK-BGB, § 2265, Rz. 1.

wenn nur ein Ehegatte das Testament handschriftlich geschrieben und der andere die Verfügungen lediglich mitunterschrieben hat (§ 2267 BGB).[505]

Die Angabe von Zeit und Ort[506] bei der Unterschrift beider Ehegatten soll 878
Rechtssicherheit schaffen etwa beim Vorhandensein mehrerer Testamente oder bei der Frage, ob bei der Unterschrift des einen Ehegatten der andere noch gelebt hat – was Voraussetzung für die Wirksamkeit des gemeinschaftlichen Testaments ist.[507] Die Ortsangabe dient der Beurteilung formeller Anforderungen nach dem Statut des Errichtungsortes.

Wollen die Eheleute das gemeinschaftliche Testament vor einem Notar errich- 879
ten, müssen sie nicht gleichzeitig anwesend sein. Es genügt, wenn jeder Ehegatte zeitlich versetzt vor demselben oder einem anderen Notar sein Testament errichtet. Der Notar muss aber dann dafür Sorge tragen, dass im Testament klar zum Ausdruck kommt, dass es sich jeweils um ein gemeinschaftliches Testament handelt.

Nach der Aufhebung von § 1303 Abs. 2 BGB durch das Gesetz zur Bekämpfung 880
von Kinderehen v. 17.7.2017[508] können Minderjährige kein gemeinschaftliches Testament errichten. Unbenommen bleibt die Möglichkeit, dass ein Minderjähriger, der das 16. Lebensjahr vollendet hat, gem. §§ 2229 Abs. 1, 2233 Abs. 1 BGB ein notarielles Einzeltestament errichtet.

Während es beim Erbvertrag genügt, dass nur ein Beteiligter eine letztwillige 881
Verfügung trifft (und der andere Beteiligte diese nur als erbvertraglich bindend annimmt), müssen beim gemeinschaftlichen Testament zwingend beide Ehegatten letztwillige Verfügungen treffen.

Eine spätere Abänderung des gemeinschaftlichen Testaments kann durch ein 882
späteres gemeinschaftliches Testament erfolgen oder durch einen Erbvertrag[509] der beiden Eheleute.

b) Wechselbezügliche Verfügungen

Die Besonderheit beim gemeinschaftlichen Ehegattentestament besteht darin, 883
dass es sog. wechselbezügliche und einseitige Verfügungen beinhalten kann. Die Unterscheidung ist wichtig, da sich der Widerruf zu Lebzeiten und die Bin-

505 Eine Gleichzeitigkeit der Unterschriften wird nicht verlangt.

506 §§ 2247 Abs. 2, 2267 Satz 2 BGB.

507 Ridder in Münchener Anwaltshandbuch Erbrecht, § 11 Rz. 49.

508 BGBl 2017 I S. 2429.

509 BGH, NJW 1991 S. 169 f.

dungswirkung nach Eintritt des ersten Erbfalls je nach Verfügungsart wesentlich unterscheiden.[510]

884 Verfügungen sind nach der Definition in § 2270 Abs. 1 BGB wechselbezüglich, wenn die Verfügung des einen nicht ohne die Verfügung des anderen getroffen sein würde. Enthält das Testament keine ausdrückliche Bestimmung hierzu, muss anhand der Auslegungsregel des § 2270 BGB ausgelegt werden, welche Verfügungen in einem gemeinschaftlichen Testament wechselbezüglich sind und welche nicht. Im Zweifel ist ein solches Verhältnis der Verfügungen zueinander anzunehmen, wenn sich die Ehegatten gegenseitig bedenken oder wenn dem einen Ehegatten von dem anderen eine Zuwendung gemacht und für den Fall des Überlebens des Bedachten eine Verfügung zugunsten einer Person getroffen wird, die mit dem anderen Ehegatten verwandt ist oder ihm sonst nahesteht. Wenn die Verfügungen also miteinander „stehen und fallen", sind sie wechselbezüglich: Dies folgt aus der Rechtsfolge des Abs. 1, wonach die Nichtigkeit oder der Widerruf der einen Verfügung die Unwirksamkeit der anderen zur Folge hat.

885 Wechselbezüglichkeit ist nur möglich in Bezug auf Erbeinsetzung, Vermächtnis, Auflage und Rechtswahl (§ 2270 Abs. 3 BGB). Andere Verfügungen können niemals wechselbezüglich sein, auch wenn die Eheleute dies gerne hätten.

HINWEIS:

Auch hier gilt wieder zwecks Rechtssicherheit: Definieren Sie selbst im Testament, welche Verfügung wechselbezüglich und welche nur einseitig getroffen ist.

c) Einseitige Verfügungen

886 Einseitig getroffene Verfügungen stehen in keinem inneren Zusammenhang zueinander, sie sollen gerade nicht miteinander stehen und fallen. Es handelt sich um Verfügungen, wie sie auch in einem Einzeltestament vorhanden sein könnten. Da nur Erbeinsetzung, Vermächtnis, Auflage und Rechtswahl überhaupt wechselbezüglich sein können, scheiden alle anderen Arten von letztwilligen Verfügungen (z. B. Anordnung von Testamentsvollstreckung, Teilungsanordnungen) per se als wechselbezüglich aus oder anders ausgedrückt: Andere als die in § 2270 Abs. 3 BGB genannten Verfügungen sind immer einseitig getroffen.

887 Umgekehrt können aber auch die in Abs. 3 genannten Verfügungen, die grds. wechselbezüglich sein können, lediglich einseitig getroffen werden. Dies ist

510 Zum Ganzen Tanck, ZEV 2020 S. 15 ff.

der Fall, wenn es an dem inneren Zusammenhang der Verfügungen fehlt, sie also nicht miteinander stehen und fallen sollen – oder besser: wenn diese vom Erblasser explizit als nicht wechselbezüglich definiert wurden.

Die Unterscheidung zwischen einseitigen und wechselbezüglichen Verfügungen ist praktisch sehr bedeutsam. Denn für die einseitigen Verfügungen gelten nicht die Spezialvorschriften der §§ 2270 ff. BGB, sondern es greift lediglich das allgemeine Testamentsrecht. Insbesondere gelten keine Besonderheiten für Nichtigkeit, Widerruf und Bindungswirkung. Wegen dieser grundlegend unterschiedlichen Behandlung von wechselbezüglichen und einseitig getroffenen Verfügungen, ist es wichtig, dass nicht auf die (streitanfällige) Auslegungsregel des § 2270 Abs. 2 BGB zurückgegriffen werden muss. Daher ist im Testament ausdrücklich klarzustellen, welche Verfügung wie gemeint ist. 888

Formulierungsbeispiel: 889

„Alle in diesem Testament enthaltenen Verfügungen sind – soweit gesetzlich zulässig – wechselbezüglich.

Oder:

Unsere gegenseitige Erbeinsetzung zu Alleinerben des jeweils anderen haben wir wechselbezüglich getroffen. Alle übrigen Verfügungen in diesem Testament sind einseitig getroffen."

d) Widerruf zu Lebzeiten

Leben beide Eheleute noch, können einseitig getroffene Verfügungen frei widerrufen werden, ohne dass hierfür vom allgemeinen Testamentsrecht abweichende Besonderheiten zu beachten wären. So kann etwa ein Ehegatte durch die Errichtung eines Einzeltestaments die einseitige Verfügung in dem gemeinschaftlichen Testament widerrufen. Der Andere muss dem nicht zustimmen, er muss noch nicht einmal Kenntnis hiervon erlangen. Dies erklärt sich daraus, dass die geänderte Verfügung in keinem inneren Zusammenhang zu einer Verfügung des anderen Ehegatten steht, es dem Anderen „egal" ist, was mit dieser Verfügung passiert. 890

In Bezug auf den Widerruf wechselbezüglicher Verfügungen gelten hingegen einige Besonderheiten: Leben beide Eheleute noch und sind sie sich darüber einig, ihre wechselbezüglichen Verfügungen widerrufen zu wollen, so ist dies ohne Weiteres möglich: Die Eheleute können den Widerruf in Form eines neuen gemeinschaftlichen Testaments erklären, aber auch durch einen Erbvertrag, 891 durch Rücknahme des gemeinschaftlichen öffentlichen Testaments aus der amtlichen Verwahrung oder durch schlichte Vernichtung des Testaments.

892 **Formulierungsbeispiel:**

„Wir, die Eheleute ..., widerrufen hiermit unser gemeinschaftliches Testament vom ... Neue Verfügungen treffen wir heute nicht."

893 Sind sich die Eheleute hingegen nicht einig über den Widerruf, kann zu Lebzeiten beider Ehegatten dennoch jeder seine eigenen wechselbezüglichen Verfügungen widerrufen, ohne dass es der Mitwirkung des anderen Ehegatten bedarf. In diesem Fall ist jedoch die Vorgabe des § 2271 Abs. 1 BGB zu beachten, dass der Widerruf nach den für den Rücktritt von einem Erbvertrag geltenden Vorschrift des § 2296 BGB zu erfolgen hat.

894 Der Widerruf muss zwingend notariell beurkundet werden und die Erklärung muss dem anderen Ehegatten zugehen. Die notarielle Urkunde über den Widerruf muss dem anderen Ehegatten zu dessen Lebzeiten im Original oder in Ausfertigung zugehen.

895 Dieses Erfordernis erklärt sich daraus, dass der Widerruf der einen Verfügung zur Unwirksamkeit der anderen Verfügung führt (§ 2270 Abs. 1 BGB). Dadurch, dass der eine Ehegatte seine Verfügungen widerruft, „verliert" also auch der andere Ehegatte seine eigenen Verfügungen. Diese für ihn wichtige Rechtsfolge muss ihm zumindest zur Kenntnis gelangen. Wird bspw. eine Erbeinsetzung infolge Widerrufs der korrespondierenden wechselbezüglichen Verfügung unwirksam, kann stattdessen gesetzliche Erbfolge eintreten – was aber dem Willen des Ehegatten widersprechen kann. Daher muss ihm der Widerruf zumindest bekannt werden, damit er hierauf entsprechend reagieren und ggf. eine neue letztwillige Verfügung treffen kann.

896 **Formulierungsbeispiel:**

„Ich habe am ... mit meinem Ehemann ein gemeinschaftliches handschriftliches Testament verfasst. In diesem Testament sind wechselbezügliche Verfügungen enthalten.

Hiermit widerrufe ich gegenüber meinem Ehemann meine sämtlichen in diesem Testament enthaltenen wechselbezüglichen Verfügungen.

Der Notar wird mit der Zustellung einer Ausfertigung dieses Widerrufs an meinen Mann durch einen Gerichtsvollzieher beauftragt und ermächtigt.

In dem o. a. gemeinschaftlichen Testament enthaltene einseitig getroffene Verfügungen widerrufe ich hiermit nicht."

e) Bindungswirkung nach Eintritt des ersten Erbfalls

Sobald einer der beiden Ehegatten verstirbt, tritt Bindungswirkung ein. Der Überlebende kann seine (wechselbezüglichen) Verfügungen nicht mehr widerrufen oder ändern (§ 2271 Abs. 2 Satz 1 Halbsatz 1 BGB). Mangels Testierfreiheit kann er also keine letztwilligen Verfügungen mehr treffen, die von den bindend gewordenen wechselbezüglichen Verfügungen abweichen. 897

Nicht gehindert ist der Überlebende hingegen, durch Verfügung unter Lebenden über sein Vermögen zu disponieren. Er kann also Vermögen verkaufen, verschenken usw. – auch wenn dies die bindenden wechselbezüglichen Verfügungen untergräbt. So kann ein Vermächtnis gegenstandslos oder eine Erbeinsetzung wirtschaftlich entwertet werden. Als äußerste Grenze solcher Verfügungen unter Lebenden hat der Erblasser jedoch die Regeln bezüglich des Erbvertrags zu beachten: Analog §§ 2287 f. BGB besteht für den Bedachten Schutz vor beeinträchtigenden Schenkungen.[511] 898

Der Überlebende kann seine Testierfreiheit um den Preis der angefallenen Erbschaft wiedererlangen: Er kann die Erbschaft ausschlagen und so die Bindungswirkung beseitigen (§ 2271 Abs. 2 Satz 1 BGB). Anschließend kann er dann neu testieren, was zur Unwirksamkeit der entsprechenden wechselbezüglichen Verfügungen des Zuerstverstorbenen führt (§ 2270 Abs. 1 BGB). Anstelle des Überlebenden tritt dann derjenige, der stattdessen Erbe wird. Dies kann ein Dritter, aber auch der (ausschlagende) Überlebende sein. 899

Denn nach § 1948 Abs. 1 BGB kann die Ausschlagung auch lediglich auf die testamentarische Erbeinsetzung bezogen werden, nicht aber auf die stattdessen eintretende gesetzliche Erbfolge. Wenn der Zuerstverstorbene etwa keine Verwandten erster oder zweiter Ordnung und keine Großeltern hinterlässt, wird der überlebende Ehegatte dennoch gesetzlicher Alleinerbe, nachdem er die testamentarische Erbeinsetzung ausgeschlagen hat (§ 1931 Abs. 2 BGB).[512] 900

Ob man sich mit einer solchen Vorgehensweise allerdings tatsächlich der Bindungswirkung entledigen kann, ist nicht unumstritten.[513] Der sicherste Weg ist daher, die Erbschaft aus allen Berufungsgründen auszuschlagen, um die Testierfreiheit mit Sicherheit zurückzuerlangen. Wer sich verlässlich von der Bindungswirkung befreien möchte, sollte daher auch den gesetzlichen Erbteil 901

511 BGH, NJW 1982 S. 43; NJW-RR 2012 S. 207. Siehe hierzu Rz. 913 ff.

512 Hierzu und weiterführend Ridder in Münchener Anwaltshandbuch Erbrecht, § 11 Rz. 72 ff.

513 KG, NJW-RR 1991 S. 330; Kipp/Coing, Erbrecht, § 35 III 3b, Fn. 26; Litzenburger in BeckOK-BGB, § 2271, Rz. 43; zum Meinungsstand auch BGH, NJW 2011 S. 1353 f., wobei der BGH selbst die Frage nicht entscheiden musste.

ausschlagen. Diese Freiheit wird allerdings erkauft um den Preis der verlorenen Erbenstellung. Vor- und Nachteile einer solchen Vorgehensweise müssen vom Überlebenden mithilfe von Ihnen als Berater daher gut abgewogen werden.

902 Aus der Perspektive des Zuerstversterbenden hingegen ist sicherzustellen, dass eine solche Vorgehensweise nicht erfolgreich sein kann, egal welcher Fachmeinung hier gefolgt wird. Es empfiehlt sich daher folgende testamentarische Verfügung:

903 **Formulierungsbeispiel:**

„Schlägt der Längstlebende die Erbschaft aus, so ist er nicht als gesetzlicher Miterbe berufen, sondern enterbt.“[514]

f) Gestaltung der Bindungswirkung

904 Häufig unbekannt – in der Praxis jedoch von überragender Bedeutung – ist die Möglichkeit, die Bindungswirkung durch letztwillige Verfügung abweichend vom Gesetz zu regeln. Die Eheleute können im Testament vorsehen, dass es dem Überlebenden freisteht, seine wechselbezüglichen Verfügungen nach dem Tod des Erstversterbenden zu widerrufen oder abzuändern.[515]

905 **Formulierungsbeispiel:**

"Der Längstlebende von uns hat das Recht, die Schlusserbfolge durch neue letztwillige Verfügung(en) zu ändern. Die Ausübung dieses Änderungsvorbehalts durch den Längstlebenden soll die Gültigkeit der Verfügungen des Erstverstorbenen unberührt lassen.“

906 Häufig ist den Eheleuten jedoch eine komplette Beibehaltung der Testierfreiheit für den Überlebenden zu weitgehend. So könnte bspw. der Fall eintreten, dass der Überlebende anstatt der als Erben vorgesehenen gemeinsamen Kinder nun eine Sekte o. Ä. als Alleinerben einsetzt. Aufgrund der Einheitslösung würde so auch das Vermögen des Erstverstorbenen an die Sekte fließen. Daher wird in der Praxis sehr häufig eine Änderungsbefugnis innerhalb vorgegebener Grenzen gewährt:

---

514 In Anlehnung an Ridder in Münchener Anwaltshandbuch Erbrecht, § 11 Rz. 76.

515 Hierzu OLG Brandenburg, BeckRS 2023 S. 10691; OLG Hamm, ZErb 2023 S. 334; OLG Frankfurt a. M., NJW-RR 2020 S. 1017; BGH, NJW 1964 S. 2056.

Formulierungsbeispiel: 907

„Der Längstlebende von uns hat das Recht, die Schlusserbfolge durch neue letztwillige Verfügung(en) zu ändern, jedoch nur zugunsten von gemeinschaftlichen Abkömmlingen.

Insbesondere kann der Längstlebende eine von den vorstehenden Bestimmungen abweichende Aufteilung des Nachlasses zwischen unseren gemeinschaftlichen Abkömmlingen (also Kinder, Enkel, Urenkel usw.) vornehmen (z. B. durch Änderung der Erbquoten, durch Teilungsanordnungen oder durch Vermächtnisse), wobei er auch einzelne Abkömmlinge zugunsten anderer Abkömmlinge ganz von der Erbfolge ausschließen oder ihr Erbrecht (z. B. durch Anordnung von Nacherbfolge oder Testamentsvollstreckung) beschränken kann.

Nur wenn alle unsere nach der gesetzlichen Erbfolge nächstberufenen Abkömmlinge aus dem Nachlass des Erstversterbenden von uns den Pflichtteil verlangt haben sollten, hat der Überlebende von uns das Recht, die Schlusserbfolge auch zugunsten von Personen zu ändern, die nicht von uns beiden abstammen.

Die Ausübung dieses Änderungsvorbehalts durch den Längstlebenden soll die Gültigkeit der Verfügungen des Erstverstorbenen unberührt lassen.“

Auch wenn im Ergebnis ähnlich, sind doch folgende Gestaltungsvarianten klar 908
zu unterscheiden:

1. Im Ehegattentestament enthaltene **einseitig** getroffene Verfügungen können vor und nach dem ersten Erbfall frei abgeändert werden. Leben beide Eheleute noch, muss der Widerruf der einseitigen Verfügung dem anderen Ehegatten nicht zugehen. Der andere Ehegatte erfährt also nicht zwingend etwas von der Änderung.
2. **Wechselbezüglich** angeordnete Verfügungen werden mit dem ersten Erbfall grds. bindend. Jedoch können diejenigen wechselbezüglichen Verfügungen, die mit einem **Änderungsvorbehalt** versehen wurden, **nach** Eintritt des ersten Erbfalls vom Überlebenden (im Rahmen der Änderungsbefugnis) abgeändert werden. Es müssen hierfür keine über die allgemeine Testamentsform hinausgehenden Formalia eingehalten werden (keine notarielle Beurkundung, kein Zugang o. Ä.).
3. Solange beide Eheleute leben, also **vor** Eintritt des ersten Erbfalls, können beide Ehepartner gemeinsam und einvernehmlich wechselbezügliche Verfügungen in einem gemeinschaftlichen Testament abändern. Dies erfolgt in der Form eines gemeinschaftlichen Testaments. Sind sich die Eheleute hingegen nicht einig, möchte also nur einer der beiden seine wechselbezügliche(n) Verfügung(en) widerrufen, ist ein einseitiger Widerruf durch ei-

nen Ehepartner nur unter Beachtung der strengen Formvorschrift des § 2296 BGB mit Zugang des Widerrufs beim anderen Ehepartner möglich (§ 2271 Abs. 1 BGB). Dies gilt für wechselbezügliche Verfügungen **mit oder ohne** Änderungsvorbehalt gleichermaßen.

HINWEIS:

Beim Widerruf wechselbezüglicher Verfügungen

- erfährt der andere Ehegatte zwingend vom Widerruf und
- seine korrespondierende Verfügung wird unwirksam.

g) Anfechtbarkeit

909 Solange beide Ehegatten leben, ist eine Anfechtung der letztwilligen Verfügung ausgeschlossen. Denn jeder Ehegatte hat die Möglichkeit, seine Verfügung frei gem. § 2271 Abs. 1 BGB zu widerrufen. Eine Anfechtung ist insoweit nicht erforderlich.

910 Sobald ein Ehegatte verstorben ist, kommt eine Anfechtung in Betracht. Zunächst kann der überlebende Ehegatte selbst seine eigenen Verfügungen anfechten. In Bezug auf wechselbezügliche Verfügungen kommt also eine Selbstanfechtung des überlebenden Ehegatten in Frage, während in Bezug auf eigene einseitig getroffene Verfügungen das allgemeine Widerrufsrecht nach §§ 2253 ff. BGB greift, was eine Anfechtung überflüssig macht.

911 Als Anfechtungsgründe kommen die allgemeinen Anfechtungsgründe der §§ 2078 f. BGB in Betracht. Analog § 2282 Abs. 3 BGB muss die Anfechtungserklärung notariell beurkundet werden. Infolge der Anfechtung wird die eigene angefochtene Verfügung unwirksam und als Reflex auch die korrespondierende wechselbezügliche Verfügung des Erstverstorbenen (§ 2270 Abs. 1 BGB). Hat der Erstverstorbene durch das gemeinschaftliche Testament ein früheres Einzeltestament widerrufen (§ 2258 BGB), wird dieser Widerruf hinfällig und das Einzeltestament wird wieder wirksam.

912 Schließlich kann der Überlebende nicht nur seine eigenen Verfügungen, sondern auch die des anderen (erstverstorbenen) Ehegatten anfechten – und zwar sowohl die einseitigen als auch die wechselbezüglichen Verfügungen des Erstverstorbenen. Eine Anfechtung durch Dritte ist ebenfalls möglich. Zur Anfechtung im Detail siehe unten →Rz. 1023 ff.

h) Verfügungen unter Lebenden

913 Grundsätzlich hat der Erblasser das Recht, über sein Vermögen unter Lebenden frei zu verfügen. Er kann insbesondere auch über Vermögenswerte ver-

fügen, auf die sich letztwillige Verfügungen beziehen. Diese werden hierdurch obsolet.

Dieses Recht hat im Grundsatz auch der erbvertraglich gebundene Erblasser. 914
Allerdings bieten die §§ 2287 f. BGB dem Vertragserben Schutz vor böswilligen Schenkungen unter Lebenden seitens des erbvertraglich gebundenen Erblassers. Diese Schutzvorschriften aus dem Erbvertragsrecht wendet die Rechtsprechung analog an auf bindend gewordene gemeinschaftliche Testamente.[516] Dies erklärt sich aus der vergleichbaren Situation und Bindungswirkung bei Erbvertrag einerseits und gemeinschaftlichem Testament nach Eintritt des ersten Erbfalls andererseits.

Sollen abweichend von §§ 2287 f. BGB dem länger lebenden Ehegatten Ver- 915
fügungen in jeglichem Umfang möglich sein, kann dies durch entsprechende Regelung im Testament erreicht werden.

Formulierungsbeispiel: 916

„Der überlebende Ehegatte kann über das gesamte Vermögen unter Lebenden frei verfügen, auch wenn dadurch das künftige Erbrecht seiner Erben beeinträchtigt wird. Die §§ 2287 f. BGB sind insoweit abbedungen."

i) Berliner Testament mit Einheitslösung

Eheleute können sich in einem gemeinschaftlichen Testament gegenseitig als 917
Erben einsetzen und ferner verfügen, dass nach dem Tod des Überlebenden der beiderseitige Nachlass an einen Dritten fallen soll. Dass solche Gestaltungen rechtlich möglich sind, setzt § 2269 BGB voraus. Tatsächlich stellt die Vorschrift eine Zweifelsregelung dar, dass in einem solchen Fall der Dritte für den gesamten Nachlass als Erbe des Überlebenden eingesetzt ist. § 2269 BGB stellt also (lediglich) eine Zweifelsregelung zugunsten der sog. Einheitslösung dar.

So verbreitet und sachgerecht das Berliner Testament in der Praxis bei durch- 918
schnittlichen Erbfällen sein mag, so ungeeignet ist es in erbschaftsteuerlicher Hinsicht bei großen Nachlasswerten. Dort wird es eher seinem Ruf als „Erbschaftsteuerfalle" gerecht. Denn das komplette Vermögen wird zunächst an den überlebenden Ehegatten vererbt – also an die gleiche Generation wie der Erblasser. Beim Tod des länger lebenden Ehegatten wird das Vermögen des Erstverstorbenen dann ein zweites Mal vererbt und erst hierdurch auf die nächste Generation überführt. Der zweite Erbfall tritt u. U. relativ kurz nach dem ersten Erbfall ein. Auch werden die Erbschaftsteuerfreibeträge zugunsten

516 RGZ 58 S. 64 f.; RGZ 77 S. 5 f.; BGH, NJW 1982 S. 43; BGH, NJW-RR 2012 S. 207.

der Abkömmlinge beim ersten Erbfall nicht ausgenutzt. Daher ist das Berliner Testament bei großen Vermögenswerten regelmäßig nicht die steueroptimale Gestaltungsvariante.

919 Das Berliner Testament in der Einheitslösung des § 2296 BGB sieht vor, dass der Überlebende Vollerbe des Erstverstorbenen und der Dritte dann Schlusserbe wird.

920 **Formulierungsbeispiel:**

„Wir, die Eheleute ..., setzen uns hiermit gegenseitig zu unbeschränkten Alleinerben ein. Schlusserben sind ... zu gleichen Teilen. Es wird keine Vor- und Nacherbschaft angeordnet."

921 Soll der Überlebende abweichend von §§ 2287 f. BGB analog unter Lebenden vollkommen frei über sein Vermögen verfügen können, muss dies ausdrücklich angeordnet werden (wobei diese Befreiung wohlüberlegt sein sollte):

922 **Formulierungsbeispiel:**

„§§ 2287 f. BGB sind abbedungen, so dass der überlebende Ehegatte über sein Vermögen unter Lebenden frei verfügen kann, auch wenn dadurch das künftige Erbrecht der Schlusserben beeinträchtigt wird."

923 Umgekehrt kann aber auch gewollt sein, dass der Überlebende gerade nicht über bestimmte Vermögensgegenstände verfügen können soll. Bestimmte Gegenstände sollen also auf jeden Fall für die Schlusserben gesichert werden. Handelt es sich hierbei um Grundstücke, bietet sich folgende Vorgehensweise an:

924 Der Überlebende wird mit einem Vermächtnis belastet zugunsten der Schlusserben mit dem Inhalt, keine (lebzeitige) Verfügung über das Grundstück vorzunehmen.

925 Zwar kann dieser Unterlassungsanspruch nicht mit einer Auflassungsvormerkung gesichert werden. Jedoch kann ein daran anknüpfender Eigentumsübertragungsanspruch sehr wohl entsprechend gesichert werden. Das heißt, dass der vermächtnisweise Unterlassungsanspruch verbunden wird mit einem weiteren Vermächtnisanspruch gerichtet auf Eigentumsübertragung am Grundstück.

926 Es handelt sich also um ein aufschiebend bedingtes Vermächtnis des Erstverstorbenen zulasten des Überlebenden und zugunsten der Schlusserben. Zwischen dem ersten Erbfall und dem Eintritt oder Ausfall der Bedingung gem. §§ 160 ff., 2179 BGB besteht eine Vermächtnisanwartschaft, die nach dem ersten Erbfall durch Vormerkung im Grundbuch sicherbar ist. Voraussetzung

hierfür ist jedoch, dass der Erblasser diesen Anspruch auf Sicherung im Grundbuch mitvermacht hat.[517]

Formulierungsbeispiel[518] für sanktioniertes Verfügungsunterlassungsvermächtnis: 927

*„1. Der Erstversterbende von uns beschwert den Überlebenden mit dem **Vermächtnis** zugunsten der Schlusserben, über unser Hausgrundstück in ... in der S-Straße Nr. ..., eingetragen im Grundbuch des Amtsgerichts von ... Blatt ... mit der Flst. Nr. ... unter Lebenden **nicht zu verfügen.***

*2. **Verstößt** der Überlebende gegen dieses schuldrechtliche Verfügungsverbot, so ist er mit dem Vermächtnis belastet, auf seine Kosten das genannte Hausgrundstück an diejenigen unserer gemeinschaftlichen Abkömmlinge unentgeltlich zu übertragen, welche zurzeit der Zuwiderhandlung gesetzliche Erben des Erstversterbenden wären, wenn er erst in diesem Zeitpunkt verstorben wäre, und zwar zu den ihren gesetzlichen Erbteilen entsprechenden Bruchteilen.*

Abkömmlinge, die auf Ableben des Erstversterbenden gegen den Willen des Längerlebenden den Pflichtteil verlangt und erhalten haben, und ihre Nachkommen sind von diesem bedingten Vermächtnis ausgeschlossen. Soweit der Erstversterbende bei diesen Vermächtnissen über Gegenstände verfügt, die nicht oder nicht ganz zu seinem Nachlass gehören, gelten die Anordnungen als Verschaffungsvermächtnisse.

***Zur Sicherung** dieses bedingten Übereignungsanspruchs hat der Überlebende nach dem Tod des Erstversterbenden auf dem Grundstück zugunsten der Vermächtnisnehmer eine Vormerkung im Grundbuch an bereitester Rangstelle eintragen zu lassen. Klargestellt wird, dass dieser Anspruch auf Eintragung der Auflassungsvormerkung einen vermächtnisweisen Anspruch darstellt zugunsten der begünstigten Vermächtnisnehmer und zulasten des Überlebenden von uns."*

Bei einem gemeinschaftlichen Testament kann die Bestimmung der Schlusserben namentlich erfolgen oder durch abstrakte Umschreibung. Die Erbquoten müssen stets erkennbar sein. Bei „Patchwork-Familien" muss erkennbar sein, ob einseitige oder nur gemeinschaftliche Kinder bedacht sein sollen.[519] Auch auf mögliche adoptierte Kinder kann eingegangen werden. Schließlich sollte 928

517 BGH, NJW 1997 S. 861.

518 Otto in Münchener Vertragshandbuch, Bürgerliches Recht II, XII Nr. 24.

519 Ridder in Münchener Anwaltshandbuch Erbrecht, § 11 Rz. 104.

auch erwähnt werden, dass die Schlusserbfolge auch für den Fall gleichzeitigen Versterbens gelten soll.

929 **Formulierungsbeispiel:**

„Schlusserben (Erben des Nachlasses des Längstlebenden) sowie die Erben eines jeden von uns im Falle unseres gleichzeitigen Versterbens sind unsere gemeinschaftlichen Abkömmlinge (einschließlich adoptierter), bei mehreren zu gleichen Stammanteilen, entsprechend gesetzlicher Erbfolge.

Zurzeit wären als Schlusserben berufen:

Unsere Enkelkinder X und Y (anstelle unseres vorverstorbenen Sohnes S) zu je 1/4

und

unsere Adoptivtochter B zu 1/2.“

930 Grundsätzlich muss bei jedem Testament an die Benennung von Ersatzerben gedacht werden. Bei der vorgenannten Formulierung ist die Ersatzerbenbenennung aber bereits im Verweis auf die gesetzliche Erbfolge erster Ordnung enthalten: An die Stelle eines zur Zeit des Erbfalls nicht mehr lebenden Abkömmlings treten die durch ihn mit dem Erblasser verwandten Abkömmlinge (Erbfolge nach Stämmen) (§ 1924 Abs. 3 BGB).

aa) Wiederverheiratungsklauseln

931 Sollte der überlebende Ehegatte noch einmal heiraten, stellt sich die Frage nach der Sinnhaftigkeit von sog. „Wiederverheiratungsklauseln.“ Eine solche Klausel dient dazu, die Schlusserben abzusichern. Diese sollen den Nachlass des erstverstorbenen Ehegatten erhalten – und zwar ohne Schmälerung durch neu hinzugetretene Pflichtteilsansprüche des neuen Ehegatten. Ferner soll durch die Bindungswirkung wechselbezüglicher Verfügungen auch die Teilhabe am Nachlass des Längerlebenden abgesichert werden.

932 Bei der Einheitslösung ordnet eine Wiederverheiratungsklausel regelmäßig eine auf die Wiederheirat bedingte Vor- und Nacherbschaft an. Der überlebende Ehegatte wird durch die Wiederheirat also nur noch Vorerbe des Zuerstverstorbenen und verliert seine Stellung als Vollerbe. Zeitgleich soll mit der Wiederheirat auch der Nacherbfall eintreten. Es wird also eine **auflösend** bedingte Vollerbschaft und eine **aufschiebend** bedingte Vor-/Nacherbschaft angeordnet.[520]

520 H. M. vgl. nur BGH, NJW 1988 S. 59 ff. Nach a. A. handelt es sich um eine auflösend bedingte Vorerbschaft und aufschiebend bedingte Vollerbschaft, so Musielak in MüKo-BGB, § 2269, Rz. 54.

Formulierungsbeispiel: 933

„Für den Fall, dass der Längerlebende von uns noch einmal heiratet, ist er nur als Vorerbe eingesetzt.

Der Nacherbfall tritt mit Wiederverheiratung ein."

Die Wiederheirat bewirkt für den Längerlebenden, dass er durch Eintritt des Nacherbfalls seine Berechtigung am Nachlass des Erstverstorbenen komplett verliert. Dies kann eine Härte für den Überlebenden darstellen. 934

Daher kann sich eine mildere Variante der Wiederverheiratungsklausel empfehlen: Die Anordnung der Vor-/Nacherbschaft kann auf einen Teil des Nachlasses beschränkt werden. Gängig ist es etwa, dass der Überlebende sich mit den Kindern nach den Regeln der gesetzlichen Erbfolge (oder nach anderen Bruchteilen) **auseinandersetzen** muss. 935

Formulierungsbeispiel: 936

„Der Längstlebende hat sich bei Wiederverheiratung mit unseren gemeinsamen Kindern nach den Regeln der gesetzlichen Erbfolge auseinanderzusetzen."

Da der Überlebende aufschiebend bedingt als Vorerbe eingesetzt ist und diese Bedingung in Form der Wiederheirat bis zu seinem Tod noch jederzeit eintreten kann, ist er nach h. M. bis zu seinem Tod den Beschränkungen der §§ 2113 ff. BGB als Vorerbe unterworfen. Denn erst mit dem Tod des Überlebenden steht fest, dass er nicht mehr heiratet – und die Bedingung für die Vorerbschaft nicht eintritt. Die h. M.[521] schreibt einer Wiederverheiratungsklausel daher folgende Wirkungen zu: 937

1. Wenn der überlebende Ehegatte **nicht mehr heiratet,** steht bei seinem Tod fest, dass er endgültig Vollerbe geblieben ist.

   Hieraus folgt dann auch, dass alle seine lebzeitigen Verfügungen wirksam sind und bleiben.

   Der oder die Schlusserben erben nur noch den bei seinem Tod vorhandenen Nachlass.

2. Anders, wenn der überlebende Ehegatte **noch einmal heiratet:** Mit der Heirat endet dessen Vollerbschaft und er wird Vorerbe; gleichzeitig tritt Nacherbfolge ein. Der überlebende Ehegatte muss also mit der Heirat den Nachlass des Erstverstorbenen an die Nacherben herausgeben. In welchem Umfang diese Herausgabepflicht besteht, kann wiederum vom Erblasser defi-

521 Hierzu nur Litzenburger in BeckOK-BGB, § 2269, Rz. 36 ff.

niert werden. Sittenwidrig sind solche Klauseln, die dazu führen, dass der Längstlebende bei Wiederverheiratung vollständig enterbt wird. Dies gilt jedenfalls dann, wenn dieser auf seinen Pflichtteil verzichtet hat.[522] Um das Risiko der Sittenwidrigkeit zu reduzieren, sollte mit Vermächtnissen zugunsten des Wiederheiratenden für einen angemessenen Ausgleich gesorgt werden.

Ferner sind alle Rechtsgeschäfte, die gegen die Verfügungsbeschränkungen der §§ 2113 ff. BGB verstoßen und von denen ein Vorerbe gem. § 2136 BGB nicht befreit werden kann, ihnen gegenüber unwirksam. Nacherben haben dann entsprechende Herausgabeansprüche.

938 Verfügungsbeschränkungen, die nach h. M. einer Wiederverheiratungsklausel immanent sind, sind im Erbschein zu vermerken, bei Immobilien ist ein Vermerk im Grundbuch (ähnlich einem Nacherbenvermerk) einzutragen.

939 Eine weitere (noch mildere) Variante der Wiederverheiratungsklausel besteht darin, dass die Kinder aufschiebend bedingt durch die Wiederheirat ein Vermächtnis vom Erstverstorbenen erhalten. Das Vermächtnis kann sich auf einen bestimmten Geldbetrag oder Gegenstand beziehen, aber auch auf einen gewissen Anteil am Gesamterbe (z. B. entsprechend der gesetzlichen Erbfolge).

940 **Formulierungsbeispiel 1:**

„Für den Fall, dass der Längerlebende von uns noch einmal heiratet, hat dieser unseren gemeinsamen Abkömmlingen einen Betrag von jeweils … € auszuzahlen."

941 **Formulierungsbeispiel 2:**[523]

„Sollte der Überlebende von uns wieder heiraten, hat er an unsere gemeinschaftlichen Abkömmlinge, einschließlich adoptierter Abkömmlinge, Geldvermächtnisse entsprechend ihren gesetzlichen Erbteilen erster Ordnung neben ihm, wenn der Erstversterbende erst zum Zeitpunkt der Wiederverehelichung verstorben wäre, berechnet aus dem Wert des reinen Nachlasses des Erstversterbenden zum Zeitpunkt des Erbfalls herauszuzahlen.

Von der Bewertung sind dabei die gesamte Haushaltseinrichtung, Kleider, Wäsche und die Hochzeitsgeschenke ausgenommen. Jeder Abkömmling hat einen selbständigen, von den übrigen unabhängigen Vermächtnisanspruch.

522 Hierzu Litzenburger in BeckOK-BGB, § 2269, Rz. 31; Lange/Kuchinke, Erbrecht, § 24 IV 3.
523 Nach Otto in Münchener Vertragshandbuch, Bürgerliches Recht II, XII Nr. 24.

Die Vermächtnisse sind innerhalb von drei Monaten nach der Wiederheirat fällig und bis dahin unverzinslich.

Der Anspruch eines Vermächtnisnehmers entfällt, wenn er oder einer seiner weggefallenen Vorfahren Pflichtteilsansprüche auf Ableben des Erstversterbenden gegen dessen Willen geltend gemacht und erhalten hat.

Zwecks Feststellung des Werts des reinen Nachlasses des Erstversterbenden hat der Überlebende auf Kosten des Nachlasses den Nachlass des Erstversterbenden alsbald nach dessen Tod amtlich verzeichnen und schätzen zu lassen."

Bezieht sich das Vermächtnis auf eine Immobilie, sollte der aufschiebend bedingte Übereignungsanspruch durch eine Auflassungsvormerkung im Grundbuch dinglich abgesichert werden. Die Verpflichtung zur Eintragung kann im Testament (mittels Auflage oder Vermächtnis[524]) angeordnet werden: 942

Formulierungsbeispiel: 943

„Zur Sicherung der Übereignungsverpflichtung ist für unsere Abkömmlinge A, B und C auf Kosten des Erben eine Auflassungsvormerkung im Grundbuch einzutragen."

Wenn der Überlebende noch einmal heiratet und dadurch die „Sanktionen" der Wiederverheiratungsklausel tragen muss, sollte im Gegenzug auch die Bindungswirkung bezüglich der Schlusserbenbestimmung entfallen. Der Überlebende sollte also seine Testierfreiheit für sein Ableben zurückerhalten. Ob dies in jeder Variante der Wiederverheiratungsklausel bereits kraft Gesetzes der Fall ist, kann unklar sein. Daher empfiehlt sich eine diesbezügliche ausdrückliche Regelung im Testament. 944

Formulierungsbeispiel:[525] 945

„Mit Wiederverheiratung des Längerlebenden von uns entfällt die Bindung des Längerlebenden in Bezug auf den Schlusserbfall.

Der Längerlebende kann also alle wechselbezüglichen Verfügungen widerrufen und ggf. neu testieren."

Da eine Wiederverheiratungsklausel gravierende wirtschaftliche Nachteile für den Überlebenden mit sich bringt, kann auch die Möglichkeit eröffnet werden, dass der Heiratende durch sein eigenes Verhalten das Eingreifen der Klausel 946

524 Vorzugswürdig ist das Vermächtnis, da es dem Begünstigten stets einen klagbaren Anspruch vermittelt, während die Auflage grds. nur von bestimmten Personen durchgesetzt werden kann (siehe § 2194 BGB).

525 Otto in Münchener Vertragshandbuch, Bürgerliches Recht II, XII Nr. 24.

verhindern kann: Wenn der Überlebende bei seiner Wiederheirat rechtlich verhindert, dass der neue Ehegatte den Nachlass für die Schlusserben schmälert, sind die Schlusserben ja bereits ausreichend abgesichert, so dass es des Schutzes durch die Klausel nicht bedarf. Kann der neue Ehegatte keine Ansprüche beim Tod des Längerlebenden geltend machen, kann also auf das Eingreifen der Klausel verzichtet werden. Denkbare Ansprüche sind zum einen Pflichtteilsansprüche und zum anderen Zugewinnausgleichsansprüche. Daher sollte der neue Ehegatte auf sein gesetzliches Pflichtteilsrecht verzichten und zudem Zugewinnausgleichansprüche durch Vereinbarung von Gütertrennung (oder modifizierter Zugewinngemeinschaft) ausschließen.

947 **Formulierungsbeispiel:**

„Das aufschiebend bedingte Vermächtnis für unsere Abkömmlinge entfällt trotz Wiederverheiratung, wenn der Längstlebende von uns mit jedem neuen Ehegatten Gütertrennung vereinbart und der neue Ehegatte auf seinen Pflichtteil am Nachlass des Längstlebenden von uns unwiderruflich verzichtet.“

bb) Pflichtteilsstrafklauseln

948 Da sich beim Berliner Testament die Eheleute wechselseitig zu Alleinerben einsetzen, sind die Abkömmlinge beim ersten Erbfall enterbt – und sie könnten somit ihren Pflichtteil gegenüber dem Überlebenden geltend machen.

949 Dies hätte für den verwitweten Ehegatten die missliche und regelmäßig unerwünschte Konsequenz, dass er sich erheblichen Pflichtteilsansprüchen ausgesetzt sieht, die sofort und als Geldzahlungsanspruch fällig sind. Zum schmerzlichen Verlust des Ehepartners können somit wirtschaftliche Schwierigkeiten und Liquiditätsprobleme hinzukommen. Denn nur ausnahmsweise können Abkömmlinge nicht pflichtteilsberechtigt sein, z. B. infolge Pflichtteilsverzicht nach § 2346 Abs. 2 BGB, bei Pflichtteilsunwürdigkeit nach § 2345 BGB oder bei Pflichtteilsentziehung nach § 2333 BGB.

950 Daher ist den Eheleuten regelmäßig daran gelegen, die Abkömmlinge möglichst davon abzuhalten, beim ersten Erbfall den Pflichtteil geltend zu machen. Dies kann durch sog. Pflichtteilsstrafklauseln erreicht werden.

951 Die mildeste Sanktionsmöglichkeit besteht darin, dass der den Pflichtteil Verlangende auch beim zweiten Erbfall enterbt ist und dann ebenfalls nur den Pflichtteil erhalten soll. Dieses „schwarze Schaf“, das den Pflichtteil beim ersten Erbfall geltend macht, hat aber – trotz der Enterbung beim zweiten Erbfall – einen entscheidenden Vorteil: Wegen der regelmäßig beim Ehegattentestament zum Zuge kommenden Einheitslösung kann der Pflichtteil in Bezug auf

den ersten Nachlass rechnerisch zweimal geltend gemacht werden (einmal beim ersten Erbfall und wirtschaftlich beim zweiten Erbfall, soweit der erste Nachlass noch im zweiten Nachlass mitenthalten ist). Der Abkömmling kann den Pflichtteil aus dem ersten Nachlass faktisch also zweimal erlangen. Außerdem ist der auf Barzahlung gerichtete Pflichtteilsanspruch sofort fällig (Stundung nur ausnahmsweise gem. § 2331a BGB). Insbesondere bei einem frühen Versterben des ersten Ehegatten und einer langen Lebenserwartung des überlebenden Ehegatten, kann der Abkömmling mit dieser Vorgehensweise Jahrzehnte früher an liquide Mittel gelangen. Dies gilt umso mehr, sollte gerade der Erstverstorbene sehr vermögend gewesen sein. Die Abschreckung einer solchen Klausel ist daher gering.

BEISPIEL: Der Seniorunternehmer U verstirbt mit 90 Jahren und hinterlässt ein Vermögen von 100 Mio. €. Er hat drei Kinder aus erster Ehe. Seine (zweite) Ehefrau ist 55 Jahre alt und hat kaum eigenes Vermögen. In einem Berliner Testament haben sich die Eheleute gegenseitig zu Alleinerben und auf Ableben des U dessen drei Kinder als Schlusserben eingesetzt.

Die Klausel, wonach ein Kind, das beim ersten Erbfall seinen Pflichtteil verlangt, auch beim zweiten Erbfall nur den Pflichtteil erhält, dürfte hier kaum abschreckend wirken.

Um dem entgegen zu wirken, sieht die sog. Jastrow'sche Klausel[526] Vermächtnisse zugunsten derjenigen Abkömmlinge vor, die den Pflichtteil nicht geltend gemacht haben. Diese Vermächtnisse sind auf den Tod des Zuerstverstorbenen in Höhe des gesetzlichen Erbteils oder des Pflichtteils angeordnet; fällig werden sie aber erst auf den Tod des überlebenden Ehegatten. Hierdurch wird zum einen erreicht, dass der Ehegatte keine Liquidität auszahlen muss. Zum anderen bewirkt die Klausel, dass das „schwarze Schaf" der Familie beim Pflichtteilsanspruch des zweiten Erbfalls nicht noch einmal am ersten Nachlass partizipiert, der ja Bestandteil des zweiten Nachlasses ist. Denn bei Berechnung des Pflichtteils auf den Tod des überlebenden Ehegatten profitiert der Abkömmling nicht noch einmal wirtschaftlich im Rahmen seiner Pflichtteilsberechnung am Nachlass des zuerst verstorbenen Elternteils. 952

Dies wird erreicht, indem beim ersten Nachlass zunächst rechnerisch die Vermächtnisansprüche der anderen Abkömmlinge als Nachlassverbindlichkeiten abgezogen werden. Nur der danach verbleibende Rest geht als Nachlass im Rahmen der Einheitslösung in die Berechnung des Pflichtteils beim zweiten Erbfall ein. Dieser Abzugsfähigkeit der Vermächtnisse steht auch nicht ent- 953

526 Jastrow, DNotZ 1904 S. 424; vgl. hierzu im Detail m. w. N. nur Litzenburger in BeckOK-BGB, § 2269, Rz. 59.

gegen, dass die Vermächtnisse erst später fällig gestellt werden. Denn die Vermächtnisse sind beim ersten Erbfall angefallen und sodann abzuziehen, auch wenn sie zur Schonung des überlebenden Ehegatten erst mit dessen Tod fällig gestellt sind.

954 **Formulierungsbeispiel für Jastrow'sche Klausel:**

„Verlangt einer unserer Abkömmlinge auf den Tod des Zuerstversterbenden gegen den Willen des Überlebenden von uns den Pflichtteil, so ist er mit seinem ganzen Stamm auch auf den Tod des Zuletztversterbenden von der Erbfolge ausgeschlossen.

Ferner ordnen wir für diesen Fall zugunsten derjenigen Abkömmlinge, die auf den Tod des Zuerstversterbenden ihren Pflichtteil nicht geltend gemacht haben, auf den Tod des Zuerstverstorbenen ein Geldvermächtnis in Höhe ihres jeweiligen gesetzlichen Erbteils nach dem Zuerstversterbenden an, das auf den Tod des Längstlebenden zur Zahlung fällig wird."

955 In bestimmten Konstellationen kann es aber sinnvoll und von allen Beteiligten gerade gewollt sein, dass Abkömmlinge beim ersten Erbfall ihren Pflichtteil geltend machen. Dies kann der Fall sein, wenn der Nachlass so groß ist, dass zum einen die Befriedigung der Pflichtteilsansprüche für den überlebenden Ehegatten kein Problem darstellt und zum anderen durch die Geltendmachung des Pflichtteils die persönlichen Steuerfreibeträge von 400.000 € pro Kind ausgenutzt werden sollen. In einem solchen Fall gilt es zu verhindern, dass die Geltendmachung des Pflichtteils **automatisch** die Sanktion der Enterbung beim zweiten Erbfall auslöst. Daher sollte die Klausel so formuliert sein, dass die Sanktion der Enterbung auf den Tod des Überlebenden nur dann eintritt, wenn der Pflichtteil „gegen den Willen" des überlebenden Elternteils geltend gemacht wird[527] – wie in vorstehendem Muster geschehen. Wird der Pflichtteil gegen den Willen des Überlebenden geltend gemacht, greift die sanktionierende Wirkung der Klausel ein. Auf Tod des Erstverstorbenen werden sodann Vermächtnisse ausgesetzt, die jedoch erst beim Tod des überlebenden Ehegatten fällig werden.

956 Wie diese Vermächtnisse erbschaftsteuerlich zu würdigen sind, hat der BFH[528] geklärt: In Anwendung des § 6 Abs. 4 ErbStG können die Abkömmlinge auf Tod des zuerstverstorbenen Elternteils keine Freibeträge wegen der Vermächtnisse geltend machen. Sowohl die Steuerpflicht als auch die Freibeträge rich-

527 Schlitt in Münchener Anwaltshandbuch Erbrecht, § 13 Rz. 297; Müller/Grund, ZErb 2007 S. 205; Worm, RNotZ 2003 S. 535.

528 BFH, ZEV 2024 S. 259; ZErb 2004 S. 74.

ten sich ausschließlich nach dem zweiten Erbfall auf Ableben des Zuletztverstorbenen.[529] Der Freibetrag auf Ableben des Zuerstversterbenden wird also für das Vermächtnis nicht genutzt.

HINWEIS:

Die Jastrow'sche Klausel wirkt zwar zivilrechtlich sanktionierend, entfaltet aber keine erbschaftsteuerlich entlastende Wirkung für den ersten Erbfall. Die Vermächtnisse (die zivilrechtlich vom Erstversterbenden stammen) gelten erbschaftsteuerlich als vom Zuletztversterbenden erworben. Freibeträge auf Ableben des Zuerstversterbenden gelten für das Vermächtnis nicht.

Eine steuerliche Optimierung verspricht eine abgewandelte Variante der Jastrow'schen Klausel.[530] Diese verhindert die Anwendbarkeit des § 6 Abs. 4 ErbStG – und somit das Verschenken der Freibeträge beim ersten Erbfall. Das Vermächtnis muss so formuliert werden, dass es von § 6 Abs. 4 ErbStG nicht mehr erfasst wird: Das Vermächtnis wird nicht „**beim** Tod" fällig, sondern danach. Ferner wird bereits das Entstehen des Vermächtnisses über den Todeszeitpunkt hinausgeschoben, so dass es erst „**nach** dem Tod" des Zuletztversterbenden anfällt. Hierdurch kann § 6 Abs. 4 ErbStG nicht greifen. Die Freibeträge für die Vermächtnisse können somit im Verhältnis zum Zuerstverstorbenen genutzt werden. Eine Beurteilung dieser Variante durch die Finanzrechtsprechung steht allerdings noch aus, worauf Sie Ihren Mandanten hinweisen sollten. 957

Formulierungsbeispiel für steueroptimierte Jastrow'sche Klausel:[531] 958

„Verlangt einer unserer Abkömmlinge auf den Tod des Zuerstversterbenden gegen den Willen des Überlebenden von uns den Pflichtteil, so ist er mit seinem Stamm auch auf den Tod des Zuletztversterbenden von der Erbfolge ausgeschlossen.

Ferner ordnen wir für diesen Fall zugunsten derjenigen Abkömmlinge, die auf den Tod des Zuerstversterbenden ihren Pflichtteil nicht geltend gemacht haben, ein Geldvermächtnis aus dem Nachlass des Erstversterbenden in Höhe ihres jeweiligen gesetzlichen Erbteils an. Diese Vermächtnisse fallen jedoch nicht schon beim Tod des Erstversterbenden an, sondern erst mit Ablauf des Tages, der auf den Tod des Letztversterbenden folgt, und sind dann auch erst fällig."

529 BFH, ZEV 2024 S. 259, BVerfG 1 BvR 1381/24 nicht zur Entscheidung angenommen; vgl. insoweit auch die Erbschaftsteuerrichtlinien R E 6 Satz 5, ErbStR 2019.

530 Daragan, ZEV 2024 S. 799.

531 Auf Basis von Daragan, ZEV 2024 S. 799, 801.

959 Auch die Regelungen zur Wechselbezüglichkeit und Bindungswirkung in einem Berliner Testament können als Sanktionsmittel eingesetzt werden:

960 **Formulierungsbeispiel:**

„Sämtliche von uns vorstehend getroffenen Verfügungen sind, soweit gesetzlich zulässig, wechselbezüglich.

Der Längstlebende von uns hat das Recht, die Schlusserbfolge durch neue letztwillige Verfügung(en) zu ändern, jedoch nur zugunsten von gemeinschaftlichen Abkömmlingen. Insbesondere kann der Längstlebende eine von den vorstehenden Bestimmungen abweichende Aufteilung des Nachlasses zwischen unseren gemeinschaftlichen Abkömmlingen (also Kinder, Enkel, Urenkel usw.) vornehmen (z. B. durch Änderung der Erbquoten, durch Teilungsanordnungen oder durch Vermächtnisse), wobei er auch einzelne Abkömmlinge zugunsten anderer Abkömmlinge ganz von der Erbfolge ausschließen oder ihr Erbrecht (z. B. durch Anordnung von Nacherbfolge oder Testamentsvollstreckung) beschränken kann.

Nur wenn alle unsere nach der gesetzlichen Erbfolge nächstberufenen Abkömmlinge aus dem Nachlass des Erstversterbenden von uns den Pflichtteil verlangt haben sollten, hat der Überlebende von uns das Recht, die Schlusserbfolge auch zugunsten von Personen zu ändern, die nicht von uns beiden abstammen.

Die Ausübung dieses Änderungsvorbehalts durch den Längstlebenden soll die Gültigkeit der Verfügungen des Erstverstorbenen unberührt lassen."

j) Berliner Testament mit Trennungslösung

961 Bei der Trennungslösung setzen sich die Eheleute im Berliner Testament ebenfalls wechselseitig als Erben ein. Allerdings ist der Überlebende lediglich als Vorerbe eingesetzt und der Dritte wird Nacherbe. Die Vermögen der Ehegatten bleiben getrennt. Der Nacherbfall wird durch den Tod des Längerlebenden ausgelöst. Daraufhin erhält der Dritte den Nachlass des Erstverstorbenen als Nacherbe. Die Zuwendung an den Nacherben auf dem Umweg über den Vorerben ist somit eine Zuwendung des Erstversterbenden, wenngleich das Vermögen faktisch vom Letztverstorbenen herrührt. Den Nachlass des Zuletztverstorbenen erhält der Dritte hingegen als Vollerbe. Beim Tod des Zuletzversterbenden erhält der Dritte den Nachlass also aus zwei getrennten Nachlässen („Trennungslösung") und aus zwei Berufungsgründen: Er wird Nacherbe des Erstverstorbenen und Vollerbe des Zuletztverstorbenen. Ob und inwieweit der Vorerbe von den Beschränkungen der § 2113 ff. BGB befreit sein soll, kann im Testament beliebig in den Grenzen des § 2136 BGB geregelt werden. Darüber hinausgehende Befreiungen – etwa für Schenkungen – sind nicht möglich.

Diese können dann auf anderem technischen Wege erreicht werden, indem bestimmte Gegenstände als Vorausvermächtnis zugewandt werden.

Formulierungsbeispiel: 962

„Wir setzen uns wechselseitig zu alleinigen Vorerben ein. Wir sind jeweils hälftige Miteigentümer der Immobilie X. Der Längstlebende von uns erhält als Vorausvermächtnis vom Erstversterbenden – also unabhängig und frei von der Nacherbfolge – den Miteigentumsanteil des Erstversterbenden an der Immobilie X."

Um Abgrenzungsprobleme zwischen Einheits- und Trennungslösung zu vermeiden und um nicht auf die Zweifelsregelung des § 2269 BGB[532] zurückgreifen zu müssen, sollten im Testament die juristischen Fachbegriffe eindeutig verwendet werden. 963

Formulierungsbeispiel: 964

„Wir setzen uns gegenseitig zu alleinigen Vorerben ein. Nacherbe des Erstversterbenden sind unsere Töchter S und T zu gleichen Teilen. Sie sind zugleich wechselseitig Ersatznacherben.

Vollerben des Längstlebenden von uns sind ebenfalls unsere Töchter S und T zu gleichen Teilen."

aa) Wiederverheiratungsklauseln

Sollte der Überlebende noch einmal heiraten, soll der Nachlass regelmäßig für die Nach-/Schlusserben vor dem Zugriff des neuen Ehegatten geschützt werden. Insbesondere soll ein Verbrauch des Vorerbschaftsvermögens unter Mitwirkung des neuen Ehegatten verhindert werden. Dies kann mit der (strengen) Regelung erreicht werden, dass der Nacherbfall mit der Wiederheirat eintritt. 965

Formulierungsbeispiel: 966

„Der Nacherbfall tritt mit der Wiederverheiratung des Überlebenden von uns oder spätestens mit dessen Tod ein."

Je nach finanzieller Ausstattung des überlebenden Ehegatten kann die Wiederheirat für ihn existenzbedrohend sein, muss er doch das gesamte Vermögen des zuerst verstorbenen Ehegatten herausgeben. Daher sollte ihm auch nach erneuter Heirat jedenfalls so viel belassen werden, dass er finanziell abgesichert bleibt und keine Sittenwidrigkeit angenommen werden kann. 967

532 Wonach im Zweifel die Einheitslösung gilt.

968 **Formulierungsbeispiel:**

„Heiratet der Überlebende von uns wieder, behält er 1/4 der Erbschaft als Vorerbe. Hinsichtlich von 3/4 tritt mit Wiederverheiratung die Nacherbfolge ein."

969 Eine (mildere) Variante besteht darin, dass die Wiederheirat lediglich einen Wechsel von der befreiten zur nicht befreiten Vorerbschaft bewirkt.

970 **Formulierungsbeispiel:**

„Heiratet der Überlebende von uns wieder, entfallen sämtliche ihm als Vorerben erteilten Befreiungen, insbesondere jene nach § 2136 BGB. Weitere Folgen soll die Wiederheirat nicht haben."

bb) Pflichtteilsstrafklauseln

971 Bei der Trennungslösung kann der Pflichtteilsberechtigte den Pflichtteil aus dem Nachlass des Erstversterbenden nicht – wie bei der Einheitslösung – wirtschaftlich zweimal geltend machen. Denn der Nachlass des Erstversterbenden ist nicht im Nachlass des Überlebenden enthalten. Der Pflichtteil auf Ableben des Letztversterbenden berechnet sich nur aus dem (getrennten) Vermögen des Zuletztverstorbenen. Wenn auch der Anreiz zur Pflichtteilsgeltendmachung bei der Trennungslösung geringer ist, sollte auch hier vorsichtshalber eine Abschreckung durch Sanktionierung erfolgen.

972 **Formulierungsbeispiel:**

„Sollte ein Abkömmling nach dem Tod des erst versterbenden Ehegatten gegen den Willen des überlebenden Ehegatten seinen Pflichtteil verlangen, so sind er und seine Abkömmlinge von der Nacherbfolge ausgeschlossen. Ebenso ist dieser Abkömmling von der Erbfolge bei dem Tod des länger lebenden Ehegatten ausgeschlossen."

cc) Vor- und Nachteile der Trennungslösung im Überblick

973 **Vorteile:**[533]

1. Absicherung des Vorerben durch Nutzung der Erbmasse als Vorerbe,
2. Substanzerhaltung für Nacherben durch Beschränkungen der §§ 2113 ff. BGB,
3. Steuerung der Erbmasse über mehrere Erbfälle hinweg,
4. Durchgangserwerb beim Vorerben,

533 Nach in Münchener Anwaltshandbuch Erbrecht, § 11 Rz. 153.

5. keine Doppelberücksichtigung des ersten Nachlasses in Pflichtteilsmasse des Letztversterbenden,
6. Wahlrecht des Nacherben, von wem er steuerrechtlich erwirbt.

Nachteile: 974

1. rechtlich komplex,
2. für Laien kaum nachvollziehbar,
3. Beschränkungen für Vorerben,
4. erbschaftsteuerliche Belastung durch zwei Erbfälle hintereinander,
5. Abgrenzungsschwierigkeiten zwischen Substanz und Nutzungen des Nachlasses.

k) Testament, gemeinschaftliches Testament oder Erbvertrag?

Nachdem aufgezeigt wurde, welche Instrumente für Ehegatten zur Verfügung 975 stehen, um letztwillig zu verfügen, haben Sie als Berater die Qual der (richtigen) Wahl. Sollen Sie jeweils ein Einzeltestament empfehlen oder ein gemeinschaftliches Testament mit Trennungs- oder mit Einheitslösung oder einen Erbvertrag?

Entscheidend für die Auswahl können folgende Aspekte sein:[534] 976

1. Will nur ein Ehegatte eine letztwillige Verfügung treffen, ist kein gemeinschaftliches Testament möglich. Vielmehr kommt nur das Einzeltestament (ohne Bindungswirkung) oder der Erbvertrag (mit Bindungswirkung) in Frage.
2. Wollen beide Eheleute verfügen, kommt das gemeinschaftliche Testament oder der Erbvertrag in Frage. Hierdurch können inhaltlich aufeinander abgestimmte und voneinander abhängige Verfügungen getroffen werden.
3. Separate Einzeltestamente der Eheleute sind hingegen zu präferieren bei gemischt-nationalen Ehen – insbesondere außerhalb des Anwendungsbereichs der EUErbVO.
4. Soll privatschriftlich testiert werden, kann kein Erbvertrag geschlossen werden.
5. Ein Erbvertrag kommt in Frage, wenn bereits zu Lebzeiten Bindungswirkung gewünscht ist.

534 Checkliste aus in Münchener Anwaltshandbuch Erbrecht, § 11 Rz. 180 f.

6. Ein Erbvertrag kommt in Frage, wenn bereits Bindungswirkungen unmittelbar für und gegen Dritte geschaffen werden sollen.
7. Soll der Vermögensübergang über mehrere Todesfälle hinweg gesteuert werden, kommt die Nacherbfolge in Frage. Im Rahmen eines gemeinschaftlichen Testaments sollten die Eheleute sich für die Trennungslösung entscheiden.
8. Bei der Einheitslösung findet eine Vermischung von Eigenvermögen und geerbtem Vermögen statt. Sind nun Eheleute in zweiter Ehe verheiratet und sind Kinder aus erster und aus zweiter Ehe vorhanden, kann es zu Streit kommen. Die Trennungslösung kann hier Abhilfe schaffen.

8. Das sog. „Behindertentestament"

977 Eltern von geistig oder schwerst körperlich behinderten Kindern sind besonderen Herausforderungen im Leben ausgesetzt – leider gilt dies sogar für die Planung in Bezug auf ihren eigenen Tod: Wer soll dann für das Kind sorgen? Wie kann die finanzielle Absicherung des Kindes erreicht werden? Wer soll das Vermögen schließlich nach Ableben des Kindes erhalten? Wie kann ein Zugriff des Sozialhilfeträgers auf das Vermögen verhindert werden? Vorrangig ist Eltern aber daran gelegen, ihrem Kind durch eine Erbschaft zusätzliche Mittel zukommen zu lassen, die eine bessere Versorgung und eine Steigerung der Lebensqualität ermöglichen. Dies gelingt nur, wenn die geerbten Mittel dem Kind zusätzlich zur Sozialhilfe zustehen. Daher gilt es, einen Zugriff des Sozialhilfeträgers auf den Nachlass zu verhindern. Dies gelingt durch eine spezielle Testamentsgestaltung, die auch als „Behindertentestament" bezeichnet wird. Der BGH hat in diesem speziellen Nachfolgebereich mehrfach zugunsten der Betroffenen entschieden und für Rechtssicherheit in der Kautelarpraxis gesorgt. Zwischenzeitlich bestehen keine Zweifel mehr an der Zulässigkeit derartiger Gestaltungen. Wesentliche Gestaltungsinstrumente sind die Vor-/Nacherbschaft und die Dauertestamentsvollstreckung.

978 Das behinderte Kind wird als (nicht befreiter) Vorerbe eingesetzt. Die Erbquote sollte zumindest geringfügig über dem gesetzlichen Pflichtteil liegen. Dies ergibt sich aus folgenden Überlegungen: Da der Erbteil mit Nacherbschaft und Testamentsvollstreckung beschwert ist, kommt § 2306 BGB zum Tragen. Nach erfolgter Ausschlagung könnte daher der Pflichtteil verlangt werden. Dieses Gestaltungsrecht der Ausschlagung wird nicht nach § 93 SGB XII auf den Sozialhilfeträger übergeleitet. Über die Ausschlagung hat der Betreuer zu entscheiden, wobei auch die familiengerichtliche Genehmigung gem. § 1851 Nr. 1 BGB vorliegen muss. Sowohl der Betreuer als auch das Familiengericht haben aus-

schließlich die Interessen des Mündels und nicht die des Sozialhilfeträgers zu wahren. Daher wird es regelmäßig nicht zur Ausschlagung kommen – insbesondere, weil die vorgesehene Erbquote (wenn auch nur geringfügig) höher ist als die Pflichtteilsquote. Bei einer Erbeinsetzung unterhalb der Pflichtteilsquote würde außerdem der Zusatzpflichtteil nach § 2305 BGB dem Gläubigerzugriff unterliegen. Verstirbt das behinderte Kind, tritt der Nacherbfall ein. Wer Nacherbe sein soll, steht im Belieben des Erblassers (andere Kinder, Verwandte, Ehegatte, karitative Einrichtungen usw.). Ist das behinderte Kind (wie häufig) nicht testierfähig, kann mittels Nacherbschaft gesteuert werden, wohin das Vermögen des Erblassers nach dem Tod des Kindes fließen soll. Würde kein Nacherbe benannt, bliebe auf Ableben des Kindes nur die gesetzliche Erbfolge – bei Fehlen weiterer Verwandter wäre der Staat gesetzlicher Erbe. Ein weiterer Effekt der Nacherbschaft ist, dass der Gläubigerzugriff über § 2115 BGB ausgeschlossen wird.

Formulierungsbeispiel: 979

„Meine Ehefrau setze ich zu ... Prozent und mein Kind K setze ich zu ... Prozent zu meinen Erben ein.

Ersatzerben sind ...

Mein Kind K ist jedoch nur Vorerbe.

Der Vorerbe ist von den Beschränkungen des § 2119 BGB (Anlegung von Geld) befreit. Im Übrigen ist der Vorerbe von den gesetzlichen Beschränkungen der §§ 2113 ff. BGB ausdrücklich nicht befreit.

Der Nacherbfall tritt mit dem Tod des Vorerben ein.

Nacherbe ist ...

Ersatznacherbe ist ...“

Die gleichzeitige Anordnung von Dauertestamentsvollstreckung (auf Lebenszeit des Kindes) bewirkt, dass der Nachlass handlungsfähig bleibt und die Verwaltung bei der Vertrauensperson und nicht bei einem Betreuer liegt. Sowohl der erst versterbende als auch der länger lebende Ehegatte ordnen deshalb Testamentsvollstreckung in Form einer Dauertestamentsvollstreckung gem. § 2209 BGB an. 980

Ferner verhindert die Testamentsvollstreckung den Gläubigerzugriff (§ 2214 BGB). Um einen Gläubigerzugriff auf die vom Testamentsvollstrecker freigegebenen Vermögenswerte zu verhindern, wird der Testamentsvollstrecker in Form von Verwaltungsanordnungen (§ 2216 BGB) angewiesen, Ausschüttungen an das Kind nur in Form von (unpfändbaren) Naturalleistungen vorzuneh- 981 men, wie bspw. medizinische Spezialbehandlungen des Kindes, Rehamaßnahmen, Urlaubsaufenthalte, Einrichtungsgegenstände oder die Finanzierung von Hobbys.

982 **Formulierungsbeispiel (gekürzt):**[535]

„Ich ordne hinsichtlich des meinem Kind zufallenden Erbteils Dauertestamentsvollstreckung an. Die Testamentsvollstreckung endet mit dem Tod des Kindes.

Testamentsvollstrecker ist … Er ist ermächtigt, jederzeit einen Nachfolger zu benennen. Das gleiche gilt, wenn der Testamentsvollstrecker sein Amt nicht antreten kann oder will. Kann oder will er dies nicht, soll der Nachfolger gem. § 2200 BGB durch das Nachlassgericht ernannt werden.

Für den Testamentsvollstrecker treffe ich folgende verbindliche Verwaltungsanordnung gem. § 2216 Abs. 2 BGB:

Der Testamentsvollstrecker darf aus den Erträgen des Nachlasses nur solche Zuwendungen an das Kind leisten, die der Verbesserung der Lebensqualität dienen, nicht dem Zugriff des Sozialhilfeträgers unterliegen, nicht auf gewährte Hilfeleistungen anzurechnen sind und dies nicht eine Beschränkung der Sozialhilfe auf das für den Erben Unerlässliche (§ 26 Abs. 1 Nr. 1 SGB XII) verursacht, und diese Zuwendungen nicht die ordnungsgemäße Verwaltung des Nachlasses beeinträchtigen. Der Testamentsvollstrecker soll insbesondere folgende Zuwendungen machen:

- *Aufwendungen für ärztliche Behandlungen, Heilbehandlungen, Therapien und Medikamente, die von der Krankenkasse, Versicherung oder sonstigen Dritten nicht (vollständig) gezahlt werden, z. B. Brille, Zahnersatz, Chefarztbehandlung usw.;*
- *Geschenke zum Geburtstag, zu Weihnachten, Ostern und Pfingsten;*
- *Zuwendungen zur Befriedigung von individuellen Bedürfnissen geistiger und künstlerischer Art sowie in Bezug auf die Freizeitgestaltung, insbesondere Hobbys;*
- *Finanzierung von Freizeiten und Urlaubsaufenthalten – einschließlich der dafür notwendigen Materialien und Ausstattungsgegenstände – und ggf. Bezahlung einer erforderlichen, geeigneten Begleitperson;*
- *Aufwendungen für Besuche bei Verwandten und Freunden.*

[…]“

535 Aus Platzgründen hier nur gekürzte Wiedergabe; ausführliche Musterformulierungen z. B. bei Röhl in Bengel/Reimann/Holtz/Röhl, Handbuch der Testamentsvollstreckung, § 5, Rz. 436; Spall in Münchener Anwaltshandbuch Erbrecht, § 41 Rz. 33.

VI. Vererbung von Unternehmen

1. Einzelunternehmen

Das „Einzelunternehmen" ist kein zivilrechtliches Gebilde mit eigener Rechtsfähigkeit. Das Einzelunternehmen als solches kann nicht übertragen oder vererbt werden, sondern nur die einzelnen Vermögenswerte. Rechtsträger ist nicht das „Einzelunternehmen", sondern der „Inhaber" des Einzelunternehmens. Nur er ist der Träger von Rechten und Pflichten, der zivilrechtliche Eigentümer der einzelnen Vermögensgegenstände, der Vertragspartner der Kunden und Lieferanten. Ein Einzelunternehmen vererbt sich daher – in Form der darin enthaltenen Einzelgegenstände – ohne zivilrechtliche Besonderheiten an den oder die Erben. Bei mehreren Erben entsteht grds. keine Personengesellschaft (GbR, OHG), denn hierfür wäre der Abschluss eines Gesellschaftsvertrags Voraussetzung. Je nach Einzelfall kann aber in der Fortführung des Unternehmens durch die Erben auch der konkludente Abschluss eines Gesellschaftsvertrags liegen. Hier empfiehlt sich besser eine ausdrückliche, schriftliche Vereinbarung. 983

Die (persönliche) Haftung der Erben ergibt sich aus dem allgemeinen Prinzip der Gesamtrechtsnachfolge. Jeder Erbe haftet auch für die Altverbindlichkeiten des verstorbenen Unternehmers. Für den Erben eines Einzelunternehmens kommen aber grds. zwei Haftungsgrundlagen in Frage: 984

- die erbrechtliche Haftung nach §§ 1922, 1967 BGB und
- die handelsrechtliche Haftung nach § 27 HGB.

Die **erbrechtliche** Haftung kann durch Nachlassverwaltung/Nachlassinsolvenz oder die Dürftigkeitseinrede auf den Nachlass begrenzt werden (§§ 1975, 1990 BGB). Dies gilt aber nicht für die **handelsrechtliche** Haftung des Erben nach § 27 HGB. Diese kann durch die erbrechtlichen Instrumente nicht begrenzt werden. Beantragt der Erbe etwa Nachlassverwaltung, haftet er für die Verbindlichkeiten, die aus dem Handelsgeschäft herrühren, weiterhin persönlich und unbeschränkt. Nur für die übrigen Verbindlichkeiten gilt die Haftungsbegrenzung. 985

Will der Erbe auch die handelsrechtliche Haftung begrenzen, erfolgt dies ausschließlich nach Maßgabe des § 27 Abs. 2 HGB (Einstellung innerhalb von drei Monaten oder Änderung der Firma). Ob auch eine Firmenänderung, Veräußerung des Unternehmens oder die Eintragung eines Haftungsausschlusses im 986

Handelsregister nach § 25 HGB die Haftung ausschließen, ist im Detail umstritten.[536] Empfehlenswerter ist bei gewünschter Haftungsbegrenzung eine Umwandlung in eine andere Rechtsform mit beschränkter Haftung – am besten schon vor dem Erbfall durch den Unternehmer.

2. Personengesellschaften

a) Gesetzliche Regelung

987 War der Erblasser an einer Gesellschaft bürgerlichen Rechts beteiligt, führt sein Tod nicht (mehr) zur Auflösung der Gesellschaft. Seit dem 1.1.2024[537] scheidet der verstorbene Gesellschafter aus und die Gesellschaft wird von den übrigen Gesellschaftern fortgesetzt, § 723 Abs. 1 Nr. 1 BGB (Fortsetzungsklausel kraft Gesetzes). Dasselbe gilt beim Tod eines OHG-Gesellschafters gem. § 130 Abs. 1 Nr. 1 HGB und beim Tod eines persönlich haftenden Gesellschafters bei der KG.

988 § 131 Abs. 1 HGB betrifft den Fall, dass der Gesellschaftsvertrag eine sog. Nachfolgeklausel enthält. Diese bewirkt, dass der Erbe nicht aus der Gesellschaft ausscheidet, sondern Gesellschafter wird an Stelle des verstorbenen Gesellschafters (siehe hierzu sogleich unten). Der Erbe eines persönlich haftenden Gesellschafters kann dann sein Verbleiben in der Gesellschaft davon abhängig machen, dass ihm die Stellung eines Kommanditisten eingeräumt wird (§ 131 Abs. 1 HGB). Nehmen die verbleibenden Gesellschafter ein solches Verlangen an, wandelt sich die OHG in eine KG um. Ansonsten kann der Erbe sein sofortiges Ausscheiden aus der Gesellschaft erklären und eine Abfindung geltend machen (§ 139 Abs. 2 HGB).

989 Verstirbt hingegen ein Kommanditist einer KG, folgen dessen Erben automatisch in die Gesellschafterstellung nach (§ 177 HGB).

b) Einfache Nachfolgeklausel

990 Von den o. g. gesetzlichen Regelungen beim Tod eines Gesellschafters kann abgewichen werden. Im Gesellschaftsvertrag können die Gesellschafter eine sog. „einfache Nachfolgeklausel" vorsehen. Diese bewirkt, dass sämtliche Erben des verstorbenen Gesellschafters in die Gesellschaftsbeteiligung nachfolgen, also Gesellschafter werden (§ 711 Abs. 2 Satz 1 BGB). Sind mehrere Erben vorhanden, fällt der Gesellschaftsanteil diesen nicht in Erbengemeinschaft zu,

536 Zum Meinungsstand nur Thiessen in MüKo-HGB, § 27, Rz. 44 ff. m. w. N.

537 Personengesellschaftsrechtsmodernisierungsgesetz (MoPeG) v. 10.8.2021, BGBl 2021 I S. 3436.

sondern kraft Gesetzes jedem Erben entsprechend seiner Erbquote (§ 711 Abs. 2 Satz 2 BGB).[538] Beim Tod eines Kommanditisten entspricht die gesetzliche Regelung des § 177 HGB der einfachen Nachfolgeklausel.

c) Qualifizierte Nachfolgeklausel

Bei einer sog. „qualifizierten Nachfolgeklausel" vereinbaren die Gesellschafter, 991
dass nur bestimmte (qualifizierte) Personen in die Gesellschaft nachfolgen können. „Qualifikation" ist hier nicht technisch im Sinne einer beruflichen Ausbildung o. Ä. zu verstehen. Der Nachfolger kann etwa durch namentliche Benennung im Gesellschaftsvertrag qualifiziert sein. Oder bei Familienunternehmen wird als Qualifikation regelmäßig gefordert, dass es sich um leibliche Abkömmlinge oder Mitgesellschafter handeln muss. Hierdurch wird sichergestellt, dass das Unternehmen in Familienhand bleibt. Denn eine Vererbung an Familienfremde ist dann ausgeschlossen. Damit die qualifizierte Nachfolgeklausel eingreifen kann, müssen zwei Voraussetzungen erfüllt sein:

- Der vorgesehene Nachfolger muss Erbe sein (die Höhe der Erbquote ist unerheblich; die Stellung als Vermächtnisnehmer genügt aber nicht) und
- der Nachfolger muss die vom Gesellschaftsvertrag geforderte Qualifikation mitbringen.

Erfüllt bspw. nur einer von mehreren Erben die Qualifikation, wird nur dieser 992
eine Erbe der Nachfolger in die Gesellschafterstellung. Die übrigen Nachlasswerte gehen hingegen „normal" im Wege der Gesamtrechtsnachfolge auf alle Erben über. Nur hinsichtlich des Gesellschaftsanteils findet eine Sonderrechtsnachfolge statt, die sich am sonstigen Nachlass vorbei vollzieht: „Das Gesellschaftsrecht bricht also das Erbrecht." Hier wird das Prinzip der Universalsukzession in zweierlei Hinsicht durchbrochen: Es folgt nur einer (von mehreren Erben) in nur einen bestimmten Nachlasswert (aus dem Gesamtnachlass) nach.

Die Nachfolge in den Anteil vollzieht sich technisch als Automatismus und 993
zwar in der juristischen Sekunde des Todes. Ist der Nachfolger nicht Erbe, sondern nur Vermächtnisnehmer, fehlt die dogmatische Grundlage für diesen Vonselbsterwerb, so dass die qualifizierte Nachfolgeklausel nicht greift. In Betracht kommt bei einer derart „fehlgeschlagenen Nachfolgeklausel" eine Umdeutung in eine Eintrittsklausel.[539] Der Nachfolger tritt dann aber nicht auto-

538 Die Norm gilt über §§ 105 Abs. 3, 161 Abs. 2 HGB auch für die OHG und die KG. Diese Regelung war bisher schon ständige Rspr., RGZ 16 S. 40, 56; BGH, NJW 1957 S. 180; NJW 1999 S. 571 f.

539 BGH, NJW 1978 S. 264; NJW-RR 1987 S. 989.

matisch in die Gesellschafterstellung ein. Vielmehr hat er (lediglich) einen schuldrechtlichen Anspruch auf Eintritt, der dann durch Rechtsgeschäft unter Lebenden vollzogen werden muss.

HINWEIS:

Ist Ihr Mandant an einer Personengesellschaft beteiligt, lassen Sie sich den Gesellschaftsvertrag vorlegen. Prüfen Sie die Regelungen, die dort für das Versterben eines Gesellschafters vorgesehen sind. Sieht der Vertrag – wie häufig – eine qualifizierte Nachfolgeklausel vor, geht diese einer etwaigen abweichenden letztwilligen Verfügung vor. Sie müssen die letztwillige Verfügung daher unbedingt in Übereinstimmung mit dem Gesellschaftsvertrag vornehmen. Der vorgesehene Gesellschaftsnachfolger muss Erbe werden und er muss die gesellschaftsvertragliche Qualifikation erfüllen. Wünscht Ihr Mandant einen Nachfolger, der nicht die Qualifikation laut Gesellschaftsvertrag erfüllt, bleibt nur die Möglichkeit, auf eine vorherige Änderung des Gesellschaftsvertrags hinzuwirken.

Sollte dies am Widerstand der Mitgesellschafter scheitern, kann allenfalls noch auf folgende Hilfskonstruktion ausgewichen werden: Als Gesellschafts-Erbe wird eine (im Sinne des Gesellschaftsvertrags) qualifizierte Person eingesetzt. Dem angedachten (nicht qualifizierten) Begünstigten wird dann per Vermächtnis eine sog. Unterbeteiligung am Gesellschaftsanteil zugewandt.[540] Belastet mit diesem Vermächtnis ist der Gesellschafts-Erbe. Bei der Unterbeteiligung handelt es sich um eine reine Innengesellschaft in Form einer nicht rechtsfähigen GbR. Gesellschafter der eigentlichen Hauptgesellschaft ist und bleibt allein der Gesellschafts-Erbe, nicht der Unterbeteiligte. Die Schaffung einer Unterbeteiligung ist ohne besondere Zulassung durch die Hauptgesellschaft und die Mitgesellschafter zulässig.[541]

d) Eintrittsklausel

994 Sieht der Gesellschaftsvertrag eine Eintrittsklausel vor, erlangt der Erbe oder ein Nichterbe (lediglich) einen schuldrechtlichen Anspruch auf Eintritt in die Gesellschaft. Es findet kein Vonselbsterwerb statt. Der schuldrechtliche Anspruch auf Eintritt wird durch den Inhalt der Eintrittsklausel bestimmt. So kann bspw. vorgesehen werden, dass beim Tod des Gesellschafters G dessen Tochter T einen Anspruch auf Eintritt hat. Der Eintrittsanspruch kann aber auch unabhängig von irgendwelchen Todesfällen begründet werden, bspw. wenn ein Abkömmling das 30. Lebensjahr vollendet hat. Dem Eintrittsberechtigten steht es frei, von diesem Recht Gebrauch zu machen. Ihn trifft keine Pflicht dazu. Der Unterschied zur erbrechtlichen Nachfolgeklausel besteht da-

540 Zur Unterbeteiligung vgl. nur Roth in Hopt, § 105 HGB, Rz. 94 ff.

541 BGHZ 50 S. 316 Rz. 27.

rin, dass bei dieser der Erwerb automatisch stattfindet – auch gegen den Willen des Erben. Möchte der Erbe dies verhindern, kann er nur die gesamte Erbschaft ausschlagen.

e) Rechtsgeschäftliche Nachfolgeklausel

Von der erbrechtlichen ist die sog. rechtsgeschäftliche Nachfolgeklausel zu un- 995
terscheiden: Diese sieht im Gegensatz zur lediglich obligatorisch wirkenden Eintrittsklausel eine **automatische** Nachfolge durch Rechtsgeschäft unter Lebenden vor. Eine solche Klausel kann etwa lauten, „dass die Tochter T automatisch Nachfolgerin in den Anteil des Vaters wird, sobald dieser das 75. Lebensjahr vollendet hat." Eine solche Regelung ist als Vertrag zulasten Dritter unwirksam, wenn die T an dieser Regelung nicht beteiligt war. Ist die T aber nicht Dritte, sondern z. B. als Mitgesellschafterin am Abschluss des Gesellschaftsvertrags beteiligt, ist diese Regelung wirksam.[542]

3. Kapitalgesellschaften

Im Gegensatz zur komplexen Rechtslage bei Personengesellschaften stellt sich 996
diese bei der Vererbung von Kapitalgesellschaften übersichtlicher dar: GmbH-Anteile sind gem. § 15 Abs. 1 GmbHG[543] frei vererblich. Dasselbe gilt für Aktien an Aktiengesellschaften.[544] Eine Einschränkung der Vererblichkeit durch Satzung ist nicht möglich. Zulässig sind lediglich schuldrechtlich wirkende Einziehungs- oder Zwangsabtretungsklauseln. Hierdurch können Erben verpflichtet werden, die Anteile an die Gesellschaft abzutreten bzw. die Einziehung zu dulden. Bei Familienunternehmen kann dies z. B. der Fall sein, soweit es sich bei den Erben nicht um leibliche Abkömmlinge oder Mitgesellschafter handelt. Bei einer Erbengemeinschaft werden GmbH-Anteile gesamthänderisch verwaltet (§ 2032 Abs. 1 BGB, § 18 Abs. 1 GmbHG). Die Erben werden also nicht unmittelbare Gesellschafter wie bei den Personengesellschaften (§ 711 Abs. 2 Satz 2 BGB). Bei Aktien können mehrere Erben ihre Rechte vor der Auseinandersetzung nur durch einen gemeinschaftlichen Vertreter ausüben (§ 69 Abs. 1 AktG).

542 BGH, NJW 1977 S. 1339; Heinrich in Reichert, GmbH & Co. KG, § 35, Rz. 15 m. w. N.
543 § 15 GmbHG.
544 Leipold in MüKo-BGB, § 1922, Rz. 112.

VII. Auslegung letztwilliger Verfügungen

1. Allgemeines

997 Letztwillige Verfügungen stellen Willenserklärungen dar, die auslegungsbedürftig sein können. Bei Auslegung einer „Willens-Erklärung" stellt sich die grds. Frage, ob vorrangig auf den *Willen* abzustellen ist oder auf die nach außen gedrungene *Erklärung*. Zur Beantwortung dieser Frage spielt der Vertrauensschutz eine entscheidende Rolle. Der Erklärungsempfänger, an den sich eine Willenserklärung richtet, ist grds. schutzwürdig im Vertrauen auf das ihm gegenüber Erklärte.

998 Bei empfangsbedürftigen Willenserklärungen kommt es bei Auslegung einer Willenserklärung daher bekanntlich auf den objektiven Empfängerhorizont an und nicht auf den subjektiven Willen des Erklärenden. Gibt es jedoch keinen Erklärungsempfänger, besteht auch keine Rechtfertigung für einen Vertrauensschutz. Daher kann bei nicht empfangsbedürftigen Willenserklärungen in stärkerem Maße auf den wirklichen Willen des Erklärenden abgestellt werden, wenn dessen Erklärung ausgelegt werden muss.

999 Errichtet der Erblasser ein Testament, gibt es keinen Empfänger für diese Willenserklärung. Sie ist nicht empfangsbedürftig. Auch die im Testament bedachten Erben oder Vermächtnisnehmer sind keine Adressaten dieser Willenserklärung. Daher sind diese auch nicht schutzbedürftig, so dass nicht auf den objektiven Empfängerhorizont dieser Personen abzustellen ist. Das in § 133 BGB zum Ausdruck kommende „Willensdogma", wonach auf den wahren Willen des Erklärenden abzustellen ist, kann hier also besser realisiert werden.[545]

1000 Ein weiteres wichtiges Prinzip bei letztwilligen Verfügungen ist der Vorrang der Auslegung vor der Anfechtung. Hiernach muss zunächst versucht werden, eine nicht eindeutige Willenserklärung auszulegen. Soweit dadurch dem Willen des Erklärenden Rechnung getragen werden kann, verdrängt die Auslegung die Anfechtung. Mittels Auslegung kann der Wille des Erklärenden dann besser realisiert werden als durch die Anfechtung, die zu einer vollständigen Zerstörung der Willenserklärung führt. So kann etwa infolge der Anfechtung einer letztwilligen Verfügung die gesetzliche Erbfolge eintreten, was aber u. U. nicht dem Willen des Erklärenden entspricht.

1001 Allerdings bleibt neben der Auslegung durchaus noch Anwendungsraum für die Anfechtung, wenn sich nämlich durch die Auslegung lediglich ermitteln

545 Hierzu Brox/Walker, Erbrecht, § 16, Rz. 2.

lässt, was der Erklärende **nicht** wollte; was er stattdessen wollte, kann aber gerade nicht im Wege der Auslegung festgestellt werden. In einer solchen Situation ist die Anfechtung das passendere Instrument. Sie führt zur Beseitigung der nicht gewollten Verfügung und infolgedessen zur gesetzlichen Erbfolge.

HINWEIS:

Die Auslegung geht der Anfechtung vor.

Ist eine Auslegung möglich, kommt keine Anfechtung in Betracht – selbst wenn die Voraussetzungen für eine Anfechtung vorliegen.

Die Anfechtung ist aber möglich, wenn man weiß, was der Erklärende *nicht* wollte, nicht aber was er stattdessen gewollt hätte.

2. Auslegung vs. Formvorschriften

Ein Spezialproblem bei der Auslegung letztwilliger Verfügungen ergibt sich aus deren Formbedürftigkeit. Wurde eine letztwillige Verfügung nicht in der gesetzlich vorgeschriebenen Form errichtet, ist diese nichtig (§ 125 BGB). An diesem Ergebnis kann und darf auch die Auslegung einer letztwilligen Verfügung nichts ändern. 1002

Liegt ein formwirksames Testament vor, das der Auslegung bedarf, ist umstritten, in welchem Verhältnis Auslegung und Formvorschriften zueinander stehen. Nach der herrschenden Andeutungstheorie muss der Wille des Erklärenden in der Testamentsurkunde irgendwie zum Ausdruck kommen oder zumindest angedeutet sein. 1003

Der BGH vertritt die (großzügige) Auffassung, dass bei der Ermittlung des Erblasserwillens nicht nur die im Testament angedeuteten Umstände herangezogen werden dürfen, sondern auch solche außerhalb der Testamentsurkunde.[546] 1004

Bei Auslegung einer Testamentsurkunde spielt die Andeutungstheorie für den Richter somit zunächst keine Rolle. Er kann sämtliche Umstände bei der Ermittlung des Erblasserwillens berücksichtigen, auch wenn sie in keinster Weise im Wortlaut der letztwilligen Verfügung Ausdruck finden. Hat er auf dieser ersten Stufe so den Erblasserwillen ermittelt, stellt sich auf zweiter Stufe die Frage, ob der so ermittelte Wille den Formvorgaben des Erbrechts entspricht. Erst hier kommt jetzt die Andeutungstheorie zur Anwendung. Der (frei) ermit- 1005

546 BGHZ 86 S. 41, 45.

telte Erblasserwille ist nur dann (form-)wirksam, wenn er nach der Andeutungstheorie im Testament zumindest angedeutet ist.[547]

3. Ergänzende Auslegung

1006 Neben der eben geschilderten Auslegung, die den Zweck hat, vom Erblasser formulierte Verfügungen zu konkretisieren, gibt es noch die ergänzende Auslegung zur Schließung von Lücken in der letztwilligen Verfügung.

1007 Es geht also nicht um die Auslegung von positiv formulierten Verfügungen, sondern vielmehr um das konstitutive Hineinlesen von eigentlich nicht getroffenen Verfügungen.

1008 Die ergänzende Auslegung ist daher weiter und qualitativ stärker in ihren Wirkungen. Sie kommt nur dann in Frage, wenn der Wille in der Testamentsurkunde angedeutet wurde und der Erblasser wegen Fehlvorstellungen zum Zeitpunkt der Testamentserrichtung nicht das geeignete Mittel gewählt hat, das von ihm eigentlich Gewollte zu erreichen. Im Wege der ergänzenden Auslegung wird dann dasjenige Mittel angewandt, welches eher geeignet ist, die vom Erblasser gewollten Ziele zu erreichen.

1009 Auf erster Stufe muss zunächst ermittelt werden, ob der Erklärende bei der Willensbildung einem Irrtum oder einer Fehlvorstellung erlegen ist. Hierbei versucht man, dessen grundlegende Motive zu ermitteln, die ihn zu seiner Verfügung bewogen haben. Man fragt sich also, was die grundlegenden Motive des Erblassers waren. Diese subjektiven Motive des Erblassers werden sodann abgeglichen mit der tatsächlich gegebenen Situation zum Zeitpunkt der Testamentserrichtung.

1010 Auf zweiter Stufe muss also geklärt werden, was der Erklärende bei richtiger Vorstellung gewollt und testiert hätte. Es geht also um das Ermitteln des hypothetischen Willens des Erblassers. Dieser Erblasserwille wird dann ergänzend in das Testament hineingelesen, vorausgesetzt er findet eine Andeutung im Testament.

BEISPIEL: Erblasser E hat einen Sohn, zu dem er keinen Kontakt mehr pflegt. Seine beiden Kegelkameraden A und B hat er zu Erben eingesetzt. Sein grundlegendes Motiv hierfür war (auch) die gesunde und nachhaltige Lebensführung der beiden.

Diese Vorstellung des Erblassers war jedoch falsch, da A regelmäßig Drogen konsumiert.

547 Eingehend zur Andeutungstheorie und diese ablehnend Brox/Walker, Erbrecht, § 16, Rz. 4.

Würde man im vorliegenden Fall eine Anfechtung wegen Motivirrtums gem. § 2078 Abs. 2 BGB vornehmen, würde dies dem Willen des Erblassers nicht gerecht. Das Testament wäre dann nämlich nichtig und es würde gesetzliche Erbfolge eintreten. Eintritt der gesetzlichen Erbfolge würde aber nicht dem Erblasserwillen entsprechen. Vielmehr wäre vom Erblasser dann eher gewollt, dass A Alleinerbe wird. Dieses Ergebnis kann durch die ergänzende Auslegung des Testaments erreicht werden kann.

4. Wohlwollende Auslegung

Die Grundidee der wohlwollenden Auslegung (benigna interpretatio) nach 1011
§ 2084 BGB besteht darin, den Erblasserwillen so weit wie möglich zu realisieren, indem letztwillige Verfügungen möglichst wirksam bleiben. Lässt ein Testament mehrere Auslegungsmöglichkeiten zu, ist diejenige zu wählen, die zur Wirksamkeit des Testaments führt. Grundvoraussetzung für § 2084 BGB ist aber, dass erstens ein gültiges Testament vorliegt und zweitens dieses gerade nicht eindeutig formuliert ist, so dass die Ermittlung des Erblasserwillens eine Auslegung erfordert.

Nach der Auslegung müssen sich mindestens zwei Deutungsmöglichkeiten er- 1012
geben; ergibt sich aber nach Auslegung nur ein (eindeutiges) Ergebnis, ist dieses maßgeblich – auch wenn es zur Unwirksamkeit führt. Bei zwei oder mehr Auslegungsmöglichkeiten ist nach § 2084 BGB diejenige Auslegungsmöglichkeit vorzuziehen, bei der die Verfügung wirksam ist.

5. Wegfall bedachter Abkömmlinge

Hat der Erblasser einen seiner Abkömmlinge bedacht und fällt dieser nach der 1013
Errichtung des Testaments weg, so wird nach § 2069 BGB vermutet, dass dessen Abkömmlinge insoweit bedacht sein sollen, als sie bei der gesetzlichen Erbfolge an dessen Stelle treten würden. Die Auslegungsregel des § 2069 BGB findet aber keine analoge Anwendung, wenn etwa andere nahe Verwandte (keine Abkömmlinge) als Erben eingesetzt wurden. Allerdings kann dieses Ergebnis durchaus über das allgemeine Instrument der ergänzenden Auslegung erreicht werden.[548]

6. Zuwendung an gesetzliche Erben u. a.

Die Auslegungsregel des § 2066 BGB betrifft Zuwendungen an gesetzliche Er- 1014
ben. Bevor jedoch § 2066 BGB angewandt werden darf, muss zunächst durch allgemeine Auslegung ermittelt werden, was der Erblasser mit der Formulie-

548 OLG Düsseldorf, Rpfleger 2013 S. 32 f.; Brox/Walker, Erbrecht, § 16, Rz. 5.

rung „gesetzliche Erben“ subjektiv gemeint hat. Hatte er bspw. falsche Vorstellungen darüber, wer seine gesetzlichen Erben sind (z. B. dass seine Ehefrau nicht gesetzliche Erbin sei), ist diese Vorstellung maßgeblich für die Auslegung seiner Formulierung „gesetzliche Erben“ im Testament. Die Ehefrau wird also nicht Erbin. Nur wenn eine solche allgemeine Auslegung nicht in Betracht kommt, greift § 2066 BGB. Die nicht näher bezeichneten Personen, die zum Zeitpunkt des Erbfalls gesetzliche Erben sein würden, sind dann nach dem Verhältnis ihrer gesetzlichen Erbteile bedacht. Es handelt sich hierbei um gewillkürte Erbfolge, die auf die gesetzliche Erbfolge inhaltlich Bezug nimmt. Es tritt also gerade nicht gesetzliche Erbfolge ein, sondern gewillkürte mit dem Inhalt der gesetzlichen Erbfolge.

1015 Während Satz 1 des § 2066 BGB auf den Zeitpunkt des Erbfalls abstellt, kommt es nach Satz 2 auf einen späteren Zeitpunkt an. Diese Vorschrift verlagert den maßgeblichen Zeitpunkt etwa für eine bedingte Erbeinsetzung zeitlich nach vorne – also nach dem Erbfall.

1016 Weitere Auslegungsregeln finden sich in

- § 2067 BGB für Verwandte,
- § 2068 BGB für Kinder,
- § 2070 BGB für Abkömmlinge eines Dritten,
- § 2071 BGB für Personengruppen,
- § 2072 BGB für „die Armen“,
- § 2073 BGB für mehrdeutige Bezeichnungen,
- § 2074 ff. BGB für bedingte Zuwendungen.

7. Auslegung von Erbverträgen

1017 Bei der Auslegung von Erbverträgen gibt es einen grundlegenden Unterschied gegenüber Testamenten. Während es sich bei letztwilligen Verfügungen in Testamenten um nicht empfangsbedürftige Willenserklärungen handelt, ist beim Erbvertrag ein Adressat der Willenserklärung (Vertragspartner) vorhanden. Da es sich beim Erbvertrag um empfangsbedürftige Willenserklärungen handelt, muss die Auslegung der darin enthaltenen Verfügungen auf das Vertrauen des anderen Vertragspartners Rücksicht nehmen. Es muss zwar der hypothetische Wille des Erblassers ermittelt werden, jedoch unter Berücksichtigung des Willens des anderen Vertragspartners. Es ist maßgeblich, wie der übereinstimmende hypothetische Wille beider Vertragspartner bei Vertragsschluss ausgesehen hätte, wenn sie von der ergänzungsbedürftigen Lücke gewusst hätten.[549]

Auch bei einseitigen Erbverträgen soll es nicht allein auf den Willen des Erblassers ankommen, sondern auch dort soll berücksichtigt werden, wie der andere Vertragschließende die Verfügung verstehen konnte und durfte.[550] Eine andere (überzeugende) Auffassung hierzu vertritt Brox/Walker.[551] Hiernach soll bei einseitigen Erbverträgen, bei denen also nur ein Vertragsteil letztwillige Verfügungen trifft und der andere Vertragspartner auch sonst keine Gegenleistungen erbringt (z. B. lebzeitige Unterhaltsleistungen o. Ä.), die Testamentsauslegung gelten, d. h. nur der subjektive Wille des Erblassers ist maßgeblich. Denn wenn der andere Vertragspartner lediglich die Annahme bezüglich der erbvertraglichen Verfügungen erklärt, ohne sich zu einer Gegenleistung zu verpflichten, ist er nicht schutzbedürftig.[552] Nur wenn der andere Vertragspartner also auch Verpflichtungen oder Verfügungen vornimmt, ist richtigerweise auf dessen Empfängerhorizont bei der Auslegung Rücksicht zu nehmen. 1018

Weicht der Wortlaut des Vertrags vom übereinstimmenden Willen beider Vertragspartner ab, kommt trotz des klaren und eindeutigen Wortlauts eine abweichende Auslegung in Frage, die sich am wirklichen übereinstimmenden Willen beider Vertragspartner orientiert. 1019

Bei der Auslegung darf man sich also nicht auf den Wortlaut beschränken, sondern es müssen auch sonstige Umstände mitberücksichtigt werden, um den wahren übereinstimmenden Willen zu erforschen. Die abweichende Auslegung einer Verfügung kann auch Auswirkungen haben auf den Bestand und Inhalt der anderen Verfügung. Wird etwa infolge eines Irrtums des einen Vertragspartners dessen Verfügung abweichend ausgelegt, so muss auch die Verfügung des anderen Vertragspartners unter Berücksichtigung dieses Umstandes überprüft und ausgelegt werden. Man muss also prüfen, wie die Verfügung des anderen Vertragspartners ausgefallen wäre, wenn er Kenntnis vom abweichenden Inhalt der korrespondieren Verfügung gehabt hätte.[553] 1020

Für **wechselbezügliche** Verfügungen in einem **gemeinschaftlichen Testament** besteht ein innerer Zusammenhang ähnlich wie bei entgeltlichen Erbverträ- 1021

549 Musielak in MüKo-BGB, Vor § 2274, Rz. 31.

550 Musielak in MüKo-BGB, Vor § 2274, Rz. 31; BayObLG, NJW-RR 1997 S. 7 f.; NJW-RR 1997 S. 835; NJW-RR 2003 S. 293 f.; KG, ErbR 2016 S. 522 f.

551 Brox/Walker, Erbrecht, § 16, Rz. 27.

552 So Brox/Walker, Erbrecht, § 16, Rz. 27.

553 Hierzu eingehend Brox/Walker, Erbrecht, § 16, Rz. 28.

gen. Daher kommt es auch dort auf den Vertrauensschutz des anderen Ehegatten an. Die Ausführungen zum Erbvertrag gelten also entsprechend.

1022 Bei *nicht wechselbezüglichen* Verfügungen ist hingegen kein innerer Zusammenhang zwischen den Verfügungen der Ehegatten gegeben; auf den Empfängerhorizont kommt es somit nicht an. Bei Auslegung von Verfügungen des einen Ehegatten ist auf die Interessen des anderen Verfügenden keine Rücksicht zu nehmen. Die für die Auslegung von Einzel-Testamenten geltenden Grundsätze gelten also vollumfänglich.

VIII. Anfechtung letztwilliger Verfügungen

1. Allgemeines

Letztwillige Verfügungen sind Willenserklärungen. Wie jede Willenserklärung kann bei Willensbildung oder Willensäußerung ein Irrtum vorgelegen haben, der zur Anfechtung berechtigt. Die allgemeinen Anfechtungsregeln im BGB finden sich in §§ 119 ff. BGB. Dort kommt eine Anfechtung nur bei gravierenden Mängeln in Frage und als Ausgleich erhält der Vertragspartner des Anfechtenden einen Schadensersatzanspruch gem. § 122 BGB. Hier wird also Rücksicht genommen auf das Vertrauen des anderen Vertragspartners auf die Gültigkeit der Willenserklärung. 1023

Auf diesen Vertrauensschutz kommt es bei letztwilligen Verfügungen grds. nicht an. Der durch ein Testament Bedachte ist nicht schutzwürdig in seinem Vertrauen auf den Bestand der letztwilligen Verfügung. Dies ist der Grund, weshalb mit § 2078 ff. BGB spezielle Anfechtungsvorschriften für letztwillige Verfügungen existieren. Diese §§ 2078 ff. BGB gehen den allgemeinen Anfechtungsregeln der §§ 119 ff. BGB als leges speciales vor. 1024

Allgemeine Voraussetzung für die Anfechtung ist stets, dass der Wille des Erblassers nicht bereits im Wege der Auslegung realisiert werden kann. Denn die Auslegung geht der Anfechtung vor. 1025

Letztwillige Verfügungen in Testamenten oder einseitig getroffene Verfügungen in Erbverträgen kann der Erblasser zu Lebzeiten jederzeit widerrufen und insoweit anderweitig attestieren; der Anfechtung bedarf es also nicht. Erst wenn diese Widerrufsmöglichkeit nicht mehr besteht, kommt es auf das Anfechtungsrecht überhaupt an. 1026

Für die Anfechtung von Erbverträgen und bindend gewordenen gemeinschaftlichen Testamenten ist hingegen kein freier Widerruf möglich, so dass hier eine Anfechtung bereits zu Lebzeiten in Betracht kommt. Darüber hinaus muss auch auf den Vertrauensschutz des anderen Beteiligten Rücksicht genommen werden, so dass hier spezielle Grundsätze gelten, auf die nachfolgend eingegangen wird. 1027

2. Anfechtungsgründe

Als Anfechtungsgründe kommen nach § 2078 Abs. 1 BGB zunächst der Erklärungsirrtum und der Inhaltsirrtum in Betracht, wie sie auch in § 119 Abs. 1 BGB geregelt sind. Insoweit ergeben sich keine Unterschiede zu den allgemeinen Regeln. Dasselbe gilt für den Anfechtungsgrund der widerrechtlichen Dro- 1028 hung, der in § 2078 Abs. 2 Alt. 2 BGB geregelt ist und dem § 123 Abs. 1 BGB entspricht (der Anfechtungsgrund der arglistigen Täuschung ist im nachfolgend beschriebenen Motivirrtum nach § 2078 Abs. 2 Alt. 1 BGB enthalten).

1029 Von besonderer Bedeutung ist hingegen der in § 2078 Abs. 2 Alt. 1 BGB genannte Motivirrtum. Im Gegensatz zu den allgemeinen Anfechtungsregeln der §§ 119 ff. BGB ist bei letztwilligen Verfügungen der Motivirrtum beachtlich. Für die Anfechtung genügt hiernach, dass der Erblasser zu der Verfügung durch die irrige Annahme oder Erwartung des Eintritts oder Nichteintritts eines Umstands bestimmt worden ist. Auf die Vermeidbarkeit dieses Irrtums oder ein Verschulden des Testierenden kommt es nicht an. Entscheidend ist allein, ob eine Fehlvorstellung in seinen Beweggründen gegeben war. Unerheblich ist, ob sich der Irrtum auf objektive Umstände oder subjektive Fehlvorstellungen des Erblassers bezieht und ob er sich auf vergangene, gegenwärtige oder künftige Aspekte bezieht.

1030 Als Motivirrtümer gelten bspw., wenn sich der Verfügende über die Vermögensverhältnisse des Bedachten geirrt hat oder er über das Verhalten des Bedachten ihm gegenüber im Irrtum war.[554] Nach h. M. kann sich der Motivirrtum nach § 2078 Abs. 1 BGB auch auf Umstände beziehen, die sich erst nach dem Erbfall anders entwickeln als vom Erblasser vorgestellt.[555] Änderungen der Rechtslage können ebenso einen Motivirrtum begründen wie veränderte Währungsverhältnisse in der Zukunft. Nach h. M. sind Irrtum und Nichtwissen gleich zu behandeln. Hat sich der Erblasser also über einen Umstand gar keine Gedanken gemacht, hätte er jedoch anders verfügt, wenn er sich darüber Gedanken gemacht hätte, liegt ein Motivirrtum vor.[556]

BEISPIEL: Erblasser E hat eine Tochter T aus erster Ehe. In seinem Testament hat E die Stiftung S zum Alleinerben eingesetzt, da er die Forschung der Stiftung auf dem Gebiet der Nanotechnologie unterstützen wollte. Kurz vor seinem Tod wurde jedoch der Stiftungszweck geändert. Die Stiftung hat die Forschung auf dem Gebiet der Nanotechnologie zugunsten der Forschung auf dem Gebiet der Gentechnik aufgegeben.

E war ein entschiedener Gegner der Gentechnologie.

Da der Tochter hier die Aufhebung des Testaments zustattenkäme (§ 2080 Abs. 1 BGB), kann sie wirksam die Anfechtung gegenüber dem Nachlassgericht erklären (§ 2081 Abs. 1 BGB).

554 Brox/Walker, Erbrecht, § 17, Rz. 4.

555 BGHZ 124 S. 270, 279; OLG Köln, NJOZ 2004 S. 3836; Weidlich in Grüneberg, § 2078, Rz. 4; a. A. Grunewald, NJW 1991 S. 1208; Malitz in Münchener Anwaltshandbuch Erbrecht, § 7 Rz. 34 m. w. N.

556 BGH, NJW 1963 S. 246; DB 1971 S. 1859; Leipold in MüKo-BGB, § 2078, Rz. 29 ff; Brox/Walker, Erbrecht, § 17, Rz. 4; a. A. Muscheler, Erbrecht, Band I, Rz. 1972.

Eine spezialgesetzlich geregelte Variante des Motivirrtums stellt die irrtümliche Übergehung eines Pflichtteilsberechtigten gem. § 2079 BGB dar. Hiernach kann eine Verfügung angefochten werden, wenn der Erblasser bei Errichtung der Verfügung von der Existenz eines Pflichtteilsberechtigten keine Kenntnis hatte oder der Pflichtteilsberechtigte erst nach der Errichtung geboren oder pflichtteilsberechtigt geworden ist. Unabdingbar ist jedoch, dass der Pflichtteilsberechtigte spätestens beim Erbfall leben oder zumindest gezeugt sein muss. Denkbar ist etwa, dass eine Person bei Testamentserrichtung bereits lebte, aber noch nicht pflichtteilsberechtigt war. 1031

BEISPIEL: Erblasser E hat zwei Kinder A und B. Beide haben je eine Tochter. Im Testament hat der Erblasser A zum Alleinerben eingesetzt und B enterbt. Nach Testamentserrichtung ist B unter Hinterlassung seiner Tochter ET (Enkeltochter des E) vorverstorben.

Grundsätzlich ist das Enkelkind ET nicht pflichtteilsberechtigt, solange dessen Elternteil noch lebt, das vom Erblasser abstammt.

Mit Wegfall des Elternteils wird jedoch das Enkelkind aufgrund des Repräsentationsprinzips gesetzlicher Erbe und auch Pflichtteilsberechtigter (§§ 1924, 2303 BGB).

Daher kann Enkeltochter ET nach dem Tod des E die Verfügung gem. § 2079 BGB anfechten. Grundvoraussetzung hierfür ist jedoch, dass der Erblasser mit der Enterbung des Kindes B nicht auch das von diesem abstammende Enkelkind ET mitenterben wollte. Ob dies der Fall war oder nicht, muss dann im Wege der Auslegung ermittelt werden. Grundsätzlich erstreckt sich die Enterbung eines Abkömmlings im Zweifel nicht auch auf dessen Abkömmlinge.[557]

Weitere Grundvoraussetzung für eine Anfechtung nach § 2079 BGB ist stets, dass der Erblasser den Pflichtteilsberechtigten **unbewusst** übergangen hat. War ihm die Übergehung hingegen bewusst oder wollte er diese gerade, liegt kein Irrtum vor; eine Anfechtung ist dann ausgeschlossen. 1032

Wichtig – jedoch oft unbekannt – ist die Abdingbarkeit der §§ 2078 ff. BGB. Sind Sie kautelarjuristisch (vor dem Erbfall) gestaltend tätig, müssen Sie auf die Möglichkeit der Anfechtung und auf die Möglichkeit der Abdingbarkeit hinweisen. Der Erblasser kann im Testament auf die Anfechtungsrechte der §§ 2078 ff. BGB insgesamt verzichten, er kann aber auch nur auf bestimmte Anfechtungsgründe verzichten und bspw. nur den Motivirrtum ausschließen. Durch diesen Verzicht schafft der Erblasser mehr Rechtssicherheit in Bezug auf den künftigen Bestand seiner Verfügungen. Nach seinem Tod kann die Verfügung gerade nicht durch Anfechtung zu Fall gebracht werden. Diese bleibt auch dann wirksam, sollte er einem Willensmangel bei Errichtung des Testa- 1033

557 Brox/Walker, Erbrecht, § 17, Rz. 4, § 19, Rz. 3a; BayObLG, Rpfleger 1989 S. 369.

ments erlegen sein. Außerdem kann er so Streitigkeiten nach seinem Erbfall vermeiden helfen, da erbrechtliche Anfechtungen nicht selten in gerichtlichen Auseinandersetzungen münden.

1034 Der Mandant muss aber auch über die Kehrseite der Medaille aufgeklärt werden: Der Preis für die Rechtssicherheit besteht darin, dass eben auch bei nachträglich erkannten Willensmängeln keine Möglichkeit besteht, den fehlerhaft zustande gekommenen Willen des Erblassers zu korrigieren. Die Verfügungen bleiben auch wirksam, wenn der Erblasser sie bei Kenntnis der wahren Umstände so gar nicht gewollt hätte. Der Mandant muss also abwägen, was ihm wichtiger ist.

1035 **Formulierungsbeispiel:**

„Auf die Anfechtungsrechte gem. §§ 2078 f. BGB wird hiermit verzichtet."

3. Anfechtungsberechtigte

1036 Der Erblasser selbst ist nicht anfechtungsberechtigt; schließlich kann er sein Testament zu Lebzeiten widerrufen oder abändern. Nach § 2080 Abs. 1 BGB ist derjenige zur Anfechtung berechtigt, welchem die Aufhebung der letztwilligen Verfügung unmittelbar zustattenkommen würde. Anfechten kann also derjenige, der bei Nichtigkeit der Verfügung etwas erhalten würde, was nicht der Fall wäre, wenn die Verfügung wirksam bliebe. Soll wegen Übergehung eines Pflichtteilsberechtigten nach § 2079 BGB angefochten werden, steht das Anfechtungsrecht nur diesem zu.

1037 Das Anfechtungsrecht ist vererblich; ein bereits entstandenes Anfechtungsrecht vererbt sich an den Erben als Gesamtrechtsnachfolger des Anfechtungsberechtigten.

4. Anfechtungserklärung

1038 Bei der Anfechtungserklärung handelt es sich um eine empfangsbedürftige Willenserklärung. Bei der Frage, wer Adressat der Anfechtungserklärung ist, muss wie folgt differenziert werden: Nach der allgemeinen Ausgangsnorm des § 143 Abs. 4 Satz 1 BGB ist die Anfechtung demjenigen gegenüber zu erklären, der durch die betreffende Verfügung unmittelbar einen rechtlichen Vorteil erlangt hat.

1039 Diese Vorschrift wird durch die Spezialregelung aus § 2081 Abs. 1 und 3 BGB ergänzt. Hiernach erfolgt die Anfechtung gegenüber dem Nachlassgericht, wenn durch die Verfügung ein Erbe eingesetzt, ein gesetzlicher Erbe von der Erbfolge ausgeschlossen, ein Testamentsvollstrecker ernannt oder eine Verfügung solcher Art aufgehoben wird. Dasselbe gilt für Verfügungen, durch die ein Recht für einen anderen nicht begründet wird (z. B. die Anfechtung einer Auflage). Die Empfangsbedürftigkeit dient der Rechtssicherheit und die Zuständigkeit des Nachlassgerichts soll eine Vereinfachung für die Anfechtungsberechtigten darstellen. Diese müssen nicht die rechtliche Frage klären, wer Begünstigter i. S. des § 143 Abs. 4 BGB ist und müssen diese Personen dann auch nicht praktisch ermitteln.

Bei allen sonstigen – nicht in § 2081 BGB genannten – Verfügungen bleibt es 1040
bei der allgemeinen Regelung des § 143 Abs. 4 Satz 1 BGB. Die Anfechtung ist also demjenigen gegenüber zu erklären, der aufgrund der letztwilligen Verfügung unmittelbar einen rechtlichen Vorteil erlangt hat. So erfolgt etwa die Anfechtung eines Vermächtnisses gegenüber dem Vermächtnisnehmer und die einer Teilungsanordnung gegenüber dem daraus Berechtigten.

Die Anfechtungserklärung bedarf keiner bestimmten Form; das Wort Anfech- 1041
tung muss nicht verwendet werden. Ausreichend, aber auch notwendig ist, dass die Erklärung zum Ausdruck bringt, dass eine bestimmte Verfügung nicht wirksam sein soll. Einer Begründung bedarf die Anfechtungserklärung ebenfalls nicht.

Die Anfechtungsfrist beträgt ein Jahr (§ 2082 BGB). Die Frist beginnt mit dem 1042
Zeitpunkt, in welchem der Anfechtungsberechtigte von dem Anfechtungsgrund positive Kenntnis erlangt. Für diese Kenntnis müssen auch die dazugehörigen Tatsachen bekannt sein. Sind diese dem Anfechtungsberechtigten auch grob fahrlässig unbekannt geblieben, beginnt die Frist nicht zu laufen. Wenn der Anfechtungsberechtigte hingegen Kenntnis von den tatsächlichen Umständen hat, diese jedoch rechtlich falsch wertet, liegt ein Rechtsirrtum vor. Ob dieser für den Fristbeginn ausreicht oder nicht, ist höchst umstritten.[558]

Unabhängig von der Kenntnis des Anfechtungsberechtigten vom Anfech- 1043
tungsgrund ist eine Anfechtung ausgeschlossen, wenn die Ausschlussfrist von 30 Jahren seit dem Erbfall verstrichen ist.

558 Für Fristbeginn bei Rechtsirrtum etwa Brox/Walker, Erbrecht, § 17, Rz. 11; differenzierend etwa Leipold in MüKo-BGB, § 2082, Rz. 5 ff.

1044 **Formulierungsvorschlag für Anfechtung wegen Motivirrtums:**[559]

Namens und in Vollmacht meines Mandanten ... erkläre ich hiermit die

Anfechtung

der Einsetzung von Frau ... zur Alleinerbin der ... aus dem Testament v. ... wegen Motivirrtums nach § 2078 Abs. 2 Alt. 1 BGB.

Begründung:

I. Sachverhalt

Mein Mandant und ..., die durch das Testament v. ... zur Alleinerbin eingesetzt wurde, sind die beiden einzigen Kinder der verwitweten Erblasserin. In den Jahren vor Testamentserrichtung entwickelte sich ein besonders gutes Verhältnis zwischen Mutter und Tochter. Die Tochter lebte im Nachbarhaus. Die Erblasserin hatte stets Sorge, dass sie im Alter allein sei und keinen hätte, der sich um sie kümmert. Gegen Altenheime hegte sie eine besondere Abneigung. Für sie war es außerordentlich wichtig, dass ihre Tochter sich später um sie kümmert und sie pflegt. Entsprechende Gespräche gab es zwischen der Erblasserin und ihrer Tochter. Die Erblasserin berichtete davon auch ... und ... in vielen Gesprächen; mit beiden war sie über Jahrzehnte sehr gut befreundet.

Beweis:

1. Zeugnis der ...

2. Zeugnis der ...

Auch im Testament gab sie an, dass ihre Tochter ihre Erbin wird, da sie sonst keinen hat, der ihr im Alter helfen wird.

Beweis: Testament v. ...

Im Jahr ... wurde die Erblasserin dement und letztlich testierunfähig. In dieser Zeit lernte die bislang alleinstehende Tochter Herrn ... kennen und zog zu ihm. Seitdem absolvierte die Tochter nur noch einen monatlichen kurzen Pflichtbesuch in dem Altenheim bei der Mutter.

II. Rechtliche Würdigung

Die Erbeinsetzung aus dem Testament v. ... ist aufgrund der hiermit erfolgten Anfechtung nichtig (§ 142 Abs. 1 BGB). Die Erbeinsetzung beruhte auf dem Motiv, dass die Tochter, Frau ..., die Erblasserin pflegte und sich um sie im Alter

559 Muster aus Horn in Beck'sche Online-Formulare Erbrecht, 5.5.3. (Sachverhalt in Anlehnung an OLG München, ZEV 2007 S. 530).

kümmerte. Diese Hilfe hatte die Erblasserin erwartet, was sich bereits aus den Motiven laut Testament ergibt. So kann die Anfechtung wegen Motivirrtums auf irrige Vorstellungen und Erwartungen gestützt werden, die die Erblasserin bei der Errichtung der Verfügung tatsächlich gehabt hat. Hierzu gehört auch die Vorstellung, dass der Bedachte später die Erblasserin pflegt (OLG München, Beschluss v. 27.7.2007 - 31 Wx 51/07, ZEV 2007 S. 530).

Da die Erblasserin kein früheres Testament errichtet hat, gilt nunmehr die gesetzliche Erbfolge. Meinem Mandanten kommt mithin die Anfechtung zugute.

III. Erbscheinsantrag

Ich übersende hiermit den Erbscheinsantrag v. ... mit der Bitte um Erlass eines entsprechenden Erbscheins. Ich bitte um Übersendung von drei Ausfertigungen.

Rechtsanwalt

5. Rechtsfolge der Anfechtung

Die Rechtsfolge einer wirksamen Anfechtung ergibt sich aus der allgemeinen Vorschrift des § 142 Abs. 1 BGB: Die Willenserklärung ist von Anfang an nichtig. 1045

Betrifft die Anfechtung nur einen Teil einer letztwilligen Verfügung, ist nur dieser Teil nichtig; der Rest bleibt wirksam. Wurde bspw. eine Erbeinsetzung wirksam angefochten, tritt in Ermangelung einer (wirksamen) letztwilligen Verfügung gesetzliche Erbfolge ein. 1046

Maßgeblich ist aber vorrangig der hypothetische Erblasserwille. Dieser muss ggf. durch Auslegung ermittelt werden. So kann etwa die Anfechtung wegen Übergehung eines Pflichtteilsberechtigten nach § 2079 BGB nicht die Gesamtnichtigkeit der angefochtenen Verfügung zur Folge haben. Vielmehr kann die Auslegung ergeben, dass nach dem Erblasserwillen der Pflichtteilsberechtigte seinen gesetzlichen Erbteil erhält und die letztwillige Verfügung im Übrigen wirksam bleibt (also diesbezüglich gerade keine Nichtigkeit eintritt). Im Detail sind die Rechtsfolgen diesbezüglich stark umstritten.[560] 1047

560 Für Gesamtnichtigkeit, es sei denn nach § 2079 Satz 2 BGB ist positiv feststellbar, dass der Erblasser die Verfügungen so auch getroffen hätte, falls er zum Zeitpunkt der Errichtung der letztwilligen Verfügung Kenntnis von dem weiteren Pflichtteilsberechtigten gehabt hätte, OLG Stuttgart, ZErb 2018 S. 211; OLG Frankfurt, FamRZ 1995 S. 1522; OLG Brandenburg, FamRZ 1998 S. 59; BayObLG, NJW-RR 2005 S. 91; OLG Schleswig, NJW 2016 S. 1831. Die Gegenmeinung beschränkt die Wirkung der Anfechtung von vornherein auf die Nichtigkeit der letztwilligen Verfügung in dem Umfang, der erforderlich ist, um dem Pflichtteilsberechtigten zu seinem gesetzlichen Erbteil zu verhelfen, vgl. Nachweise bei OLG Schleswig, NJW 2016 S. 1831.

BEISPIEL: Der vermögende Erblasser E hat seine Kinder A, B und C zu gleichen Teilen als Erben eingesetzt. Seiner Ehefrau hat er lediglich eine geringwertige Eigentumswohnung vermacht. Nach dem Tod des E stellt sich heraus, dass er noch eine uneheliche Tochter T hat, die nun Ansprüche anmeldet und das Testament nach § 2079 BGB anficht.

Würde die erfolgreiche Anfechtung nach § 2079 BGB hier zur Gesamtnichtigkeit der Verfügung führen, ergäbe sich gesetzliche Erbfolge:

- Ehefrau E erbt dann 1/2,
- jedes der vier Kinder erbt dann 1/8.

Die vier Kinder und die Ehefrau würden eine Erbengemeinschaft bilden.

Dieses Ergebnis dürfte nach Auslegung weniger dem Willen des E entsprechen als das Folgende:

- Die Enterbung der Ehefrau bleibt aufrechterhalten. Sie erhält nur das angeordnete Vermächtnis.
- Jedes der vier Kinder erbt 1/4.

1048 Im Gegensatz zur „normalen" Anfechtung nach den §§ 119 ff. BGB gibt es bei der erbrechtlichen Anfechtung keinen Schadensersatzanspruch. § 2078 Abs. 3 BGB erklärt die Schadensersatznorm des § 122 BGB für unanwendbar. Dies erklärt sich damit, dass keine Person vorhanden ist, die auf den Bestand der letztwilligen Verfügung vertrauen durfte und ein Ersatz des Vertrauensschadens somit auch nicht gerechtfertigt ist.

6. Anfechtung eines Erbvertrags

1049 Bei einem Erbvertrag handelt es sich um einen Vertrag. Im Gegensatz zu einem Testament als einseitiges Rechtsgeschäft ist bei einem Vertrag naturgemäß eine andere Partei beteiligt. Diese andere Vertragspartei ist schutzbedürftig im Vertrauen auf den Bestand der Willenserklärungen. Hieraus ergeben sich Besonderheiten bei der Anfechtung eines Erbvertrags. Diese Besonderheiten gelten aber nur in Bezug auf **vertragsmäßige** Verfügungen in einem Erbvertrag. Für **einseitig** getroffene Verfügungen, die ebenfalls in Erbverträgen enthalten sein können, gelten die Ausführungen zur Testamentsanfechtung ohne Einschränkungen.

1050 Bei vertragsmäßig bindenden Verfügungen hat der andere Vertragspartner ein Interesse daran, dass diese bindenden Verfügungen wirksam sind und bleiben und nicht ohne seine Zustimmung aufgehoben werden können. Der Erblasser ist also bereits zu Lebzeiten sofort mit Abschluss des Erbvertrags gebunden. Er kann seine letztwilligen Verfügungen nicht mehr widerrufen oder ändern.

1051 Aus diesem Grund kommt eine Anfechtung nach §§ 2078 ff. BGB für den Erblasser bereits zu Lebzeiten in Betracht. Nur über die Selbst-Anfechtung kann er sich zu Lebzeiten von seiner Verfügung lösen.[561] Bei einseitigen Verfügungen hingegen kann er den einfacheren Weg gehen und seine Verfügung schlichtweg widerrufen oder ändern, weshalb dort eine Selbstanfechtung unnötig und daher unzulässig ist.

Nachdem der Erblasser verstorben ist, kann er naturgemäß nicht mehr selbst 1052 anfechten; dann können aber diejenigen Personen anfechten, denen die Aufhebung unmittelbar zustattenkäme (§§ 2281, 2080 BGB).

Da alle Anfechtungsgründe der §§ 2078 ff. BGB einschließlich des Motivirr- 1053 tums zur Verfügung stehen, hat der Vertragspartner des Erbvertrags weniger Rechtssicherheit als bei einem „normalen" Vertrag, wo der Motivirrtum gerade nicht zur Anfechtung berechtigt. Mehr Bestandsschutz kann hier erreicht werden, wenn der Verfügende auf die Anfechtungsrechte (ganz oder teilweise) verzichtet. Hierauf sollte der andere Vertragspartner also dringen.

Eine Besonderheit bei der Anfechtung eines Erbvertrags besteht darin, dass 1054 bei der Anfechtung wegen Übergehung eines Pflichtteilsberechtigten, der Pflichtteilsberechtigte zur Zeit der Anfechtung vorhanden sein muss (§ 2281 Abs. 1 Halbsatz 2 BGB).

Zur Anfechtung berechtigt ist beim Erbvertrag 1055

- der Erblasser – bereits zu seinen Lebzeiten und
- derjenige, dem die Aufhebung der letztwilligen Verfügung unmittelbar zustattenkäme – aber erst nach dem Erbfall.

Dies kann aus dem Wortlaut des § 2281 Abs. 1 Halbsatz 1 BGB abgelesen wer- 1056 den: „**auch** von dem Erblasser angefochten werden".

Wird die Anfechtung durch den Erblasser (zu Lebzeiten) erklärt, muss sie nota- 1057 riell beurkundet werden (§§ 2282 Abs. 3 BGB). Da es sich um eine empfangsbedürftige Willenserklärung handelt, muss diese dem anderen Vertragspartner zugehen (§ 143 Abs. 2 BGB). Sollte der andere Vertragspartner bereits verstorben sein, sind zwei Konstellationen denkbar:

1. Wurden die letztwilligen Verfügungen zugunsten des vorverstorbenen Vertragspartners getroffen, sind diese durch das Vorversterben hinfällig geworden; einer Anfechtung bedarf es nicht.
2. Wurden die letztwilligen Verfügungen zugunsten eines Dritten (also nicht zugunsten des Vertragspartners) getroffen, ist das Nachlassgericht Erklärungsempfänger der Anfechtung (§ 2281 Abs. 2 Satz 1 BGB). Das Nachlass-

561 Wenn kein Rücktrittsrecht vertraglich vereinbart wurde.

gericht hat die Erklärung dann dem Dritten mitzuteilen (§ 2281 Abs. 2 Satz 2 BGB).

1058 Rechtsfolge der Anfechtung ist auch hier (wie beim Testament) die Nichtigkeit der angefochtenen Verfügung – unter Berücksichtigung des durch Auslegung zu ermittelnden Erblasserwillens. Sind in einem Erbvertrag aber von beiden Teilen vertragsmäßige Verfügungen getroffen, so hat die Nichtigkeit einer dieser Verfügungen im Zweifel die Unwirksamkeit des ganzen Vertrags zur Folge (§ 2298 Abs. 1, 3 BGB).

7. Anfechtung eines gemeinschaftlichen Testaments

1059 Für die Anfechtung eines Testaments und für die Anfechtung eines Erbvertrags finden sich explizite Regelungen im BGB. Eine Lücke enthält das Gesetz jedoch für die Anfechtung eines gemeinschaftlichen Testaments. Diese Lücke ist durch Anwendung der für den Erbvertrag geltenden Regelungen zu schließen. Grundsätzlich sind beim Ehegattentestament drei mögliche Konstellationen zu unterscheiden:

1. Leben beide Ehegatten noch, bedarf es keiner Anfechtung; wechselbezügliche Verfügungen im Testament können einseitig widerrufen werden (§ 2271 Abs. 1 BGB) (notarielle Form und Zugangsbedürftigkeit gem. §§ 2271, 2296 BGB beachten!). Einseitig getroffene Verfügungen sind frei änderbar.
2. Ist ein Ehegatte bereits verstorben, kann der Überlebende die **nicht wechselbezüglichen** Verfügungen frei ändern.
3. Ist ein Ehegatte bereits verstorben, kann der Überlebende die **wechselbezüglichen** Verfügungen nicht mehr ändern. Die Anfechtung nach §§ 2078 ff. BGB kommt hier in Betracht. Der Überlebende kann also seine eigenen Verfügungen anfechten.

1060 Häufiger Anwendungsfall in der Praxis ist die Wiederheirat eines überlebenden Ehegatten. In diesem Fall kann der Überlebende seine eigenen Verfügungen im Ehegattentestament gem. § 2079 BGB anfechten.

1061 Grundsätzlich kann er aber auch die Verfügungen des erstverstorbenen Ehegatten anfechten. Denn die Anfechtung nach §§ 2078 ff. BGB kann durch alle Personen erfolgen, denen die Aufhebung unmittelbar zustattenkommen würde. Dies kann auch auf den überlebenden Ehegatten zutreffen. Dies kann bspw. vorliegen, wenn der zuerstverstorbene Ehegatte einen Dritten zum Alleinerben eingesetzt hat und bei dieser Erbeinsetzung ein Motivirrtum vorgelegen hat. Dann kann der Überlebende diese Erbeinsetzung anfechten, da mit Wegfall der Verfügung der überlebende Ehegatte gesetzlicher Erbe wird.

Da die Vorschriften des Erbvertrags für bindend gewordene Verfügungen in gemeinschaftlichen Testamenten analoge Anwendung finden, muss die Anfechtungserklärung nach § 2282 Abs. 3 BGB notariell beurkundet werden. Erklärungsempfänger ist das Nachlassgericht (§ 2281 Abs. 2 BGB). 1062

IX. Annahme/Ausschlagung der Erbschaft

1063 Der Anfall der Erbschaft vollzieht sich automatisch von selbst, ohne dass es einer Mitwirkung des Erben bedarf. Er muss noch nicht einmal Kenntnis vom Erbfall haben. Dieser Vonselbsterwerb tritt ipso iure ein.

1. Ausschlagung

1064 Der Erbe kann innerhalb der Ausschlagungsfrist von sechs Wochen die Erbschaft ausschlagen (§ 1944 Abs. 1 BGB). Hierdurch gilt der Anfall der Erbschaft rückwirkend als nicht erfolgt (§ 1953 Abs. 1 BGB). Ist die Ausschlagungsfrist verstrichen oder wurde die Erbschaft bereits angenommen, scheidet eine Ausschlagung aus (§ 1943 BGB).

1065 Läuft die Ausschlagungsfrist noch, heißt dies zwangsläufig aber, dass noch gar nicht feststeht, wer überhaupt Erbe ist. Denn die Ausschlagung könnte ja noch erfolgen und den Anfall an den Erben rückwirkend beseitigen. Daher ist es erforderlich, dass während dieses Übergangszeitraums der Nachlass als ein Sondervermögen behandelt wird. Dieses Sondervermögen verlässt quasi das Vermögen des „vorläufigen Erben" wieder, wenn dieser wirksam ausgeschlagen hat – und es fällt dann dem Nächstberufenen an (§ 1953 Abs. 2 BGB).

1066 Wird hingegen nicht ausgeschlagen, vereint sich das Sondervermögen mit dem Eigenvermögen des (endgültigen) Erben. Dies passiert in dem Zeitpunkt, in welchem die Ausschlagungsfrist abgelaufen ist. Ab hier besteht nun Rechtssicherheit, wer endgültig Erbe geworden ist. Solange aber diese Sicherheit noch nicht gegeben ist, sind Gläubiger gehindert, Ansprüche, die sie gegen den Nachlass haben, gerichtlich gegen den Erben geltend zu machen (§ 1958 BGB).

1067 Wird wirksam ausgeschlagen, wird derjenige gem. § 1935 Abs. 2 BGB Erbe, der berufen wäre, wenn der Ausschlagende beim Erbfall nicht gelebt hätte. Handelt es sich um gesetzliche Erbfolge, kommen also diejenigen zum Zuge, die als gesetzliche Erben an die Stelle des Ausschlagenden treten – also so, als wenn der Ausschlagende vorverstorben wäre. Wurde der Ausschlagende durch Verfügung von Todes wegen bestimmt, kommt der vom Erblasser bestimmte Ersatzerbe zum Zuge (§§ 2096, 2069 BGB); wurde kein Ersatzerbe benannt, greift wiederum die gesetzliche Erbfolge ein. Der als Nächstes zum Erben Berufene kann nun wiederum die Ausschlagung erklären – mit der gerade beschriebenen Folge.

Dieses Ausschlagungsrecht steht jedem Erben zu. Nur der Staat als gesetzlicher Erbe, kann nicht ausschlagen (§ 1942 Abs. 2 BGB). Denn es darf keinen herrenlosen Nachlass geben. 1068

HINWEIS:

In diesem Zusammenhang ist auf eine Haftungsfalle hinzuweisen: Wer die Erbschaft ausschlägt, ist grds. nicht pflichtteilsberechtigt, d. h. er geht dann komplett leer aus. Denn § 2303 Abs. 1 Satz 1 BGB fordert für einen Pflichtteilsanspruch einen Ausschluss von der Erbfolge *durch Verfügung von Todes wegen*. Ein Ausschluss von der Erbfolge infolge einer *Ausschlagung* entspricht jedoch nicht dieser Norm – somit gilt: Wer ausschlägt, hat keinen Pflichtteilsanspruch (Ausnahmen siehe unten).

BEISPIEL: E setzt seine beiden Kinder S und T zu seinen Erben ein. Hauptbestandteil seines Vermögens ist seine Beteiligung an einer OHG. S möchte mit der OHG-Beteiligung nichts zu tun haben, sondern sich stattdessen seinem ausschweifenden Lebenswandel widmen. Da die Anteile laut Gesellschaftsvertrag nicht frei veräußert werden können und die Gesellschaft auch auf längere Zeit nicht ordentlich gekündigt werden kann, sieht S nur eine Möglichkeit, schnell an Bargeld zu kommen: Er schlägt die Erbschaft aus.

Das Unterfangen des S geht hier nicht auf. Denn S ist aufgrund der Ausschlagung nicht mehr pflichtteilsberechtigt. Er bekommt also gar nichts aus dem Nachlass.

Von diesem Grundsatz gibt es aber Ausnahmen: 1069

- Der in der Zugewinngemeinschaft lebende Ehegatte kann ausschlagen und bleibt dennoch pflichtteilsberechtigt (§§ 2303 Abs. 2 Satz 2, 1371 Abs. 3 BGB).
- Eine zweite sehr praxisrelevante Ausnahme bildet § 2306 BGB. Hiernach kann jeder Erbe ausschlagen und dennoch pflichtteilsberechtigt bleiben, wenn sein Erbteil entsprechend belastet oder beschwert war. Hat der Erblasser etwa ein Vermächtnis ausgesetzt, das der Erbe zu erfüllen hat, kann der Erbe ausschlagen und trotzdem seinen Pflichtteil geltend machen.

Annahme und Ausschlagung einer Erbschaft können jeweils nur ganz oder gar nicht erfolgen. Eine Teilannahme/-ausschlagung ist nicht möglich (§ 1950 BGB). 1070

Allerdings kann ein testamentarisch eingesetzter Erbe auch als gesetzlicher Erbe in Frage kommen. Schlägt dieser die Erbenstellung aufgrund testamentarischer Einsetzung aus, kann er anschließend immer noch gesetzlicher Erbe werden (§ 1948 Abs. 1 BGB). Hierbei ist darauf zu achten, dass dies bei der Ausschlagung klar zum Ausdruck kommt (§ 1949 Abs. 2 BGB). Ein solches Vorgehen mit einer nur teilweisen Ausschlagung wird in der Praxis aber nur selten zum Einsatz kommen, da meist die angeordneten Beschwerungen des gesetz- 1071 lichen Erbteils auch beim gesetzlichen Erben erhalten bleiben (vgl. §§ 2085, 2161, 2192 BGB).

BEISPIEL: E hat seine Tochter T testamentarisch zur Alleinerbin eingesetzt und sie mit Vermächtnissen zugunsten des N belastet. Um sich der Vermächtnislast zu entledigen, schlägt T die Erbschaft aufgrund der testamentarischen Einsetzung aus und nimmt diese als gesetzliche Erbin an.

Hier bleibt die Beschwerung mit dem Vermächtnis auch bei dem Eintritt gesetzlicher Erbfolge erhalten (§§ 2085, 2161 BGB).

1072 § 1948 BGB hat in der Praxis kaum Bedeutung. Denn selbst wenn der Ausschlagende als gesetzlicher Erbe in Frage kommt, kann er sich doch nicht sicher sein, ob der Erblasser ggf. anderweitig verfügt hat. Denn die gesetzliche Erbfolge kommt ja nur subsidiär zum Zug, soweit keine anderweitige letztwillige Verfügung vorhanden ist – und dessen kann sich der Ausschlagende nie ganz sicher sein. Jedenfalls stellt die getrennte Ausschlagung nach § 1948 BGB ein erhebliches Haftungsrisiko dar, das nach einer entsprechenden Beratung wohlüberlegt sein sollte.

BEISPIEL: Erblasser E hat seinen Sohn S testamentarisch als alleinigen Vorerben eingesetzt. Als Nacherben hat E seinen Neffen N benannt. S wäre bei gesetzlicher Erbfolge Alleinerbe des E geworden. S schlägt die Erbschaft als Testamentserbe aus unter ausdrücklichem Hinweis, dass sich die Ausschlagung nur auf die testamentarische Einsetzung, nicht aber auf die gesetzliche bezieht. Er meint, damit gesetzlicher Erbe geworden zu sein.

Die Einsetzung als Nacherbe beinhaltet im Zweifel zugleich die Einsetzung als Ersatzerbe (§ 2102 Abs. 1 BGB). Somit ist im Zweifel der Nacherbe N gesetzlicher Erbe geworden. Dies bedeutet, dass S nicht Erbe geworden ist (und auch keinen Pflichtteilsanspruch hat).

2. Formalia der Ausschlagung

1073 Die Erklärung der Ausschlagung hat gegenüber dem örtlich zuständigen Nachlassgericht zu erfolgen (§§ 343, 344 Abs. 7 FamFG). Das ist grds. dasjenige, in dessen Bezirk der Erblasser seinen gewöhnlichen Aufenthalt[562] hatte (§ 343 Abs. 1 FamFG). Die Ausschlagung gegenüber einem örtlich unzuständigen Nachlassgericht ist dennoch wirksam, wenn das Gericht die Erklärung nicht zurückweist (siehe § 2 Abs. 3 FamFG).[563] Bei Ausschlagung gegenüber einem örtlich unzuständigen Gericht ergeben sich also zwei mögliche Szenarien: Das Gericht kann die Erklärung entweder unverzüglich zurückweisen oder diese an

562 Zum subjektiven Element in Form des Aufenthaltswillens vgl. OLG München, ZEV 2022 S. 676.

563 BGH, FamRZ 1977 S. 786.

das zuständige Gericht weiterleiten. Bei einer Zurückweisung wegen Unzuständigkeit ist die Ausschlagung unwirksam; ist die Frist noch offen, kann die Ausschlagung freilich wiederholt werden. Bei Weitergabe an das örtlich zuständige Nachlassgericht gilt die Erklärung als rechtzeitig, auch wenn sie dort verspätet eingeht.[564]

►**Exkurs zu Baden-Württemberg:** 1074

In Baden-Württemberg waren bis zum 31.12.2017 diejenigen Notariate die Nachlassgerichte, die staatlich geführt wurden (also nicht die selbständig tätigen „Anwaltsnotare" sowie die selbständig tätigen „Nur-Notare").[565] Mit der Notariatsreform zum 1.1.2018 wurden alle staatlichen Notariate in Baden-Württemberg abgeschafft. Seitdem gibt es – wie überall in Deutschland – auch in Baden-Württemberg nur noch selbständig tätige Notare, die wirtschaftlich auf eigene Rechnung arbeiten. Diese allesamt nicht staatlichen Notare sind keine Nachlassgerichte. Somit sind seit 1.1.2018 nur noch die Amtsgerichte als Nachlassgerichte tätig.

Wichtig bei der Ausschlagung ist die hierbei einzuhaltende Form: Entweder wird die Ausschlagung zur Niederschrift beim Nachlassgericht erklärt oder – wie meist – in öffentlich beglaubigter Form (§ 1945 Abs. 1 BGB). Die bloße Schriftform genügt nicht. 1075

Die Ausschlagungsfrist beträgt sechs Wochen (§ 1944 Abs. 1 BGB). Die Frist beginnt, sobald der Erbe Kenntnis erlangt vom Anfall der Erbschaft. Zusätzliche Voraussetzung ist die Kenntnis davon, was der Grund für die Berufung als Erbe ist (§ 1944 Abs. 2 Satz 1 BGB). So muss dem Erben bekannt sein, ob er gesetzlicher Erbe wurde oder aufgrund letztwilliger Verfügung des Erblassers. 1076

Besonderheiten gelten bei Ausschlagung im Ausland: Hierzu hat der EuGH[566] entschieden, dass die Ausschlagung gem. Art. 13, 28 EUErbVO vor einem Gericht des Aufenthaltsstaates fristwahrend erfolgen kann, auch wenn für die Entscheidung über die Erbfolge, sei es in einem Erbscheinsverfahren, einem Verfahren über die Erteilung eines Europäischen Nachlasszeugnisses oder in einem Zivilprozess, die Gerichte eines anderen Mitgliedstaates zuständig sind. Eine vor dem Gericht des Aufenthaltsstaates abgegebene Ausschlagungserklärung ist aber nur wirksam, wenn sie dessen Recht entspricht. Sieht das Recht des Aufenthaltsstaates etwa nur eine Ausschlagung zur Niederschrift des Ge- 1077

564 Leipold in MüKo-BGB, § 1945, Rz. 16 m. w. N.

565 §§ 1, 38 LFGG BW a. F, i. V. mit Art. 147 EGBGB.

566 EuGH, ZEV 2022 S. 521 m. (instruktiver) Anm. Leipold.

richts vor, wäre eine Ausschlagung durch Übersendung einer notariell beglaubigten Erklärung unwirksam.

1078 Würde umgekehrt das Recht des Aufenthaltsstaates etwa eine Ausschlagung durch einfachen Brief oder durch E-Mail zulassen, so hätte das für die Rechtsnachfolge zuständige Gericht die Ausschlagung als wirksam anzusehen, auch wenn das anzuwendende Erbrecht diese Form nicht vorsähe (wie bspw. in Deutschland).

1079 Beruht die Erbenstellung auf letztwilliger Verfügung, ist zusätzliche Voraussetzung für den Fristbeginn die Bekanntgabe der Verfügung von Todes wegen durch das Nachlassgericht. Bekanntgabe wiederum ist hier i. S. des § 348 Abs. 2, 3 FamFG die mündliche oder schriftliche Bekanntgabe der Verfügung gegenüber dem Ausschlagungsberechtigten. § 348 FamFG sieht die „stille" Eröffnung ohne Ladung und Anwesenheit der Beteiligten als Regelfall vor. Daher tritt an die früher (bis 2009) geltende „Verkündung" der Verfügung von Todes wegen die mündliche oder schriftliche Bekanntgabe. Fand also (wie regelmäßig) kein Eröffnungstermin statt, muss das Nachlassgericht den Beteiligten den sie betreffenden Inhalt der Verfügung von Todes wegen schriftlich bekannt geben (§ 348 Abs. 3 FamFG). Sollte ein Eröffnungstermin anberaumt sein, muss das Gericht den Erschienenen die Verfügung mündlich bekannt geben oder ihnen die Verfügung vorlegen (§ 348 Abs. 2 Satz 2, 3 FamFG).

HINWEIS:

Die Ausschlagungsfrist beginnt nicht vor der mündlichen oder schriftlichen Bekanntgabe der letztwilligen Verfügung zu laufen.

1080 Annahme und Ausschlagung sind erst möglich, nachdem der Erbfall eingetreten ist; vorher sind diese wirkungslos (§ 1946 BGB). Vor dem Erbfall kommt nur ein Erbverzicht nach § 2346 BGB, ein Zuwendungsverzicht nach § 2352 BGB oder ein Vertrag nach § 311b Abs. 5 BGB in Frage.

HINWEIS:

Ein Erbverzicht gem. § 2352 BGB wird selten notwendig und sinnvoll sein; denn zum einen gibt es die Testierfreiheit für den Erblasser und zum anderen die Ausschlagungsmöglichkeit für den Erben.

Kann aber die letztwillige Verfügung nicht mehr geändert werden, z. B. wegen eingetretener Bindungswirkung eines gemeinschaftlichen Testaments,[567] kann ein Erbverzicht ausnahmsweise Sinn machen – etwa, wenn der vorgesehene Erbe bereits weiß, dass er nicht Erbe werden möchte, aber zu befürchten ist, dass er im weiteren Verlauf geschäftsunfähig werden könnte. Mangels Geschäftsfähigkeit wäre dann nur noch

567 Wegerhoff in MüKo-BGB, § 2346, Rz. 8.

eine Ausschlagung durch den späteren Betreuer mit Zustimmung des Betreuungsgerichts möglich (§ 1851 Nr. 1 BGB).

Alternativ könnte (und sollte) aber in einer solchen Konstellation ohnehin die Errichtung einer notariellen Vorsorgevollmacht (und einer Patientenverfügung) empfohlen werden. Der Bevollmächtigte könnte dann später auch ohne Zustimmung des Betreuungsgerichts die Ausschlagung als Vertreter des geschäftsunfähigen Erben erklären.

Der Nacherbe kann (wie auch der Vorerbe) bereits mit dem Tod des Erblassers die Annahme und Ausschlagung erklären (§ 2142 BGB). Hingegen kann der Schlusserbe beim gemeinschaftlichen Testament erst nach dem Tod des zweiten Ehegatten ausschlagen, denn der Schlusserbe wird ja nur Erbe des länger lebenden Ehegatten.[568] 1081

3. Ausschlagung durch Minderjährige

Schlagen Eltern für ihre noch minderjährigen Kinder als gesetzliche Vertreter eine Erbschaft aus, ist grds. die Genehmigung des Familiengerichts nötig (§§ 1643 Abs. 1, 1851 Nr. 1 BGB). Eine Ausnahme bildet § 1643 Abs. 3 BGB. 1082

Wird das Kind überhaupt erst Erbe als Folge der Ausschlagung durch einen vertretungsberechtigten Elternteil, ist die Erbausschlagung für das Kind genehmigungsfrei. Dies beruht auf der Überlegung, dass die vorangegangene Ausschlagung durch den Elternteil deshalb erfolgt ist, weil der Nachlass wertlos ist. Für die nachfolgende Ausschlagung der Eltern für das minderjährige Kind bedarf es daher keiner gerichtlichen Kontrolle zum Schutz der Kinder. 1083

Hierzu gilt aber wiederum die Rückausnahme dieser Vorschrift: War das Kind **neben** dem ausschlagenden Elternteil berufen, ist die Genehmigung erforderlich, etwa wenn ausschlagender Elternteil und Kind nebeneinander als Erbe berufen waren. 1084

BEISPIEL: Mutter und Kind beerben nebeneinander den Vater.

Eine Ausschlagung der Mutter führt zur Alleinerbschaft des Kindes. Die Ausschlagung der Mutter für das Kind ist dann wiederum genehmigungspflichtig.

Umstritten ist die Beurteilung einer Teilausschlagung, wenn nämlich ein Elternteil zu mehreren Erbteilen berufen ist. Nimmt er den einen Teil an, schlägt den anderen Erbteil jedoch aus und fällt dieser dann an das Kind, erfolgt dieser Anfall nach einer Ansicht[569] beim Kind rückwirkend auf den Erbfall (§ 1953 1085

568 BGH, NJW 1998 S. 543.

569 Fröhler, BWNotZ 2013 S. 90; Mensch, BWNotZ 2013 S. 144.

Abs. 2 BGB). Dies führt dazu, dass Elternteil und Kind nebeneinander Erben geworden sind. Will der Elternteil nun die Ausschlagung für das Kind erklären, ist hierfür die gerichtliche Genehmigung erforderlich. Eine andere Ansicht verneint dies hier mit Blick auf den Normzweck, da der Elternteil zuvor ja bereits die Ausschlagung für notwendig erachtet hat.[570]

1086 Ferner werden unter Bezug auf die ratio der Norm weitere ungeschriebene Ausnahmen von der Genehmigungsfreiheit angenommen: Wenn etwa ein Elternteil als Testamentserbe und für sein testamentarisch zum Ersatzerben eingesetztes Kind die Ausschlagung erklärt, kann hierdurch der Eintritt gesetzlicher Erbfolge zugunsten des Elternteils erreicht werden. In diesem Fall bedarf die Ausschlagung der Genehmigung. Denn der Elternteil scheidet durch die Ausschlagung nicht **endgültig** als Erbe aus und die Ausschlagung erfolgt hier auch nicht im Hinblick auf die **Unwirtschaftlichkeit** des Nachlasses, sondern im Eigeninteresse des Elternteils.[571]

1087 Ferner soll nach teilweise vertretener Auffassung eine Genehmigung notwendig sein bei der sog. selektiven Ausschlagung: Der Elternteil schlägt zunächst für sich selbst aus und anschließend lediglich für einzelne seiner mehreren Kinder, um den Nachlass in Richtung der anderen Kinder zu lenken.[572] Während früher überwiegend eine teleologische Reduktion von § 1643 Abs. 3 Satz 1 Halbsatz 1 BGB angenommen wurde, soll nach neuerer Ansicht auch bei solchen selektiven Ausschlagungen eine Genehmigung nicht erforderlich sein.[573]

1088 Auch bei einer sog. „lenkenden Ausschlagung“ wird zum Teil unter Berufung auf die ratio der Norm eine Genehmigungspflicht (contra legem) diskutiert. Ist der Nachlass gerade nicht wertlos, sondern werthaltig, dient eine dennoch erfolgte Ausschlagung dazu, das Vermögen in eine bestimmte Richtung zu lenken. Dies geschieht meist aus erbschaftsteuerlichen Gründen. Aber auch andere taktische Gründe kommen in Betracht: Der überschuldete Erbe möchte verhindern, dass seine Gläubiger Zugriff auf die Erbmasse erhalten oder der Empfänger staatlicher Unterstützungsleistungen will einen Zugriff des Staates auf

570 Huber in MüKo-BGB, § 1643, Rz. 22.

571 Huber in MüKo-BGB, § 1643, Rz. 14 m. w. N.

572 KG, ZEV 2012 S. 332, m. Anm. Litzenburger; OLG Hamm, ZEV 2014 S. 216; Ivo, ZEV 2002 S. 309; a. A. OLG Hamm, ZEV 2018 S. 645.

573 Heinemann, FGPrax 2024 S. 277; vgl. zum Ganzen Veit/Schmidt in BeckOK-BGB, § 1643, Rz. 14, 14a m. w. N.

das Erbe vermeiden.[574] Oder aus rein altruistischen Motiven heraus schlagen bspw. die Kinder aus, um dem überlebenden Elternteil den gesamten Nachlass zukommen zu lassen. Umgekehrt könnte der überlebende Elternteil, der bereits ausreichend abgesichert ist, seine Erbschaft ausschlagen, um das Vermögen direkt in Richtung der Kinder zu lenken. Ob in diesen Fällen entgegen dem Gesetzeswortlaut eine gerichtliche Genehmigung erforderlich ist, wird kontrovers diskutiert. Die h. M.[575] sieht auch diese Fälle der lenkenden Ausschlagung bei werthaltigem Nachlass als genehmigungsfrei an. Bis zur höchstrichterlichen Klärung dieser Rechtsfrage bestehen jedoch Risiken, denen man als Berater begegnen sollte.

Annahme und Ausschlagung sind jeweils bedingungsfeindlich (§ 1947 BGB). 1089
Der Gesetzgeber will damit (möglichst schnell) Rechtsklarheit für alle Nachlassbeteiligten sowie Schuldner und Gläubiger des Nachlasses erreichen, um die Person des Erben eindeutig bestimmen zu können.

Ergibt sich aus der (lenkenden) Ausschlagungserklärung, dass diese nur dann 1090
gelten solle, wenn infolge der Ausschlagung eine ganz bestimmte Person stattdessen Erbe wird, stellt dies nach wohl überwiegender Ansicht eine echte Bedingung dar.[576] Da eine solche nach § 1947 BGB unzulässig ist, führt dies zur Unwirksamkeit der Ausschlagung. Eine Umdeutung in eine unbedingte Erklärung scheidet ebenso aus wie die Annahme von bloßer Teilwirksamkeit. Wird dieser Fehler von den Beteiligten (oder dem Berater) bemerkt, kann es zu spät sein – wegen Ablaufs der Ausschlagungsfrist.

HINWEIS:

Kommt bei einem Mandat eine lenkende Ausschlagung in Frage, empfiehlt sich folgende Vorgehensweise:

1. Zeigen Sie dem Mandanten die Vor- und Nachteile der lenkenden Ausschlagung auf.
2. Prüfen Sie sehr sorgfältig, in welche Richtung sich die Erbschaft nach der ersten Ausschlagung gem. § 1953 Abs. 2 BGB „bewegt." Hierbei kommt es nicht selten zu Fehleinschätzungen des nächstberufenen Erben – insbesondere bei übersehenen

574 Eine Sittenwidrigkeit der Ausschlagung bei Bezug von Sozialleistungen hat der BGH grds. nicht angenommen, da es sich bei der Ausschlagung um die grds. geschützte „negative Erbfreiheit" handle, also die Garantie einer grds. Ablehnungsmöglichkeit gegenüber erbrechtlichen Zuwendungen, BGH, ZEV 2011 S. 258 – str., vgl. hierzu den Meinungsstand bei Leipold in MüKo-BGB, § 1945, Rz. 3 f. m. w. N.

575 Vgl. hierzu den Meinungsstand bei Splinter, ZEV 2024 S. 573 m. w. N. A. A. Eue, ZEV 2018 S. 624.

576 LG München, FamRZ 2000 S. 1328 f.; Specks, ZEV 2007 S. 356, 360; Unzulässigkeit angedeutet in BGH, NJW 2023 S. 1725 Rz. 11. A. A. Frohn, Rpfleger 1982 S. 56 f.; Eickelberg, ZEV 2018 S. 489, 491; Keim, ZEV 2020 S. 393, 401; Weidlich in Grüneberg, § 1947, Rz. 2.

Ersatzerben im Berliner Testament oder bei Fehlbeurteilung der gesetzlichen Erbfolge beim Ehegatten.[577]

3. Will ein Elternteil zunächst für sich selbst und anschließend auch als gesetzlicher Vertreter für sein minderjähriges Kind ausschlagen, ist besondere Vorsicht geboten. Prüfen Sie mögliche Risiken und Alternativgestaltungen:[578]

   a) Erklärung der ersten Ausschlagung unter der *Bedingung*, dass die Erbschaft an eine bestimmte dritte Person fällt. Hier ist das Risiko zu erkennen, dass eine solche Bedingung – auch als sog. „Gegenwartsbedingung" – nach h. M. rechtlich unzulässig ist (§ 1947 BGB).[579] Als Folge hiervon wäre die erste Ausschlagung unwirksam.

   b) *Unbedingte* Erklärung der ersten Ausschlagung. Hier besteht kein Risiko, dass die erste Ausschlagung wegen Bedingungsfeindlichkeit unwirksam ist. Allerdings besteht hier das Risiko, dass die zweite Ausschlagung (für das Kind) unwirksam ist, wenn eine gerichtliche Genehmigung erforderlich sein sollte und diese nicht eingeholt wurde. Das Risiko besteht dann in einer Fehlleitung der Erbmasse. Das Erbe wäre dann bei dem Minderjährigen, wohin die Beteiligten es gar nicht lenken wollten. Auch eine Anfechtung der ersten Ausschlagung beseitigt dieses Ergebnis nicht. Denn ein Inhaltsirrtum liegt nach Auffassung des BGH in einer solchen Konstellation nicht vor.[580]

   c) Aufklärung (nachweisbar!) des Mandanten über o. g. Risiken und Abwägung der Risiken gegeneinander.

4. Vererblichkeit

1091 Das Ausschlagungsrecht ist vererblich (§ 1952 BGB): Stirbt der Erbe vor Ablauf der Ausschlagungsfrist, geht das Ausschlagungsrecht auf seine Erben über.

BEISPIEL: Zunächst stirbt Ehefrau F, die 2 Mio. € Schulden hatte. Alleinerbe wird Ehemann M.

M stirbt zwei Wochen nach der F und hinterlässt ein positives Vermögen von 1 Mio. €.

Alleinerbe von M wird die Tochter T.

Was raten Sie T?

Das Vermögen des M im Todeszeitpunkt ist differenziert zu betrachten: Zum einen bestand es aus dem originären, eigenen Vermögen des M (1 Mio. €) und zum anderen aus dem ererbten Nachlassvermögen der F (minus 2 Mio. €).

577 Vgl. hierzu im Detail die praxisrelevanten Beispiele bei Keim, ZEV 2020 S. 393 f.

578 Hierzu auch Splinter, ZEV 2024 S. 573 ff.

579 Hierzu im Detail Splinter, ZEV 2024 S. 573, 577.

580 BGH, ZEV 2023 S. 372. Hierzu näher unten Rz. 1099.

F hat nun folgende Handlungsalternativen:

1. T kann (ausschließlich) die Erbschaft auf Ableben des M ausschlagen. Da in diesem Nachlass auch das von F geerbte Vermögen enthalten ist, würde sie also gar nichts bekommen.

   Die T erhielte 0 €.

2. T kann die Erbschaft auf Ableben des M aber auch annehmen, ohne die Ausschlagung auf Ableben der F zu erklären. Dann würde sie als testamentarische Alleinerbin des M das Vermögen des M erhalten. Dieses besteht dann aus dem Eigenvermögen des M und dem von F geerbten Vermögen. Da das Vermögen der F aus 2 Mio. € Schulden bestand, ist dieser Weg nicht empfehlenswert.

   Die T erhielte 1 Mio. € Schulden (wobei die Möglichkeit besteht, eine persönliche Haftung mittels Nachlassverwaltung zu erreichen).

3. T schlägt die Erbschaft auf Ableben der F aus. Dies ist möglich, da das Ausschlagungsrecht des M an T vererbt wurde (§ 1952 Abs. 1 BGB). Hierdurch wird das (negative) Nachlassvermögen der F nicht Bestandteil des Vermögens von M. Dieser Nachlass der F geht dann im Wege gesetzlicher Erbfolge an die T (§§ 1953 Abs. 2, 1924 Abs. 1, 3 BGB). Angesichts der Überschuldung des Nachlasses der F wird T die Erbschaft auf Ableben der F ausschlagen. Die Erbschaft auf Ableben des M wird T hingegen annehmen.

   Die T erhielte so 1 Mio. €.

Der T ist zu Variante 3 zu raten.

ABWANDLUNG: Wie wäre es, wenn der Nachlass der F unklar sein sollte, also unklar ist, ob dieser positiv oder negativ ist?

Dann empfiehlt sich Variante 2 mit gleichzeitiger Beantragung von Nachlassverwaltung – und zwar über den Nachlass der F und nicht über den des M.

Sollte auch der Nachlass des M wirtschaftlich unklar sein, empfiehlt sich auch dort Nachlassverwaltung. Eine Nachlassverwaltung nur auf Ableben des M würde zwar eine Haftungsbegrenzung für T erreichen. Würde sich aber der Nachlass der F als negativ und der des M als positiv herausstellen, würde das Nachlassvermögen des M durch die Schulden der F aufgezehrt.

Optimal wäre daher Nachlassverwaltung für beide Erbfälle separat zu beantragen. Schulden der F würden den positiven Nachlass des M nicht schmälern.

Für die Frist des ererbten Ausschlagungsrechts ist § 1952 Abs. 2 BGB zu beachten. Hiernach endet die Ausschlagungsfrist für das geerbte Ausschlagungsrecht nicht vor dem Ablauf der für die Erbschaft des Erben vorgeschriebenen Ausschlagungsfrist. 1092

In obigem Praxisbeispiel hat die T also auch für das geerbte Ausschlagungsrecht für den Nachlass der F noch grds. sechs Wochen Zeit ab dem Tod des M gerechnet. Die zwei Wochen, die noch zu Lebzeiten des M verstrichen sind, werden nicht angerechnet. 1093

5. Annahme

1094 Wurde die Erbschaft einmal angenommen, kommt danach keine Ausschlagung mehr in Frage (§ 1943 BGB). Die Erklärung der Annahme kann auf drei Arten erfolgen:

1. ausdrückliche Annahmeerklärung des Erben,
2. schlüssiges Annahmeverhalten,
3. Ablauf der Ausschlagungsfrist.

1095 Die Annahmeerklärung bedarf (im Gegensatz zur Ausschlagung) keiner bestimmten Form.

1096 Wird eine solche Annahme erklärt, stellt sich die Frage, wer Empfänger dieser Willenserklärung ist. Das Gesetz sagt hierzu nichts. Die h. M.[581] geht nur dann von einer wirksamen Annahmeerklärung aus, wenn diese gegenüber einem Nachlassbeteiligten abgegeben wurde (z. B. Nachlassgericht, Miterben, Nachlassgläubiger, Testamentsvollstrecker). Äußerungen gegenüber Unbeteiligten sollen hingegen irrelevant sein.

1097 Die Annahme kann auch durch schlüssige Handlung erfolgen. Allerdings ist diese nur mit Zurückhaltung anzunehmen. Denn das Gesetz sieht eine Annahme mit Ablauf der ohnehin schon kurz bemessenen Annahmefrist vor.[582] Als solche schlüssigen Handlungen können etwa die Beantragung eines Erbscheins oder das Eintreiben von Nachlassforderungen angesehen werden. Andererseits kann die entsprechende Maßnahme auch nur zur Sicherung oder Erhaltung des Nachlasses gedient haben und somit keine Annahme darstellen.[583]

1098 Die dritte (und späteste) Variante der Annahme ist das Verstreichenlassen der Ausschlagungsfrist. Mit Ablauf der Frist gilt die Erbschaft als angenommen (§ 1943 BGB).

6. Anfechtbarkeit von Annahme und Ausschlagung

1099 Annahme und Ausschlagung der Erbschaft sind Willenserklärungen – und daher grds. anfechtbar.[584] Zur Anfechtung von Annahme und Ausschlagung einer Erbschaft finden sich Spezialregelungen in den §§ 1954 f. BGB. Dort geht es

581 Statt aller nur Leipold in MüKo-BGB, § 1943, Rz. 3 m. w. N.

582 OLG Köln, MDR 1980 S. 493; Leipold in MüKo-BGB, § 1943, Rz. 4 m. w. N.

583 Leipold in MüKo-BGB, § 1943, Rz. 4 m. w. N.

584 Zum Ganzen Lange, ZEV 2023 S. 270.

allerdings um Form und Frist der Anfechtung. Zu den Voraussetzungen, insbesondere zu den Anfechtungsgründen, schweigt das BGB im 5. Buch. Somit verbleibt es diesbezüglich bei den allgemeinen Regelungen des 1. Buches – den §§ 119 ff. BGB. Da nicht speziell auf § 2078 BGB verwiesen wird, ist der dort geregelte Motivirrtum diesbezüglich auch kein Anfechtungsgrund.

Von besonderer Bedeutung ist zunächst der Inhaltsirrtum (§ 119 Abs. 1 Alt. 1 1100 BGB). Hat jemand durch schlüssige Handlung die Annahme der Erbschaft erklärt, die Erbschaft tatsächlich aber gar nicht annehmen wollen, liegt grds. ein Inhaltsirrtum vor. Denn es besteht eine Diskrepanz zwischen der rechtlichen Bedeutung der objektiven Handlung aus Sicht des objektiven Empfängers einerseits und dem inneren Willen des Erben über das Behaltenwollen des Nachlasses andererseits. Auf das fehlende Erklärungsbewusstsein kommt es bei der konkludenten Erklärung naturgemäß nicht an.

Ein solcher Inhaltsirrtum kann etwa angenommen werden, wenn jemand die 1101 angefallene Erbschaft zwar nicht endgültig behalten will, er aber dennoch Nachlassgläubiger befriedigt, weil er irrig meint, dazu schon während der Ausschlagungsfrist verpflichtet zu sein.[585]

Denkbar ist ein Inhaltsirrtum auch dann, wenn der Erbe Nachlassgegenstände 1102 verbraucht oder verkauft (und dadurch objektiv seinen Annahmewillen kundtut), er aber davon ausgeht, dass die Gegenstände gar nicht zum Nachlass gehören.

Diese Grundsätze gelten auch dann, wenn jemand durch bloßes Verstreichen- 1103 lassen der Annahmefrist seine Annahme ausgedrückt hat. Denkt der Erbe etwa, dass man eine Erbschaft nur ausdrücklich annehmen könne und lässt er die Ausschlagungsfrist verstreichen, kann er anfechten. Dasselbe gilt, wenn er sich über Dauer oder Beginn der Frist geirrt hat.[586] Auch hier stimmt der wirkliche Wille nicht mit dem objektiven Sinn des Verhaltens überein.

Dass darin zugleich ein Irrtum über eine Rechtsfolge liegt, steht der Anfech- 1104 tung nicht entgegen, da es sich gerade um die **wesentliche** mit dieser Handlung verbundenen Rechtsfolge handelt.

Denn Rechtsfolgen-Irrtümer sind nur dann (als Inhaltsirrtum) beachtlich, 1105 wenn sich der Erklärende über die unmittelbaren und wesentlichen Rechtsfolgen seiner Willenserklärung geirrt hat – wenn das vorgenommene Rechtsgeschäft wesentlich andere als die beabsichtigten Wirkungen erzeugt. Dage-

585 Leipold in MüKo-BGB, § 1954, Rz. 5.

586 RGZ 143 S. 419, 423; OLG Schleswig, NJW-RR 2016 S. 330 f.; BayObLG, NJW-RR 1994 S. 586.

gen ist der nicht erkannte Eintritt zusätzlicher oder mittelbarer Rechtswirkungen, die zu den gewollten und eingetretenen Rechtsfolgen hinzutreten, kein Irrtum über den Inhalt der Erklärung mehr, sondern ein unbeachtlicher Motivirrtum.[587]

BEISPIEL:[588] A schlägt als gesetzlicher Erbe des E die Erbschaft aus. A geht hierbei davon aus, dass die Erbschaft infolge seiner Ausschlagung seinem einzigen Lieblingsenkel B anfällt. Tatsächlich wird jedoch seine Tochter T gesetzliche Alleinerbin. Da er zu seiner Tochter T schon seit Jahren keinen Kontakt mehr pflegt, ficht er seine Ausschlagung an.

Hier liegt bei der sog. „lenkenden Ausschlagung" kein wesentlicher Rechtsirrtum vor. Denn der A weiß um die wesentliche Wirkung der Ausschlagungserklärung – nämlich, dass er dann nicht Erbe wird. Wer stattdessen Erbe wird, stellt gerade keine wesentliche, unmittelbare Rechtsfolge der Ausschlagung dar. Somit liegt kein Inhaltsirrtum, sondern ein unbeachtlicher Motivirrtum vor.[589]

BEISPIEL:[590] Sohn S wurde Alleinerbe auf Ableben seines Vaters. S war mit einem Vermächtnis über 10.000 € zugunsten der Partei X belastet. Außerdem war Dauertestamentsvollstreckung auf Lebenszeit des S angeordnet. Nach Lektüre des § 2303 BGB ging S irrig davon aus, dass er keinen Anspruch auf den Pflichtteil hat, wenn er die Erbschaft ausschlägt. Er lässt daher die Ausschlagungsfrist verstreichen, damit er Erbe wird. Nach vier Monaten entdeckt er im BGB die Vorschrift des § 2306 BGB und ficht seine Annahme der Erbschaft an.

In diesem Fall liegt auf Grundlage der Ansicht des BGH[591] ein Inhaltsirrtum vor, der zur Anfechtung berechtigt. Wenn dem Erben Beschränkungen oder Beschwerungen auferlegt sind, gehört zu den unmittelbaren und wesentlichen Wirkungen der Annahme auch der Verlust der Wahlmöglichkeit nach § 2306 BGB. Der S irrte also über die wesentliche Rechtsfolge der Annahme, nämlich den Verlust seines nach § 2306 BGB bestehenden Wahlrechts. Aufgrund dieses Irrtums hat er sich dann möglicherweise für die Annahme und nicht für das Pflichtteilsrecht entschieden.

Ob die Annahme ausdrücklich oder durch Verstreichenlassen der Ausschlagungsfrist erfolgt, spielt ebenso wenig eine Rolle wie die Frage, ob die Ausschlagungsfrist bewusst oder unbewusst nicht genutzt wurde.

1106 Da der Nachlass als „Sache" angesehen wird, kommt grds. auch die Anfechtung der Annahme/Ausschlagung wegen Eigenschaftsirrtums in Frage (§ 119 Abs. 2 BGB).

1107 Eigenschaften einer Sache sind alle wertbildenden Faktoren, die der Sache selbst mit einer gewissen Beständigkeit innewohnen – nicht aber der Wert der

587 BGH, NJW 2006 S. 3353 ff.; OLG Hamm, Rpfleger 2011 S. 671.

588 In Anlehnung an OLG Hamm, Rpfleger 2011 S. 671.

589 So BGH, ZEV 2023 S. 372; Keim, ErbR 2022 S. 978.

590 In Anlehnung an BGH, NJW 2016 S. 2954.

591 BGH, NJW 2016 S. 2954.

Sache selbst. Zu den Eigenschaften der Erbschaft gehört auch deren Zusammensetzung. Irrt sich der Erbe also über die Zugehörigkeit bestimmter Gegenstände zum Nachlass, kann hierin ein Eigenschaftsirrtum liegen – jedenfalls dann, wenn es sich um wesentliche Eigenschaften handelt. Die bloße Überschuldung als solche stellt keine verkehrswesentliche Eigenschaft des Nachlasses dar, sondern dessen konkrete Zusammensetzung, insbesondere den Bestand an Aktiva oder Passiva. Denn der Wert selbst ist – anders als die wertbildenden Faktoren – keine verkehrswesentliche Eigenschaft einer Sache.[592]

Es muss Kausalität zwischen Irrtum und Erklärung gegeben sein: Der Erbe muss bei Kenntnis der wahren Sachlage und verständiger Würdigung des Falles die Annahme/Ausschlagung nicht erklärt haben (vgl. § 119 Abs. 1 BGB). Zur Beurteilung der Kausalität wird der Wert des unbekannten Nachlassgegenstandes in Relation zum Gesamtnachlasswert relevant sein. Wesentlich sind etwa solche Gegenstände, die darüber entscheiden, ob der Nachlass überschuldet ist oder nicht.[593] Daher kann ein Eigenschaftsirrtum vorliegen, wenn sich der Erbe über die tatsächliche Zusammensetzung des Nachlasses in wesentlichen Punkten irrte.[594] 1108

Im Gegensatz hierzu besteht kein Anfechtungsrecht nach § 119 Abs. 2 BGB, wenn sich der Irrtum nicht auf die wertbildenden Faktoren, sondern nur auf den Wert/Preis bezieht. Die falsche Bewertung eines dem Erklärenden bekannten Nachlassgegenstandes ist ein unbeachtlicher Motivirrtum. Ebenso liegt ein solcher Motivirrtum vor, wenn sich der Erbe nur über den Gesamt-**Wert** des Nachlasses geirrt hat, ohne sich Vorstellungen zum Wert einzelner Nachlassgegenstände gemacht zu haben.[595] 1109

Wer ungeprüft der Meinung war, der Nachlass sei überschuldet/werthaltig, kann nicht anfechten, wenn sich diese Vorstellung später als falsch erweist.[596] Würde man bei reinen Bewertungsirrtümern die Anfechtung zulassen, würde dies fast immer zur Anfechtung berechtigen – Rechtssicherheit wäre nicht mehr gegeben. Vielmehr muss der Irrtum über die Überschuldung des Nachlasses auf einer faktenbasierten Anstrengung beruhen, die Zusammensetzung des Nachlasses zu ermitteln. Wann dies im Einzelfall angenommen werden 1110

592 OLG Düsseldorf, BeckRS 2025 S. 17902; OLG Frankfurt, BeckRS 2024 S. 22256 Rz. 17. A. A. OLG Düsseldorf, BeckRS 2020 S. 38585; BayObLG, NJW 2003 S. 216, 221.

593 BGH, NJW 1989 S. 2885; KG, NJW-RR 2004 S. 941.

594 BGH, NJW 1989 S. 2885; KG, NJW-RR 2004 S. 941; OLG Düsseldorf, ZEV 2017 S. 92, 94.

595 Zum Ganzen Weidlich in Grüneberg, § 1954, Rz. 6 m. w. N.

596 Siegmann/Höger in BeckOK-BGB, § 1954, Rz. 8 m. w. N.

kann, ist nicht trennscharf definiert. Zahlreiche obergerichtliche Entscheidungen lassen keine einheitliche Linie erkennen.[597]

BEISPIEL: E erklärt gegenüber dem Nachlassgericht die Annahme der Erbschaft auf Ableben seiner Mutter. Zwei Wochen später findet E heraus, dass seine Mutter offenkundig kaufsüchtig war. Sie schuldet diversen Online-Händlern zusammen etwa 50.000 €. An Aktivvermögen ist lediglich die Wohnungseinrichtung mit einem Wert von 10.000 € vorhanden.

Hier kann E seine Annahme wegen Eigenschaftsirrtums anfechten (§ 119 Abs. 2 BGB). Denn die Nachlassverbindlichkeiten i. H. von 50.000 € in Relation zum Wert der sonstigen Nachlassgegenstände von 10.000 € sind eine verkehrswesentliche Eigenschaft. Auch die Kausalität ist hier anzunehmen.

BEISPIEL: E erklärt gegenüber dem Nachlassgericht die Ausschlagung der Erbschaft auf Ableben seines Vaters. Denn E ging davon aus, dass das Hausgrundstück seines Vaters lediglich einen Wert von 150.000 € habe, wodurch der Gesamtnachlass negativ wäre. Tatsächlich beträgt der Wert dieses Grundstücks aufgrund der aktuellen Preissteigerungen bei Wohnimmobilien aber 500.000 €. Der Nachlass hätte somit einen Gesamtwert von 200.000 €.

E kann seine Ausschlagung nicht anfechten, da kein Anfechtungsgrund vorliegt. E irrte sich hier lediglich über den Preis und nicht über wertbildende Faktoren des Grundstücks, was für die Ermittlung des Gesamtnachlasses von Bedeutung war. Die tatsächlichen Umstände in Bezug auf die Nachlassgegenstände waren dem E vielmehr bekannt. Es liegt kein Eigenschaftsirrtum, sondern ein unbeachtlicher Motivirrtum vor. Eine Anfechtung scheidet aus.

1111 Das Verstreichenlassen der Ausschlagungsfrist fingiert gem. § 1943 BGB die Annahmeerklärung. Konsequenterweise stellt § 1956 BGB daher klar, dass auch die Versäumung der Ausschlagungsfrist angefochten wird. Man kann die Fristversäumung wegen Irrtums anfechten, wenn man die Erbschaft in Wirklichkeit nicht annehmen wollte, man aber irrte über Bestehen der Ausschlagungsfrist, über deren Lauf oder über die Rechtsfolgen ihres Ablaufs. Dasselbe gilt, wenn man geglaubt hat, bereits wirksam ausgeschlagen zu haben – man allerdings die notwendigen Formvorschriften nicht kannte und diese nicht eingehalten hat.[598]

1112 Rechtsfolge einer wirksamen Anfechtung ist die rückwirkende Nichtigkeit der Annahme/Ausschlagung (§ 142 Abs. 1 BGB). Wird also die Annahme der Erbschaft angefochten, wurde der Anfechtende nie Erbe. Wird die Ausschlagung

597 OLG Frankfurt a. M., FGPrax 2025 S. 30, m. Anm. Heinemann m. w. N.; KG, ZEV 2024 S. 600; OLG Brandenburg, ErbR 2019 S. 704; OLG Düsseldorf, ZEV 2020 S. 484; ZEV 2021 S. 503; OLG Hamburg, FGPrax 2018 S. 223 f.; OLG Karlsruhe, FGPrax 2023 S. 131; OLG Zweibrücken, NJW-RR 2024 S. 1520.

598 OLG Brandenburg, Beschluss v. 19.10.2021 - 3 W 45/21, BeckRS 2021 S. 38280.

angefochten, wird der Anfechtende ipso iure Erbe im Zeitpunkt des Erbfalls. Dies ergibt sich auch aus § 1957 Abs. 1 BGB: Die Anfechtung der Annahme gilt als Ausschlagung. Und die Anfechtung der Ausschlagung gilt als Annahme.

X. Vorweggenommene Erbfolge

1. Allgemeines

1113 Unter vorweggenommener Erbfolge versteht man die Übertragung des Vermögens oder wesentlicher Teile hiervon durch den künftigen Erblasser an Personen, die ansonsten den entsprechenden Vermögensgegenstand von Todes wegen erhalten hätten. Die Motive hierfür können sein:

- Freude am „Schenken mit warmer Hand“,
- Unterstützung bei Existenzaufbau (z. B. Unternehmensgründung, Hausbau),
- Streitvermeidung durch Verteilungsgerechtigkeit,
- schrittweise Durchführung der Unternehmensnachfolge,
- Pflichtteilsreduzierung,
- Belohnung für lebzeitige Hilfen,
- steuerliche Vorteile (z. B. mehrfaches Ausnutzen steuerlicher Freibeträge).

1114 Das vorstehende Motiv der Steuerersparnis steht bei vielen Mandanten zu Beginn des Mandats an erster Stelle. Richtigerweise muss bei der Beratung dieser Punkt jedoch an letzter Stelle stehen. In erbschaftsteuerlicher Hinsicht wäre etwa eine lebzeitige Schenkung von Vermögenswerten an die Kinder ideal; aber wenn dadurch die wirtschaftliche Existenzgrundlage der Schenker gefährdet würde, läge eine eklatante Fehlberatung vor. An erster Stelle muss also stets die finanzielle Stabilität der Übertragenden stehen. Oder was ist gewonnen, wenn steuerlich optimale Schenkungen an Familienmitglieder subjektiv ungerecht erscheinen und der Familienfrieden dadurch zerstört wird, Familienmitglieder nicht mehr miteinander sprechen oder gar medienwirksam gegeneinander vor Gericht ziehen? Daher gilt: Sämtliche vorgenannte Aspekte müssen so umgesetzt werden, dass die Interessen der Mandanten optimal verwirklicht werden – und erst anschließend erfolgt in einem letzten Schritt ggf. eine steuerliche Optimierung.

2. Varianten der vorweggenommenen Erbfolge

a) Schenkung

1115 Für eine Schenkung zu Lebzeiten muss die Willenserklärung des Schenkers (nicht die des Beschenkten) notariell beurkundet werden. Die Kosten für eine Beurkundung lassen sich jedoch vermeiden, indem die versprochene Leistung bewirkt und dadurch der Formmangel geheilt wird (§ 518 Abs. 2 BGB). Geld kann bspw. stets ohne Beurkundung verschenkt werden, indem der Geldbetrag tatsächlich gezahlt wird. Aus Beweisgründen und zur Dokumentation – auch gegenüber dem Finanzamt – empfiehlt sich jedoch zumindest die schriftliche Form des Schenkungsvertrags. Dies gilt erst recht, wenn die Schenkung auf den Pflichtteil angerechnet werden soll oder Rückforderungsrechte vereinbart werden. Handelt es sich beim Schenkungsgegenstand um eine Immobilie, ist jedenfalls für die Erfüllung des Schenkungsversprechens eine notarielle Form erforderlich (vgl. §§ 518 Abs. 2, 311b Abs. 1 Satz 2, 925 Abs. 1 BGB, § 29 Abs. 1 GBO). In diesem Fall sollte auch der schuldrechtliche Schenkungsvertrag mitbeurkundet werden. Eine isolierte Beurkundung nur der Auflassung zwecks Heilung des schuldrechtlichen Verpflichtungsgeschäfts ist zwar rechtlich möglich, bringt aber keine Kostenvorteile bei den Notargebühren mit sich.

Im Schenkungsvertrag kann vereinbart werden, dass der Schenker zwar das Ei- 1116
gentum überträgt, aber weiterhin berechtigt ist, die Sache zu nutzen. Der Nießbrauch gem. § 1030 BGB gibt hier das umfassendste Recht: So können bspw. die Eltern ihren Kindern eine Immobilie schenken. Die Eltern können sich jedoch den Nießbrauch vorbehalten und die Immobilie weiterhin selbst nutzen oder an Dritte vermieten. Der Nießbrauch kann zur dinglichen Absicherung im Grundbuch eingetragen werden. Möglich wäre aber auch ein – weniger umfassendes – Wohnungsrecht (§ 1093 BGB). Das Wohnungsrecht kann als beschränkt persönliche Dienstbarkeit ebenfalls im Grundbuch eingetragen werden.

Eine Schenkung kann kraft Gesetzes oder aufgrund Vereinbarung rückgängig 1117
gemacht werden. Gesetzliche Rückforderungsrechte ergeben sich aus § 528 BGB (Verarmung des Schenkers), § 530 (grober Undank) oder aus § 527 BGB. Über diese gesetzlichen Fälle hinaus, können etwa folgende Gründe für eine Rückabwicklung vereinbart werden:

- der Beschenkte verfügt ohne schriftliche Zustimmung des Schenkers über den Schenkungsgegenstand;
- Vorversterben des Beschenkten;
- Insolvenz des Beschenkten;
- Geschäftsunfähigkeit des Beschenkten;
- Lebensführung des Beschenkten;
- Heirat ohne Ehevertrag;
- Mitgliedschaft in einer (bestimmten) Sekte.

Technisch kann eine Rückabwicklung durch Vereinbarung eines Widerrufs- 1118
rechts erfolgen oder durch eine auflösende Bedingung. Vorzugswürdig ist

meist das Widerrufsrecht. Wie jedes Recht, kann davon Gebrauch gemacht werden oder auch nicht. Der Schenker kann sich also entscheiden, ob er in der konkreten Situation den Widerruf erklärt oder nicht. Bei einer Bedingung hingegen tritt die Rechtsfolge automatisch – ohne Wissen und Wollen – ein. Das Widerrufsrecht bietet also mehr Flexibilität und Handlungsoptionen für den Schenker. Gegebenenfalls kann der Schenker durch Androhung des möglichen Widerrufs auch Einfluss auf den Beschenkten nehmen.

1119 Der Widerruf des schuldrechtlichen Schenkungsvertrags kann bei entsprechender Gestaltung auch die dingliche Rückübertragung des Schenkungsgegenstandes an den Schenker herbeiführen. So kann im Schenkungsvertrag bereits die aufschiebend bedingte Rückübereignung aufgenommen werden; auch ein umgekehrter Mechanismus ist möglich, wonach die ursprüngliche Übereignung an den Beschenkten auflösend bedingt wird.[599]

PRAXISTIPP:

Bei der Schenkung von Immobilien ist § 925 Abs. 2 BGB zu beachten. Hiernach ist die Auflassung bedingungsfeindlich. Daher ist so vorzugehen, dass der (aufschiebend bedingte) Rückübertragungsanspruch des Schenkers durch eine Vormerkung im Grundbuch dinglich gesichert wird. Die Vormerkung zugunsten des Schenkers wird gleichzeitig mit dem Eigentumswechsel zugunsten des Beschenkten eingetragen.

b) Schenkung von Todes wegen

1120 Die Schenkung unter Lebenden nach § 516 BGB ist abzugrenzen vom Schenkungsversprechen von Todes wegen. Wesensmerkmal ist hier die Bedingung, dass der Begünstigte den Erblasser überlebt. Dann finden gem. § 2301 Abs. 1 Satz 1 BGB die Vorschriften über Verfügungen von Todes wegen Anwendung. Nicht ausreichend für § 2301 BGB ist es, dass die Schenkung erst mit dem Tod des Schenkers fällig wird; die Überlebensbedingung muss vielmehr immer vorliegen.

1121 Je nach Einordnung der Schenkung ergeben sich erhebliche praktische Unterschiede: § 2301 BGB verlangt die Form letztwilliger Verfügungen (z. B. handschriftlich), während § 518 BGB notarielle Beurkundung erfordert. Eine Heilung des Formmangels erfolgt nach § 518 Abs. 2 BGB durch Bewirken der Leistung, egal durch wen und zu welchem Zeitpunkt. Eine Heilung nach § 2301 BGB erfordert hingegen einen Vollzug durch den Schenker.

599 Oechsler in MüKo-BGB, § 929, Rz. 39 m. w. N.

Seit langem ist umstritten, unter welchen Voraussetzungen ein Rechtsgeschäft i. S. des § 2301 Abs. 2 BGB vollzogen ist.[600] Egal, welcher Rechtsauffassung man diesbezüglich folgen sollte, sind Sie als Kautelarjurist aufgefordert, rechtssicher zu gestalten. Da § 2301 Abs. 1 Satz 1 BGB auf die Vorschriften über Verfügungen von Todes wegen verweist, fallen hierunter (wegen der vertraglichen Natur des Schenkungsversprechens) nach wohl h. M.[601] die Vorschriften über den Erbvertrag, so dass insbesondere ein eigenhändiges Testament nicht in Betracht kommt, sondern eine notarielle Beurkundung erforderlich ist (§ 2276 BGB). Ein Schenkungsversprechen von Todes wegen sollte daher notariell beurkundet werden. 1122

HINWEIS:

Wenn Sie im Rahmen einer Schenkung beraten, fragen Sie sich, ob diese als Schenkung unter Lebenden nach § 516 BGB oder als Schenkung von Todes wegen nach § 2301 BGB gemeint ist. Entscheidendes Kriterium ist hier die Überlebensbedingung. Ist die Abgrenzung zwischen beiden Schenkungsvarianten im Einzelfall nicht eindeutig, sollten Sie als Berater den sichersten Weg gehen: Sicherste Formvariante ist dann die notarielle Beurkundung. Denn die notarielle Form genügt sowohl § 518 BGB als auch § 2301 BGB. Auf eine – wie auch immer geartete und umstrittene – Heilung kommt es dann nicht an. Auch kann dahinstehen, ob der Verweis in § 2301 BGB sich nur auf die notarielle Form (eines Erbvertrags) oder auch auf die Handschriftlichkeit (eines Testaments) bezieht.

Schenkungen auf den Todesfall können auch in Form eines Vertrags zugunsten Dritter erfolgen. Der Erblasser (Versprechensempfänger) kann etwa im Rahmen einer Lebensversicherung oder eines (Bau-)Sparvertrags mit dem Versicherungsunternehmen oder der Bank (Versprechender) vereinbaren, dass die Versicherungssumme nach seinem Tod an einen Dritten ausgezahlt wird (Deckungsverhältnis). Hierdurch erlangt der Dritte einen eigenen Anspruch gegen die Versicherung (§ 328 BGB). Zwischen dem Erblasser und dem Dritten liegt regelmäßig ein Schenkungsvertrag als schuldrechtliche Grundlage vor (Valutaverhältnis). 1123

600 Vgl. hierzu nur die Darstellung bei Olzen/Looschelders, Erbrecht, Rz. 1211 ff.

601 OLG München, BeckRS 2011 S. 4046; Burandt in Rojahn/Burandt, § 2301, Rz. 15 m. w. N.; a. A. Musielak in MüKo-BGB, § 2301, Rz. 13 m. w. N. zu beiden Auffassungen.

ABB. 8: Schenkung einer Lebensversicherung

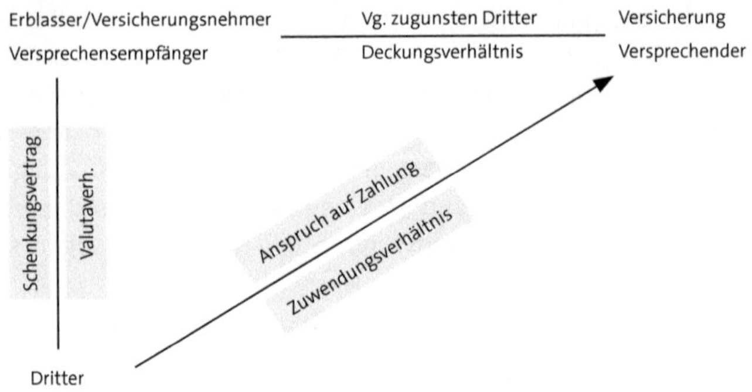

1124 Der Dritte erlangt die Leistung unmittelbar vom Versprechenden (Versicherung) aufgrund der zwischen dem Schenker und dem Versprechenden bestehenden Abrede. Das Deckungsverhältnis zwischen Versicherungsnehmer und Versicherung ist ein Rechtsgeschäft unter Lebenden. Das Valutaverhältnis zwischen Versicherungsnehmer und Drittem stellt sich jedoch wie eine Verfügung von Todes wegen dar.

1125 Umstritten ist, ob über § 2301 BGB für das Valutaverhältnis (also den Schenkungsvertrag) die erbrechtlichen Vorschriften gelten. Der BGH und die h. M. lehnen dies ab.[602] Bei Verträgen zugunsten Dritter auf den Todesfall gelten hiernach im Valutaverhältnis die erbrechtlichen Vorschriften nicht. Vielmehr gelten die Vorschriften der Schenkung unter Lebenden (§ 516 ff. BGB).

1126 Insbesondere gilt das Formgebot des § 518 Abs. 1 BGB sowie die Möglichkeit einer Heilung durch Leistungsvollzug gem. § 518 Abs. 2 BGB. Zu beachten ist aber, dass Schenkungsgegenstand nicht die eigentlich versprochene Leistung ist (z. B. eine Geldsumme), sondern der Zahlungsanspruch gegen den Versprechenden (z. B. Versicherung).[603] Für die Heilungsmöglichkeit nach § 518 Abs. 2 BGB bedeutet dies Folgendes: Bereits mit dem Tod des Schenkers entsteht der unmittelbare Anspruch des Dritten gegenüber dem Versprechenden (§ 331 Abs. 1 BGB). Mit dem Tod ist also bereits Heilung i. S. des § 518 Abs. 2 BGB eingetreten.[604]

602 BGH, NJW 1964 S. 1124; NJW 1993 S. 2171; für die Literatur vgl. nur Litzenburger in BeckOK-BGB, § 2301, Rz. 16 m. w. N.

603 BGH, NJW 1975 S. 383; NJW 1976 S. 749.

604 Litzenburger in BeckOK-BGB, § 2301, Rz. 18.

Ist dem beschenkten Dritten noch vor dem Tod des Schenkers das (bis dahin formunwirksame) Schenkungsangebot zugegangen, kann es danach von den Erben nicht mehr widerrufen werden.[605] Der Abschluss des Vertrags zugunsten des Dritten beinhaltet konkludent auch das Schenkungsangebot des Versicherungsnehmers an den Dritten. Die Versicherung wird regelmäßig vom Versicherungsnehmer beauftragt, nach seinem Tod dem Dritten dieses Angebot zu übermitteln (§ 130 Abs. 2 BGB). Die Annahme des Dritten kann dann ohne Zugang gegenüber den Erben erfolgen gem. § 151 BGB. 1127

Solange das Schenkungsangebot aber dem Dritten noch nicht zugegangen ist, kann es nach allgemeinen Grundsätzen (§ 130 Abs. 1 Satz 2 BGB) widerrufen werden. Mit dem Tod des Schenkers geht das Widerrufsrecht auf dessen Erbe über. Zeitlich muss der Widerruf der Erben dem Dritten also vor oder gleichzeitig mit dem Schenkungsgebot zugehen. Praktisch erfolgt der Widerruf durch eine entsprechende Anweisung an die Versicherung, nicht an den Dritten auszuzahlen. Infolgedessen wird die Versicherung das Schenkungsangebot nicht an den Dritten übermitteln. Durch einen solchen Widerruf des Schenkungsangebots wird das Zustandekommen eines wirksamen Schenkungsvertrags verhindert. Es fehlt dann am Valutaverhältnis und somit am Rechtsgrund für das Deckungsverhältnis.[606] 1128

Im Ergebnis bedeutet dies Folgendes: Der Dritte hat zwar einen Anspruch gegen den Versprechenden (z. B. Versicherung) aufgrund des Vertrags zugunsten Dritter. Liegt aber mangels Schenkungsvertrags kein Rechtsgrund im Verhältnis zum Schenker vor, ist der Dritte zur Herausgabe des Erlangten an die Erben verpflichtet (§ 812 BGB). 1129

Wenn es den Erben also gelingt, die Schenkung rechtzeitig gegenüber dem Dritten zu widerrufen, kann der Wille des Erblassers umgangen werden. Die Ergebnisse hängen vom zeitlichen Zufall ab, ob nämlich die Erben diesen Wettlauf gewinnen.[607] 1130

HINWEIS:

Der Erblasser möchte regelmäßig sicher sein, dass der Dritte die Versicherungssumme erhält und behalten darf. Daher muss o. g. Wettlaufsituation verhindert werden. Sie müssen als Berater also so gestalten, dass die Erben nach dem Tod des Erblassers die Schenkung nicht mehr widerrufen können. Dies gelingt rechtssicher nur dadurch, dass das Schenkungsangebot des Erblassers noch zu seinen Lebzeiten dem Dritten zugeht.

605 OLG Düsseldorf, NJW-RR 1996 S. 1329.

606 BGH, NJW 1975 S. 383 f.; NJW 1984 S. 480 f.

607 Gubitz, ZEV 2006 S. 333; Bühler, NJW 1976 S. 1727 f.; Harder/Welter, NJW 1977 S. 1139 f. Zu anderen Lösungsvorschlägen vgl. die Nachweise bei Musielak in MüKo-BGB, § 2301, Rz. 35.

Dies kann auch formlos erfolgen. Denn durch das Erlangen des schuldrechtlichen Anspruchs gegen die Versicherung im Todeszeitpunkt wird die Schenkung bewirkt und der Formmangel gem. § 518 Abs. 2 BGB geheilt.[608] Mit einem solchen Vorgehen geht allerdings auch einher, dass der Dritte zwingend noch zu Lebzeiten des Schenkers von der Schenkung erfährt.

Möchte der Erblasser hingegen die Schenkung gegenüber dem Dritten bis zu seinem Tod geheim halten, verbleibt immer ein Restrisiko:[609] Die Erben könnten den Wettlauf gewinnen und rechtzeitig widerrufen. Hierauf sollten Sie (schriftlich) hinweisen und dem Mandanten die Vor- und Nachteile beider Varianten aufzeigen. So schützen Sie sich vor späteren Schadensersatzforderungen seitens des Dritten.

608 Musielak in MüKo-BGB, § 2301, Rz. 38 m. w. N.

609 Musielak in MüKo-BGB, § 2301, Rz. 38.

XI. Vorsorgevollmacht, Betreuungsverfügung und Patientenverfügung

1. Vorsorgevollmacht

a) Praktische Bedeutung

Die Vorsorgevollmacht hat eine herausragende praktische Bedeutung. Sie ist ein wichtiges Instrument für jeden Menschen – völlig unabhängig vom erbrechtlichen Kontext. Denn niemand ist davor gefeit, plötzlich in eine Situation zu geraten, in der man seine persönlichen, finanziellen oder gesundheitlichen Angelegenheiten nicht mehr selbständig regeln kann. Eine plötzliche Erkrankung oder ein Unfall kann jeden ereilen und mit zunehmendem Alter steigt das Risiko demenzbedingter Geschäftsunfähigkeit. Diese Situationen regelt § 1814 Abs. 1 BGB: Kann ein Volljähriger seine Angelegenheiten ganz oder teilweise rechtlich nicht besorgen und beruht dies auf einer Krankheit oder Behinderung, so bestellt das Betreuungsgericht für ihn einen Betreuer. Absatz 2 stellt klar, dass gegen den freien Willen des Volljährigen ein Betreuer nicht bestellt werden darf; entscheidend ist hier aber in der Praxis, ob ein freier Wille beim Betroffenen noch vorhanden ist oder nicht. Die Bestellung eines Betreuers erfolgt auf Antrag des Volljährigen oder von Amts wegen (§ 1814 Abs. 4 BGB). 1131

Wurde keine Betreuungsverfügung getroffen, bestimmt das Gericht die Person des Betreuers im Rahmen seines Ermessens im objektiven Interesse des Betreuten. Auch wenn die familiären Verhältnisse intakt sind, kann es dennoch dazu kommen, dass ein fremder Dritter (etwa ein Betreuungsverein) als Betreuer eingesetzt wird. Sowohl für den Betreuten als auch für die nahen Angehörigen kann die Bestellung eines fremden Dritten als Betreuer eine belastende Situation sein. Diese Belastung wiegt umso schwerer, wenn der Betreuer Entscheidungen in Gesundheitsangelegenheiten trifft. Abhilfe schafft hier das Gesetz zur Reform des Vormundschafts- und Betreuungsrechts v. 4.5.2021, das am 1.1.2023 in Kraft getreten ist.[610] Dort wurde mit § 1358 BGB ein auf sechs Monate befristetes Notvertretungsrecht für Ehegatten in Gesundheitsangelegenheiten geschaffen. Ehegatten können sich künftig gegenseitig in Gesundheitsangelegenheiten vertreten, wenn ein Ehegatte aufgrund von Bewusstlosigkeit oder Krankheit vorübergehend seine Angelegenheiten der Gesundheitssorge nicht rechtlich besorgen kann. Ausgeschlossen ist dieses ge- 1132

610 BGBl 2021 I S. 882.

setzliche Notvertretungsrecht, wenn die Ehegatten getrennt leben, ein Betreuer mit entsprechendem Aufgabenkreis bestellt ist, der vertretene Ehegatte eine Vertretung ablehnt (in das Zentrale Vorsorgeregister kann ein Widerspruch eingetragen werden gem. § 1 Abs. 1 Nr. 7 VRegV) oder er eine andere Person in Angelegenheiten der Gesundheitssorge bevollmächtigt hat.[611]

1133 Leicht und effektiv vermeiden lässt sich eine Betreuerbestellung durch die Errichtung einer Vorsorgevollmacht, denn die Betreuung ist subsidiär. Sie darf also nicht angeordnet werden, soweit sie nicht erforderlich ist (§ 1814 Abs. 3 BGB). Kann eine Person durch einen Bevollmächtigten handeln, bedarf es der Betreuung nicht – sie darf daher auch nicht angeordnet werden.

1134 Nur in Ausnahmefällen kommt dennoch eine Betreuung in Frage, obwohl eine wirksame Vorsorgevollmacht erteilt wurde: Ausdrücklich ausgeschlossen ist das Vorrangprinzip durch § 1814 Abs. 3 Satz 2 Alt. 1 BGB, wenn der Bevollmächtigte zu einem bestimmten Personenkreis i. S. des § 1816 Abs. 6 BGB gehört. Personen, die in einem Abhängigkeitsverhältnis oder einer sonstigen Beziehung zu einer Wohn- oder Unterbringungseinrichtung des Betroffenen stehen, durften bereits nach bisherigem Recht nicht zum Betreuer bestellt werden (§ 1897 Abs. 3 BGB a. F.). Seit dem 1.1.2023 wurde dieser Personenkreis ausgeweitet auf alle Personen, die im Rahmen der institutionellen Versorgung des Vollmachtgebers tätig sind, wie bspw. Mitarbeiter von ambulanten Pflege- oder Essensdiensten (§ 1816 Abs. 6 BGB).[612]

1135 Auch bei Vorliegen einer wirksamen Vorsorgevollmacht kann die Bestellung eines Betreuers erforderlich werden, wenn der Bevollmächtigte ungeeignet ist, die Angelegenheiten des Betroffenen ordnungsgemäß zu besorgen. Dies ist insbesondere dann der Fall, wenn er aufgrund fehlender fachlicher oder persönlicher Befähigung oder wegen erheblicher Zweifel an seiner Redlichkeit nicht in der Lage erscheint, die Interessen des Vollmachtgebers zuverlässig wahrzunehmen.[613]

1136 Die Vorsorgevollmacht wird „vorsorglich" für den Fall angeordnet, dass man nicht mehr in der Lage ist, für sich selbst zu handeln – etwa wegen physischer oder psychischer Krankheit. Bei dauernder Handlungsunfähigkeit (bspw. bei Demenz), aber auch bei nur vorübergehender Handlungsunfähigkeit (etwa bei zeitweiligem Koma) entfaltet die Vorsorgevollmacht ihre Bedeutung.

---

611 Hierzu etwa Müller-Engels, DNotZ 2021 S. 84.

612 Anders aber, wenn im Einzelfall die konkrete Gefahr einer Interessenkollision nicht besteht (§ 1816 Abs. 6 Satz 1 BGB).

613 BGH, NJW-RR 2022 S. 1300; NJW-RR 2021 S. 794; NJW 2011 S. 2135; ZEV 2014 S. 368 (wo der Verbleib von 15.000 € nicht nachvollziehbar war).

Der Vollmachtgeber wünscht sich regelmäßig, dass die Vollmacht erst dann gilt, wenn er seine Angelegenheiten nicht mehr selbst erledigen kann. Eine solche bedingte Vollmacht wäre aber praktisch unbrauchbar. Der Bevollmächtigte könnte nur schwer nachweisen, dass die Voraussetzungen für das Wirksamwerden der Vollmacht vorliegen. Selbst ein aktuelles ärztliches Attest über den Gesundheitszustand des Vollmachtgebers würde meist keine Gewissheit bringen. Eine Falschberatung wäre es daher, wenn die Vertretungsmacht nur „aufschiebend bedingt erteilt wird für den Fall, dass man nicht mehr für sich selbst handeln kann." Der Zweck einer Vorsorgevollmacht, die jederzeitige Handlungsfähigkeit für den Betroffenen sicherzustellen, würde dadurch vereitelt. Denn Dritte würden sich auf Rechtsgeschäfte unter Nutzung einer solchen Vollmacht – vorsichtshalber – nicht einlassen. Sie müssten fürchten, dass die aufschiebende Bedingung tatsächlich nicht eingetreten ist und somit keine Vertretungsmacht besteht. Das Rechtsgeschäft mit dem Vertretenen käme gar nicht wirksam zustande. Würde bspw. eine Bank eine Auszahlung tätigen, ohne dass die Vollmacht des Kontoinhabers wirksam war, dürfte sie (mangels wirksamen Auszahlungsauftrags) das Konto des Vollmachgebers nicht belasten. Sie müsste sich ihr Geld beim falsus procurator zurückholen. Um dieses Risiko zu vermeiden, wird die Bank aufgrund einer bedingten Vollmacht von vornherein keine Auszahlung vornehmen. Nimmt der Dritte das Rechtsgeschäft mit dem falsus procurator hingegen vor, hat er lediglich Schadensersatzansprüche gegen diesen[614] – wobei die Schadensersatzansprüche nach § 179 Abs. 2, 3 BGB beschränkt sein können. 1137

Richtigerweise ist die Vorsorgevollmacht daher im Außenverhältnis unbedingt zu erteilen. Sie ist also bereits wirksam, wenn der Vollmachtgeber noch selbst handlungsfähig ist. Beschränkungen, ab wann von der Vollmacht Gebrauch gemacht werden darf, sollten immer nur im Innenverhältnis angeordnet werden. Der Bevollmächtigte **darf** dann nicht von der Vollmacht Gebrauch machen, **kann** es aber – was aber Schadensersatzansprüche im Innenverhältnis auslösen würde (§ 280 Abs. 1 BGB). Die im Außenverhältnis unbeschränkte Vollmacht ist der Grund, weshalb die Erteilung einer Vorsorgevollmacht reiflich überlegt sein will, setzt sie doch ein absolutes Vertrauensverhältnis zum Bevollmächtigten voraus. 1138

Um dem Vollmachtgeber etwas Sicherheit zu verschaffen, kann er die unbedingt erteilte und somit sofort wirksame Vollmacht nicht sofort aus der Hand geben, sondern diese selbst in Verwahrung nehmen. Dann sollte aber sicher- 1139

614 Angenommen, es findet keine nachträgliche Genehmigung gem. § 177 Abs. 1 BGB statt.

gestellt sein, dass ein Zugriff auf die Dokumente[615] im Ernstfall tatsächlich möglich ist. Die Vollmachtsurkunde kann auch einem Dritten (bspw. Steuerberater, Rechtsanwalt oder sonstiger Vertrauensperson) zur Verwahrung überlassen werden. Hier muss dann sichergestellt werden, dass der Verwahrer Kenntnis erlangt vom Eintritt der Handlungsunfähigkeit und er klare Anweisungen für das Aushändigen der Vollmacht bekommt (z. B. Vorlage eines entsprechenden ärztlichen Attests, wobei hier die Hürden aber nicht zu hochgelegt werden sollten, um den Zweck der Vollmacht nicht zu vereiteln).

1140 Eine andere – aber nicht minder wichtige – Zielrichtung haben die postmortale Vollmacht und die transmortale Vollmacht.

1141 Die meisten Vorsorgevollmachten sind transmortal ausgestaltet. Sie wirken also sofort. Der Bevollmächtigte kann für den noch lebenden, aber handlungsunfähigen Vollmachtgeber handeln. Das Besondere der transmortalen Vollmacht ist, dass diese mit dem Tod des Vollmachtgebers nicht erlischt, sondern über dessen Tod hinaus fortbesteht. Der Bevollmächtigte vertritt dann den/die Erben.

1142 Sinn und Zweck einer solchen transmortalen Vollmacht ist es zusätzlich, die Handlungsfähigkeit des Nachlasses zu sichern – und zwar unabhängig von der (ggf. streitigen) Frage, **wer** Erbe geworden ist und unabhängig davon, ob sich die Erben im Rechtsverkehr hinreichend **legitimieren** können. Denn solange kein Erbschein erteilt ist, wird der Rechtsverkehr die Erbenstellung im Zweifel nicht anerkennen. Bei Grundstücksgeschäften wird zudem eine Voreintragung der Erben erforderlich sein (§ 39 GBO), bevor die durch Erbschein legitimierten Erben Verfügungen treffen können.

1143 Auch bei Anordnung von Testamentsvollstreckung kann zusätzlich die Erteilung einer Vollmacht[616] für den Testamentsvollstrecker (oder einen Dritten) sinnvoll sein.[617] In der Übergangszeit bis zur Annahme des Testamentsvollstreckeramts bzw. bis zur Ausstellung des Testamentsvollstreckerzeugnisses kann der Testamentsvollstrecker dann mittels der Vollmacht handeln. Auch können dem Testamentsvollstrecker durch eine Bevollmächtigung weitere Befugnisse

615 Also das Original der Vollmacht bzw. die Ausfertigung bei einer notariell beurkundeten Vollmacht (zur Form siehe unten).

616 Zur Zulässigkeit vgl. nur Weidlich in Grüneberg, Einf. vor § 2197, Rz. 12. Zum Ganzen Keim, ZEV 2023 S. 275.

617 Hierzu sowie zum allgemeinen Verhältnis von Testamentsvollstreckung und Vollmacht vgl. BGH, ZEV 2022 S. 719, m. Anm. Keim.

erteilt werden, z. B. zu unentgeltlichen Verfügungen i. S. des § 2205 Satz 3 BGB.[618]

Die transmortale Vollmacht sichert also zum einen den noch lebenden Vollmachtgeber ab für den Fall, dass dieser durch Unfall, Krankheit o. Ä. nicht mehr selbst für sich handeln kann, und gleichzeitig erhält die Vollmacht nach dem Tod des Vollmachtgebers die Handlungsfähigkeit des Nachlasses. Die postmortale Vollmacht verfolgt hingegen ausschließlich die zuletzt genannte Intention. 1144

Selbst für den Fall, dass der Bevollmächtigte **Alleinerbe** wird, macht eine Vollmacht Sinn. Denn der Erbe kann dann allein aufgrund der (notariell beurkundeten oder zumindest notariell beglaubigten) Vollmacht handeln und sich legitimieren.[619] Er muss nicht auf die Erteilung des Erbscheins warten. Von besonderer Bedeutung ist dies bei Grundstücken im Nachlass (vgl. § 29 GBO). Die Vollziehung des Grundstücksgeschäfts im Grundbuch kann dann in Übereinstimmung mit § 29 GBO allein aufgrund der Vollmacht erfolgen. 1145

Ist der transmortal Bevollmächtigte zugleich Miterbe, steht die rechtliche Zulässigkeit einer solchen Vollmacht außer Frage. Ist er hingegen Alleinerbe, wurde früher vielfach ein automatisches Erlöschen der Vollmacht durch das ungeschriebene Rechtsinstitut der sog. Konfusion angenommen.[620] Die heute wohl h. M. geht jedoch von der Zulässigkeit und vom Fortwirken der transmortalen Vollmacht aus, auch wenn der Bevollmächtigte Alleinerbe ist.[621] 1146

BEISPIEL: Erblasser E hat seinen Neffen N als alleinigen Erben eingesetzt. E hatte seinem Neffen N zu Lebzeiten eine notariell beurkundete General-Vorsorgevollmacht erteilt. Diese wurde über den Tod hinaus erteilt.

E möchte nun das Wohnhaus des verstorbenen E schnellstmöglich verkaufen. Denn wegen der allgemeinen Zinserhöhungen und den Folgen des Ukrainekrieges befürchtet N einen zeitnahen Verfall der Immobilienpreise. Noch vor Erteilung des Erbscheins findet E einen Käufer, dem er die Immobilie schnellstmöglich verkaufen möchte.

Unabhängig vom Vorliegen eines Erbscheins kann E sich durch die beurkundete Vollmacht legitimieren (§ 29 GBO). Das Grundbuchamt muss dies akzeptieren. Denn eine transmortale Vollmacht des eingetragenen Berechtigten genügt zum Nachweis

618 Hierzu Strobel, ZEV 2020 S. 449.

619 Zum Ganzen Lieder, ZfPW 2022 S. 345 ff.

620 OLG Stuttgart, NJW 1947/48 S. 627; Reimann in Staudinger, 2016, Vor §§ 2197 ff., Rz. 86; Schilken in Staudinger, 2019, § 168, Rz. 26; Bestelmeyer, Rpfleger 2015 S. 11; zum Meinungsstand eingehend Lieder, ZfPW 2022 S. 345 ff.

621 KG, ZEV 2021 S. 332 Rz. 4; Strobel, NJW 2020 S. 502; Bayer, ZfPW 2020 S. 385; Herrler, DNotZ 2017 S. 508. Offengelassen von OLG München, ZEV 2022 S. 489.

der (Vertretungs-)Macht des Bevollmächtigten auch dann, wenn dieser erklärt, Alleinerbe des Vollmachtgebers zu sein. Es bedarf keines Nachweises der Erbfolge in der Form des § 35 Abs. 1 GBO.[622] Der Verkauf des Grundstücks kann hier – sofort – von E mittels der fortwirkenden Generalvollmacht abgewickelt werden.

ABWANDLUNG: E möchte den potenziellen Erwerber des Grundstücks ermächtigen, das Grundstück mit einer Finanzierungsgrundschuld zu belasten, um den Kaufpreis zu finanzieren.

Auch hier kann E allein aufgrund der Vollmacht handeln. Es bedarf keines Erbscheins und keiner Voreintragung des Alleinerben E im Grundbuch. Die Voreintragungspflicht des Erben nach § 39 GBO ist hier in analoger Anwendung von § 40 GBO nicht erforderlich.[623] Wenige Obergerichte sehen dies allerdings anders und verlangen eine Voreintragung.[624] Bis zu einer höchstrichterlichen Klärung dieser Frage wird man (insbesondere der mit der Grundschuldbestellung befasste Notar) daher die Rechtsprechung des jeweils zuständigen Oberlandesgerichts prüfen und den Beteiligten ggf. eine Voreintragung empfehlen müssen.

b) Erteilung der Vollmacht

1147 Rechtlich ist eine Vorsorgevollmacht nichts anderes als eine „gewöhnliche" Vollmacht i. S. der §§ 164 ff. BGB. Der Bevollmächtigte wird durch sie berechtigt, für den Vollmachtgeber sämtliche Handlungen vorzunehmen, die er selbst vornehmen könnte – mit Ausnahme höchstpersönlicher Rechtsgeschäfte (z. B. Heirat, Testament). Da die Bevollmächtigung eine Willenserklärung darstellt, muss der Vollmachtgeber geschäftsfähig sein. Daher sollte eine Vorsorgevollmacht rechtzeitig erteilt werden, d. h. bevor die Geschäftsfähigkeit in Frage gestellt sein könnte. Ist die Geschäftsfähigkeit des Vollmachtgebers zum Zeitpunkt der Vollmachtserteilung nicht zweifelsfrei gegeben, stellt sich die Frage, ob dennoch eine Betreuung angeordnet werden darf. Der BGH[625] geht seit 2016 nicht mehr davon aus, dass trotz Vollmachtserteilung eine Betreuerbestellung erfolgen kann, wenn die Vollmacht nicht zweifelsfrei wirksam erteilt worden ist.[626]

1148 Der BGH[627] verlangt nunmehr, dass das Gericht die Frage der Geschäftsunfähigkeit bei Vorliegen ernsthafter Zweifel von Amts wegen (§ 26 FamFG) auf-

622 KG, ZEV 2021 S. 332 Rz. 4.

623 OLG Hamburg, ErbR 2023 S. 55; OLG Karlsruhe, FGPrax 2022 S. 5; KG, MittBayNot 2021 S. 245; OLG Stuttgart, FamRZ 2019 S. 318; OLG Celle, RNotZ 2019 S. 633; OLG Köln, FGPrax 2018 S. 106; OLG Frankfurt, ZEV 2017 S. 719.

624 So bspw. OLG Oldenburg, FGPrax 2021 S. 153.

625 NJW 2016 S. 1514; NJW-RR 2017 S. 66, unter Aufgabe von BGH, NJW 2011 S. 925; NJW 2011 S. 2135.

626 Hierzu auch Müller-Engels, DNotZ 2021 S. 84.

627 BGH, NJW 2016 S. 1514; NJW-RR 2017 S. 66; FamRZ 2020 S. 1766, m. Anm. Schneider.

klären muss. Wird die Geschäftsunfähigkeit hiernach nicht positiv festgestellt, muss die Vollmacht als wirksam behandelt werden.[628]

Die Vorsorgevollmacht wird regelmäßig in einer Urkunde verkörpert sein. Es handelt sich rechtlich um eine nach außen kundgetane Innenvollmacht. Eine Mitwirkung oder gar Annahme durch den Bevollmächtigten ist nicht erforderlich. 1149

c) Form der Vollmacht und Gebühren

Nach § 167 Abs. 2 BGB kann jede Vollmacht formlos erteilt werden – und zwar auch dann, wenn das Rechtsgeschäft, zu dem bevollmächtigt wird, der Form bedarf. 1150

Allerdings stellt sich in der Praxis das Problem der Nachweisbarkeit, sollte die Vollmacht nur mündlich erteilt worden sein. Im Zweifel geht der Dritte auf „Nummer sicher“ und akzeptiert die mündliche Vollmacht nicht, um sich selbst zu schützen. 1151

BEISPIEL: ▶ Bei der Bank erscheint Neffe N und verlangt Auszahlung von 10.000 € vom Konto seines Onkels O. N teil dem Bankmitarbeiter mit, dass sein Onkel O ihn hierzu bevollmächtigt habe (was tatsächlich stimmt).

Die Bank wird aufgrund der mündlich vom Bevollmächtigten mitgeteilten Vollmacht kein Geld vom Konto seines Kunden O auszahlen. Denn sollte der Kunde die Vollmacht nicht erteilt oder diese widerrufen haben, hätte N als Vertreter ohne Vertretungsmacht gehandelt. Es hätte keine wirksame Anweisung für die Auszahlung bestanden. Die Bank müsste also das Konto des Kunden aus ihrem Vermögen wieder auffüllen und bei N das Geld nach §§ 179, 823 oder 812 BGB zurückfordern.

Um sich selbst abzusichern, wird die Bank also keine mündliche Vollmacht akzeptieren.

Was wird sie stattdessen akzeptieren?

1. Schriftliche Original-Vollmacht

   Hier besteht das Risiko, dass die Unterschrift gar nicht vom Unterzeichner stammt, sondern gefälscht wurde.

2. Beglaubigte Kopie einer Original-Vollmacht

   Die Kopie kann von einer gefälschten Urkunde stammen. Der Beglaubigungsvermerk besagt nur, dass die Ablichtung mit dem Original, von dem die Ablichtung gemacht wurde, übereinstimmt. Die Beglaubigung sagt hingegen nichts über die Echtheit des Originals.

   Aber selbst, wenn die Vollmacht ursprünglich wirksam erteilt worden sein sollte, kann sie zwischenzeitlich widerrufen worden sein. Gegen dieses Risiko schützt den Dritten § 172 Abs. 2 BGB. Solange der Bevollmächtigte im Besitz des Origi-

628 Zuletzt BGH, ZEV 2021 S. 729; vgl. hierzu auch Wendt, ErbR 2021 S. 833.

nals der Vollmachtsurkunde ist, gilt die Vertretungsmacht als (weiterhin) bestehend. Wird die Original-Vollmachtsurkunde also einem Dritten vorgelegt, kann dieser auf das Fortbestehen der Vollmacht vertrauen. Ein zwischenzeitlich erfolgter Widerruf der Vollmacht ist nur dann wirksam, wenn der Dritte das Erlöschen der Vertretungsmacht kannte oder kennen musste (§ 173 BGB). Diesen Rechtsschein zugunsten des Dritten entfaltet jedoch nur die Vollmachtsurkunde i. S. des § 172 Abs. 1 BGB. Und hierunter fällt nur das Original, nicht aber Kopie oder beglaubigte Kopie.

3. Original-Vollmacht mit beglaubigter Unterschrift

   Hier besteht nun Rechtssicherheit für den Dritten. Die Urheberschaft der Unterschrift wird durch die Beglaubigung der Unterschrift sichergestellt (vorausgesetzt es handelt sich nicht um eine gefälschte Beglaubigung).

   Und das Fortbestehen der Vollmacht nach § 172 Abs. 2 BGB kann hier auch fingiert werden, da es sich um ein Original und somit um eine „Vollmachtsurkunde" i. S. des § 172 BGB handelt.

4. Ausfertigung einer beurkundeten Vollmacht

   Diese Variante ist die vorzugswürdigste. Denn hier hat der Notar auch die Geschäftsfähigkeit des Vollmachtgebers geprüft und seine Feststellungen hierzu in der Urkunde vermerkt. Die Urheberschaft des Vollmachtgebers ist hier gesichert und der Notar hat im Rahmen seiner Möglichkeiten eine Prüfung der Geschäftsfähigkeit vorgenommen.

   Bei einer notariell beurkundeten Urkunde verbleibt das Original grds. beim Notar in der Urkundensammlung (§ 45 BeurkG). Die Ausfertigung der Niederschrift (das ist eine Kopie mit entsprechendem Ausfertigungsvermerk mit Siegel und Unterschrift des Notars) vertritt die Urschrift im Rechtsverkehr (§ 47 BeurkG). Das heißt die Ausfertigung ist tatsächlich eine Kopie, rechtlich aber das Original. Sie entfaltet also auch die Rechtswirkung des § 172 Abs. 2 BGB.

5. Vollmacht auf Vordruck der Bank

   Ein von der Bank vorgefertigtes Kontovollmachtsformular wird die Bank freilich akzeptieren – allerdings nur dann, wenn die Unterschrift des Kunden unter das Formular eigenhändig vor dem Bankmitarbeiter vollzogen wurde. Ansonsten besteht wieder das Risiko einer gefälschten Unterschrift.

6. (Unzulässige) abweichende Praxis von Banken

   Ungeachtet vorstehender rechtlicher Ausgangslage akzeptieren Banken in der Praxis teilweise ausschließlich ihre eigenen Vollmachtsformulare. Vorsorgevollmachten werden hingegen teilweise nicht akzeptiert. Ein solches Geschäftsgebaren ist nicht zulässig. Innerhalb einer laufenden Geschäftsbeziehung darf eine Bank das Handeln eines Bevollmächtigten nicht willkürlich zurückweisen, wenn dieser ausreichend legitimiert ist.[629] Andernfalls macht sich die Bank schadensersatzpflichtig.[630]

629 LG Kleve, NJW-RR 2015 S. 967; Mensch, ZEV 2016 S. 423, 427; Tersteegen, NJW 2007 S. 1717.

630 LG Detmold, ZEV 2015 S. 353.

Eine lediglich mündlich erteilte Vollmacht mag zwar rechtlich wirksam sein, erweist sich in der Praxis jedoch wegen ihrer fehlenden Nachweisbarkeit als weitgehend untauglich. Unabhängig von diesen praktischen Problemen verlangt das Gesetz in bestimmten Ausnahmefällen zudem eine besondere Form der Vollmacht – und weicht damit ausdrücklich von § 167 Abs. 2 BGB ab: 1152

Die wichtigste Ausnahme stellt § 29 GBO dar. Aus der Formenstrenge des Registerrechts folgt, dass Vollmachten in öffentlicher Urkunde erteilt sein müssen, damit sie vom Grundbuchamt akzeptiert werden. Dasselbe gilt gem. § 12 HGB für das Handelsregister. Würde ein Vertreter etwa mittels einer formlos erteilten Vollmacht ein Grundstück für den Vollmachtgeber verkaufen, wäre der Kaufvertrag wirksam (§ 167 Abs. 2 BGB). Allerdings würde sich danach das Problem ergeben, dass der Kaufvertrag nicht erfüllt werden könnte. Die erforderliche Eintragung des Eigentumswechsels im Grundbuch wäre nicht möglich. Daher muss für Grundstücksgeschäfte faktisch immer eine notarielle Vollmacht (beglaubigt oder beurkundet) erteilt werden, um derartige Probleme zu vermeiden. 1153

Die Kosten für die notarielle Beurkundung einer Vorsorgevollmacht belaufen sich bspw. auf (zzgl. USt und Auslagenpauschalen):[631] 1154

- 273 € bei einem Vermögen von 200.000 €,
- 300 € bei einem Vermögen von 250.000 €,
- 535 € bei einem Vermögen von 500.000 €,
- 935 € bei einem Vermögen von 1 Mio. € oder mehr.[632]

Wird (wie häufig) mit der Vorsorgevollmacht auch eine Patientenverfügung mitbeurkundet, erhöht sich die Gebühr entweder gar nicht oder nur unwesentlich, da für die Patientenverfügung lediglich ein Gegenstandswert von 5.000 € zugeschlagen wird.[633] Daher empfiehlt sich schon aus Kostengründen die gleichzeitige Beurkundung von Vorsorgevollmacht und Patientenverfügung. 1155

Bringt der Mandant eine von ihm oder von einem Rechtsanwalt vorformulierte Vorsorgevollmacht mit und lässt vom Notar lediglich seine Unterschrift beglaubigen (so dass der Notar weder mit Entwurfsfertigung, Prüfung oder Beurkundung befasst war), beträgt die Maximalgebühr lediglich 70 € – gegenüber 1156

631 Gebührenwert beträgt 1/2 des Aktivvermögens (§ 98 GNotKG); nach KV-Nr. 21200 beträgt der Satz 1,0.

632 § 98 Abs. 4 GNotKG.

633 § 98 Abs. 3 Satz 3 GNotKG.

935 €[634] bei der Beurkundung ab 1 Mio. € Gegenstandswert. Für sehr kostensensible Mandanten kann die bloße Unterschriftsbeglaubigung also eine Alternative darstellen – vorausgesetzt die professionelle Vorbereitung der Vollmacht (durch den Rechtsanwalt) ist gesichert.

1157 Eine weitere (noch kostengünstigere) Beglaubigungsmöglichkeit für Vorsorgevollmachten ergibt sich aus § 7 BtOG. Hiernach kann auch eine Behörde die Unterschriftsbeglaubigung durchführen – und zwar für lediglich 10 € Gebühr. Zu beachten ist aber die gravierende zeitliche Beschränkung in § 7 Abs. 1 Satz 2 BtOG: Die Wirkung der Beglaubigung endet bei einer Vollmacht mit dem Tod des Vollmachtgebers. Die Beglaubigung verliert also ex nunc ihre Wirkung mit dem Tod des Vollmachtgebers.

1158 Wurde eine derart beglaubigte Vollmacht transmortal erteilt, bleibt sie zwar materiell-rechtlich wirksam; ab dem Tod genügt sie aber nicht mehr den Formanforderungen zum Nachweis vor dem Grundbuchamt (§ 29 Abs. 1 Satz 1 GBO) bzw. dem Handelsregister (§ 12 Abs 1 Satz 3 HGB). Diese zeitliche Begrenzung der Beglaubigungswirkung ist allerdings nur auf Vollmachten anzuwenden, die seit dem 1.1.2023 durch eine Behörde öffentlich beglaubigt worden sind (§ 34 BtOG). Denn die Vorgänger-Regelung in § 6 Abs. 2 Satz 1 BtBG a. F. sah gerade keine zeitliche Begrenzung der Beglaubigungswirkung vor. Vielmehr hatte der BGH[635] hierzu die transmortale Verwendbarkeit von betreuungsbehördlich beglaubigten Vollmachten bestätigt. Nach Auffassung des BGH konnte die Betreuungsbehörde nach § 6 Abs. 2 Satz 1 BtBG a. F. auch transmortale Vorsorgevollmachten beglaubigen. Außerdem entspräche solch eine Beglaubigung den Anforderungen des § 29 Abs. 1 Satz 1 GBO. Und schließlich sei die Beglaubigungswirkung auch über den Tod des Vollmachtgebers hinaus wirksam. Für Altfälle bleibt diese BGH-Rechtsprechung weiterhin maßgeblich: Vor dem 1.1.2023 von Betreuungsbehörden beglaubigte Vollmachten genießen nach wie vor Grundbuch- und Handelsregistertauglichkeit, auch wenn der Vollmachtgeber verstirbt (vgl. § 34 BtOG).

1159 Die Neuregelung mit einer zeitlichen Begrenzung der Beglaubigungswirkung nach § 7 Abs. 1 Satz 2 BtOG ist rechtspolitisch sehr umstritten und m. E. verfehlt. Sie wird zu Recht als „Entwertung" der Betreuungsbehördenbeglaubigung kritisiert.[636] Die Vorgängerregelung samt dazu ergangener BGH-Rechtsprechung war sowohl praxisnah als auch verbraucherfreundlich – dennoch

634 Zzgl. USt und Auslagenpauschale.

635 BGH, NJW 2021 S. 1766.

636 Kurze, ErbR 2023 S. 505 f. m. w. N.

hat der Gesetzgeber sie mit § 7 BtOG ohne zwingenden Anlass obsolet gemacht.

Örtlich zuständig für die Beglaubigung ist jede Betreuungsbehörde unabhängig vom gewöhnlichen Aufenthalt des Vollmachtgebers (§ 2 Abs. 3 BtOG). Welche Behörde sachlich für Betreuungsangelegenheiten zuständig ist, bestimmt sich gem. § 1 Abs. 1 BtOG nach Landesrecht. In Baden-Württemberg sind dies bspw. die Stadt- und Landkreise[637] und in Hamburg bspw. das Bezirksamt Altona.[638] 1160

HINWEIS:

Soll der Bevollmächtigte mit der Vorsorgevollmacht Zugang zum Online-Banking erhalten, stellt sich in der Praxis ein weiteres Problem: Banken verweigern einen solchen Zugang oft mit der Begründung, dass die Vollmacht zum Zeitpunkt eines späteren Online-Zahlungsauftrags bereits widerrufen worden sein könnte. Führte die Bank dann dennoch einen (nicht wirksam autorisierten) Zahlungsvorgang aus, würde sie nach §§ 675j, 675u BGB haften.

Für den Vertrauensschutz gem. § 172 BGB müsste die Vollmachtsurkunde der Bank grds. bei jedem einzelnen Zahlungsauftrag erneut vorgelegt werden. Da dies im Rahmen des Online-Bankings praktisch nicht möglich ist, kommen i. d. R. nur folgende Lösungen in Betracht:

- Bei der Bank wird das Original der Vollmacht dauerhaft hinterlegt, was den Vertrauensschutz nach § 172 BGB bewirkt. Dies setzt allerdings voraus, dass eine ausreichende Anzahl an Originalurkunden bzw. Ausfertigungen vorhanden ist.
- Praktikabler ist die Erteilung einer gesonderten Bankvollmacht unmittelbar gegenüber der Bank, was den Vertrauensschutz gem. § 170 BGB ermöglicht. Voraussetzung hierfür ist jedoch, dass der Vollmachtgeber die Vollmacht bei jeder einzelnen Bank separat erteilt – und zwar zu einem Zeitpunkt, in dem seine Geschäftsfähigkeit noch uneingeschränkt besteht.

d) Widerruf der Vollmacht

So wie jede Vollmacht, kann auch die Vorsorgevollmacht jederzeit vom Vollmachtgeber[639] widerrufen werden (§ 168 Satz 2 BGB). Wurde die Vollmacht über den Tod des Vollmachtgebers hinaus erteilt (transmortal), werden die Erben als Gesamtrechtsnachfolger durch das Vertreterhandeln berechtigt und verpflichtet. Das Recht zum Widerruf steht nach dem Tod des Vollmachtgebers den Erben zu. Inwiefern der Widerruf ausgeschlossen werden kann, ist differenziert zu beurteilen. Während Spezialvollmachten aufgrund der Vertragsfrei- 1161

637 § 1 AG BtG Baden-Württemberg.

638 Abschnitt I Anordnung über Zuständigkeiten auf dem Gebiet des Betreuungsrechts Hamburg.

639 Zum Widerruf eines Bevollmächtigten gegenüber einem anderen Bevollmächtigten vgl. OLG Karlsruhe, BWNotZ 2022 S. 310; Zimmer, ZEV 2022 S. 210.

heit unwiderruflich erteilt werden können, ist dies bei Generalvollmachten nicht möglich. Eine unwiderruflich erteilte Generalvollmacht ist unzulässig.[640]

1162 Wurde die Vollmacht wirksam widerrufen, bleibt aber dennoch ein wirksames Vertreterhandeln aufgrund der allgemeinen Rechtsscheinvorschriften der §§ 170 ff. BGB möglich. Nach § 172 Abs. 2 BGB bleibt die Vertretungsmacht bestehen, bis die Vollmachtsurkunde dem Vollmachtgeber zurückgegeben oder für kraftlos erklärt wird. Aus diesem Grund sollte der Vollmachtgeber mit dem Widerruf der Vollmacht sofort die Rückgabe der Vollmachturkunde bzw. der Ausfertigung verlangen. Dieser Anspruch steht ihm gem. § 175 BGB ausdrücklich zu und richtet sich auch gegen etwaige Dritte, die im Besitz der Urkunde sind.[641] Bei Scheitern der Rückgabe kann er die Vollmacht schließlich für kraftlos erklären lassen gem. § 176 BGB.

1163 Seit dem 1.1.2023 sieht § 1820 Abs. 5 BGB ein gesetzliches Widerrufsrecht für jeden Betreuer (nicht nur für Kontrollbetreuer) vor. Im Rahmen seines Aufgabenkreises kann der Betreuer die Vollmacht widerrufen, wenn das Festhalten an der Vollmacht eine künftige Verletzung der Person oder des Vermögens des Betreuten mit hinreichender Wahrscheinlichkeit und in erheblicher Schwere befürchten lässt und mildere Maßnahmen nicht zur Abwehr eines Schadens für den Betreuten geeignet erscheinen. Dieser Widerruf bedarf nun erstmals der Genehmigung des Betreuungsgerichts. Das Betreuungsgericht kann die Herausgabe der Vollmachtsurkunde an den Betreuer anordnen.

1164 Der Widerruf einer Vollmacht stellt die ultima ratio dar und kann auch nicht mehr ohne Weiteres rückgängig gemacht werden, insbesondere wenn der Vollmachtgeber inzwischen nicht mehr geschäftsfähig ist. Andererseits kann es im Interesse des Vollmachtgebers geboten sein, den Bevollmächtigten schnell zu suspendieren. Mit § 1820 Abs. 4 BGB wurde nun erstmals eine Suspendierungsmöglichkeit für das Betreuungsgericht geschaffen.

1165 Hiernach kann das Gericht anordnen, dass der Bevollmächtigte die ihm erteilte Vollmacht nicht ausüben darf und die Vollmachtsurkunde an den Betreuer herauszugeben hat, wenn die dringende Gefahr besteht, dass der Bevollmächtigte nicht den Wünschen des Vollmachtgebers entsprechend handelt und dadurch die Person des Vollmachtgebers oder dessen Vermögen erheblich gefährdet oder der Bevollmächtigte den Betreuer bei der Wahrnehmung seiner Aufgaben behindert.

640 Vgl. BGH, NJW 1988 S. 2603.

641 Schäfer in BeckOK-BGB, § 175, Rz. 6; hierzu vertiefend m. w. N. Staschelt, RNotZ 2020 S. 61.

Mit dieser Neuregelung soll dem Bedürfnis Rechnung getragen werden, eine wirksame Vollmacht bei einem bestehenden, aber noch nicht bestätigten Missbrauchsverdacht vorübergehend außer Kraft setzen zu können, ohne sie gleich komplett und endgültig widerrufen zu müssen.[642] 1166

e) Hinterlegung und Registrierung der Vollmacht

Vereinzelt bieten private Firmen und Einrichtungen die Möglichkeit zur Hinterlegung von Vorsorgevollmachten an. Die Bundesnotarkammer bietet zwar keine Hinterlegung an, von großer praktischer Bedeutung ist aber ihr Zentrales Vorsorgeregister, das die Möglichkeit einer Registrierung von Vorsorgevollmachten, Betreuungsverfügungen und Patientenverfügungen bietet. Das Gesetz zur Reform des Vormundschafts- und Betreuungsrechts gestattet seit dem 1.1.2023 auch die Registrierung isolierter Patientenverfügungen im Zentralen Vorsorgeregister (§ 78a Abs. 1 und 2 Nr. 8 BNotO, § 9 VRegV). Ebenfalls möglich ist die isolierte Hinterlegung eines Widerspruchs gegen das seit dem 1.1.2023 bestehende Ehegattennotvertretungsrecht in Gesundheitsangelegenheiten gem. § 1358 BGB. Der vertretene Ehegatte, der eine Vertretung ablehnt, kann seinen Widerspruch beim Zentralen Vorsorgeregister eintragen lassen (§ 1 Abs. 1 Nr. 7 VRegV). 1167

Betreuungsgerichte können das Register einsehen und sich so über das Bestehen einer Vorsorgevollmacht informieren. Hierdurch werden überflüssige (und somit unzulässige) Betreuungen vermieden. Seit 1.1.2023 erhalten außerdem Ärzte in Deutschland ein Auskunftsrecht hinsichtlich der im ZVR gespeicherten Daten (§ 78b Abs. 1 BNotO, § 6 VRegV). 1168

Außerdem werden von der Bundesnotarkammer die Kontaktdaten der Vertreter (bzw. Vertrauenspersonen bei einer Betreuungsverfügung) hinterlegt. Aus Datenschutzgründen werden diese Personen vom Zentralen Vorsorgeregister darüber informiert, dass ihre Daten dort gespeichert sind. Mit der Datenschutz-Benachrichtigung erhalten sie auch einen Zugangscode, mit dem sie ihre Kontaktdaten stets online aktualisieren können. 1169

Bei notariellen Vollmachten soll der Notar auf diese Möglichkeit der Registrierung beim Zentralen Vorsorgeregister hinweisen (§ 20a BeurkG). Die Registrierungsmöglichkeit steht aber nicht nur Notaren, sondern auch Privatpersonen offen, die ihre Dokumente dort selbst registrieren können.[643] 1170

642 BT-Drucks. 19/24445 S. 247.

643 Näher Informationen zu Kosten und Ablauf der Registrierung finden sich auf www.vorsorgeregister.de.

2. Die Betreuungsverfügung

1171 Mit einer Betreuungsverfügung gem. § 1816 Abs. 2 BGB kann eine volljährige Person für den Fall einer später eintretenden Betreuungsbedürftigkeit Wünsche äußern – sowohl hinsichtlich der Person, die als Betreuer eingesetzt werden soll, als auch bezüglich der Art und Weise, in der die Betreuung ausgeübt werden soll.[644]

1172 Statt einer Bevollmächtigung (die eine Betreuung verhindert) kann auch gerade die Anordnung einer Betreuung mittels einer Betreuungsverfügung angestrebt werden. Allerdings sollte die Auswahl des Betreuers nicht dem Auswahlermessen des Gerichts überlassen werden, sondern der künftig Betreute bestimmt selbst in der Verfügung eine Person seines Vertrauens, die das Gericht dann zum Betreuer bestellen soll.

1173 Eine solche Betreuungsverfügung kann das Mittel der Wahl sein, wenn der Mandant zwar eine Vertrauensperson hat, dieses Vertrauen aber nicht ausreicht, um eine Vorsorgevollmacht zu erteilen. Denn eine Vorsorgevollmacht unterliegt weniger staatlichen Kontrollmechanismen als eine Betreuung.[645] Legt der Mandant gesteigerten Wert auf Sicherheit und möchte auf den staatlichen Missbrauchsschutz[646] nicht verzichten, sollte eher der Weg in die Betreuung empfohlen werden.

HINWEIS:

Zeigen Sie dem Mandanten die Vor- und Nachteile der Vorsorgevollmacht auf. Weisen Sie insbesondere auch auf das Missbrauchsrisiko bei der Vorsorgevollmacht hin und das dringend erforderliche Vertrauensverhältnis zum Bevollmächtigten. Zeigen Sie die Alternativen zur Vorsorgevollmacht auf, nämlich

- gesetzliche Betreuung,
- gesetzliche Betreuung mit Betreuungsverfügung, in welcher die als Betreuer gewünschte Person benannt wird.

Weisen Sie auf die staatliche Missbrauchskontrolle hin, die es bei der Betreuung, nicht aber bei der Vorsorgevollmacht gibt. Umgekehrt bedeutet das staatliche Betreuungsverfahren geringere Flexibilität und zeitliche Verzögerung. Erfahrungsgemäß wird sich der Mandant in den meisten Fällen für die Vorsorgevollmacht entscheiden. Nichtsdestotrotz sollten Sie (schon aus Haftungsgründen) auch die Alternativen und deren Für und Wider aufzeigen.

1174 Ferner kommt die Betreuungsverfügung in Frage, wenn befürchtet wird, dass eine erteilte Vorsorgevollmacht mangels Geschäftsfähigkeit unwirksam sein

644 Götz in Grüneberg, § 1816, Rz. 7.

645 Hierzu Sander, ZErb 2023 S. 121.

646 Lesenswert ist diesbezüglich der Beitrag von Kriminalhauptkommissarin Mau, ZErb 2023 S. 1.

könnte. Eine vorsorgliche Betreuungsverfügung kann dann dennoch zum Ziel führen, wenn der unwirksam Bevollmächtigte zum Betreuer bestellt wird.

Denn eine Betreuungsverfügung ist keine Willenserklärung, die der Geschäfts- 1175
fähigkeit bedarf. Sie ist lediglich eine Willensäußerung, mit der jemand Vorschläge zur Person seines Betreuers und/oder Wünsche zur konkreten Ausübung der Betreuung äußert.

Der Betroffene kann diesen Vorschlag also unabhängig von der Geschäfts- 1176
und Einwilligungsfähigkeit äußern.[647] Er muss nur eigenständig, bewusst, ernsthaft, frei von Irrtum, Täuschung, Drohung gebildet worden sein und darf dem Wohl des Betroffenen nicht widersprechen.[648]

Ein solcher Vorschlag bzw. Wunsch ist gem. § 1816 Abs. 2 BGB verbindlich. 1177
Das Gericht muss dem Vorschlag, eine bestimmte Person zum Betreuer zu bestellen, folgen, es sei denn, die Person ist nicht geeignet. Dem Gericht steht hierbei kein Auswahlermessen zu.[649]

Umgekehrt kann der Betroffene auch verbindlich äußern, dass bestimmte Per- 1178
sonen gerade nicht zum Betreuer bestellt werden sollen (§ 1816 Abs. 2 Satz 2 BGB).

Nicht nur „Wer“, sondern auch „Wie“ man die Betreuung ausüben soll, kann 1179
mittels Betreuungsverfügung bestimmt werden.

Gemäß § 1821 Abs. 2 BGB hat der Betreuer die Angelegenheiten des Betreuten 1180
so zu besorgen, dass dieser sein Leben im Rahmen seiner Möglichkeiten nach eigenen Vorstellungen gestalten kann. Dazu gehört, dass der Betreuer die Wünsche des Betreuten ermittelt, ihnen grds. entspricht und den Betreuten bei deren Umsetzung rechtlich unterstützt. Dies gilt auch für die Wünsche, die der Betreute vor der Bestellung des Betreuers geäußert hat – es sei denn, dass er an diesen Wünschen erkennbar nicht festhalten will. In § 1821 Abs. 3 BGB ist geregelt, wann der Betreuer den Wünschen des Betreuten nicht zu entsprechen hat, nämlich, soweit

- die Person des Betreuten oder dessen Vermögen hierdurch erheblich gefährdet würde und der Betreute diese Gefahr aufgrund seiner Krankheit

647 BGH, NJW 2011 S. 925 Rz. 14; NJW-RR 2016 S. 1156 Rz. 16; NJW-RR 2015 S. 450 Rz. 19; Schneider in MüKo-BGB, § 1816, Rz. 21.

648 BayObLG, NJOZ 2005 S. 969 f.; BGH, NJW 2011 S. 925 Rz. 14; NJW-RR 2011 S. 723 Rz. 21; NJW-RR 2013 S. 1475 Rz. 14; NJW-RR 2015 S. 450 Rz. 19. Zum Ganzen Lipp/Schrader in Münchener Anwaltshandbuch Erbrecht, § 44 Rz. 75 ff.

649 BGH, NJW-RR 2015 S. 833 Rz. 28; NJW-RR 2016 S. 1286 Rz. 17; NJW-RR 2016 S. 1156 Rz. 17.

oder Behinderung nicht erkennen oder nicht nach dieser Einsicht handeln kann oder

- dies dem Betreuer nicht zuzumuten ist.

3. Die Patientenverfügung

1181 Mit der Patientenverfügung äußert man antizipiert seine Wünsche und Vorstellungen in Bezug auf künftige ärztliche Behandlungen (§ 1827 BGB). Man äußert also vorsorglich bereits heute seine Behandlungswünsche für einen Zeitpunkt in der Zukunft, in dem man nicht mehr in der Lage sein wird, seine Wünsche zu äußern – etwa, weil man im Koma liegt, schwerst dement ist o. Ä. Nach § 1827 Abs. 1 BGB kann ein einwilligungsfähiger Volljähriger für den Fall seiner Einwilligungsunfähigkeit schriftlich bestimmen, ob er in bestimmte, zum Zeitpunkt der Festlegung noch nicht unmittelbar bevorstehende Untersuchungen seines Gesundheitszustands, Heilbehandlungen oder ärztliche Eingriffe einwilligt oder sie untersagt.

1182 Adressaten der Patientenverfügung sind primär Ärzte und Pflegepersonal.

1183 Hat der Patient einen Betreuer, prüft dieser, ob die Festlegungen in der Patientenverfügung noch auf die aktuelle Lebens- und Behandlungssituation zutreffen. Ist dies der Fall, muss der Betreuer dem Willen des Betreuten Ausdruck und Geltung verschaffen (§ 1827 Abs. 1 BGB).

1184 Zu beachten ist aber, dass der Betreuer keine Entscheidungskompetenz in Bezug auf die Behandlungsmaßnahmen besitzt, soweit der Betreute hierüber selbst in einer Patientenverfügung entschieden hat. Denn der Wille des Betreuten hat stets Vorrang vor den Äußerungen des Betreuers. Dies gilt auch dann, wenn ein Betreuer „für Gesundheitsangelegenheiten" bestellt worden ist. Allgemein gilt: Soweit der Betroffene selbst entschieden hat, besitzt der Betreuer keine Befugnisse.

1185 Für die Errichtung der Patientenverfügung gilt das Schriftformerfordernis. Wurde die Schriftform nicht eingehalten, kann die formunwirksame Patientenverfügung aber dennoch als Behandlungswunsch i. S. des § 1827 Abs. 2 BGB zu berücksichtigen sein. Der Widerruf einer Patientenverfügung ist hingegen nicht formbedürftig (§ 1827 Abs. 1 Satz 3 BGB).

1186 Die notarielle Beurkundung einer Patientenverfügung empfiehlt sich in der Praxis dann, wenn Feststellungen zur Einsichtsfähigkeit von Bedeutung sind. Wird eine Vorsorgevollmacht beurkundet (was bei Vorhandensein von Grundvermögen stets angezeigt ist), wird in der Praxis die Patientenverfügung auch mitbeurkundet. Die Kosten für die Beurkundung einer Patientenverfügung sind bei Ansatz des Einheitswerts von 5000 € nach § 36 Abs. 3 GNotKG mit

60 € netto zzgl. Auslagen gering. Allerdings ist streitig, ob dieser Einheitswert tatsächlich immer anzuwenden ist oder ob und inwiefern dieser Wert überschritten werden kann.[650] Insofern empfiehlt sich eine vorherige Abklärung beim jeweiligen Notar.

Die Registrierung im Zentralen Vorsorgeregister der Bundesnotarkammer ist 1187
möglich und empfehlenswert, zumal die entstehenden Kosten gering sind (ab 20,50 €).[651] Seit dem 1.1.2023 ist es auch möglich, isolierte Patientenverfügungen (also ohne Vorsorgevollmacht) registrieren zu lassen (§ 78a Abs. 1 Satz 1 BNotO, § 9 VRegV).[652] Bislang war die Registrierung einer Patientenverfügung nur vorgesehen, wenn diese gemeinsam mit einer Vorsorgevollmacht in einer Urkunde enthalten war (sog. kombinierte Patientenverfügung).

Die Registrierung der Patientenverfügung sollte optimalerweise mit der Anga- 1188
be einer Vertrauensperson samt Kontaktdaten erfolgen. Dann können Ärzte im Notfall schnell die entsprechende Vertrauensperson kontaktieren.

Denn seit dem 1.1.2023 haben alle in der Bundesrepublik Deutschland appro- 1189
bierten Ärzte das Recht, Einsicht in Zentrale Vorsorgeregister zu nehmen (§ 78b Abs. 1 Satz 1 BNotO).

Von entscheidender Bedeutung für die Wirksamkeit einer Patientenverfügung 1190
ist der Bestimmtheitsgrundsatz. Dies ergibt sich aus dem Wortlaut des § 1827 Abs. 1 BGB: „ob er in *bestimmte* (...) Untersuchungen (...) einwilligt." Diesem Merkmal kommt eine „für die Praxis kaum zu überschätzende Bedeutung"[653] zu. So genügt es etwa keinesfalls zu äußern, „keine lebenserhaltenden Maßnahmen" zu wünschen, denn dies enthält jedenfalls für sich genommen keine hinreichend konkrete Behandlungsentscheidung.[654] Es reicht auch nicht die Aussage: „Wenn ich einmal sehr krank und nicht mehr in der Lage bin, ein für mich erträgliches umweltbezogenes Leben zu führen, möchte ich würdevoll sterben dürfen."[655] Ebenso wenig genügt dem Bestimmtheitserfordernis die Äußerung, bei medizinischen Maßnahmen „möglichst wenig leiden zu müssen" oder der Wunsch „würdevoll zu sterben".[656] Auch genügt es nicht, lediglich Wünsche zu äußern bezüglich Art und Ort der Behandlung, z. B. in einem

650 Übersicht zum Meinungsstand bei Wudy in Münch, Familienrecht in der Notar- und Gestaltungspraxis, § 21, Rz. 118 ff.

651 Https://www.vorsorgeregister.de/privatpersonen/kosten.

652 Zu den Auswirkungen der Reform des Vormundschafts- und Betreuungsrechts auf die notarielle Praxis vgl. Siegel/Kraus, DNotZ 2022 S. 906.

653 Höfling, NJW 2009 S. 2849 f.

654 BGH, NJW 2016 S. 3297 Rz. 47; BT-Drucks. 16/8442 S. 15; Götz in Grüneberg, § 1827, Rz. 3.

655 BT-Drucks. 16/8442 S. 13.

656 BT-Drucks. 16/8442 S. 13; BGH, NJW 2016 S. 3297 Rz. 46.

bestimmten Krankenhaus oder von einem bestimmten Arzt behandelt zu werden.[657] Diese Formulierungen beinhalten keine vorweggenommenen Entscheidungen über die Einwilligung oder Nichteinwilligung in eine bestimmte, noch nicht unmittelbar bevorstehende ärztliche Maßnahme. Solche allgemeinen Vorgaben sind aber auch nicht vollkommen wirkungslos. Vielmehr muss ein Betreuer diese Wünsche nach § 1827 Abs. 3 BGB unter Berücksichtigung des Wohls des Betreuten berücksichtigen und durchsetzen und als Anhaltspunkte gem. § 1827 Abs. 2 Satz 2 BGB berücksichtigen.

1191 Die erforderliche Konkretisierung muss durch die Benennung bestimmter ärztlicher Maßnahmen oder die Bezugnahme auf ausreichend spezifizierte Krankheiten oder Behandlungssituationen erfolgen. Allerdings hat der BGH[658] auch klargestellt, dass die Anforderungen an die Bestimmtheit einer Patientenverfügung auch nicht überspannt werden dürfen. Es kann nur verlangt werden, dass der Betroffene umschreibend festlegt, was er in einer bestimmten Lebens- und Behandlungssituation will und was nicht. Maßgeblich ist nicht, dass der Betroffene seine eigene Biografie als Patient vorausahnt und die zukünftigen Fortschritte in der Medizin vorwegnehmend berücksichtigt.[659] So kann eine hinreichende Konkretisierung durch die Benennung bestimmter ärztlicher Maßnahmen oder die Bezugnahme auf ausreichend spezifizierte Krankheiten oder Behandlungssituationen erfolgen.

1192 **Formulierungsvorschlag[660] (auszugsweise):**

„Wenn infolge einer Gehirnschädigung meine Fähigkeit, Einsichten zu gewinnen, Entscheidungen zu treffen und mit anderen Menschen in Kontakt zu treten, nach Einschätzung zweier erfahrener Ärzte aller Wahrscheinlichkeit nach unwiederbringlich erloschen ist, auch wenn der Todeszeitpunkt noch nicht absehbar ist (dies gilt auch für Gehirnschädigung z. B. infolge Unfalls, Schlaganfalls, Entzündung, Wiederbelebung, Schocks oder Lungenversagens) wünsche ich

- ► *keine lebenserhaltenden Maßnahmen, die nur den Todeseintritt verzögern und dadurch mögliches Leiden unnötig verlängern würden,*
- ► *keine Wiederbelebungsmaßnahmen,*
- ► *keine künstliche Ernährung (weder über eine Magensonde durch den Mund, die Nase oder die Bauchdecke noch über die Vene).*

Vielmehr wünsche ich dann, sterben zu dürfen."

---

657 BT-Drucks. 16/8442 S. 13.

658 BGH, NJW 2016 S. 3297 Rz. 46

659 BGH, NJW 2014 3572 Rz. 29.

660 In Anlehnung an Krauß in Beck'sche Online-Formulare, Vertrag, 24.3.

STICHWORTVERZEICHNIS